LES COMPACTS

LES COMPACTS

1. **Les œuvres ~ clés de la musique**
   Jean-Jacques Soleil et Guy Lelong
   Préface de Maurice Fleuret
2. **Les grandes découvertes de la science**
   Gerald Messadié
3. **Les stars du sport**
   Jean Boully
4. **Les films ~ clés du cinéma**
   Claude Beylie
5. **Les grandes affaires criminelles**
   Alain Monestier
6. **Les stars du football**
   Jean Boully
   Préface de Thierry Roland
7. **Les grandes figures des mythologies**
   Fernand Comte
8. **Les acteurs français**
   André Sallée
9. **Les grandes inventions de l'humanité**
   Gerald Messadié
10. **Les maîtres spirituels**
    Jacques Brosse
11. **Le cinéma de Hollywood**
    Philippe Paraire
12. **Les grands navigateurs en solitaire**
    Benjamin Lambert
    Préface d'Alain Bombard
13. **Les grandes inventions du monde moderne**
    Gerald Messadié
14. **L'histoire de France des origines à 1914**
    Pierre Bezbakh
15. **Les maîtres de l'occultisme**
    André Nataf
16. **Les grands créateurs de jazz**
    Gérald Arnaud
    et Jacques Chesnel
    Préface de Claude Nougaro
17. **Florilège de la chanson française**
    Jean-Claude Klein
18. **50 ans de musique rock**
    Philippe Paraire
    Préface de José Artur
19. **Les stars du Tour de France**
    Jean Boully
20. **Les maîtres du cinéma français**
    Claude Beylie
    et Jacques Pinturault
21. **Histoire de la France contemporaine de 1914 à nos jours**
    Pierre Bezbakh
22. **Les livres sacrés**
    Fernand Comte
23. **Les stars du rugby**
    Richard Escot
    et Jacques Rivière
    Préface de Serge Blanco
24. **Les maîtres du roman policier**
    Robert Deleuse
25. **Les souverains de la France**
    Jean-Philippe Guinle
26. **Les milliardaires de légende**
    Alain Monestier

Gérard Vindt et Nicole Giraud

Les grands romans historiques

L'Histoire à travers les romans

Bordas

Responsable d'édition : Olivier Juilliard
Édition : Gilbert Labrune
Préparation : Dominique Henry
Correction : Nathalie Éloïse-Pillerault
Iconographie : Valérie Bottin
Composition et mise en pages : Edicompo - 51063 Reims cedex

Achevé d'imprimer en août 1991 par :
Imprimerie Jean-Lamour, Maxéville

Dépôt légal : septembre 1991

ISBN 2-04-19552-1
ISSN 0985-505X

Sommaire

Avant-propos 8
Qu'est ce que le roman historique ? 9
Le roman historique
de Georges Lukacs 12
Les personnages 13
La parole aux romanciers
... et aux historiens 14

PÉRIODES HISTORIQUES

Préhistoire
La Guerre du feu (J.H Rosny aîné) 18
Avant Adam (Jack London) 19
La Caverne magique (Michel Peyramaure) 20
Le Rêve de Lucy (Pierre Pelot) 21

Et encore...

L'Antiquité méditerranéenne
Mémoire d'Adrien (Marguerite Yourcenar) 24
Sinouhé l'Egyptien (Mika Waltari) 26
Le Roman de la momie
(Théophile Gautier) 27
Le Feu du ciel/L'Enfant perse/
Les Jeux funéraires (Mary Renault) 28
Salammbô (Gustave Flaubert) 29
Barrabas (Pär Lagerkvist) 30
Moi Zénobie, reine de Palmyre
(Bernard Simiot) 31
Spartacus (Arthur Koestler - Howard Fast) .. 32
Soleils barbares (Norbert Rouland) 34
Le Maître des steppes (Daniel Kircher) .. 35
Aux confins de l'Œcumène (Ivan Efremov) 36

Et encore...

Le Moyen Age
Quentin Durward (Walter Scott) 38
Walter Scott 39
Le Saint (Conrad Ferdinand Meyer) 40
La Joie des pauvres
(Zoé Oldenbourg) 41
Le Maître de Hongrie (Marcel Jullian) 42
Torcol le Vilain (Jean-Marc Soyez) 43
La Compagnie blanche
(Arthur Conan Doyle) 43
Le Lion des Flandres (Henri Conscience) 44
Le Nom de la rose (Umberto Eco) 45
Les Chevaliers Teutoniques
(Henryk Sienkiewicz) 46
Le Pont aux trois arches (Ismaïl Kadaré) 47
Le Médecin de Cordoue
(Herbert Le Porrier) 48
La Bannière bleue (David-Léon Cahun) .. 50

Et encore...

De la Rennaissance au XVIIIe siècle
Le Chevalier d'Harmental
(Alexandre Dumas) 52
Alexandre Dumas père 53
La Harpe et l'Ombre (Alejo Carpentier) ... 54
Le Judas de Léonard (Léo Perutz) 55
Plus ça change
(William Somerset Maugham) 56
Les Fiancés (Alessandro Manzoni) 57
L'Œuvre au noir (Marguerite Yourcenar) ... 58
Thyl Ulenspiegel (Charles De Coster) 59
Fortune de France (Robert Merle) 60
Michael Kohlaas (Henrich von Kleist) 62
Petit Louis dit XIV (Claude Duneton) 62
Les Mutins de la liberté (Daniel Vaxelaire) 63
Le Domaine (Aquilino Ribeiro) 64

Et encore...

Révolution française et Empire
Histoire d'un paysan (Erckmann-Chatrian) 66
Les Chouans (Honoré de Balzac) 68
Guerre et Paix (Léon Tolstoï) 69
Quatrevingt-Treize (Victor Hugo) 71
Les Mouchoirs rouges de Cholet
(Michel Ragon) 72
La Révolution (Robert Margerit) 73
Trafalgar (Benito Pérez Galdos) 74
Le Siècle des Lumières (Alejo Carpentier) 75
Un vaisseau de ligne (Cecil Scott Forester) 76

Et encore...

1815-1914
Temps difficiles (Charles Dickens) 78
Le Guépard (Tomasi di Lampedusa) 79
La Guerre carliste (Ramon del Valle Inclan) 80
Le Sujet de l'empereur (Henrich Mann) .. 81
La Marche de Radetsky (Joseph Roth) ... 82
Jacquou le Croquant (Eugène le Roy) ... 83
Les Lurons de Sabolas (Henri Beraud) ... 83
Et la montagne fleurira (Luc Willette) 84
L'Insurgé (Jules Vallès) 85
Maria Vandamme (Jacques Duquesne) .. 86
La Débacle (Émile Zola) 87
Monsieur Bergeret à Paris
(Anatole France) 88
Les Thibault (Roger Martin du Gard) 89
La Vie d'un simple (Émile Guillaumin) 90
Le Pain quotidien (Henri Poulaille) 91
La Maison du peuple (Louis Guilloux) 92

Et encore...

La Première Guerre mondiale
A l'Ouest, rien de nouveau
(Erich Maria Remarque) 94

Jules Matrat (Charles Exbrayat) 95
Invasion 14 (Maxence Van der Meersch) . . 96
Le Tour du doigt (Jean Anglade) 98

Et encore...

L'entre-deux-guerres
Après (Erich Maria Remarque) 100
Le Dernier Civil (Ernst Glaeser) 101
La Septième Croix (Anna Seghers) 102
Le Destin de A.D. (Ernst von Salomon) . . . 103
Fontamara (Ignazio Silone) 104
Et le buisson devint cendre (Manès Sperber) 105
Les Rebelles/La Gueuse/L'Embellie (Jean-Pierre Chabrol) 106
Le Faubourg des Coups-de-Triques (Alain Gerber) 107
La Grande Vie (Roger Bordier) 107
Le Maître d'école (Pierre Gamarra) 108
Les Derniers Étendards (Angel Maria de Lera) 108
L'Espoir (André Malraux) 109

Et encore...

La Seconde Guerre mondiale
Vie et Destin (Vassili Grossman) 112
Le Bal des maudits (Irwin Shaw) 113
L'Empire du soleil (James Graham Ballard) 114
Le Pont de la rivière Kwaï (Pierre Boulle) 115
Le Clan du sorgho (Mo Yan) 115
Le Chagrin des Belges (Hugo Claus) . . . 116
Week-end à Zuydcoote (Robert Merle) . . . 117
La mort n'oublie personne (Didier Daeninckx) 118
La Muraille (John Hersey) 119
Nu parmi les loups (Bruno Apitz) 120
Le Pont (Manfred Gregor) 121
La Storia (Elsa Morante) 122
Les Santons brûlés (Théodor Kallifatidès) 123
La Trève (Primo Levi) 124

Et encore...

AIRES GÉOGRAPHIQUES

Europe du Nord
La Cloche d'Islande (Halldor Kiljan Laxness) 128
Les Fiancées de la Saint Jean (Vilhem Moberg) 129
Les Carolins (Verner von Heidenstam) 130
Le Départ des musiciens (Per Olov Enquist) 131
La Chute du roi (Johannes Vilhem Jensen) 132
Sainte misère (Frans Emil Sillanpää) 133
L'Été du déserteur (Veijo Meri) 134
Le Rêve et la Roue (Jens Bjørneboe) 135
Vigdis la Farouche (Sigrid Undset) 136

Et encore...

Europe centrale et orientale
La Maison Thüringer (Panaït Istrati) 138
Les Chardons du Baragan (Panaït Istrati) 139
Mèmed le Mince (Yachar Kemal) 139
La Niche de la honte (Ismail Kadaré) 140
Les 40 jours du Musa Dagh (Franz Werfel) 141
La Prise du pouvoir (Czeslaw Milosz) 142
Cendres et Diamant (Jerzy Andrzejewski) 143
Les Frères Askhenazi (Israël Joshua Singer) 144
Une semaine en juin (Stefan Heym) 145
Les Briques (Miklos Batori) 146

Et encore...

Russie/URSS
La Fille du capitaine (Alexandre Pouchkine) 148
Les Hommes du tsar (Vladimir Volkoff) . . . 149
La Mort du vazir-moukhtar (Iouri Tynianov) 150
Les Héritiers de l'avenir (Henri Troyat) . . . 151
La Mère (Maxime Gorki) 152
Ville conquise (Victor Serge) 153
S'il est minuit dans le siècle (Victor Serge) 153
Le Docteur Jivago (Boris Pasternak) 154
Cavalerie rouge (Isaac Babel) 155
Le réalisme socialiste 156
Le Ciment (Fédor Gladkov) 157
Une journée d'Ivan Denissovitch (Alexandre Soljenitsyne) 158

Et encore...

Amérique du Nord
Le Dernier des Mohicans (Fenimore Cooper) 160
Le Nègre de l'Amistad (Barbara Chase-Riboud) 162
Jubilée (Margaret Walker) 163
Creek Mary la Magnifique (Dee Brown) . . 164
Le jour se lève à l'ouest (Georges Blond) 165
La Mort et l'Archevêque (Willa Cather) . . 166
La Jungle (Upton Sinclair) 167
Ragtime (Edgar Lawrence Doctorow) 168
Les Trois-Chênes (Maurice Denuzière) . . . 169
Les Raisins de la colère (John Steinbeck) 170
Chesapeake (James Michener) 171
Tchipayuk (Ronald Lavallée) 172
Le Royaume du Nord (Bernard Clavel) . . 173
Le Canard de bois (Louis Caron) 174

Et encore...

Amérique latine
Roulements de tambours
pour Rancas (Manuel Scorza) 176
La Fille de Montézuma
(Henry Rider Haggard) 177
La Révolte des pendus (B. Traven) 178
Rosa Blanca (B. Traven) 178
Le Tigre bleu (Alfred Döblin) 179
Fils d'homme (Augusto Roa Bastos) 180
La Forteresse verte (Eroll Lincoln Uys) ... 182
Le Valet d'aventure (Gilbert Pastor) 183
La Guerre de la fin du monde
(Mario Vargas Llosa) 184
L'Année de la grande sécheresse
(Rachel de Queiroz) 185
Les Terres du bout du monde/La Terre
aux fruits d'or (Jorge Amado) 187

Et encore...

Antilles francophones
Les Cacos (Jean Metellus) 190
La Montagne d'ébène (Roland Brival) 191
La Mulâtresse Solitude
(André Schwarz-Bart) 192

Et encore...

Afrique noire
Ségou (Maryse Condé) 194
Le Lion à l'arc (Massa Makan Diabate) ... 196
Le Dernier survivant de la caravane
(Etienne Goyémidé) 196
Le Tombeau du soleil
(Philippe Laburthe-Tolra) 197
Monné, outrages et défis
(Ahmadou Kourouma) 198
Sarraounia (Abdoulaye Mamani) 199
Le monde s'effondre (Chinua Achebe) .. 200
Sous l'orage (Seydou Badian) 200
Les Bouts de bois de Dieu
(Ousmane Sembene) 201
Remember Ruben (Mongo Beti) 202
A la courbe du fleuve
(Vidiadkar Saraijprasad Naipaul) 203
Enfant, ne pleure pas
(Ngugi wa Thiong'o) 204

Et encore...

Afrique du Sud
Un turbulent silence (André Brink) 206
La Grande Soif (William Duggan) 208
Retour à Soweto (Sipho Sepamla) 209
Cry Freedom, le cri de la liberté
(John Briley) 210

Et encore...

Maghreb
La Mère du printemps/Naissance
de l'aube (Driss Chraibi) 212
Léon l'Africain (Amin Maalouf) 213
La Terre des passions brûlées
(Bechir Khraief) 214
Les Chevaux du soleil (Jules Roy) 216
L'As (Tahar Ouettar) 217
Les Enfants du nouveau monde
(Assia Djebar) 218

Et encore...

Moyen-Orient
Zayni Barakat (Gamal Ghitany) 220
Mémoire de l'aube (Gérard D. Khoury) ... 222
La Tour d'Ezra (Arthur Koestler) 223
Chronique du figuier barbare
(Sahar Khalifa) 224

Et encore...

Asie
Les Chemins du désert (Yasushi Inoué) 226
Trafic d'or sous les T'ang
(Robert Van Gulik) 227
La Condition humaine (André Malraux) .. 228
La Route des mille li (Philippe Franchini) .. 229
Le Sorgho rouge (Ya Ding) 230
La Pierre et le Sabre (Eiji Yoshikawa) 231
Pluie noire (Masuji Ibuse) 233
Zébunissa (Annie Krieger-Krynicki) 234
Le Monastère de la félicité
(Bankim Chandra Chatterji) 235
Le Riz et la Mousson
(Kamala Markandaya) 235
L'Ombre de la lune (Mary Margaret Kaye) 236
Sang et Volupté à Bali (Vicki Baum) 237
Mort en fraude (Jean Hougron) 238

Et encore...

Océanie
Les Étoiles du Pacifique (Nancy Cato) ... 240
Louise Michel, la Canaque
(Françoise d'Eaubonne) 241

Et encore...

Conclusion 242

Au pays du futur
Le Meilleur des mondes
(Aldous Huxley) 244
Les Dépossédés (Ursula Le Guin) 245

Et encore...

Le roman historique en France 246
Roman historique et cinéma 247
Le roman historique pour la jeunesse .. 248

Bibliographie 250

Index 251

Avant-propos

■ « Ça se lit comme un roman » dit-on d'un ouvrage historique d'une lecture particulièrement agréable. Auteurs de biographies ou de récits alertes, des historiens réussissent à donner à leurs écrits ce que Claude Manceron a appelé la « coloration de la vie ». Mais l'Histoire ne saurait s'écarter de ce qui la fonde – le document – sans empiéter sur le territoire de la fiction tentatrice, le domaine du « roman historique » qui, lui, a toute liberté pour raviver l'image estompée du passé et l'utiliser à sa guise.

■ Nous préciserons brièvement la notion de roman historique telle que nous l'entendons : notion large qui se place du point de vue du lecteur et inclut des romans sociaux et même des romans évoquant une période vécue par l'auteur.

■ Ce livre n'est pas une étude littéraire sur le roman historique qui, souvent tenu pour une littérature mineure, reste à étudier. Ce n'est pas non plus un recueil de critiques littéraires. Il se présente plutôt comme un guide, celui que nous aurions aimé trouver en librairie : œuvre de lecteurs s'adressant à des lecteurs, il fait part de nos connaissances, de nos goûts, de nos trouvailles. Soulignons que les romans que nous présentons sont classés suivant leur thème historique et non suivant la nationalité de leur auteur.

■ Organisé en deux grandes parties (« Périodes historiques » et « Aires géographiques ») et vingt-deux chapitres, ce livre présente des notes de lecture détaillées sur environ 200 romans et leurs auteurs, et de brèves indications thématiques sur 400 autres. Chaque chapitre s'ouvre sur un livre-phare puis suit un ordre chronologique ou géographique. Notre sélection, panachant les catégories de romans et les auteurs, a nécessairement éliminé injustement de belles œuvres. Vous retrouverez certes des titres célèbres, des best-sellers, mais aussi beaucoup de titres moins connus, dénichés hors des sentiers battus (et, sauf exceptions, disponibles) : c'est aussi là le rôle d'un guide. D'un auteur fameux, nous avons parfois préféré parler d'un ouvrage peu connu. Sans doute regretterez-vous l'absence de tel ou tel de vos préférés. Imaginez quelques pages blanches où vous pourrez les rajouter, et bonne lecture !

Qu'est-ce que le roman historique ?

Le roman historique est prisé des lecteurs. Ils y cherchent d'abord, comme dans tout roman, la qualité de l'écriture et de l'invention qui fait la joie de lire. Pour les uns, il est surtout un divertissement ; pour d'autres, il est une plongée dans la vie du passé que seule une fiction respectueuse des faits historiques rend possible. A la recherche d'une évocation nostalgique du passé ou avides de saisir la « préhistoire du présent », les lecteurs du roman historique sont divers. Le roman historique l'est aussi. Comment le définir ?

Rares sont les spécialistes de la littérature à s'intéresser au roman historique. Pour trouver un ouvrage sur la question, il faut, en France, remonter à 1898, au *Roman historique à l'époque romantique*, de Louis Maigron. Pour cet auteur, le roman historique, fils tardif de la Révolution française, naît avec *Waverley* de Walter Scott et meurt après *Notre-Dame de Paris*, en assurant « le triomphe du romantisme, le succès de l'histoire, la renaissance du réalisme ». Mais c'est l'essai du hongrois Georges Lukacs, *Le Roman historique* (1936) qui longtemps fit autorité.

▪ Quelle norme ?

D'accord avec Maigron, Lukacs ne décerne son label qu'avec parcimonie : le roman réaliste de Scott et de Balzac lui sert d'étalon, qui met en scène le peuple et conçoit l'Histoire comme une « préhistoire du présent » marchant vers le progrès. Il rejette toute littérature ayant une autre conception de l'Histoire ou de l'écriture, qu'elle soit antérieure ou postérieure, comme celle de l'école naturaliste. Quant à la littérature non occidentale, il n'en dit mot.

Cette vision dogmatique de Lukacs (voir aussi p. 12) laisse sur la touche trop de belles œuvres pour servir de guide. Etiemble notait dans *Essais de littérature (vraiment) générale* : « Toute théorie littéraire qui s'élabore à partir des seuls phénomènes européens ne vaudra pas mieux [que celle de Lukacs] désormais. » Et Jean Molino, dans *La Revue d'Histoire littéraire de la France* en concluait qu'« une théorie générale du roman historique n'est pas aujourd'hui possible puisqu'elle devrait se fonder sur un comparatisme généralisé, seul capable de dégager des invariants et des universaux ».

▪ L'Histoire, personnage essentiel

Marguerite Yourcenar soulignait quant à elle que « ceux qui mettent le roman historique dans une catégorie à part oublient que le romancier ne fait jamais qu'interpréter à l'aide des procédés de son temps un certain nombre de faits passés, de souvenirs conscients ou non, tissu de la même matière que l'Histoire ».

Cependant, sans constituer une catégorie aux frontières nettement définies, il est des romans où l'Histoire est un personnage essentiel et où se mêlent éléments fictifs et éléments historiques. Ceux-là seront pour nous des romans historiques. Et si nous pensons surtout au roman et à l'histoire modernes nés en Europe, cela marque nos propres limites, non celles de notre domaine.

▪ A histoire sociale, romans sociaux

Avrom Fleishman estimait dans *The English Historical Novel* que le terme roman historique devait être réservé aux romans où les héros fictifs côtoient des personnages historiques. Mais ne peut-on pas se passer de ces grands personnages que l'Histoire a retenus ? Certes, Voltaire écrivait encore à propos de cette étude historique moderne qu'était *Le Siècle de Louis XIV* : « Les principaux personnages sont sur le devant de la toile ; la foule est dans l'enfoncement. » Pour Victor Cousin, le grand homme n'est déjà plus qu'« un instrument d'une puissance qui n'est pas la sienne ».

S'il tient encore le devant de la scène dans l'histoire positiviste au début du siècle, le grand homme a perdu depuis beaucoup de terrain. L'historien s'intéresse aujourd'hui à beaucoup d'autres sujets, engagé dans une histoire tout terrain qui, en recourant aux autres sciences humaines, ausculte la « longue durée » économique et sociale, s'intéresse à la vie quotidienne et cherche à pénétrer les mentalités. Les grands hommes n'en émergent pas nécessairement et les grands événements y sont, pour reprendre les termes de Georges Duby, « comme l'écume de l'Histoire, des bulles, grosses ou menues, qui crèvent en surface ». Cette pratique de l'histoire en profondeur, déjà vieille d'un demi-siècle, nous conduit naturellement à qualifier d'historiques des romans considérés souvent comme des romans sociaux : tels sont *Temps difficiles*, de Dickens, *Le Départ des musiciens*, d'Enquist, *Le monde s'effondre*, de Chinua Achebe ou *La Mère*, de Gorki.

Mais alors surgit un autre problème. Gorki était contemporain de la période qu'il évoquait dans *La Mère*. Son livre ne doit-il donc pas être exclu de notre champ ? Beaucoup s'imposent cette restriction.

▪ « Les Thibault », roman historique

Mais elle est bien difficile à respecter : un article, dans *Le Monde* du 31 décembre 1971, considérant que « les romans fondés sur l'actualité ou l'expérience personnelle de l'auteur ne sauraient être qualifiés d'historiques », saluait pourtant comme une référence, sur l'été 1914, *Les Thibault* de Roger Martin du Gard, né en 1881. Pour nous, ce beau roman est effectivement un des meilleurs romans historiques sur les dernières semaines d'avant la guerre, une « pathétique leçon du passé » comme le déclara l'auteur en recevant le prix Nobel.

Après un délai qui, en certaines périodes, peut être très court, le passé devient histoire. *L'Histoire contemporaine* d'Anatole France est histoire pour nous ; *L'Espoir* de Malraux, faux reportage mais vrai roman militant d'actualité, n'est pas reçu aujourd'hui comme avant la Deuxième Guerre mondiale. La guerre d'Espagne est entrée dans l'Histoire et le livre de ce témoin actif que fut Malraux est devenu un roman historique.

▪ Le point de vue du lecteur

En fait, ce n'est pas le point de vue de l'auteur qui est décisif, mais celui du lecteur. Un spécialiste du roman pour la jeunesse notait que *A l'Ouest, rien de nouveau* de Remarque « était lu comme un roman historique ».

Le lecteur peut chercher dans un roman historique l'évasion, une nostalgie du passé ou une meilleure compréhension de l'Histoire humaine, de son présent, de l'avenir. Dans le vaste champ du roman historique tel que nous l'entendons, il trouvera des genres littéraires divers sous des formes diverses. L'épopée côtoie l'œuvre philosophique ou la satire ; le roman policier, le roman d'aventures ou à thèse, la fresque, la saga familiale, les mémoires imaginaires ou même la fiction fortement autobiographique.

▪ Quel choix ?

Le roman d'aventures a ses adeptes, plus d'un lecteur est venu par lui à l'histoire ou à la littérature. Nous n'oublions pas Alexandre Dumas ou Cecil S. Forester. Romans d'aventures aussi que les reconstitutions historiques soignées de Scott, Pouchkine ou Yoshikawa.

A quelque genre qu'il appartienne, notre préférence ira à ce qu'un critique appelait le « roman historique objectif » où le romanesque se construit sur une connaissance historique solide. Mais, d'accord avec Zoé Oldenbourg, nous dirons que « si réaliste fût-il en apparence, ce qui compte, c'est la qualité de l'invention. Et l'histoire peut légitimement servir de tremplin à une création romanesque authentique ».

Les meilleurs de ces romans sont aussi réflexion sur l'Histoire, même s'ils prennent parfois ouvertement quelques libertés avec elle. Tel est *Guerre et Paix* de Tolstoï où le général Koutousov symbolise l'impuissance de l'homme face à l'Histoire. A l'inverse, les romans militants chantent ce que Michelet appelait « la lutte de la liberté contre la fatalité », des *Spartacus* de Fast ou de Koestler aux romans de Manuel Scorza. Le roman historique peut être nationaliste, passéiste, humaniste, révolutionnaire. Il peut jouer, avec une histoire qu'il domine, pour l'interroger : ainsi Alejo Carpentier dans *La Harpe et l'Ombre*, Leo Perutz dans *Le Judas de Léonard* ou Umberto Eco dans *Le Nom de la rose*.

▪ Histoire et fiction aujourd'hui

Le domaine du roman historique est donc, pour nous, borné d'un côté par les romans qui ne recherchent pas le réel et dont les personnages n'ont pas de signification historique. Certes, selon Hugo, « chaque littérature s'empreint plus ou moins profondément des mœurs et de l'histoire du peuple » ; mais tous les romans ne sont pas pour autant historiques.

De l'autre côté, ce domaine est borné par le récit historique. L'historien, lui aussi, est le plus souvent un narrateur. Aujourd'hui, à partir de documents toujours plus variés, il fabrique et met en forme l'Histoire en devant faire preuve d'imagination. Il peut émettre des hypothèses, reconstruire le passé.

Au-delà, l'aventure appartient au romancier. Si elle n'est pas totalement fantaisiste, la fiction ne vient pas alors nier le réel mais s'y mêler. Elle peut occuper les lacunes de l'Histoire, en particulier l'histoire des destins individuels, certes compréhensibles dans un cadre historique, mais irrémédiablement uniques, irréductibles à un type. Le champ ouvert au roman historique est immense, c'est celui de la vie.

Le roman historique, mal aimé ?

Chateaubriand disait de Walter Scott qu'il avait « perverti le roman et l'histoire ». Si tel n'est pas notre avis, la nature hybride du roman historique prête effectivement le flanc à cette critique. D'un côté la fiction peut rendre suspecte l'Histoire ; de l'autre l'Histoire peut servir de caution à une fiction de piètre qualité. Tels sont beaucoup de romans historiques, produits où rentabilité ne rime pas toujours avec qualité. Des auteurs performants gèrent leur production en fonction du marché, pour reprendre les termes d'une période où tout se « gère », même l'écriture et la vie.

Toute une prose flatte ainsi le goût d'une partie du public pour le potin, voire le ragot historique, affectionnant les secrets d'alcôve et de confessionnal, et utilise comme la presse à sensation la fascination de lectrices et de lecteurs pour les grands de ce monde ou du monde passé.

Mais y a-t-il plus de déchets dans le roman historique que dans d'autres littératures ? N'y a-t-il pas aussi un certain dédain de la culture savante pour la culture populaire, en particulier pour le lecteur qui accède à la littérature par l'Histoire ? Des romans historiques qui, même sans grande originalité littéraire et avec des personnages conventionnels, agencent habilement et honnêtement fiction et Histoire ne sont pas nécessairement à dédaigner. Et n'oublions pas les chefs-d'œuvre que sont les romans historiques de Hugo ou Tolstoï, Yourcenar ou Laxness, Carpentier ou Varga Llosa.

Le roman historique est snobé par les spécialistes de la littérature et les critiques, disions-nous. Raison de plus pour rendre hommage à l'écrivain belge Gilles Nélod qui, en passionné de Dumas, publia en 1969 un *Panorama du roman historique*, restrictif certes, mais présentant de nombreux romans européens et nord-américains.

Le Roman historique
de Georges Lukacs

Le mérite de cette étude analytique et dogmatique : elle existe !

Georges Lukacs (1885-1971), philosophe hongrois se réclamant du marxisme et du communisme, s'est spécialisé dans la sociologie de la littérature.

Le Roman historique (1936) n'est sans doute pas ce qu'il a écrit de mieux. Il y affirme dès la première phrase un des fondements de sa thèse : « Le roman historique est né au début du XIXe siècle, à peu près à l'époque de la chute de Napoléon. » Puis, étudiant « les conditions socio-historiques de la genèse du roman historique », essentiellement la Révolution française et son impact, il souligne : « Telle fut la base historique sur laquelle est né le roman historique de Walter Scott », et s'efforce de démontrer comment celui-ci se développa « en lutte avec le romantisme ». Sa connaissance de Scott, Balzac, Stendhal, Flaubert ou Mérimée, de Goethe, Heinrich Mann ou Feuchtwanger, lui permet d'intéressantes analyses de leurs œuvres.

Mais le dogmatisme stalinien a frappé : pour Lukacs, le roman historique, par essence révolutionnaire, ne peut se laisser entacher par le romantisme, par essence réactionnaire. Le véritable roman historique étant né de l'essor de la bourgeoisie, la « période décadente de la bourgeoisie » ne peut qu'entraîner une décadence du roman historique car elle le prive « de son caractère populaire ». Après 1848 : il « dégénère » chez Flaubert ou Zola.

La façon dont Lukacs règle leur compte à Erckmann et Chatrian est typique. Selon lui, il manquerait dans leur œuvre sur la Révolution française les grandes figures de Danton et Robespierre (ce qui est d'ailleurs faux ; *L'Histoire d'un paysan*, en particulier, est un roman nettement dantoniste). Aussi les accuse-t-il de « sombrer politiquement dans une glorification de la pure spontanéité des masses » combattue plus tard, précise-t-il, citations à l'appui, par Lénine dans *Que faire ?*

L'amoureux de la littérature réaliste Lukacs se livre à des contorsions pour s'adapter à la grossièreté de la norme stalinienne quand il juge les écrivains des années 30, ses contemporains : ils peuvent, selon lui, se couler dans le moule réaliste-socialiste et retrouver la voie des grands romans historiques classiques du XIXe siècle, en s'inspirant des idéaux du Front populaire prônés momentanément par Staline. Pour ce faire, ils doivent se méfier comme de la peste « des anarchistes à l'esprit confus et des vermines trotskistes ».

De tels anathèmes, témoins d'une servilité intellectuelle, s'accordent au fond avec le schématisme et l'esprit profondément conservateur du livre qui effacent la richesse de certaines analyses qu'on y trouve. Michel Lequenne, dans *Marxisme et Esthétique*, parle, à propos de Lukacs, de ses « détournements de la critique marxiste » : pour le roman historique, celle-ci reste à faire.

Roman historique et idéologie

Plutôt que les aspirations révolutionnaires des classes opprimées, ce sont les nationalismes qui s'exprimèrent dans les romans historiques du XIXe siècle, ceux de Manzoni, De Coster, Pérez Galdós ou Sienkiewicz. Aujourd'hui, cette tradition est toujours essentielle, visant à rappeler aux peuples leurs racines (Kadaré, Oldenbourg, Laxness...). On peut la retrouver dans les deux courants qui dominent le roman historique : un courant passéiste (de Chateaubriand à Jeanne Bourin) et un courant humaniste (Hugo, Yourcenar, Eco), parfois clairement engagé : anticolonialiste (Sembene, Scorza), pacifiste (Remarque), antifasciste (Feuchtwanger, Malraux). Et les réponses divergent à la question-clé : l'homme peut-il faire sa propre Histoire, et comment ?

Les personnages

Personnages célèbres, personnages historiques oubliés ou personnages fictifs, aussi soumis soient-ils à la vérité historique, tous sont modelés par l'imagination de l'auteur.

Le romancier peut d'autant moins jouer avec un personnage historique qu'il est plus connu. Mais, souligne Tolstoï, « l'artiste ne remplirait pas sa tâche s'il présentait toujours son personnage dans une attitude historique [...] » ; sa tâche est de « comprendre et montrer non pas un certain acteur de l'Histoire mais un homme ». Des écrivains comme Marguerite Yourcenar ont cherché à « prendre possession du monde intérieur » de leur personnage. D'autres ne se sont pas privés d'interprétations plus libres : ainsi Tolstoï campe-t-il un Koutousov outrageusement fataliste et C.F. Meyer un Becket intemporel (dans *Le Saint*).

Le personnage historique peu connu est particulièrement tentant pour le romancier. Signalé dans une chronique, déjà inséré dans l'histoire, on ne connaît guère plus de sa vie. L'écrivain peut lui inventer une biographie. Ainsi fait Alejo Carpentier dans *Le Siècle des Lumières* avec Victor Hugues, l'homme qui apporta le décret d'abolition de l'esclavage en Guadeloupe, en 1794.

Le personnage fictif offre encore plus de liberté à son créateur. Mais il doit se fondre dans une époque. Le travail documentaire pour conformer un tel personnage à l'histoire est tout aussi nécessaire, et parfois plus difficile, que pour un personnage historique. L'exercice est d'autant plus périlleux que la période et le milieu décrits sont étrangers à l'auteur : Georges Duby soulignait l'extrême difficulté à s'imaginer aujourd'hui la mentalité d'un homme du Moyen Age. Mais le romancier doit s'y essayer, « faute de quoi, dit Marguerite Yourcenar, le roman historique n'est qu'un bal costumé ».

Il est plusieurs catégories de personnages fictifs. Walter Scott a excellé dans la création de personnages « moyens », représentatifs de leur classe sociale, médiateurs de conflits. Tel est aussi Gauvain dans *Quatre-vingt-Treize*, de Victor Hugo. Mais l'auteur crée aussi tout autre personnage à son gré, du marginal, qui touche la société à son point sensible, au héros épique.

Enfin, un personnage d'épopée s'est imposé dans les littératures patriotiques ou sociales depuis le XIXe siècle : le peuple, dont l'auteur exprime l'« âme » ou le « génie ».

Le langage

Dans l'avant-propos d'*Ivanhoé*, Walter Scott écrivait : « Il est nécessaire que le sujet choisi soit en quelque sorte traduit dans les manières et la langue de l'époque où nous vivons [...] ; il est vrai que cette licence a ses propres limites, l'auteur ne doit rien introduire d'incompatible avec les manières de l'époque. » Zoé Oldenbourg précise : « Je me suis efforcée d'éviter d'abord les archaïsmes, tout en imposant à la langue un rythme un peu plus rude que celui du français moderne. » Il faut, dit-elle, « que les héros n'aient pas l'air de patoiser ». Marguerite Yourcenar en est d'accord : « C'est par le mot ou le détail plaqué pour faire d'époque que le roman historique se disqualifie », sous réserve toutefois que « certains mots périmés peuvent servir, comme un clou, à fixer une date ». S'éloignant de ces principes, les livres de la série de Robert Merle, *Fortune de France*, sont pourtant une plaisante réussite.

Les dialogues posent des problèmes particuliers : comment les rendre avec justesse, dans leur spontanéité ? Très peu de documents rendent compte du langage parlé dans l'Antiquité ou au Moyen Age, davantage à partir de la Renaissance. Et encore il ne s'agit pas, la plupart du temps, du parler populaire. Voilà qui augmente la difficulté rencontrée aussi par le romancier qui écrit sur son temps ou un passé proche : trouver les mots et le ton justes pour écrire la langue orale.

La parole aux romanciers...

A la recherche de valeurs permanentes

« Dans tous les lieux et tous les siècles [...] les opinions, les habitudes de pensée et les actions, bien que dominées par l'état particulier de la société, doivent présenter entre elles une forte ressemblance » (Walter Scott, préface d'*Ivanhoé*).

« Le roman d'Histoire correspond à un besoin réel de l'homme occidental spirituellement déraciné, privé de ses mythes, et avide de s'intégrer dans un passé humain » (Zoé Oldenbourg, *La Nouvelle Revue Française*, oct. 1972).

Voir le présent dans le passé

« Je ne puis imaginer qu'un romancier sérieux, qui travaille sur du matériel historique, puisse voir dans les faits historiques autre chose qu'un moyen de distanciation, une comparaison qui permette de rendre le plus fidèlement possible son propre sentiment de la vie, son propre temps, sa propre image du monde » (Lion Feuchtwanger, *Sens et non-sens du roman historique*).

« Aucun créateur n'a autant de responsabilité dans l'Histoire que le romancier et le cinéaste. Et là, nous retrouvons une antique tradition africaine : le griot. Tout le monde sait que le griot est cinglé [...], on en rit, mais on reconnaît qu'après tout il a raison, le fou » (Ousmane Sembene, *Courrier de l'Unesco*, janv. 1990).

Boutades

« Seuls les romans historiques peuvent être tolérés parce qu'ils enseignent l'histoire » (Flaubert, *Dictionnaire des idées reçues*).

« Henri VIII n'a été pour moi qu'un clou auquel j'ai attaché mon tableau » (A. Dumas).

Quel roman historique ?

« Notre prétention en faisant du roman historique est non seulement d'amuser une classe de nos lecteurs, qui sait, mais encore d'instruire une autre qui ne sait pas, et c'est pour celle-là particulièrement que nous écrivons » (A. Dumas, préface au *Comte de Moret*).

« J'ai mieux fait que l'historien, je suis plus libre » (Honoré de Balzac, avant-propos de *La Comédie humaine*).

« Les faits, justement en ce qu'ils sont conformes à la vérité pour ainsi dire matérielle, possèdent au plus haut degré le caractère poétique [...]. Je fais ce que je peux pour me pénétrer de l'esprit du temps que j'ai à décrire » (Alessandro Manzoni, *Lettre à un ami*).

« De notre temps, le roman historique, ou ce que, par commodité, on consent à nommer tel, ne peut être que plongé dans un temps retrouvé, prise de possession d'un monde intérieur » (Marguerite Yourcenar, « Carnet de notes » de *Mémoires d'Hadrien*).

« L'historien s'occupe des résultats d'un événement, l'artiste de l'événement lui-même » (Léon Tolstoï, appendice de *Guerre et Paix*).

... et aux historiens

« Je suis très tenté par le roman historique : je suis à la frontière des deux, mais j'ai un peu peur des douaniers » (Emmanuel Le Roy Ladurie, *Nouvelles Littéraires*, 29 mars 1979).

« [Les nouveaux historiens médiévistes ont su] restituer aux hommes du Moyen Age un corps, une vérité matérielle et mentale, les faisant manger, jouer, aimer, vivre en un mot et les préparer à devenir les héros en chair et en os, de cœur et d'esprit, d'un romancier qui eût à la fois le savoir de l'histoire et le génie du créateur » (Jacques Le Goff, à propos du *Nom de la Rose* de U. Eco, *Magazine littéraire*, fév. 1989).

« Bien entendu, les exigences des historiens et des romanciers ne sont pas les mêmes, bien qu'elles se soient peu à peu rapprochées. Notre fascination de brasseur d'archives pour les descriptions impossibles à étayer faute de documents alimente aussi bien le renouveau de l'histoire narrative que l'intérêt pour des nouveaux types de sources, où l'on pourrait découvrir des indices épars des actes et des paroles de la vie quotidienne » (Giovanni Levi, *Annales ESC*, 11-12/1989).

Périodes historiques

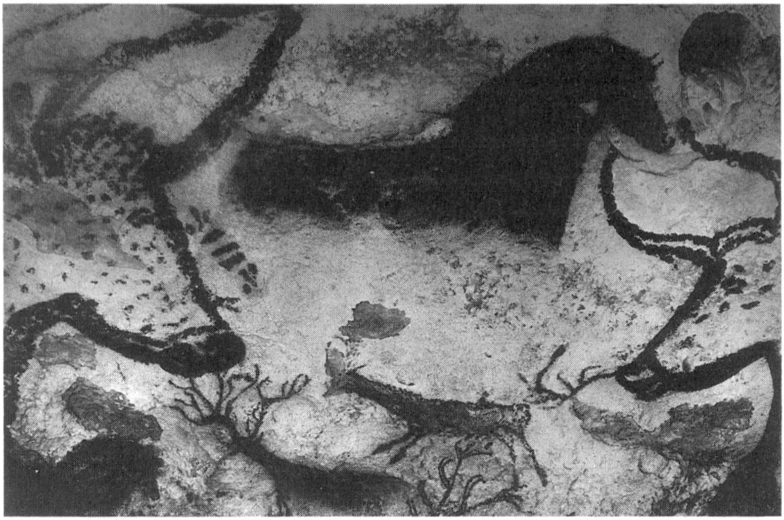

De la préhistoire à nos jours, de Lascaux à Guernica...

Peintures de Lascaux (face nord de la Rotonde) : Aurochs, cheval, cerfs.

PH. Claude Roux © Archives Photeb.

Guernica
Détail du tableau
de Pablo Picasso (1937).
Museo del Prado, Madrid.
Ph. Oronoz © Archives Photeb © by SPADEM 1991.

Préhistoire

«Les Oulhamr fuyaient dans la nuit épouvantable. Fous de souffrance et de fatigue, tout leur semblait vain devant la calamité suprême : le feu était mort.»

Début de : ***La Guerre du feu,***
J.-H. Rosny aîné.

La Guerre du feu (1911)

J.-H. Rosny aîné

La sauvage enfance de l'Homme

Parmi les splendeurs d'une nature primitive, une certaine notion du progrès humain.

J.-H. Rosny aîné (1856-1940)
De son vrai nom Joseph Boëx, il naît à Bruxelles, où il passe sa jeunesse avant de vivre dix ans à Londres, pour s'établir à 30 ans à Paris, où il finira sa vie. Ayant quitté l'école à 15 ans, il continue à étudier en auto-didacte. Ses premières nouvelles suscitent l'admiration de son frère, qui écrira avec lui jusqu'en 1907, puis celle d'Edmond de Goncourt qui en fera le président de son académie. Il produira de nombreuses œuvres, romans, essais, nouvelles, traductions. C'est dans les domaines de la science-fiction (*Les Xipéhuz*) et du roman préhistorique (*Vamireh, La Guerre du feu*) qu'il s'affirmera comme précurseur.

La horde des Oulhamr a perdu le feu. Naoh part à sa recherche. Il devra traverser des contrées inconnues, vaincre des bêtes féroces et des peuples plus féroces encore. Aghoo le Velu, le plus bestial des Oulhamr, veut le supplanter dans la conquête de la belle Gammla, que le chef a promise au vainqueur.

Mais Naoh est invincible, non seulement de par sa force physique et son courage, mais par des qualités et des sentiments dont il est le seul, pour l'instant, à faire preuve : son intelligence audacieuse lui donne l'idée et les moyens d'apprivoiser les mammouths ; un sens poussé de la solidarité lui permet d'être un chef aimé, et pas seulement craint, par les deux jeunes guerriers qui l'accompagnent, et de faire alliance avec un peuple inconnu. Souvent même, Naoh évite d'achever les ennemis blessés, en contradiction avec les règles de son époque. Capable donc de pitié, d'amour, d'altruisme, Naoh est le héros en lequel Rosny aîné incarne les comportements sociaux et moraux qui vont distinguer l'homme civilisé de la bête préhistorique.

▪ Racisme en germe

A côté de cet idéal, le roman de Rosny illustre des conceptions plus douteuses : les peuples voisins sont toujours des ennemis mortels, ils sont physiquement plus petits et laids, et moralement plus cruels. Le seul qui soit techniquement et humainement avancé est voué à la disparition, à preuve de sa décadence la quasi-abolition de la différence des sexes et le fait qu'il soit commandé par une femme. D'ailleurs, la nouvelle *Les Hommes-sangliers*, que Rosny a écrit vingt ans plus tard en 1929, est un monument de préjugés racistes à l'encontre des peuples coloniaux et un hymne à la supériorité absolue de la race nordique, la femme, même nordique, restant, elle, dominée par l'instinct bestial.

Rosny aîné était en même temps homme de lettres et un passionné de sciences, et si certains types humains qu'il décrit, comme les Hommes-sans-épaules, relèvent plus de son imagination fantastique que des connaissances paléontologiques de son époque, son amour de la nature nous vaut par contre de superbes passages qui allient à une précision de naturaliste un lyrisme sauvage pour décrire la vie des animaux grands ou petits, des forêts, et des éléments. *La Guerre du feu* a une suite, *Le Félin géant*, qui raconte les aventures du fils de Naoh et de Gammla.

Édition
Le Livre de poche, jeunesse, 287 p.

Eyrimah
Une place revient au petit roman *Eyrimah* pour l'originalité de son thème, les cités lacustres, quoiqu'il soit traversé par le courant du darwinisme social, qui prétendait démontrer la supériorité de la race blanche.

Avant Adam (1906)

Jack London

Préhistoire, atavisme et darwinisme

Faites donc lire ce livre à ceux qui aiment évoquer leurs ancêtres.

Un enfant du XXe siècle est régulièrement victime de cauchemars qui mettent en scène des silhouettes d'hommes préhistoriques, et se passent toujours dans les bois. Devenu étudiant, il découvre la théorie de l'évolution et la psychologie, et comprend alors que ses rêves sont les souvenirs d'un de ses lointains ancêtres. Le voilà capable de classer ses rêves et de reconstituer la vie de Grande-Dent, qu'il nous raconte à la première personne.

Ce livre peut être considéré d'abord comme un passionnant roman d'aventures et de fiction, destiné au jeune public. Mais c'était aussi, dans l'esprit de Jack London, un travail quasi scientifique, destiné à illustrer et à défendre le darwinisme.

▪ Sciences naturelles...

Quand, en 1906, parut *Avant Adam*, *L'Origine des espèces*, publiée par Darwin en 1859, avait donc presque 50 ans. Darwin y avait développé les mécanismes qui pouvaient régir l'évolution des espèces vivantes. Or l'idée même d'évolution hérissait les bigots de tout poil, puisqu'elle faisait de l'homme un des produits de la nature comme les autres animaux, contrairement aux affirmations de la Bible qui présente Dieu créant le monde en sept jours et l'Homme à son image. D'ailleurs, les lois interdisant l'enseignement du darwinisme aux États-Unis n'ont été abolies qu'en 1968, et le courant créationniste n'a pas encore désarmé de nos jours. Au tout début du siècle, c'était donc faire acte de militant matérialiste que d'affirmer la parenté de l'homme et du singe.

▪ ... et sciences sociales

London voulait aussi, avec *Avant Adam*, illustrer l'extrême lenteur du progrès (Grande-Dent invente la domestication du chien pour l'oublier aussitôt) et la supériorité de l'organisation sociale sur l'individualisme (les Hommes du Feu détruisent le Peuple des Cavernes non seulement parce qu'ils sont mieux outillés, mais parce qu'ils ont un plan de guerre). Bien sûr, certaines thèses considérées par London comme scientifiques ont été depuis infirmées par la génétique, la paléontologie et l'anthropologie modernes, à commencer par la filiation directe du singe et de l'homme, ou la rencontre d'espèces aussi distantes dans l'échelle de l'évolution que les trois peuples dont parle *Avant Adam*, ou encore une mémoire atavique transmise par des « cellules cérébrales procréatrices ». Mais en tant que témoin des connaissances de son temps et des balbutiements de certaines sciences humaines, ce livre est d'autant plus intéressant.

Marche arrière
Dans l'État d'Arkansas, la loi impose aux écoles publiques l'enseignement d'un soi-disant « créationnisme scientifique » à égalité avec l'évolutionnisme, et cela depuis 1981 !

Jack London (1876-1916)
Fils de fermier, il fit mille métiers : pêcheur, marin, chercheur d'or, journaliste. Connu pour ses romans d'aventures (*L'Appel de la forêt*, *Croc-Blanc*, *Le Loup des mers*), il fut aussi un écrivain socialiste engagé. *Martin Eden*, roman autobiographique, fait le portrait d'un pauvre qui, avec acharnement, lit et se cultive. *Les Temps maudits*, *Les Vagabonds du rail*, *Le Peuple de l'abîme* décrivent la condition des exploités et les bas-fonds de la société. *Le Talon de fer*, c'est celui des trusts écrasant le peuple qui aspire au socialisme. London milita au parti social-démocrate d'Amérique d'Eugène Debs. *Avant Adam* s'inscrit dans sa lutte contre l'ignorance et l'obscurantisme. London, très individualiste, rompit avec le socialisme vers 1910. Il se suicida en 1916.

Édition
10/18, 306 p.

La Caverne magique (1963)

Michel Peyramaure

Des trésors archéologiques pour héros

La Dame de Brassempouy voit s'animer les parois de Lascaux.

Michel Peyramaure (1922)
Journaliste très attaché à son Limousin, il est l'auteur fécond d'une trentaine de romans historiques : sur la Préhistoire, *La Vallée des Mammouths* ; sur l'Antiquité, *Divine Cléopâtre* ; ou encore *Les Portes de Gergovie*.
Mais c'est surtout le Moyen Age qu'il a évoqué dans ses romans tels *Les Lions d'Aquitaine*, *Le Bal des ribauds*, *Le Printemps des pierres*, les trilogies *La Passion cathare* et *La Lumière et la Boue* (prix Alexandre-Dumas 1980).

Édition
Laffont, 275 p.

Publié d'abord sous le titre *La Fille des Grandes Plaines*, cet ouvrage repose, l'auteur le souligne, sur une documentation solide : ce que l'on peut savoir sur la vie quotidienne des peuplades de chasseurs entre Landes et Dordogne, sur leur art, a été soigneusement utilisé. Les progrès de la recherche en Préhistoire survenus depuis 1963 amèneraient certainement quelques retouches.

La Dame de Brassempouy, le plus ancien portrait humain connu, est une figurine de femme ciselée dans l'ivoire : l'auteur en a fait son héroïne, Wen. Elle vient des Landes, a été enlevée et emmenée près des Eyzies par le peuple des Marécages qui manque de femmes. Mais elle rencontre un soutien parmi le peuple voisin de la Rivière Noire, au physique plus harmonieux que les autres, et surtout auprès de deux frères : Aweid, chasseur errant qui se trouve toujours du côté de ceux que menacent les « forces du mal », et Magh, artiste et magicien.

Songes, présages lus dans le foie des rennes, verdict des osselets, crainte des puissances occultes et du jugement des ancêtres occupent l'esprit des hommes tandis qu'ils pratiquent leur activité essentielle : la chasse au renne, au mammouth, au cheval. L'hiver était alors plus rigoureux qu'aujourd'hui ; la tribu des Marécages, la plus mal lotie, en souffre particulièrement et menace les autres tribus.

▪ L'art, l'amour, la conscience

Michel Peyramaure reconstitue mais doit surtout inventer ces sociétés. Ainsi imagine-t-il ce grand moment de la création des peintures de la grotte de Lascaux, œuvres artistiques et rituelles.

Les personnages ressentent, pensent, agissent : des *homo sapiens*, nos frères. Une belle histoire d'amour se développe. Et Magh peut dire à Aweid : « L'homme parviendra-t-il à prendre conscience de ses erreurs, à refréner ses mauvais penchants ? Nous sommes plus près qu'il ne semble des vieux hommes aux grandes mâchoires qui se dévoraient entre eux, chassaient les têtes, et dont les os pourrissent au creux des abris abandonnés. » La société humaine a acquis une conscience, une mémoire.

Le secret de la Licorne
L'auteur fait peindre à Magh le magicien un animal extraordinaire, Marah : c'est la fameuse Licorne de Lascaux, dotée d'une queue de cerf, d'une bosse de bison, d'un sexe mâle, et pourtant gravide. Les préhistoriens s'interrogent : animal imaginaire, déguisement du Sorcier de Lascaux ? Autrement dit, Magh lui-même ?

Le Rêve de Lucy (1990)

Pierre Pelot

La rencontre de la science et de la fiction

Un écrivain, un dessinateur et un scientifique se sont réunis pour imaginer les pensées de notre ancêtre.

«Avec *Le Rêve de Lucy*, nous avons tenté de créer un genre nouveau : le “merveilleux scientifique” [...] qui est une approche ludique de l'état de la recherche scientifique et de la connaissance» indiquent les éditeurs.

Le beau texte de Pierre Pelot est accompagné des touchants dessins de Tanino Liberatore. Tous deux ont bénéficié des conseils scientifiques d'Yves Coppens, professeur au Collège de France, qui fut un des parrains qui baptisèrent en 1978 cette «jeune fille» de plus de trois millions d'années dont ils avaient découvert de nombreux fragments de squelette : ils l'appelèrent Lucy, en souvenir d'une chanson d'alors des Beatles, *Lucy in the Sky with Diamonds*. A la fin de l'ouvrage, Coppens donne d'ailleurs quelques informations scientifiques.

Il s'agissait pour Pierre Pelot de traduire ce qu'a pu être la conscience et l'émotion chez l'Australopithèque préhominien Lucy. Il imagina une histoire simple : Lucy, qui est une rêveuse portée à la réflexion, s'isole souvent de sa petite harde. Elle rencontre un jour une harde bien plus nombreuse, plus évoluée, d'*homo habilis* qui se servent de pierres comme outils et sont carnivores. Elle les suit de loin, s'attache à l'un d'eux. En permanence rôde un dangereux félin...

Lucy ne dispose pas de nombreux moyens d'abstraction. Aussi ses compagnons et les êtres qu'elle rencontre sont-ils désignés par des caractéristiques extérieures : le chef de la harde est «Celui qui marche le plus vite» ; les vieux sont «Ceux qui marchent lentement» ; voici «Celui qui n'a pas de couleur pour regarder», «Celle qui marche en balançant» et la borgne, «Celle qui ne voit qu'une fois». Les animaux, qui ne sont pas considérés comme inférieurs, au contraire, ne sont pas désignés autrement : quand ils volent, ce sont «Ceux qui glissent en étendant leurs bras légers» ; le tigre-dent de sabre est «Celui aux dents qui frappent».

▪ Images et émotions

Lucy réfléchit en voyant couler l'eau, en regardant s'affairer les fourmis. Elle regrette de ne pas pouvoir communiquer ses pensées aux autres de sa harde, qui pourtant pensent sans doute aussi. Elle distingue les images qu'elle voit, qui sont devant ses yeux, de celles qui proviennent du passé, qu'elle a «mangées» et qu'elle voit même les yeux fermés ; il y a encore celles «qu'elle s'était mises en tête en attendant de les voir pour de bon», fruits de son raisonnement et de son imagination.

En rencontrant des *homo habilis*, elle prend conscience de l'utilité des pierres comme outil, de la force d'un groupe qui, bien organisé, réussit même à chasser «Celui aux dents qui frappent».

Pierre Pelot (1945)
Il est l'auteur de récits de science-fiction (*Delirium circus, Fœtus party, La Guerre olympique*). Il a écrit aussi des romans historiques pour la jeunesse : *Sierra brûlante* (l'histoire d'un Indien navajo) ou *Le Vent de la colère* (après la guerre de Sécession, dans le Missouri).

Yves Coppens (1934)
Il a, entre autres, écrit *Pré-ambule, Les Premiers pas de l'homme*, et *Le Singe, l'Afrique et l'Homme* qui porte en exergue cette boutade d'Alphonse Allais : «Il faut être indulgent pour l'homme si on songe à l'époque à laquelle il a été créé.»

Édition
Seuil, 121 p.

Elle découvre l'émotion : des larmes lui coulent quand elle pense à celui qui lui a fait signe.

L'auteur a visiblement pris grand plaisir à trouver les mots et les phrases pour suivre les pensées et les émotions de Lucy. Il l'offre en partage au lecteur.

«Que dire scientifiquement ?» demande Yves Coppens : «Que certains traits sont incontestables, certains comportements probables, la montée de la réflexion certaine, mais indémontrable. L'histoire est de toute façon belle, la poésie y trouve son compte et la préhistoire ne la reniera pas.»

Inspiratrice de Michel Peyramaure, **la Dame de Brassempouy** (Landes) : le plus ancien visage humain connu. Statuette en ivoire de mammouth, paléolithique supérieur. *Musée des antiquités nationales*, Saint-Germain-en-Laye.

Ph. du Musée © Archives Photeb.

Et encore

Outre les autres romans de J. H. Rosny aîné et de M. Peyramaure, citons de E. Haraucourt (contemporain de Rosny), l'intéressant *Daâh, le premier homme* qui s'attache aux progrès psychologiques de l'homme. Dans *Le Monde perdu* de Conan Doyle, un savant déniche un coin du monde qui n'a pas évolué depuis l'époque préhistorique.

Les best-sellers de J. M. Auel (*Ayla*, *Les Enfants de la terre*, *Les Chasseurs de mammouths*) sont d'une qualité littéraire et scientifique douteuse. Amusons-nous plutôt avec *Pourquoi j'ai mangé mon père* de R. Lewis, mémoires d'un jeune homme du Pliocène.

L'Antiquité méditerranéenne

«C'était à Mégara, faubourg de Carthage, dans les jardins d'Hamilcar.
«Les soldats qu'il avait commandés en Sicile se donnaient un grand festin.»

Début de : ***Salammbô,***
Gustave Flaubert.

Mémoires d'Hadrien (1951)

Marguerite Yourcenar

Vingt-sept ans de gestation, trois ans de création

L'art d'entrer dans le monde intérieur d'un personnage historique ne s'acquiert qu'après une longue fréquentation.

Marguerite Yourcenar (1903-1987)
Née à Bruxelles de milieu aisé, Marguerite Yourcenar (anagramme de son vrai nom, de Crayencour) grandit dans le nord de la France puis, après des séjours en Italie, Suisse, Grèce, se fixa pendant la guerre aux États-Unis dans l'île de Mount-Desert sur la côte nord-est où elle vécut jusqu'à sa mort. Elle fut la première femme à entrer à l'Académie française en mars 1980.
Son œuvre est marquée par sa culture classique et un profond mysticisme, influencé par les cultures orientales, devant « l'immense incompréhensible qui nous entoure ».

Édition
Folio, 316 p.

L'auteur a imaginé l'empereur Hadrien écrivant à un jeune homme, le futur Marc Aurèle. Commencé comme une lettre destinée à l'informer des progrès de sa maladie, le texte devient Mémoires, réflexion sur l'humaine condition, exceptionnelle leçon politique.

Marguerite Yourcenar, riche d'une large culture classique, avait « surtout pensé au lettré, au voyageur, au poète, à l'amant qu'était Hadrien », écrit-elle. Puis la figure de l'empereur, « la plus officielle et la plus secrète », se révéla.

Ces multiples aspects d'une personnalité exceptionnelle se répondent tout au long de ces *Mémoires*. La vie d'Hadrien s'y déroule de son enfance en Espagne à sa rencontre avec le jeune grec Antinoüs, son grand amour, de son ascension dans l'armée à son adoption par Trajan qui en fit ainsi son successeur. Le règne d'Hadrien, long, fructueux pour l'Empire, fut tourné vers la consolidation et la structuration de cet immense espace.

▪ L'élève des grecs

Mais se précise surtout l'image d'un empereur pour lequel tout progrès, toute philosophie, toute connaissance émanent du monde grec : conception d'une terre ronde et mobile ; respect de la personne humaine qui le pousse à tenter d'améliorer la condition de la femme, de l'esclave, du paysan, de l'ouvrier, à rendre l'armée un peu moins barbare ; esprit critique qui lui fait entrevoir les dangers qui menacent l'Empire, le pas en arrière que constituerait son éclatement. Les activités les plus quotidiennes, se nourrir, aimer, dormir, Hadrien les analyse avec la même méthode apprise de ses maîtres grecs que les problèmes les plus importants. Sa pensée est choquée par l'intolérance des adeptes des religions juive ou chrétienne.

Hadrien est aussi un grand voyageur : c'est sur place qu'il discute avec les Égyptiens, combat les Juifs, négocie avec les Parthes. Sa patrie, c'est le monde méditerranéen où il s'efforce de persuader « ce fripier juif et ce charcutier grec de vivre tranquillement côte à côte ». Hadrien a ainsi tout au long du récit de ces réflexions qui valent pour notre époque.

Denses et pourtant fluides que ces *Mémoires d'Hadrien* où Marguerite Yourcenar dut beaucoup inventer : les lacunes laissées par les documents laissaient place aux hypothèses à l'intérieur desquelles pouvait se développer la création littéraire. C'est un roman que l'on savoure comme une version moderne d'un manuscrit vieux de dix-huit siècles, tant sont grandes l'érudition de l'auteur et son apparente facilité à pénétrer dans le monde intérieur d'Hadrien.

▪ Une longue histoire

C'est au British Museum que Marguerite enfant vit Hadrien

pour la première fois. En buste. C'est en visitant la Villa Hadriana près de Rome en 1924 que lui vint l'idée de son roman qui paraîtra vingt-sept ans plus tard. Quand elle se décida à l'écrire en 1948, après avoir retrouvé d'anciennes ébauches de manuscrit, elle vécut, dit-elle, trois ans «en symbiose avec le personnage». Elle admirait l'œuvre politique de son modèle et disait de lui : «En un sens, c'est un homme de la Renaissance.»

Elle n'a pas écrit

Le roman historique «*Élisabeth de Hongrie* nous aurait mis en plein Moyen Age, avec les grandes figures qui ont plus ou moins dominé la vie de cette jeune sainte : François d'Assise [...], Frédéric II de Hohenstaufen [...] et puis Conrad de Marburg, le Grand Inquisiteur [...]. Je ne l'ai pas fait car je ne lis pas assez bien l'allemand.»

(*Les Yeux ouverts*)

Quelques titres

L'Œuvre au noir (voir page 56) a aussi très longuement mûri. *Le Coup de grâce* est une histoire d'amour entre trois jeunes impliqués dans la guerre qui sévit dans les pays Baltes de 1919 à 1921. *Souvenirs pieux* et *Archives du Nord* sont des récits familiaux.
Elle publia aussi des pièces de théâtre sur des thèmes antiques, des poèmes, des essais tel le dernier en 1983, regroupant cinquante textes, sous le beau titre *Le Temps, ce grand sculpteur*.

Le Pecile, grand jardin entouré de murs et de colonnades de la **Villa Adriana**, près de Rome, construite de 125 à 135 par l'empeur Hadrien. Marguerite Yourcenar y passa «de méditatifs matins».

Ph. © Elliot Erwitt - Magnum.

Sinouhé l'Égyptien (1945)

Mika Waltari

Avec Akhénaton et Néfertiti

Mémoires d'un médecin humaniste vers l'an 1350 avant J.-C.

Mika Waltari (1908-1979)
Écrivain finlandais, son œuvre comporte une centaine de titres. On y trouve des documentaires, des pièces de théâtre, un roman policier (*Qui a tué Madame Scrof*), des romans sur la Finlande moderne, et bien sûr de nombreux romans historiques tels *L'Étrusque, le Secret du royaume, les Amants de Byzance, l'Escholier de Dieu, le Serviteur du prophète.*

Édition
Folio, 950 p.

Pour nous conduire dans l'Égypte du Nouvel Empire et dans tout le Moyen-Orient au XIVe siècle, Mika Waltari a imaginé un guide idéal : Sinouhé, médecin des pauvres puis de la cour, grand voyageur, agent secret proche du pharaon hérétique Akhénaton et de sa femme Néfertiti ; Sinouhé humaniste et sceptique qui pose un regard moderne sur son époque et connaît, en amour comme en politique, bien des mésaventures.

Il n'y a pas trop du millier de pages du roman pour passer des quartiers populaires de Thèbes à la cour ; pour aller de la maison de la Vie où l'on apprend à devenir à la fois prêtre du dieu Amon et médecin, à la maison des Morts où l'on embaume ceux qui partent vers une vie nouvelle et mystérieuse ; pour voyager de l'Égypte à la Syrie, à Babylone, en Crète ; pour assister à de sanglantes batailles contre les Kabhiris ou les Hittites ; pour découvrir l'art d'alors, souvent très réaliste ; pour saisir l'importance économique et politique de l'or et du blé égyptien ; et bien sûr pour en apprendre un peu sur la médecine antique : une médecine où les rituels magiques avaient une grande place mais où le médecin devait, «de la tête aux pieds, avoir posé toutes les questions nécessaires pour obtenir une image claire de la maladie», ainsi que le prescrit un célèbre papyrus (dit aujourd'hui «papyrus Edwin Smith»).

▪ Un pharaon socialiste

Mika Waltari se plaît à imaginer ce qu'a pu être le règne d'Akhénaton : celui-ci, imposant un Dieu unique, Aton, construisant une nouvelle capitale, la cité de l'Horizon, aspirant à la paix, prêchant pour une société «sans riche ni pauvre», où personne ne dira à un autre «sale Syrien» ou «misérable nègre». Mais Akhénaton ne peut pas mettre ses rêves en pratique : le peuple continue à s'appauvrir ; le règne sombre dans la guerre civile menée contre Aton et son pharaon par les prêtres thébains du dieu Amon.

Malgré quelques invraisemblances, voilà un roman fort documenté, animé par les nombreux personnages qui gravitent autour de Sinouhé, originaux et représentatifs, et qui, au passage, révèlent au lecteur quelques expressions typiques : sachez par exemple que «se marier» ne se dit pas autrement que «casser une cruche ensemble» !

Le Roman de Sinohé
Il s'agit d'un chef-d'œuvre de la littérature..., datant des années 1950 avant J.-C. et faisant l'éloge du pharaon Sésostris Ier qui pardonne à Sinohé, soupçonné d'avoir trempé dans l'assassinat du pharaon précédent. Rien à voir donc avec le roman de Waltari, si ce n'est la quasi-homonymie du héros et son goût des voyages.

Le Roman de la momie (1858)

Théophile Gautier

Amoureux d'une morte ?

Pourquoi pas, puisque Gautier la ressuscite !

Le roman commence par la description minutieuse d'une tombe royale égyptienne : ses salles, ses fresques et bas-reliefs, son mobilier, son sarcophage. Le lecteur accompagne pas à pas un jeune lord amateur d'antiquités et un savant allemand dans l'exploration de cette tombe et la découverte du corps merveilleusement conservé d'une jeune fille. Th. Gautier s'est inspiré jusque dans les moindres détails de l'hypogée de Séthi Ier, pharaon de la XIXe dynastie au XIIIe siècle avant J.-C., une des plus belles tombes de la vallée des Rois. Un papyrus accompagne la momie, que le savant a tôt fait de traduire : il raconte l'aventure de la jeune fille. Et c'est la seconde partie du roman.

▪ Flash-back de trois mille ans

Tahoser, fille d'un grand prêtre, est amoureuse d'un jeune Hébreu, Poëri. En se déguisant en pauvresse, elle réussit à se rapprocher de lui. Mais elle est enlevée par Pharaon, qui l'enferme dans son palais. Là, elle assiste à l'affrontement entre Pharaon et le vieux Mosché (Moïse) venu demander l'autorisation pour les Hébreux de quitter l'Égypte. Suit le récit rapide des dix plaies d'Égypte, de l'Exode, de l'anéantissement de l'armée de Pharaon. Tahoser règnera après lui pendant quelque temps.

▪ Égyptologie et Histoire sainte

S'il y eut bien une reine Taousert, veuve de Séthi II, et qui règna de –1192 à –1190, elle n'a fait que prêter son nom à l'héroïne de Th. Gautier. Quant à l'épisode de Moïse, il n'est pas attesté par d'autres sources que la Bible, aussi la date de l'Exode est-elle fort controversée. Tout cela est donc romancé. Ce qui est sûr, parce que relaté par nombre de documents écrits ou iconographiques, c'est le mode de vie à la cour des pharaons, leur politique de conquête (le roman décrit un retour triomphal après une expédition en Éthiopie supérieure), la situation privilégiée de certains Hébreux en Égypte à certaines périodes (Poëri est régisseur d'un domaine agricole ; les Hébreux emmènent la momie de Youssouf : c'est le Joseph de la Bible, qui fut ministre de Pharaon), leur asservissement à d'autres périodes où ils sont voués à la fabrication des briques pour les grands travaux. Dans *Le Roman de la momie*, l'histoire des peuples et des civilisations se mêle avec bonheur à la légende, au merveilleux, et à l'esthétisme.

Théophile Gautier (1811-1872)
Étudiant en peinture, poète romantique, journaliste littéraire et critique d'art, toujours amoureux de la beauté, parfois fasciné par la mort, toutes les facettes de sa riche personnalité se retrouvent dans *Le Roman de la Momie*. Son œuvre comporte aussi des poèmes, de nombreux articles et ouvrages sur le théâtre, la peinture, la poésie, des nouvelles, et récits de voyage et romans, dont *Le Capitaine Fracasse*, roman d'aventures qui se passe sous Louis XIII.

Édition
Folio junior, 289 p.

Le Feu du Ciel / L'Enfant perse / Les Jeux funéraires (1970)

Mary Renault

A la gloire d'Alexandre le Grand

Jeunesse, conquêtes, mort et succession : l'auteur cultive le mythe d'un héros de l'Occident.

Mary Renault (1905-1983)
Née à Londres, elle vécut en Afrique du Sud, au Cap. Elle est l'auteur d'autres ouvrages sur la Grèce antique, malheureusement assez difficiles à trouver : *Le Fond de coupe* où paraît Socrate et *Le Masque d'Apollon*, évoquant un acteur de théâtre au temps de Platon.

Le Feu du Ciel, le plus intéressant des trois tomes, se déroule de l'enfance d'Alexandre – il est né en 356 av. J.-C. – à 336, à la mort de son père Philippe de Macédoine, assassiné après avoir réduit les villes grecques et préparé la guerre contre les Perses. Le roman évoque les années de formation, les rencontres déterminantes : celle de *L'Iliade* où il s'identifie à Achille ; celle de Bucéphale, son fidèle cheval ; celle d'Héphaïstion, futur grand guerrier lui aussi, son grand amour, son Patrocle ; celle d'Aristote, son maître. L'auteur tente d'imaginer l'impact sur l'enfant puis le jeune homme des affrontements entre son père et sa mère Olympias, l'influence de chacun. *L'Enfant perse* est l'histoire du règne d'Alexandre et de ses conquêtes jusqu'à sa mort à Babylone à 33 ans. Le narrateur en est un jeune eunuque perse, «mignon» de Darius puis d'Alexandre. Avec lui, c'est toute une phase des conquêtes d'Alexandre qui est vue du côté du monde perse. Le dernier volume est celui de la lutte pour le pouvoir entre ses successeurs : «Les joutes seront rudes à mes jeux funéraires» aurait dit le héros sur son lit de mort.

L'auteur, à l'exception de passages confus, a su trouver les scènes, les anecdotes qui éclairent l'Histoire. Elle s'est inspirée des sources anciennes, Plutarque, Quinte-Curce, Arrien, qu'elle utilise avec discernement. Son sérieux historique est indéniable.

▪ Mythe

Mais bien qu'elle assure que «l'auteur engagé d'un roman historique est nécessairement un menteur engagé», tout son roman procède d'un choix idéologique clair... et banal : à la suite de bien des historiens, elle fait d'Alexandre le Grand un héros exemplaire, intrépide, généreux face à un Darius incapable et poltron, roi d'une Perse décadente. Son roman participe de la geste mythique et suspecte du premier héraut civilisateur de l'Occident face au monde décadent des Barbares.

Édition
Julliard, 3 tomes, 400 p. chacun.

Klaus Mann (1906-1949)
Fils de Thomas Mann, auteur de *Méphisto* et du *Volcan*, il a écrit dans sa jeunesse un court roman, intitulé simplement *Alexandre* – récemment réédité en France – qui s'attache particulièrement aux amours du héros.

Salammbô (1862)

Gustave Flaubert

La documentation au service du verbe

Festins et batailles éléphantesques se livrent à Carthage où Mathô le rebelle a pour la fille d'Hamilcar les yeux de Rodrigue.

A Carthage, vers 240-238 avant notre ère, après la première guerre punique contre Rome, l'armée des mercenaires, licenciée, s'estimant lésée, se révolta. L'historien antique Polybe a laissé sur ces événements de précieux textes où l'auteur a puisé.

Flaubert, qui, en 1857, parlait de cette œuvre comme d'une «truculente facétie» le changeant de *Madame Bovary*, n'en a pas moins travaillé à rassembler pendant des mois une impressionnante documentation, s'intéressant aux moindres détails alors connus de la vie quotidienne dans l'Antiquité, avec une soif d'encyclopédiste.

▪ «Un magasin» !

Mais les méthodes et les sources archéologiques étaient limitées, favorisant chez Flaubert une grande inventivité. Bijoux et animaux, armes et instruments de torture, parfums et aliments de toute l'Antiquité se trouvent rassemblés là dans des descriptions énormes. Le festin des mercenaires est un délire culinaire, les batailles sont des anthologies d'horreurs en tous genres. Ce roman «est devenu un magasin» ! s'écria un sévère critique.

Et les personnages ? Salammbô, la fille du chef des armées carthaginoises Hamilcar, ou Mathô, le chef des Mercenaires amoureux d'elle, restent des silhouettes.

S'il est fidèle à la trame historique de Polybe, *Salammbô* brille surtout d'une éclatante passion pour les mots et les belles phrases. Ses gigantesques tableaux de beuveries ou de combats, cette démesure même, ses pages fantastiques en font le charme.

▪ Les éléphants

Voyez comment Flaubert se délecte à faire entrer en scène à la bataille du Macar ces acteurs de choix : «Les soixante-douze éléphants qui se précipitaient sur une double ligne [...] les Indiens les avaient si vigoureusement piqués que du sang coulait sur leurs larges oreilles. Leurs trompes, barbouillées de minium, se tenaient droites en l'air, pareilles à des serpents rouges ; [...] Les éperons de leur poitrail, comme des proues de navire, fendaient les cohortes ; elles refluaient à gros bouillons. Avec leurs trompes, ils étouffaient les hommes, ou bien, les arrachant du sol, par-dessus leur tête ils les livraient aux soldats dans les tours ; avec leurs défenses, ils les éventraient, les lançaient en l'air, et de longues entrailles pendaient à leurs crocs d'ivoire comme des paquets de cordage à des mâts [...].»

Gustave Flaubert (1821-1880)
Son œuvre est marquée par sa recherche du réalisme, son élan lyrique, son amour de la langue. Que citer ? *Madame Bovary*, *L'Éducation sentimentale*, *Trois Contes*, *Bouvard et Pécuchet*...

Sainte-Beuve
Le grand critique littéraire regretta de *Salammbô* «le côté descriptif exorbitant» et l'acharnement à peindre des horreurs». Ce à quoi Flaubert répondit, rappelant «ce qui se passe actuellement aux États-Unis» (la guerre de Sécession) : «J'ai été sobre et très doux au contraire !»

Édition
Garnier-Flammarion, 311 p.

Barrabas (1950)

Pär Lagerkvist

Un livre dont le héros n'est pas un saint

Barrabas porte toutes les malédictions des hommes et tout l'espoir de Lagerkvist.

Pär Lagerkvist (1891-1974)
Né en Suède dans une famille modeste et croyante, il se rapproche dans sa jeunesse du mouvement socialiste. Mais sa préoccupation constante est d'ordre mystique. Son œuvre est monumentale : des dizaines de recueils de poèmes, pièces de théâtre, critiques littéraires, nouvelles et romans, parmi lesquels *Le Nain* (se passe à la Renaissance italienne), *La Sibylle* (au Ier siècle apr. J.-C.), *La Terre sainte* (mythe du Juif errant). En 1951, juste après la publication de *Barrabas*, il reçoit le prix Nobel de littérature.

Édition
Le Livre de poche, 186 p.

Barrabas est ce criminel que le peuple préféra amnistier, à l'occasion de la Pâque juive, alors que Ponce Pilate proposait de libérer Jésus. Le livre commence aux pieds de la croix, où Barrabas regarde mourir cet homme qui a pris sa place. Puis l'auteur imagine ce qu'a pu être la vie de Barrabas.

▪ Brigand...

Né d'un viol, maudit par sa mère, Barrabas pouvait-il devenir autre chose qu'un criminel ? Cependant, depuis qu'il a échappé à la crucifixion, Barrabas est bizarre. Peut-être est-il troublé par le mot d'ordre d'amour émis par cet être qui se disait fils de Dieu, et n'a même pas demandé à son père de le défendre. D'ailleurs, le jour où Barrabas se donne le mal d'enterrer la pauvre femme au bec-de-lièvre, elle dont il avait si bien su profiter autrefois, quelle explication à ce geste étrange, si ce n'est qu'il commet pour une fois un geste d'amour ? Et le coup de poignard qu'il administre au fonctionnaire qui a présidé à la lapidation publique de cette femme ne peut être qu'un geste de justice, même à la manière d'un Barrabas.

▪ Esclave...

Puis il rejoint pour un temps sa horde de brigands, et reparaît à Chypre, condamné aux travaux forcés dans les terribles mines de cuivre, où il se convertit. Il réussit à en sortir pour devenir esclave dans une ferme. Après une dénonciation, il se renie et assiste au supplice de son ami demeuré fidèle à la foi chrétienne. Plus tard, emmené à Rome par son maître, il retrouve sa vieille attirance pour le christianisme. Le dénouement est l'incendie de Rome, auquel Barrabas participe, persuadé que le Sauveur est revenu pour brûler « ce monde abominable ». Mais c'était une provocation de l'empereur : Barrabas sera cette fois crucifié avec les chrétiens de Rome.

Barrabas est un très beau livre, sensible et touchant, sur la condition humaine. Bien plus que Jésus, l'homme, c'est Barrabas, en lutte contre sa propre dépravation, son égoïsme ou sa lâcheté. De plus, la vie quotidienne dans la Palestine occupée par Rome, l'oppression du peuple et des esclaves en particulier, la signification du christianisme pour eux et pour les Romains, tout cela est très bien décrit.

Moi Zénobie, reine de Palmyre (1978)

Bernard Simiot

La Syrie romaine au IIIe siècle

«Rome, ce n'est pas le lyrisme de Virgile, mais l'ombre du légionnaire.»

Le personnage historique, Zénobie ; le lieu, Palmyre, oasis de Syrie ; l'époque, le IIIe siècle après J.-C., ont de quoi fasciner un auteur et ses lecteurs : la ville était alors au point de contact de la Perse du roi Sapor et de l'Empire romain déclinant dirigé par Valérien puis Aurélien. C'était une grande ville marchande jouissant d'un quasi-monopole sur le commerce entre l'Inde et la Méditerranée, organisant les caravanes qui traversaient la Mésopotamie et le désert syrien. Sous son règne bref (267-272), Zénobie fit de sa ville un royaume : elle conquit l'Asie Mineure et l'Égypte. Rome ne toléra pas cette nouvelle menace et l'abattit.

▪ Une tête politique

Pour être réussi, ce livre devait d'abord tracer un portrait en profondeur de son héroïne. Zénobie est une épouse respectée, mère attentive à l'avenir du fils héritier Waballaht ; c'est une femme énergique qui peut haïr comme aimer avec passion ; c'est surtout une tête politique, fille du désert mais imprégnée de culture grecque, profondément hostile à Rome, ambitieuse pour sa ville et pour elle-même : «Il arrive toujours dans l'histoire d'un peuple un moment où tout est possible» dit-elle. L'Empire romain n'eut-il pas peu avant à sa tête un Africain, Septime Sévère et même Philippe l'Arabe, fils de Petra, ville de la même région que Palmyre ? En jouant un intelligent jeu de balance entre Rome et la Perse, n'y a-t-il pas place pour un empire de Palmyre ? On la voit conseiller son mari Odenath puis mener elle-même la politique de la ville.

L'auteur parvient à attacher le lecteur aux buts de son héroïne, même lorsqu'elle envoie cyniquement son amant à la mort, ou ne croit aux dieux, qu'ils s'appellent Bêl ou la déesse Allaht, que lorsqu'ils peuvent lui être utiles : les rois ont inventé les dieux pour «inspirer à leurs sujets une utile terreur» lui a enseigné Eulémos, son vieux professeur de grec.

Passionnant portrait d'une femme au demeurant peu sympathique, tableau économique et social, récit d'histoire et de géopolitique, le livre bruit des discussions, confidences et chuchotements de palais, résonne du fracas de sanglantes et cruelles batailles sur fond de cris et de marchandages emplis d'odeurs de la grande ville commerçante.

Zénobie obtint en 1978 le Goncourt du récit historique.

Bernard Simiot (1906)
Journaliste, passionné d'histoire, il a écrit entre autres : *De Lattre*, *De quoi vivait Bonaparte*, *Suez, 50 siècles d'histoire*. Il est surtout connu pour ses grands romans historiques sur le XVIIe siècle : *Ces Messieurs de Saint-Malo* suivi du *Temps des Carbec*, qui montrent l'ascension de la bourgeoisie marchande sur 3 générations.

Édition
Le Livre de poche, 350 p.

Spartacus (1938)

Arthur Koestler

Spartacus (1951)

Howard Fast

«Foule esclave, debout, debout !»

Spartacus permet aux auteurs d'évoquer les problèmes de la Révolution au XXe siècle.

Arthur Koestler (1905-1983)
Écrivain juif né en Hongrie, il prit la nationalité anglaise. Communiste, il rompt en 1938 avec le stalinisme qu'il dénonce dans *Le Zéro et l'Infini. La Lie de la terre* témoignera sur les camps de concentration des réfugiés politiques en France en 39-40, *La Tour d'Ezra* sur les foyers juifs en Palestine avant guerre (voir p. 223).

Howard Fast (1914)
Écrivain américain, inscrit sur les listes noires du maccarthysme, il parle de cette période dans *Le Serment.*

Éditions
Presses Pocket, 314 p. (Koestler). J'ai lu, 438 p. (Fast).

Les deux romans partent de faits connus : de 73 à 71 avant J.-C., Spartacus, ancien esclave devenu gladiateur, se révolte avec ses compagnons attirant des dizaines de milliers de combattants, esclaves et citoyens pauvres. Ce fut la dernière mais la plus menaçante des rébellions serviles à laquelle dut faire face la République romaine agonisante.

▪ Par quels moyens mener cette lutte ?

C'est le problème que pose Koestler. Le roman, par le tableau qu'il dresse des classes dirigeantes romaines, justifie la révolte. Mais surtout, il accompagne Spartacus et ses compagnons qui ont à discipliner leur armée, l'épurer, combattre les exactions contre les civils. Koestler a inventé la construction d'une cité du Soleil par les insurgés qui, encerclés, échouent dans cette tentative de bâtir une communauté idéale.

Pour mener à bien sa lutte, Spartacus doit employer toutes sortes de moyens, parfois douteux ; mais il en est qu'il refuse car, même vaincu, il est conscient que l'essentiel est de «donner sa coupe propre au suivant».

En écrivant ce roman, Arthur Koestler, alors membre du Parti communiste allemand, faisait part de ses doutes et des inquiétudes que lui inspirait la politique de Staline.

▪ Vive la lutte !

Howard Fast le dit dans son introduction : «J'ai écrit ce livre pour que nous puissions voir se réaliser de notre temps le rêve de Spartacus.»

Voilà un livre militant. Quand il peint et dénonce les riches et oisifs citoyens romains comme Caïus Crassus, les politiciens véreux qui trompent le peuple comme Cicéron, le sort réservé aux esclaves et aux paysans pauvres, Fast pense aussi capitalistes, politiciens, exploitation de son temps.

Spartacus, ancien esclave des mines, habitué aux pires conditions, a un moral à toute épreuve, un cœur généreux, un projet politique. Il réalise, dans son armée hétéroclite, la fraternité entre les races : un de ses lieutenants les plus fidèles, qui sera le dernier crucifié à rendre l'âme, s'appelle David.

Hymne à la révolte et à la fraternité écrit à l'époque de la guerre froide et publié alors à compte d'auteur, le *Spartacus* de Fast, parfois un peu didactique, est un puissant roman épique.

Le festin des mercenaires.
Planche gravée à l'eau forte par E. Champolhion
d'après G.A. Rochegrosse.
Édition de 1900 de **Salammbô** de Gustave Flaubert.

Soleils barbares (1987)

Norbert Rouland

L'avant-Clovis

De Carthage à la Gaule romaine, des Vandales aux Francs, des ariens aux catholiques, une nouvelle période se prépare.

Norbert Rouland (1937)
Universitaire, historien spécialiste en anthropologie juridique, il a publié des travaux sur les Inuit du Québec et plusieurs ouvrages sur l'Antiquité : *Pouvoir politique et dépendance personnelle dans l'Antiquité romaine* ; *Rome, une démocratie impossible.* Il a écrit un autre roman chez le même éditeur, *Les Lauriers de cendres*, qui se déroule dans la Rome républicaine.

Édition
Actes Sud, 414 p.

Le ve siècle de notre ère, c'est cette période où les Barbares finissent de pénétrer l'Empire romain. Grâce à la vie mouvementée de Fusca l'Éthiopienne, nous partons de Carthage, dominée par les Vandales, rencontrons les Hommes libres du désert saharien, rejoignons l'Aquitaine des Wisigoths puis l'actuelle Belgique des Francs de Childéric à la veille de la venue au pouvoir de son fils, Clovis. Née d'anciens esclaves réfugiés à Carthage, Fusca se convertit au catholicisme pour se marier. Mais le roi vandale soutient les chrétiens ariens contre les catholiques. Fusca, chassée, devient l'une des femmes d'un nomade du désert. Et c'est pour se mettre sous la protection d'un évêque chrétien qu'elle rejoint Toulouse sous domination wisigothique... Chemin faisant, elle rencontre Azhren, le chef targui au visage voilé, fier de sa liberté ; Marcus, le notable gallo-romain et son ami Flavinius ; Genetina, la catholique illuminée et généreuse ; Agnusdei, le politicien cynique, déguisé en évêque ; Gedomo, qui l'accueille et l'aime en pays franc.

La vie quotidienne c'est, à Carthage, les courses de chevaux, le travail très dur des paysans ; dans le désert, le bagne des mines de sel, les caravanes de marchands ; en Gaule romaine, c'est une grande misère pour une population clairsemée enserrée dans les forêts. Chez les Francs, les hommes s'appellent Bernhard, c'est-à-dire Ours vigoureux, Dagobert (Jour lumineux), Chlodweg (Chemin de gloire). Le serment de fidélité d'homme à homme tisse des liens préféodaux. La condition des femmes, le fonctionnement de la justice sont aussi évoqués.

▪ Ariens et catholiques

Deux thèmes dominent le livre : d'une part, celui de la progression incertaine du catholicisme au milieu des peuples chrétiens mais ariens ou encore attachés à de plus anciennes croyances ; d'autre part, celui de l'Empire romain envahi par les Barbares qui, loin de s'entendre pour le détruire, se combattaient et voulaient, petits peuples à la recherche d'une terre, se faire accepter dans le monde romain.

Norbert Rouland avait encore bien des idées à développer : il l'a fait en renvoyant le lecteur à d'intéressantes notes historiques en fin d'ouvrage, évitant ainsi d'alourdir le récit.

Le Maître des steppes (1981)

Daniel Kircher

Les hordes d'Attila pénètrent en Europe

L'Empire romain, qui jette ses derniers feux, accuse le choc entre l'Asie et l'Occident.

Attila, chef des Huns, a laissé dans notre mémoire collective le souvenir d'un barbare sanguinaire après le passage duquel « l'herbe ne repousse plus ». Voici donc l'histoire d'Attila, et en particulier de ses deux guerres d'invasion contre la Gaule et l'Italie. C'est aussi un tableau de l'Europe au milieu du VIe siècle : la division de l'Empire romain christianisé entre empire d'Orient et empire d'Occident, ses relations avec les différents peuples, dits barbares, qui occupent l'Europe, le Proche-Orient et l'Afrique du Nord (relations d'alliance, de sujétion ou d'hostilité), sa lutte contre les hordes venues d'Asie.

Cette guerre est dirigée par le général Aetius, qui met en œuvre sa connaissance des Huns, parmi lesquels il a passé sa jeunesse en tant qu'otage, et sa capacité à rassembler les armées de tous les peuples alliés ou soumis aux Romains : Wisigoths, Alains, Francs...

▪ Fastes et barbarie

Ce roman mène donc le lecteur depuis les champs de bataille jusqu'aux cours impériales de Ravenne et de Constantinople, lui fait connaître la vie des guerriers nomades et celle des patriciens romains, ne lui épargne aucun détail sur les atrocités commises par les hordes hunniques (mais par d'autres aussi), comme sur les tractations diplomatiques entre chefs de tribu et empereurs. Il explique concrètement quelles conditions sociales doivent être réunies avant que puisse se maintenir durablement un pouvoir d'État, et donc pourquoi l'empire d'Attila s'écroula après sa mort ; il aborde également les causes de la décadence de l'Empire romain. Surtout, il donne une image précise du brassage de peuples et de cultures qu'a connu l'Europe en ces temps prémoyenâgeux.

Ce qui ne l'empêche pas de s'attarder sur les personnages : tyrans, guerriers sanguinaires cachant leurs faiblesses, fanatiques chrétiens ou païens, femmes servant de bétail ou de monnaie d'échange ; avec, parfois, le luxe d'un peu de tendresse !

Les petits Turcs apprennent à l'école qu'Attila fut un glorieux conquérant, un souverain juste et bon, et que les Huns répandirent la féconde civilisation nomade. Chaque nation se forge ses héros : à chacun son Alexandre, son Attila ou son Napoléon !

Daniel Kircher (1951)
Quand il était petit, Daniel aimait surtout la bande dessinée qui parlait du Minotaure et du Labyrinthe. Quand il quitta l'école à 14 ans, il avait déjà commencé à collectionner tout ce qu'il trouvait sur la Crète. Il devint aide-comptable, puis... chômeur et se plongea alors dans *Le Français par les textes* : « Je me suis mis à traiter tous les sujets de dissertation proposés. » Poussé par ses amis, il écrivit alors un livre : ce fut *La Colère des Dieux*, qui se passe 1500 ans avant J.-C. et bien sûr en Crète ! D'autres romans historiques suivront.

Édition
Olivier Orban, 516 p.

Aux confins de l'Œcumène (1949)

Ivan Efremov

Une curiosité

Le «réalisme socialiste» dans l'Égypte et l'Afrique noire antiques.

Ivan Efremov (1907-1972)
Il est le père de la science-fiction soviétique depuis *La Nébuleuse d'Andromède, Le Cœur du serpent* et *L'Heure du Taureau.*

Éditions
du Progrès, 365 p.

Pandion, jeune et beau Grec, veut devenir sculpteur et pour cela connaître l'art crétois. Mais il est capturé et emmené comme esclave en Égypte. Puis il se retrouve, avec d'autres esclaves, libre... de partir à travers l'Afrique. Une longue marche meurtrière les attend. Pandion tisse une indéfectible amitié avec un Étrusque et un Noir. Chacun retrouvera finalement sa chère patrie.

Efremov a quelques thèmes forts : l'abjection de l'esclavage ; l'amitié entre les peuples ; l'amour de la patrie ; la beauté des bons sauvages africains dans des sociétés sans exploitation ; l'art, reflet direct de la société. Didactique, il enseigne la faune, la flore, les traditions des régions traversées par ses héros. Son évocation imaginaire de l'Afrique noire antique fait toute l'originalité du roman.

Et encore

Sur le même thème que *Sinouhé* : *Néfertiti ou le rêve d'Akhénaton*, de A. Chédid, agréables et courtes mémoires imaginaires de la reine et de son scribe ; *La Reine Soleil*, de C. Jacq ; *Néfertiti, reine du Nil* de G. Rachet. Sur l'Égypte toujours : *Imhotep*, de P. Montlaur (un savant, vers –2800) ; *La Dame du Nil*, de P. Gedge (la reine Hatshepsout).
Sur la Crète : *La Colère des Dieux*, de D. Kircher (époque minoenne).
Sur Carthage : *Retour à Carthage*, de D. Kircher (au temps d'Hannibal).
Sur Rome : M. Waltari évoque la Méditerranée préromaine dans *L'Étrusque* et l'époque de Jésus sous Tibère dans *Le Secret du royaume*. M. Peyramaure a écrit une belle série sur la Gaule : *Les Portes de Gergovie* (César et Vercingétorix), *La Chair et le Bronze* (sous Néron, en Auvergne), *La Porte noire* (à Trèves face aux Barbares). Rome a aussi inspiré N. Rouland dans *Les Lauriers de cendres* (un jeune aristocrate sous la République) et F. Fontaine, notamment dans *L'Usurpation ou le roman de Marc Aurèle* (dont le héros est un négociant d'Antioche). *Ben Hur*, de L. Wallace, fameux classique, est chargé de longueurs. *Quo Vadis ?*, de H. Sienkiewicz, évoquant les chrétiens sous Néron et l'incendie de Rome, est le prototype du roman antique à la gloire du christianisme dans la lignée des *Martyrs* de Chateaubriand. L. Feuchtwanger, dans *Néron l'Imposteur*, s'élève, à l'époque de l'hitlérisme, contre les dictateurs. Enfin, pour la bonne bouche, n'oublions pas *Les Derniers Jours de Pompéi*, de E. G. Bulwer Lytton.

Le Moyen Age

«Il y a aujourd'hui trois cent quarante-huit ans six mois et dix-neuf jours que les Parisiens s'éveillèrent au bruit de toutes les cloches sonnant à la volée.»

Début de : ***Notre-Dame de Paris,***
Victor Hugo.

Quentin Durward (1823)

Walter Scott

Un roi qui a plus d'une corde à son arc

Un Louis XI même retors vaut mieux qu'un téméraire Charles de Bourgogne.

Anachronismes
Scott a gardé ici la trame historique mais il fait mourir l'évêque de Liège prématurément, Commynes y commence son œuvre littéraire avec vingt et un ans d'avance et Nostradamus est cité trente-cinq ans avant sa naissance !

Delacroix, Donizetti...
De Delacroix, on peut voir au Louvre, inspirés de Scott, *Rebecca enlevée par le templier*, *L'Assassinat de l'évêque de Liège*, *Quentin Durward et le Balafré*... Scott inspira aussi les musiciens : Donizetti (*Lucia de Lammermoor)* ; Rossini (*La Dame du lac*) ; Bellini (*Le Pirate*) ; Berlioz (*L'Ouverture de Rob Roy*) ; Bizet (*La Jolie Fille de Perth*)...

Édition
Gallimard, 574 p.

Quentin Durward, jeune noble écossais se retrouve dans la garde personnelle de Louis XI où prospère déjà son vieux soudard d'oncle, le Balafré. Quentin, immédiatement remarqué par le roi, se voit confier une mission de confiance qui le place au centre du conflit entre Louis XI et Charles le Téméraire, duc de Bourgogne, et le conduit à Péronne, lieu de la célèbre rencontre entre les deux adversaires.

Les aventures chevaleresques et prudemment amoureuses de Quentin ne sont ici qu'un fil permettant de nouer le conflit historique. Le roman s'ouvre d'ailleurs sur le « contraste » entre le caractère des deux seigneurs et ce qu'ils symbolisent : le pouvoir royal unificateur contre le vieux système féodal.

Walter Scott, nostalgique du « bon vieux temps », écrit dans sa préface de 1831 : « A cette époque, le système féodal [...] et l'esprit chevaleresque [...] commençaient tous deux à tomber en désuétude, à être abandonnés par ces individus à l'âme étroite qui font consister leur félicité dans la possession des objets personnels [...]. » Ce qui ne l'empêche pas de montrer les seigneurs comme des « petits tyrans », qui dépensaient, « au milieu d'un luxe magnifique mais grossier, les richesses qu'ils extorquaient au peuple ». Et la France était parcourue de bandes de « mercenaires qui vendaient leur épée au plus offrant ».

▪ Une nation en construction

Aussi Louis XI, au caractère pourtant odieux, « fit face aux malheurs du temps, les combattit et les maîtrisa dans une large mesure », ce qui eut pour résultat « d'élever la France à cette apogée formidable de puissance ».

Louis XI est en fait le principal personnage du livre. Bien sûr, humainement, Scott lui préfère son héros Durward dont « l'esprit, le courage et la fermeté » ont pour récompense « beauté, rang et fortune ». Mais le machiavélique souverain, superstitieux au point de prier devant les saintes pendeloques de son chapeau et de chercher dans les astres les bons choix politiques, est admiré par l'auteur comme un fin politique, préférant l'esquive à la bataille, s'attachant à diviser et acheter ses ennemis avant de les affronter. En face, Charles apparaît comme un bouillant chef de guerre mais bien piètre homme d'État. Le conservateur Scott, même s'il eût préféré d'autres méthodes, apprécie le roi qui impose son ordre pour créer une nation.

Quentin Durward, plus qu'une peinture sociale, est un des meilleurs romans politiques de Scott.

Walter Scott le pionnier (1771-1832)

Au XIXe siècle, Walter Scott inventa le roman historique réaliste. Dumas, Balzac, Hugo, l'historien Augustin Thierry saluèrent ce pionnier. Pouchkine disait simplement : «Le vrai délice des romans de Walter Scott vient de ce que nous y prenons connaissance du passé, non à travers le style ampoulé des tragédies françaises ni dans la dignité de l'histoire, mais comme s'il s'agissait de la vie quotidienne.»

De la poésie au roman

Scott entendit dès l'enfance des légendes de sa terre d'Écosse. Atteint de poliomyélite très jeune, il resta boiteux et fut un enfant dévoreur de livres. Étudiant en droit, il apprit l'Histoire à l'école des Lumières, chargée de déterminisme social et définie dans les cadres nationaux. Les événements d'alors, la défaite anglaise dans la guerre d'Indépendance américaine, le souffle de la Révolution française, l'affirmation des nationalismes, le démarrage de la révolution industrielle dans son pays avivèrent sa passion pour l'histoire des peuples. Sur le plan littéraire, il héritait du drame shakespearien et des romans «gothiques» de Radcliffe et de Walpole où l'Histoire sert de base à des récits de mystères et d'horreurs.
Il acquit la célébrité en publiant des poèmes puis se tourna vers le roman.
Waverley (1814) puis *Rob Roy* (1817) évoquent l'époque des Jacobites qui, après 1688, luttèrent longtemps en Écosse pour le rétablissement des Stuarts. Rob Roy a réellement existé, bandit d'honneur écossais né exactement cent ans avant Scott. *La Fiancée de Lammermoor* (1819) est l'histoire d'un amour déchiré par l'opposition entre familles ennemies. Avec *Ivanhoé* (1819), Scott sortit du cadre écossais et obtint un succès européen. Dans ce roman, les Saxons Ivanhoé et Robin de Locksley défendent le trône du bon Normand Richard Cœur de Lion contre le sinistre Jean et ses soudards qui méprisent la population saxonne. En 1823, ce fut *Quentin Durward*. Au total, Walter Scott publia une trentaine de romans historiques.

Le choc passé-présent

Scott veut d'abord commémorer un passé et ses hommes, «les gens du vieux levain». Mais ce passé doit pour lui s'intégrer dans le présent, le féconder : «Le vif contraste produit par l'opposition des anciens usages avec ceux qui les remplacent graduellement offre la lumière et les ombres nécessaires pour donner de l'effet à un récit idéal.» Romancier de moments de crises historiques, il met aux prises des cultures, des peuples, des «races» : les sociétés sont largement peintes, de bas en haut.
Ses personnages, pauvres psychologiquement comme le soulignait Stendhal, sont typiques de leur classe sociale ou de leur nation et se révèlent par leurs actions. Ses héros principaux, souvent de classe moyenne, sont en demi-teinte, situés entre les factions. Des personnages populaires, comiques ou marginaux, jugent les Grands autant qu'ils sont jugés.

Un moderne conservateur

Modernes par leur peinture sociale, la présence du peuple, les cadres nationaux où ils s'insèrent, les romans de Walter Scott trahissent cependant le conservateur prudent : Jean Cabau soulignait dans sa préface à une édition d'*Ivanhoé* en 1962 que chez Scott, «la femme est chaste, le juif avare, le curé buveur, le chevalier téméraire. L'amour d'Ivanhoé et de Rebecca est sacrifié d'un cœur léger aux convenances et à la raison d'État». Il concluait avec humour : «Ce livre abominable corrompt la jeunesse depuis des générations. Il était temps qu'on le réservât à des adultes avertis !»

Le Saint (1879)

Conrad Ferdinand Meyer

L'art de faire court

Un style travaillé et sobre cisèle un portrait réaliste et subjectif de Thomas Becket.

Conrad Ferdinand Meyer (1825-1898)
Écrivain suisse d'expression allemande, au confluent des cultures germanique, française et italienne. Pessimisme et fatalisme s'expriment dans son œuvre. Politiquement, il est un admirateur de l'homme fort qu'est Bismarck. Poète, c'est en styliste qu'il écrit de courts récits tels *Jürg Jenatsch* traduit sous le titre *Révolte dans la montagne* (le XVIIe siècle dans les Grisons), ou *La Tentation de Pescara* (l'histoire d'un condottiere), influencé par l'ouvrage référence de son compatriote, Jacob Burckhardt, *La Civilisation de la Renaissance.*

Édition
L'Age d'Homme, poche, 168 p.

« Donnez-moi un peu de temps s'écria Hans, et laissez-moi vous décrire l'homme le plus extraordinaire que la terre ait porté, le modèle et le type du siècle. » Hans est un arbalétrier souabe revenu à Zurich après avoir été un serviteur proche du roi d'Angleterre Henri II Plantagenêt. Le saint dont il parle au moment de sa canonisation en 1173 est Thomas Becket, chancelier du royaume puis archevêque de Canterbury. Hans l'a bien connu à la cour.

L'histoire a retenu l'image d'un homme politique avisé au service de la puissance royale mais qui, dès sa nomination par le roi à la tête de l'Église, se retourna contre lui et mourut assassiné à son instigation.

C.F. Meyer construit un personnage qui, contrairement à ce qu'avance son narrateur Hans, n'est pas celui d'un « type du siècle ». Le héros de Meyer est un solitaire. Les rapports sociaux, la mentalité du siècle commandent bien sûr sa politique. Mais ses convictions, ses émotions intimes lui sont propres. Comment expliquer son revirement contre le roi et son changement de mode de vie quand il devint archevêque ? L'intrigue du roman propose une explication : bonne ou mauvaise, elle est, pour Meyer, une façon de souligner combien l'homme, et particulièrement le grand homme, est imprévisible. Meyer n'explique pas l'Histoire par la société. Son héros a quelque chose d'intemporel. L'auteur disait d'ailleurs lui-même : « Je me sers de la forme du court roman historique purement et simplement pour y exprimer mes expériences et mes sentiments personnels. »

Profondément mal à l'aise dans son époque, Meyer prétend faire de l'histoire son refuge, ne pas analyser les causes des événements, ne les voir qu'à travers sa propre subjectivité d'artiste. Et pourtant, C.F. Meyer est tout de même un romancier du XIXe siècle. Son bref récit, à l'écriture précise, de forme si moderne, à la manière de Mérimée, reste un roman réaliste.

Au théâtre
Thomas Becket a inspiré des œuvres théâtrales : *Meurtre dans la cathédrale* de l'écrivain britannique Thomas S. Eliot (1935), explorant le monde intérieur du personnage, et *Becket* de Jean Anouilh (1959), sous-titré *L'Honneur de Dieu.*

La Joie des pauvres (1970)

Zoé Oldenbourg

Des croisés sans chevaux ni armures

Cet épisode sacralisé par l'Histoire officielle est enfin racontée d'un point de vue critique.

En 1095, le pape Urbain II engagea les seigneurs chrétiens à se porter au secours de l'Empire byzantin menacé par l'avancée des Turcs. Des prédicateurs, tel Pierre l'Ermite qui parcourait le nord de la France, popularisèrent l'appel : précédant les chevaliers, des milliers de pauvres se mirent en route. Ce fut la première croisade, qui aboutit à la prise de Jérusalem le 14 juillet 1099.

▪ Fuite en avant

Zoé Oldenbourg a choisi de suivre un petit groupe de ces humbles pèlerins prêts à se faire soldats : ce sont des tisserands des faubourgs d'Arras, avec leur femme souvent, et même leurs enfants. Ils allient une foi extrêmement naïve, prête à croire à tous les miracles, résultat de l'ignorance et de l'humilité des pauvres, à un bon sens d'ouvriers ayant quitté leurs métiers à tisser par crainte du chômage et fuyant avant tout la misère. Ils débordent de ferveur et d'amour pour Jésus, la Vierge et Jérusalem, au nom de quoi ils sont en route pour tuer le maximum de « Turcs ». De fait, la population non chrétienne de Jérusalem, même civile et désarmée, sera massacrée sans pitié.

Bien plus que les barons ou les soldats de métier, ils souffrent des fatigues de la route, de la soif dans le désert, du froid et de la faim lors des sièges. Parqués à l'écart des villes, ils sont la piétaille pendant les combats et la main-d'œuvre pour tous les bas travaux. En échange, ils ont droit au pillage (après les chevaliers) et à la certitude d'être des « martyrs » s'ils meurent avant de voir Jérusalem.

▪ La foi récupérée

Bourrés de contradictions, dévorés de passions, fanatiques, héroïques, les pauvres de Zoé Oldenbourg, même s'ils sont capables d'être des bourreaux, apparaissent comme les éternelles victimes : les rescapés de l'odyssée sont, d'une façon ou d'une autre, brisés ou dépravés par ces années d'errance et de guerre. Une fois Jérusalem « délivrée », il n'y aura ni Jugement dernier ni Paradis, mais une fois de plus, pour eux, la misère ou la servitude, le déclassement, la prostitution, bref, les plus bas échelons de la société qu'ils ont amenés avec eux. Ils auront servi à la constitution des nouveaux royaumes francs d'Orient, mais ils n'auront été que des instruments des puissants.

Le texte prend souvent l'allure de déclamations incantatoires, ce qui occasionne des longueurs, mais reconstitue de façon vraisemblable la religiosité qui poussa les foules du Moyen Age chrétien dans l'aventure des premières croisades.

Zoé Oldenbourg (1916)
Née à Saint-Pétersbourg dans une famille d'historiens, elle arrive en France à 9 ans. Elle part étudier la théologie en Grande-Bretagne et tâte de la peinture avant de se consacrer à la littérature. Les questions de la foi la préoccupent, et sa trilogie *Le Bûcher de Montségur*, *Les Brûlés*, *Les Cités charnelles*, raconte l'hérésie cathare. *Les Croisades*, *La Joie des pauvres* retracent les croisades. *Argile et cendres*, *La Pierre angulaire* se passent au XIIe siècle chez des petits nobles de la région de Troyes. Son œuvre est variée : d'autres romans encore, une pièce de théâtre, des biographies...
La Pierre angulaire a reçu le prix Fémina en 1953.

Édition
Folio, 2 tomes, 886 p.

Le Maître de Hongrie (1980)

Marcel Jullian

XIVe siècle : la jeunesse se jette sur les routes

Foi et contestation, joie de vivre et violence collective : on est à la charnière de deux mondes.

Marcel Jullian (1922)
Après des études de lettres, il participe à la guerre dans l'aviation et à la Résistance. Puis sa carrière se déroule dans l'édition, la radio, le cinéma, la télévision. Il écrit des scénarios, des adaptations pour films, ainsi que des ouvrages de guerre. *Le Maître de Hongrie* a reçu le prix Ulysse du roman populaire.

Édition
Le Livre de poche, 183 p.

Il y a eu plusieurs croisades d'enfants. Celle-ci est la troisième, racontée par Matthieu le forgeron, qui a juste 18 ans et espère vivre en 1320 la même épopée que son grand-père en 1251, sous la conduite du même moine hongrois, soi-disant ressuscité.

Partis du nord de la France, les pastoureaux et pastourelles arrivent à Paris à 12 000, jeunes paysans, escholiers, pucelles, bergers. Ils sont 60 000 sous Avignon où ils demandent des comptes au pape Jean XXII qui les excommunie pour s'être croisés sans son ordre.

▪ Drôles de pèlerins

Ils se disent en route pour Jérusalem bien sûr, mais leur troupe prend le soir des aspects d'orgie. Ils chantent des cantiques entre deux pogromes. Car la défense du christianisme se traduit pour eux en anéantissement des juifs, en massacre des prêtres qu'ils jugent corrompus, et des lépreux accusés de répandre volontairement la maladie : ils concentrent les préjugés de leur temps.

Mais, comme l'expose Sac d'Enfer, un des compaings de Matthieu, les pastoureaux expriment aussi une révolte confuse contre un nouvel ordre qui s'annonce : le pouvoir des banquiers, des clercs et des marchands avec la complicité du roi et du pape, la victoire des villes sur les campagnes, bref le règne de l'argent. C'est pourquoi ils seront anéantis dans les marais de Camargue par les archers du roi.

Le roman est écrit dans un style particulier : tournures de phrases archaïques, termes anciens mais toujours compréhensibles dans le contexte. On s'y habitue dès les premières pages.

Les Juifs
M. Jullian explique bien les racines de l'antisémitisme dans cette société : si la religion chrétienne interdit en principe le commerce de l'argent, l'économie des pays chrétiens en a besoin. Le rôle d'usurier y est donc tenu par des groupes particuliers comme les Juifs, ce qui permet aux rois de France, au nom de la religion et de la morale, de chasser ou d'emprisonner et de rançonner... leurs créanciers. Sait-on que la rouelle jaune (ancêtre de l'étoile jaune) fut inventée par le bon roi Saint-Louis ?

Torcol le Vilain (1980)

Jean-Marc Soyez

Guerre de Cent Ans, peste noire, pillards

La paysannerie supporte tout le poids du siècle.

Mutilé au cours d'une brutale coutume, Denis le porcher devient Torcol le serf, qui deviendra Torcol le Vilain (le paysan libre) quand la Grande Peste de 1348 aura ravagé sa famille et celle du seigneur, témoins de sa condition serve.

Torcol a réussi à refaire sa vie quand son nouveau village est détruit par des troupes anglaises. Car l'Aquitaine alors est anglaise. Le royaume de France est sillonné par des soldats, mais aussi par des déclassés, qui assiègent les bourgs, torturent les paysans pour trouver des vivres. Ils réussissent parfois à mettre leurs armes au service d'un grand seigneur. En effet, depuis sa défaite à Crécy, la noblesse française a tendance à confier la guerre contre les Anglais à ces hordes de «routiers».

Dans cette ambiance crépusculaire, Torcol devient chef de bande. Il assiste à la bataille de Poitiers, rencontre Du Guesclin. Mais de pillage en embuscade, il n'oublie pas qu'il a été paysan, et garde la nostalgie de la paix.

Jean-Marc Soyez (1927)
Il a adapté lui-même pour la télévision ses romans : *La Ramandeuse*, *La Tuile à loups*, *La Vigne à Saint-Romain*.

Édition
Le Livre de poche, 415 p.

La Compagnie blanche (1891)

Arthur Conan Doyle

Guerre de Cent Ans et humour anglais

Conan Doyle emprunte à Scott le nom d'un de ses héros, Nigel.

Pendant la guerre de Cent Ans, trois compères se rencontrent : un sympathique et entreprenant colosse roux, un jeune garçon élevé chez les moines et un archer vétéran. Ils rejoignent un preux chevalier blanchi sous l'armure, sir Nigel, incarnation cocasse de la chevalerie. Tous se retrouvent avec leur compagnie en Aquitaine puis en Espagne.

Avec eux, Doyle observe les campagnes dévastées par la peste ou par les bandes armées. Il réfléchit aux causes de la défaite française : «Si les nobles n'avaient pas écrasé le peuple, il est vraisemblable que nous n'aurions pas écrasé les nobles» ; il pressent la montée du mécontentement des paysans anglais qui aboutira à la révolte de Tyler ; il discute avec un bourgeois anglais partisan du réformateur religieux Wyclif. Ces guerriers sont aussi gens curieux et observateurs. En 1906, Conan Doyle écrivit *Sir Nigel* dont l'histoire précède celle-ci.

Sir Arthur Conan Doyle (1859-1930)
Conan Doyle a donc tâté du roman historique ! Citons *Micah Clarke* (des puritains au XVIIe), *Le Brigadier Gérard* et *La Grande Ombre* (l'époque de Napoléon Ier).

Édition
Néo, 337 p.

Le Lion de Flandres (1838)

Henri Conscience

Le Bouvines des Flamands

Ce roman de chevalerie à la Walter Scott, archétype de la littérature nationaliste, chante la nation flamande.

Henri Conscience (1812-1883)
Né à Anvers de père français et de mère flamande, il écrivit de très nombreux romans. La Belgique n'avait que sept ans lorsqu'il écrivit *Le Lion de Flandres*. Il exalta la nation flamande dans d'autres livres, tels *Le Tribun de Gand* ou *La Guerre des paysans*. Sur sa tombe est inscrite l'épitaphe : « Il apprit à lire à son peuple. »

Édition
Copernic, 350 p.

Nous sommes au début du XIVe siècle : en 1302 a eu lieu la bataille de Courtrai où la chevalerie française de Philippe le Bel fut écrasée par l'armée populaire des Flamands. C'est la bataille des Éperons d'or. Le Lion de Flandres, c'est Robert de Béthune, un noble flamand indomptable, grand guerrier, héros de la lutte antifrançaise.

Henri Conscience a confectionné un roman nationaliste, souvent inspiré des chroniques flamandes médiévales.

Les ennemis sont vite campés : Philippe le Bel est un roi velléitaire, soumis à l'influence néfaste de sa femme, la cruelle Jeanne de Navarre, mais aussi d'arrivistes cyniques comme Enguerrand de Marigny, avide de lever toujours plus d'impôts sur les Flandres riches et prospères. En Flandres, une majorité de nobles sont *Leliards*, partisans du lys français : Henri Conscience fait de ce nom un synonyme de traîtres. En face, les partisans du comte de Flandres sont *Klauwaerts* (griffes), allusion au Lion qui figure sur le blason de leur seigneur. Derrière la minorité des nobles, se retrouvent sous ce drapeau les bourgeois des communes, en particulier ceux de Bruges, dirigés par deux héros : De Conink, doyen des tisserands, fin politique, et Breydel, doyen des bouchers, bouillant d'héroïsme. Avec Robert de Béthune, ils symbolisent la nation.

La bataille de Courtrai est exaltée comme la victoire de l'union nationale, tout comme en France, dans les livres d'histoire traditionnels, l'est la bataille de Bouvines où Philippe Auguste dut la victoire et la vie aux milices communales.

Cette union nationale, l'auteur la fabrique en perçant les cloisons de la société féodale. C'est son nécessaire anachronisme.

Les personnages, dont les plus importants ont réellement existé, sont représentatifs de leur état. Henri Conscience chante ses héros nationaux, leurs hauts faits d'armes, et fait au lecteur des récits de batailles formidables où l'on entend le bruit des épées sur les heaumes, où l'on voit les terribles *goedendags*, l'arme des bourgeois flamands, pénétrer les cottes de maille des chevaliers français, où au « Noël, Noël ! Montjoie ! Saint Denis ! » des Français répond le triomphant « Flandres au Lion ! » national poussé dans un même souffle par des milliers de poitrines.

Il n'y a pas que les ennemis français à ne pas être gâtés par Henri Conscience. Les femmes, nous dit-il, ont « une curiosité féminine naturelle », ce qui est un moindre mal, mais surtout pratiquent « l'art de feindre, ce vice capital de leur sexe » !

Le Nom de la rose (1980)

Umberto Eco

Un érudit jeu de piste

Un Sherlock Holmes médiéval enquête dans le labyrinthe des livres et des esprits d'une abbaye du XIVe siècle.

Une semaine de novembre 1327, sur fond d'obsédante peur de l'hérésie, une importante rencontre rassemble, dans une prestigieuse abbaye des Apennins, représentants des franciscains et envoyés du pape avignonnais Jean XXII, en désaccord sur des points théologiques et politiques.

Durant cette fatidique semaine rythmée par les prières quotidiennes, plusieurs moines tombent sous les coups d'un mystérieux assassin. Frère Guillaume de Baskerville, personnage de caractère, fin limier, esprit cultivé et sceptique, mène l'enquête, flanqué de son secrétaire Adso de Melk qui est aussi le narrateur.

C'est surtout le moyen pour l'auteur d'un brillant et saisissant raccourci sur le mode de pensée des milieux religieux et les hérésies au Moyen Age, sur le langage et les signes qui les expriment, sur les liens entre idéologies religieuses, luttes sociales et luttes pour le pouvoir. La tête du lecteur, parfois pleine à craquer, est toujours à temps soulagée par les rebondissements de l'intrigue policière à matines... primes... vêpres... ou complies.

▪ Prémices de la Renaissance

Le Moyen Age est artistiquement mis en scène dans le monde clos qu'est l'abbaye, lieu d'énigmes et de secrets. Umberto Eco, manifestement familier des vieux manuscrits, « historien scrupuleux » précise le médiéviste Jacques Le Goff, montre un Moyen Age obscur mais au sein duquel naît l'esprit moderne. A l'heure où les villes contestent aux monastères le monopole du savoir, la bibliothèque de l'abbaye, personnage central, cache ses trésors ; mais Guillaume, homme de progrès – témoin ces curieuses bésicles qu'il porte pour lire –, inspiré par ses maîtres anglo-saxons d'Occam et Bacon, est avide de savoir : il annonce l'humaniste de la Renaissance.

En humaniste, il n'oublie pas que le rire est le propre de l'homme : l'humour parcourt le livre de métaphores en symboles. Le rire lui-même devient objet de débats suspects et troublants.

Savant jeu de piste jalonné de cairns auquel Guillaume apporte sa pierre par la méthode qu'il propose plus que par les solutions qu'il apporte, ce livre d'Umberto Eco pour lecteur gourmand est servi avec une faconde érudite et jubilante.

Défi

A un éditeur qui proposait à des personnalités connues d'écrire un roman policier, Eco répondit par boutade en l'éconduisant : « Si je devais écrire un policier, ça se passerait au Moyen Age avec des moines et il y aurait au moins 700 pages. » Plus tard, il se dit : « Après tout, pourquoi pas ? »

Umberto Eco (1932)

Philosophe et historien italien, de culture profondément chrétienne quoique non croyant, il s'est spécialisé dans l'étude des signes, la sémiotique, s'intéressant autant à la communication de masse aujourd'hui qu'aux moyens d'expression au Moyen Age. Il a publié des livres dans ces domaines : *L'Œuvre ouverte*, *La Structure absente*, *Pastiches et postiches*. Son deuxième roman, *Le Pendule de Foucault* (1988), évoque les doctrines et théories occultes qui représentent, pour lui, « le fascisme éternel ».

Édition

Le Livre de poche, 625 p.

Les Chevaliers Teutoniques (1900)

Henryk Sienkiewicz

Aux sources du nationalisme polonais

Les valeurs simples se mêlent aux passions ardentes.

Henryk Sienkiewicz (1846-1916)
Il naît dans la partie russe de la Pologne. Journaliste, il fait paraître en feuilleton sa trilogie sur l'histoire de la Pologne au XVIIe s. (*Par le fer et par le feu, Le Déluge, Messire Wolodyjowski*). *Quo vadis ?* d'inspiration chrétienne et conservatrice, lui vaut le prix Nobel de littérature en 1905. Il voyage beaucoup en tant que reporter et meurt en Suisse. Son pays en a fait, de son vivant, un véritable héros national et populaire. Cela s'explique par la situation de la Pologne, écartelée pour la troisième fois en 1795 entre Russie, Prusse et Autriche, et par son passé de luttes d'indépendance désespérées. Les romans de Sienkiewicz rappelaient un temps où il existait un État polonais.

Édition
Presses Pocket, 2 tomes, 1052 p.

« Gloire à toi, grand et saint passé, et à toi, sang répandu en holocauste, honneur et gloire immortelle ! » : ces mots concluent la description épique de la bataille de Grunwald-Tannenberg. Sous la conduite du roi Jagellon, en 1410, les Polonais et leurs alliés y écrasèrent les Chevaliers Teutoniques et leurs renforts venant de tous les pays chrétiens. Plus de 40 000 morts, chevaliers, « goujats » ou paysans, resteront sur ce champ de bataille, un des hauts lieux de l'histoire nationale polonaise.

Les deux tomes du roman (le second s'intitule *Les Remparts de Cracovie*) forment un crescendo vers ce dénouement sanglant. Il raconte d'abord les démêlés de plusieurs nobles polonais avec les Chevaliers Teutoniques, à travers de multiples incidents militaires ou diplomatiques, qui ont pour théâtre le nord du royaume de Pologne (qui s'étendait alors jusqu'à la mer Noire).

▪ Joyeux clichés

Le lecteur se plonge dans le Moyen Age en compagnie de personnages aux caractères primaires, forgés par les principes de la chevalerie et par l'imagination (ou le manque d'imagination) de l'auteur : tous les hommes sont des héros, du moins des guerriers redoutables et passionnés, des chevaliers jusqu'aux valets, en passant par les paysans soulevés. Mais les chevaliers polonais, eux, sont quasiment tous loyaux, alors que les Teutons sont perfides (sauf leurs grands maîtres conscients de la dégénérescence de l'Ordre qui mérite ainsi sa perte). Les passions s'expriment en larmes abondantes. Les femmes sont rares, mais sublimes. Ainsi l'héroïne principale ne craint pas de manier l'arbalète et la javeline, ce qui ne l'empêchera pas de donner à son époux un fils par an, à commencer par des jumeaux ! Celui-ci l'a bien mérité, après toutes les souffrances qu'il a endurées pour retrouver sa première épouse, enlevée le lendemain de ses noces par les infâmes pour en tirer rançon et pour se venger du père, jusque-là intouchable. Hélas, la douce innocente meurt de sévices et d'horreur…

▪ La Pologne s'affirme

Ce genre d'exactions est devenu une habitude des Chevaliers Teutoniques, dominés par leur rapacité, usant de félonie et de violence, trahissant leur mission d'évangélisation des pays slaves, au point qu'ils finissent par dresser contre eux toute la « race » polonaise, la population paysanne allemande, qui se réfugie chez les Polonais, et même les plus loyaux des chevaliers prussiens. Ainsi, la boucle est bouclée, et la destruction de l'Ordre à Grunwald accomplira en même temps la volonté de Dieu, la justice humaine … et ira dans le sens de l'Histoire !

Le Pont aux trois arches (1981)

Ismaïl Kadaré

Un pont entre deux époques, entre deux mondes

La fin du Moyen Age en Albanie est chantée par un poète matérialiste, héraut littéraire de son peuple.

Une légende des Balkans affirme que, pour assurer la continuité de leur travail et la solidité de l'ouvrage, les constructeurs d'un nouvel édifice doivent emmurer dans la maçonnerie un être humain. Tel est le canevas de ce roman raconté sur le ton d'une chronique ancienne par la plume du moine Gjon, qui veut témoigner de la construction du premier pont de pierre en Albanie à la fin du XIVᵉ siècle et des crimes qu'elle a occasionnés.

Comme Gjon est cultivé et polyglotte, c'est vers lui que convergent les informations sur les intérêts économiques que recouvre la construction du pont, et sur la situation politique de ce coin d'Europe à la fin du Moyen Age.

Ce pont est à la fois un symbole, celui de l'intensification des échanges, et un enjeu dans la concurrence que se font deux compagnies pour le contrôle des communications. La compagnie qui récupère à son profit la légende de l'emmuré imposera ses intérêts par la terreur et bouleversera l'ordre familial. Le pont aidera à la pénétration en Albanie des marchands et des banquiers, mais aussi à celle du monde turc. L'angoisse de Gjon devant l'avancée des Ottomans grandit, tandis que son patriotisme lui fait voir son pays sous un jour idéalisé : l'Albanie a produit les plus vieilles légendes, la plus belle langue, a donné leur nom aux dieux grecs, etc.

Par la bouche de Gjon parle Kadaré, qui est non seulement romancier, mais encore poète, et aussi marxiste : une pinte de légende médiévale, une dose de conte oriental, une pincée d'économie politique, un zeste d'histoire, tout cela, lié par le talent littéraire de Kadaré, donne ce petit livre d'une richesse remarquable.

Anachronisme
En Chine, « on se préparait, disait-on, à construire une grande muraille ». Or celle-ci a été commencée au IIIᵉ s. avant J.-C. ! Par cet anachronisme certainement conscient, Kadaré veut peut-être inciter le lecteur à méditer sur le nombre de vies humaines, sinon emmurées, du moins sacrifiées que représente la Grande Muraille !

Humour noir
En tant que linguiste, Gjon croit savoir que le nom des Germains vient du mot albanais *jerm* qui signifie cauchemar : est-ce un coup de griffe de Kadaré le communiste aux nazis ? Ou de Kadaré le patriote aux Allemands, alliés des Turcs pendant la Première Guerre mondiale ?

Ismaïl Kadaré (1936)
Après des études de lettres, il devient journaliste. Il est nommé à la présidence de l'Union des écrivains et artistes d'Albanie. Dans son œuvre il recueille l'héritage de la tradition orale albanaise, d'inspiration épique et poétique, tout en introduisant un point de vue d'historien. *Les Tambours de la pluie* racontent l'épopée du héros Scanderberg, *La Niche de la honte* la chute d'Ali Pacha, *Le Général de l'armée morte* parle de la lutte contre le fascisme. *Une capitale en novembre*, *Le Grand Hiver*, *Le Crépuscule des dieux de la steppe* racontent l'histoire de l'Albanie communiste. Kadaré est réfugié politique en France depuis fin 1990.

Édition
Garnier Flammarion, 110 p.

Le Médecin de Cordoue (1974)

Herbert Le Porrier

Une société pluriculturelle en plein Moyen Age

Douce-amère se dégage la nostalgie d'une culture de raffinement et de tolérance.

Herbert Le Porrier (1913-1977)
Il a mené sa carrière médicale de front avec celle d'homme de lettres, écrivant des pièces de théâtre, des chroniques pour la radio et la presse, et plusieurs romans, dont *La Rouille*, *La Demoiselle de Chartres*, *Le Luthier de Crémone* (sur Stradivarius), *Les Hommes dans la ville* (sur l'insurrection de Budapest), *Juliette au passage* (Prix populiste 1952), *Le Médecin de Cordoue* (prix des Libraires 1975). En 1977, Le Porrier a reçu le Grand Prix de la Société des gens de lettres.

Édition
J'ai lu, 312 p.

On peut voir de nos jours, dans la Juderia de Cordoue, la statue d'un homme à l'air doux et pensif, le Maïmonide. C'est la vie de ce grand médecin et philosophe juif du XIIe siècle que retrace Le Porrier, le faisant parler dans une lettre à un de ses disciples.

La nostalgie qui imprègne ce récit est celle d'une ville natale, mais surtout d'une civilisation qui a fait vivre en harmonie pendant trois siècles les cultures juive, arabe et chrétienne. Mais en ce milieu du XIIe s., l'âge d'or touche à sa fin, la communauté juive d'Espagne est prise en étau entre l'avancée au nord des Castillans, qui commencent la Reconquête, et celle, au sud, des Almohades, secte fanatique venant de l'Atlas.

Élevé par une servante, terrifié par son père, Maïmon a grandi sous diverses influences : celle d'un voisin, médecin mais aussi poète et libertin ; celle d'un oncle, boucher rituel, qui lui donne ses premiers rudiments d'anatomie ; celle enfin de son maître d'université, le penseur et savant arabe Averroès.

Celui-ci l'envoie étudier à Tolède chez un médecin qui dissèque les cadavres. Maïmon constate que le maître grec Galien transmet des erreurs depuis des siècles, parce que son autorité est plus forte que l'expérience : méandres de l'esprit humain, qui passionnent Maïmon au moins autant que les mystères du corps.

Il retrouve Cordoue en proie à l'oppression, et assiste à l'autodafé de son inestimable bibliothèque. Fuyant la conversion forcée, il commence, avec son père et son frère, un périple d'exilé qui le mène à Almería où Averroès les accueille ; à Fès où l'émir accepte de discuter de l'avenir des Juifs dans les pays qu'il vient de conquérir ; en Palestine, qui ploie sous le pouvoir des Francs établis depuis les croisades ; en Égypte enfin, où il finira sa vie, estimé du sultan Saladin, se consacrant à ses malades pauvres et à la rédaction de ses traités de philosophie et de ses manuels d'hygiène.

A travers la vie de Maïmon, Le Porrier a écrit un beau livre qui dénonce l'intolérance et illustre la complémentarité des cultures.

La Juive de Tolède
Les mêmes thèmes se retrouvent dans le livre de Lion Feuchtwanger (Presses Pocket, 385 p.), plus axé sur le contexte économique et politique. A l'époque où Maïmon est en exil, des Juifs restent en Espagne dans une situation ambiguë, qui va marquer tragiquement l'amour du Roi Catholique Alphonse VIII pour Raquel, fille du banquier et ministre Jehuda.

Au pays du **Maïmonide**, la mosquée de Cordoue (vue intérieure).
Lithographie de Villemin d 'après Girault de Prongey
(milieu du XIXe siècle).
Bibliothèque nationale, Paris.

La Bannière bleue (1877)

David-Léon Cahun

Un roman de chevalerie mongole

Ici, aventure veut rimer avec culture.

David-Léon Cahun (1840-1900)
Journaliste français, grand voyageur, conservateur à la bibliothèque Mazarine, il se souciait de rendre accessible l'Histoire, en particulier aux jeunes dans : *Les Aventures du capitaine Magon, Les Pilotes d'Ango, Hussan le janissaire.*

Édition
Coll. Bouquins
Laffont, 252 p.

« Aventures d'un musulman, d'un chrétien et d'un païen à l'époque des croisades et de la conquête mongole. » dit le sous-titre.

Djani, vieux guerrier de Genghis Khan, parle de sa jeunesse, de l'époque où l'Inébranlable, comme on appelait le Khan, fédérant par la force les tribus nomades rivales d'Asie centrale, partait à la conquête des pays turcs, chinois, puis européens. Djani, chargé d'une importante mission, traverse l'Asie d'est en ouest : c'est une chevauchée exotique faite de combats, d'exploits, de rencontres étonnantes. Des adeptes de toutes religions s'y côtoient, s'y combattent. Djani rencontre de nombreux princes, la redoutable secte des Assassins, des marchands entreprenants et avisés.

Léon Cahun a écrit un vif roman d'aventures mais a aussi essayé, disait-il, « de donner des notions exactes sur l'état de l'Asie pendant la première moitié du XIIIe siècle ».

Djani rencontre un chevalier chrétien belliqueux et sournois : c'est un Allemand ; tandis que « les Français sont la nation la plus noble du monde après les Mongols et les Turcs » : en 1877, nationalisme revanchard oblige !

Et encore

Le Fléau de Dieu de E. Zamiatine, imagine, en 100 pages, la jeunesse d'Attila. V. Yan a écrit un épais *Genghis Khan* qui est aussi le héros du *Loup bleu* de Y. Inoué. V. Bartol fait dans *Alamut* le portrait du Vieux de la montagne, chef de la secte des Assassins vers l'an 1100, et G. Sinoué, dans *Avicenne ou la route d'Ispahan*, celui du célèbre médecin musulman.
Mon Frère Chilpéric, de P.M. Kendall, c'est l'époque mérovingienne. Sur les croisades, il y a les excellents *Tournois de Dieu* de Barret et Gurgand. La répression des Cathares est évoquée dans *Le Bûcher de Montségur* de Zoé Oldenbourg, *Le Bûcher* de G. Bordonove ou dans *La Passion cathare*, trilogie de M. Peyramaure. S. Fasquelle a écrit une chronique familiale sur Jacques Cœur dans *Le Chemin de Bourges*, suivi des *Routes de Rome*. Dans *Notre-Dame de Paris* de Hugo, le petit peuple vit autour de l'héroïne : la cathédrale. C'est l'histoire de sa construction que l'on retrouve dans *Le Printemps des pierres* de M. Peyramaure.
E. Peters a écrit plusieurs policiers médiévaux qui suivent les enquêtes du moine-détective anglais frère Cadfael (*Le Lépreux de Saint-Gilles*).
Les amateurs de légende rose présentant un Moyen Age idyllique – où seul menace le démon de la chair qui conduit en enfer – pourront lire *La Chambre des Dames* de J. Bourin.
Enfin, comment ne pas citer *Les Rois maudits* de M. Druon ?

De la Renaissance au XVIIIe siècle

«Le matin du 12 mai 1588, six gentilshommes, pareils à des oiseaux effarés qui fuient la tempête, montaient à fond de train les hauteurs de Chaillot.»

Début de : ***La Fausta,***
Michel Zévaco.

Le Chevalier d'Harmental (1842)

Alexandre Dumas

Fiction et histoire : une greffe réussie

Où le style Dumas s'harmonise au style Régence.

Dumaquet
Auguste Maquet (1813-1888) avait écrit en 1838 avec Dumas une pièce, *Bathilde* et, seul, un roman : *Le Bonhomme Buvat*, en 1839. Dumas racheta l'idée (pour 1 200 francs), Maquet fournit de la documentation, et Dumas partit en 1840 à Florence écrire *Le Chevalier d'Harmental*.

Édition
Cercle du bibliophile, 2 tomes, 785 p.

La toile de fond historique à laquelle Dumas « accroche son tableau » est une conspiration ourdie contre le régent Philippe d'Orléans en 1718 par l'ambassadeur d'Espagne Cellamare. Y trempèrent le duc et la duchesse du Maine et divers gentilshommes. Il s'agissait pour l'Espagne de s'opposer à la politique du Régent qui, grâce à l'habile diplomatie de Dubois, organisait une alliance avec l'Angleterre et l'Autriche.

▪ Un grand portraitiste

Dumas fait des portraits enlevés de personnages historiques avec sa facilité habituelle : le fielleux, ingrat mais habile diplomate Dubois, le volage mais loyal et énergique régent, la duchesse du Maine, grande dame mais piètre politique. Surtout, il crée des personnages qui s'insèrent dans l'histoire pour y prendre la place principale : Raoul d'Harmental, jeune chevalier, noble de cœur et d'esprit, impulsif, fidèle à sa parole ; Bathilde, la belle voisine, douce mais décidée, d'origine noble quoique vivant en bourgeoise ; le capitaine Roquefinette, bretteur redoutable, grosse voix, haute taille, flanqué de sa fidèle colichemarde prompte à sortir du fourreau ; le bonhomme Buvat, la meilleure composition du livre : s'inspirant d'un personnage historique qui laissa des Mémoires, Dumas en a fait un modeste calligraphe cultivant son jardin sur un toit de Paris, consacrant sa vie à l'éducation de Bathilde l'orpheline et se retrouvant impliqué malgré lui dans le complot.

D'Harmental, homme de cour, partage la vie de défoulement des Roués, les compagnons de plaisir de Philippe d'Orléans. C'est la valse des maîtresses et des amants. Dumas évoque avec légèreté les mœurs légères. Mais d'Harmental, pour les besoins de la conspiration, vit dans un appartement d'un immeuble bourgeois : les voisins d'en face ne sont autres que Buvat et sa pupille Bathilde. La rue est étroite. Les fenêtres se touchent. Les cœurs aussi. L'intrigue amoureuse et l'intrigue politique finissent par se mêler.

Les nègres
Maquet fut le plus important des collaborateurs de Dumas, de 1840 à 1850. Il participa à l'écriture des grands romans, de *La Dame de Montsoreau* au *Comte de Monte-Cristo* en passant par *Les Trois Mousquetaires*, la rédaction finale restant pour l'essentiel l'affaire de Dumas. Contrairement aux romans, les pièces de théâtre furent cosignées. Puis ce fut la brouille et la chicane financière. Maquet écrivit seul, entre autres. *La Belle Gabrielle* et *Le Comte de Lavernie*. D'autres nègres : Dauzats, qui travailla au *Capitaine Paul* ; Lacroix à *Olympe de Clèves* et au *Juif errant*. Paul Meurice écrivit sous la signature de Dumas *Ascanio*, *Amaury*, *Les Deux Diane* et cosigna avec lui des pièces de théâtre.

Alexandre Dumas père (1802-1870)

Il regardait l'Histoire par le petit bout de la lorgnette. Mais son art du rythme, de la mise en scène et du portrait fit naître bien des vocations chez les historiens en herbe.

Il écrivit d'abord pour le théâtre avant de se tourner autour de 1830 vers le roman. Il en écrivit près de quatre-vingts : romans d'aventures historiques où alternent habilement vives scènes dialoguées, fougueuses cavalcades, analyses animées ; ses romans frappent par le dynamisme, l'enthousiasme de l'écriture, le clin d'œil et le sourire qui adoucissent le drame. Sainte-Beuve parlait de « ces immenses toiles que Dumas couvre sans jamais fatiguer son pinceau ni son lecteur ».

Acté se passe sous le règne de Néron. *Le Bâtard de Mauléon*, au temps de Charles V et de Du Guesclin. *La Reine Margot*, *La Dame de Montsoreau*, *Les Quarante-Cinq* relient l'époque de la Saint-Barthélemy et celle de Henri III.

Les Trois Mousquetaires (suivi de *Vingt Ans après* et du *Vicomte de Bragelonne*) reste le chef-d'œuvre de Dumas : quatre ans, pour quatre aventures – les ferrets de la reine, le siège de La Rochelle, l'assassinat de Buckingham, le crime de Milady – vécues par quatre mousquetaires, à cheval entre l'Angleterre de Charles Iᵉʳ et la France de Richelieu. *Le Comte de Moret*, écrit plus tard, s'intercale dans le temps entre *Les Trois Mousquetaires* et *Vingt Ans après*. *La Tulipe noire* évoque les Pays-Bas en 1672.

La période de la Révolution française a inspiré beaucoup Dumas : *Joseph Balsamo* (développement de la franc-maçonnerie) ; *Le Collier de la reine* (Marie-Antoinette) ; *Ange Pitou* (débuts de la Révolution) ; *La Comtesse de Charny* (1792) ; *Le Chevalier de Maison-Rouge* (la Terreur) ; *Les Blancs et les Bleus* (inspiré de Nodier, la guerre civile) ; *Les Compagnons de Jéhu* (la Terreur blanche). Sa dernière trilogie, *La San Felice*, se passe en Italie à l'époque de Bonaparte.

Le Comte de Monte-Cristo est un beau roman d'aventures.

N'oublions pas, parmi les meilleures aventures historiques que raconte Dumas, les siennes propres. Dans *Ma Révolution de 1830*, Dumas appelle son domestique : « Joseph, allez chez mon armurier ; rapportez-en mon fusil à deux coups et deux cents balles de calibre vingt » ; puis il part faire le coup de feu entre deux coups de fourchette.

Parodie

En 1959, Pierre Nord a habilement parodié *Les Trois Mousquetaires* dans *Un vrai secret d'État* : les mousquetaires sont des résistants sous l'Occupation ; Pétain est Louis XIII, Laval est Richelieu et la milice la garde du Cardinal !

Le roman de cape et d'épée

C'est une « œuvre dont les personnages rappellent les héros de l'ancienne chevalerie » écrivait en 1932 *Le Dictionnaire de l'Académie*. Dumas qualifiait d'ailleurs ses *Trois Mousquetaires* d'« aventures chevaleresques ».

Ce genre de roman, qui se prêtait bien à la publication en feuilleton, connut une longue vogue en France. Citons d'Amédée Achard (1814-1875) *Belle-Rose* ; de Paul Féval (1817-1887) *Le Bossu*, toujours réédité, avec son héros Lagardère ; Ponson du Terrail fut aussi un auteur fécond du genre. Politique et original, Michel Zévaco (1860-1918) se rendit célèbre avec ses *Pardaillan* et *Les Amants de Venise*. Sartre, dans *Les Mots*, dit en avoir été un lecteur friand dans sa jeunesse : « Je lisais tous les jours dans *Le Matin* le feuilleton de Michel Zévaco. Cet auteur de génie, sous l'influence de Hugo, avait inventé le roman de cape et d'épée républicain. Ses héros représentaient le peuple. Ils faisaient et défaisaient les empires, prédisaient dès le XVIᵉ siècle la Révolution française. »

La Harpe et l'Ombre (1979)

Alejo Carpentier

Un mégalomane malheureux consacré Bienheureux ?

La découverte de Colomb élargit la chrétienté, répand l'esclavage, mais n'arrondit guère sa bourse !

Alejo Carpentier (1904-1980)
Son père est breton, mais lui naît à Cuba, où il se lance dans le journalisme et connaît la prison pour avoir signé un manifeste contre le dictateur Machado. Après dix ans passés en France à fréquenter les milieux littéraires, il rentre à La Havane pour organiser des émissions culturelles, puis enseigne l'histoire de la culture à Caracas, revient enfin à Cuba en 1959.
De son œuvre, couronnée en 1977 par le prix Cervantès citons : *Le Partage des eaux* (retour d'un civilisé à la forêt vierge), *Concert baroque* (Vivaldi rencontre Montezuma au carnaval de Venise), *Chasse à l'homme* (roman construit comme une sonate). Voir aussi p. 75.

Édition
NRF Gallimard, 205 p.

Christophe Colomb fut-il un saint ? Le pape Pie IX se pose cette question, au moment de signer le document qui doit déclencher le procès en béatification. Et la plume de Carpentier de vagabonder au fil des réflexions et souvenirs du pape, qui évoque en particulier le voyage qu'il fit, alors jeune prélat, au Chili en 1923. La deuxième partie du livre est la confession de Colomb à l'agonie, qui dévoile les dessous pas toujours glorieux de la grande entreprise de sa vie : l'ouverture à travers la mer océane d'une route vers «les Indes». Carpentier détaille de façon passionnante les connaissances que l'on avait à l'époque de Colomb sur la configuration du monde, et qui forgèrent sa conviction : sources de l'Antiquité grecque, voyages de Marco Polo, traditions vikings (ce dernier point étant controversé).

▪ Marketing au XVIe siècle

Pour trouver financement et protections, Colomb «dresse un retable aux merveilles» aux yeux des puissants. Il triche aussi avec son équipage. Il trompe surtout facilement les Indiens des Antilles et en kidnappe quelques-uns en prévision de la mise en scène de son triomphal retour. Les richesses ramenées étant loin d'égaler les richesses promises, Colomb fait miroiter aux yeux des Rois Catholiques le «rendement supérieur» qu'auront les Indiens si on les réduit en esclavage. Mais le souci d'évangélisation se combine avec la recherche de l'or facile, dans un contexte de concurrence avec le Portugal, et ces propositions de colonisation n'intéressent pas (encore) l'Espagne. Luttant sans cesse pour obtenir les honneurs qu'il croit avoir mérités, Colomb s'aigrit...

▪ Carnaval posthume

Il revient en 1892, sous forme d'Invisible, assister au procès qui doit enfin décider ou non de sa béatification. Et Carpentier nous offre alors une scène grand-guignolesque qui voit défiler une demi-douzaine de «témoins» historiques ou littéraires, au milieu d'un public houleux noyauté par les partisans de la «légende rose» de la Conquête, ceux qui récusent les dénonciations du père Las Casas à propos du massacre des Indiens.

C'est dans cette dernière partie, qui tient du théâtre, que le talent littéraire de Carpentier prend toute son ampleur. Mais dans les chapitres précédents, on a déjà pu apprécier combien l'imagination du romancier (il suppose par exemple une liaison entre Colomb et Isabelle de Castille) s'accorde chez lui à la culture de l'historien enraciné dans l'Ancien comme dans le Nouveau Monde.

Le Judas de Léonard (1957)

Léo Perutz

Milan, fin du XVe siècle, deux hommes enquêtent

Léonard de Vinci cherche l'homme et le traître, le marchand Behaim cherche la femme et préfère l'argent.

En 1498, Léonard de Vinci a 46 ans, et il séjourne à la cour du duc de Milan Ludovic le More, travaillant à deux œuvres : la statue équestre du père du duc, et une fresque pour le réfectoire du couvent Sainte-Marie-des-Grâces représentant la Cène. Dans les deux cas, au grand dam du commanditaire, la réalisation de l'œuvre traîne en longueur, à cause des conceptions artistique et philosophique de Léonard. C'est ainsi que la fresque doit représenter le moment où le Christ, au cours du dernier repas pris avec les apôtres, vient de leur annoncer que l'un d'eux le trahira : chacun réagit avec sa nature propre, et c'est pour le peintre l'occasion d'une étude de caractère approfondie. Il a déjà trouvé les modèles de tous ses personnages. Seul manque encore le type du Judas, celui qui, selon Léonard, trahira par orgueil.

▪ Et bien sûr l'amour...

Puis démarre une autre histoire, à première vue sans grand rapport avec celle de Léonard : un certain Behaim, un Allemand qui fait du commerce entre l'Europe et les pays du Levant, vient d'arriver à Milan pour affaires. Dans une rue populeuse, il a le coup de foudre pour une jeune fille. Il prolongera son séjour pour la retrouver...

Léonard en quête de connaissance, Behaim en quête de sa jeune fille, les deux intrigues se développent, et finiront par se rejoindre. On aura au passage appris une foule de choses sur l'art du quattrocento et sur le génie universel de Vinci ; sur la situation politique des États italiens à la veille de la conquête française (à la fin du roman, Louis XII entre à Milan) et sur la puissance économique de Venise, étape de Behaim ; sur le climat en Europe à la fin du XVe siècle (l'inquiétude suscitée par l'avancée des Turcs) ; et même sur l'éducation des filles (Milan avait ouvert les premières écoles communales laïques au XIIIe siècle !).

Tout cela raconté dans un style insolite, souvent cocasse, qui mêle des procédés de roman policier et des procédés de théâtre, pour donner une étude de mœurs remarquable.

Bien des personnages qui traversent le roman ont réellement existé. Par exemple frère Luca, moine et mathématicien, qui griffonne des figures géométriques sur les tables des tavernes, fut bien un ami de Vinci. Le poète errant et voyou sentimental que ses amis appellent Mancino car il est gaucher déclame à la manière de François Villon. Or Villon, après une condamnation à mort commuée en bannissement en 1463, a complètement disparu. En inventant Mancino, Perutz le fait réapparaître et mourir à Milan.

«La Cène» aujourd'hui
La fresque a résisté au bombardement de 1943, mais pas à cinq siècles d'humidité. La seule restauration valable jusqu'à présent a permis de sauver le profil de Judas !

Léo Perutz (1882-1957)
Écrivain de langue allemande, originaire de Bohême, il quitte Prague pour Vienne, d'où il sera chassé par l'arrivée des nazis, et émigrera alors en Palestine. Il a écrit une douzaine de romans à toile de fond historique, dont *Le Cavalier suédois* (voir p. 130, et *La Troisième Balle*, qui se déroule au royaume des Aztèques : un chevalier allemand, arrivé avant Cortès, tente de défendre les Indiens.

Édition
10/18, 245 p.

Plus ça change (1946)

William Somerset Maugham

Affaires d'État, affaire de cœur

Une malicieuse parodie où le plus machiavélique n'est pas Machiavel...

William Somerset Maugham (1874-1965)
Il exerce d'abord comme chirurgien à Londres (la misère des faubourgs est le contexte de *Liza de Lambeth*). Mais le succès de ses premiers romans lui permet de se consacrer entièrement à la littérature, tout en voyageant. Il écrit aussi bien des romans, des nouvelles que des pièces de théâtre. *Servitude humaine*, autobiographique, a été écrit pendant la Première Guerre mondiale, lors de laquelle il fut agent secret. *L'Envoûté* raconte la vie de Gauguin. Amateur des pays latins et de culture française, il finira sa vie en France.

Édition
Presses Pocket, 255 p.

Niccolo Machiavelli est chargé par la république de Florence d'une mission diplomatique en direction de César Borgia, fils bâtard du pape, duc, mais surtout homme de guerre, et qui est la duplicité même au service de l'ambition. Il est accompagné d'un jeune parent qui fait ses premiers pas dans le monde, et à qui il est prêt à enseigner son art du calcul et de la manipulation des hommes.

Ils vont passer cet hiver 1502 à Imola, petite ville de province, où Machiavel occupe son temps, entre deux rencontres avec le duc, à monter une intrigue dont le but est de passer une nuit avec la jeune épouse de son hôte. En compagnie de Machiavel, on navigue au milieu des complots : l'intrigue domestique, à l'issue de laquelle Machiavel – eh oui ! –, se découvrira manipulé par tous les autres, et surtout les alliances politiques ou militaires que nouent et rompent aussi vite les princes, *condottieri* (officiers), le pape et le roi de France, bref tous les puissants qui se disputent l'Italie de l'époque.

▪ De l'Italie

De la société italienne, on entrevoit à peine les paysans, éternel gibier à soldats ; on voit un peu la bourgeoisie marchande des grandes villes, souvent prête à brader son indépendance et à se soumettre au premier conquérant pour sauvegarder ses affaires ; surtout cette multitude de rapaces, princes italiens plus ou moins légitimes, mercenaires, souverains étrangers, occupés à arracher les plus grands lambeaux possibles d'une péninsule riche, mais sans unité politique ni centralisation à l'image de ses voisins européens. Rien d'étonnant alors à ce que le patriote florentin Machiavel place ses espoirs dans un César Borgia, sans scrupule certes, mais travaillant, à sa façon, à unifier l'Italie.

La Mandragore
C'est sous cet autre titre que le roman de S. Maugham – dont le titre anglais est « Then and now » – a été réédité par la suite en français, à bon escient. En effet, Machiavel n'est pas seulement l'auteur du *Prince*, essai politique inspiré du personnage de César Borgia, mais aussi de *La Mandragore*, comédie en cinq actes : Le vieux Nicia, mari de la belle Lucrezia, veut avoir un enfant ; le soupirant Callimaco, se faisant passer pour médecin, prescrit à la jeune femme une décoction de mandragore ; cette racine anthropomorphe dotée de pouvoirs étranges est censée vaincre la stérilité mais aussi empoisonner le premier homme qui approchera Lucrezia... Maugham s'est amusé à parodier cette comédie : dans le roman, Machiavel échoue là où Callimaco réussit.

Les Fiancés (1842)

Alessandro Manzoni

Une référence

Le peuple est le véritable héros du roman de la nation italienne.

Dans les années 1626-1630, dans le triangle lac de Côme-Milan-Bergame, deux jeunes villageois fiancés, Renzo et Lucia, sont séparés par la veulerie d'un seigneur et la lâcheté d'un curé, puis par des événements historiques : émeutes de la faim à Milan, avatar de la guerre de Trente Ans qui ravage la région, peste qui fauche les populations.

Le récit développe trois thèmes principaux, religieux, politique, historiographique.

Profondément attaché à la foi et à la charité chrétienne, Manzoni écrit en guise de mot de la fin : « Lorsque les malheurs arrivent, que ce soit ou non de notre faute, la confiance en Dieu les adoucit et les rend utiles pour une vie meilleure. » La main de Dieu c'est, dans le roman, le capucin Cristoforo et le bon cardinal Federigo Borromeo, personnage historique ; mais c'est aussi la Peste.

Mais Manzoni décrit surtout l'oppression du peuple par les petits seigneurs et l'administration espagnols. Ses contemporains lisaient « Autriche » là où était écrit « Espagne ». *Les Fiancés* est un ouvrage patriotique, militant pour le Risorgimento.

▪ Un roman réaliste

Malgré sa vision théologique de l'Histoire, l'auteur est influencé par les conceptions historiques de son siècle. Il a écrit un roman social réaliste, un « roman des rapports de force », dit Italo Calvino dans une intéressante préface.

Le récit est mené comme une fable où les héros finiront par vaincre les obstacles successifs grâce à des secours souvent tombés du ciel ; c'est aussi un roman picaresque, où de multiples histoires et digressions se greffent sur l'histoire originelle, prenant le pas sur elle.

Retenons deux temps forts : Renzo le fiancé, pris dans les émeutes pour le pain à Milan ; et, plus tard, le même, traversant, tableau apocalyptique et grotesque, la ville terrorisée par la Peste.

Les personnages populaires ne sont pas des types passe-partout, mais des hommes et des femmes finement étudiés. Voilà un peuple italien bien vivant. Ne nous y trompons pas : Manzoni aime le peuple lorsqu'il suit les bons bergers, pas lorsqu'il est lui-même directement acteur de l'Histoire.

La langue
Pour les personnages du roman, lettres, lois, livres, sont autant de pièges tendus par les pouvoirs. Pour que son livre ne soit pas un piège de plus, Manzoni s'est attaché à écrire un italien - le toscan – accessible à tous, dans un pays aux multiples dialectes. En 1868, dans *L'unité de la langue et les moyens de la répandre*, il militait pour faire du toscan la langue nationale.

Alessandro Manzoni (1785-1873)
Écrivain italien issu de la noblesse, il fut d'abord un libéral influencé par les Lumières puis, converti au catholicisme et au courant romantique, « chassa Voltaire de sa bibliothèque ». Patriote, il déclarait en 1815 : « Nous ne serons pas libres si nous ne sommes pas unis », à l'heure où Metternich ne voyait plus l'Italie que comme « une expression géographique ». Il écrivit des poèmes religieux, des pièces romantiques, une ode historique (*Marc 21*, sur la mort de Napoléon).

Éditions
Le Chemin vert, 377 p.

L'Œuvre au noir (1968)

Marguerite Yourcenar

Penser dans l'Europe de la répression religieuse

Zénon, humaniste sceptique, veut décider de son destin et se heurte au grand mal du temps : l'intolérance.

M. Yourcenar
Voir p. 24.

Le titre
« La formule de l'Œuvre au noir, donnée comme titre au présent livre, désigne dans les traités alchimiques la phase de séparation et de dissolution de la substance qui était, dit-on, la part la plus difficile du Grand Œuvre. On discute encore si cette expression s'appliquait à d'audacieuses expériences sur la matière elle-même ou s'entendait symboliquement des épreuves de l'esprit se libérant des routines et des préjugés » (*L'Œuvre au noir*, note de l'auteur).

Édition
Folio, 443 p.

Zénon, le personnage central fictif médecin-chirurgien, alchimiste, philosophe, supposé né à Bruges en 1510, est inspiré de Paracelse, Vinci, Campanella et d'autres. Il s'initie au monde et approfondit ses connaissances au cours d'une vie errante vite évoquée, de l'Orient à la Suède. Son esprit critique, ses activités scientifiques et ses publications indisposent l'Église. Il revient se réfugier sous un faux nom dans sa ville natale où il mène une « vie immobile » qui se figera dans une prison de l'Inquisition. Il mourra en 1569.

Les personnages autour de Zénon sont l'écho de ce siècle qui voit grandir les intolérances : sa mère, anabaptiste, meurt dans les massacres de Münster ; un de ses parents, gentilhomme lettré devenu mercenaire, tombe dans les combats entre France et Empire. Trois ecclésiastiques, un homme d'Église traditionnel, un évêque, diplomate de la Contre-Réforme, et un prieur généreux et charitable renvoient différentes images, pas les pires, de l'Église catholique d'alors. Les banquiers Ligre et Fugger tirent leur épingle des jeux religieux et politiques. L'auteur a tenu à ébaucher des personnages populaires, tels ces tisserands qui s'opposent à l'introduction de nouvelles machines.

▪ Un matérialiste athée ?

Les pensées de Zénon, tournées « contre l'ignorance, la peur, l'ineptie et la superstition verbale », allient un pessimisme du cœur à un optimisme de l'esprit : l'époque l'attriste, mais il croit en l'avenir du progrès, même s'il est conscient de ses dangers. Marguerite Yourcenar voit son personnage « marqué encore par la scolastique, et réagissant contre elle, à mi-chemin entre le dynamisme subversif des alchimistes et la philosophie mécanistique qui allait avoir pour elle l'immédiat avenir, entre l'hermétisme qui place un Dieu latent à l'intérieur des choses et l'athéisme qui ose à peine dire son nom, entre l'empirisme matérialiste du praticien et l'imagination quasi visionnaire de l'élève des cabalistes ».

L'auteur a particulièrement soigné le ton et le langage, différents chez l'homme d'Église et chez ces spécialistes du pouvoir et de l'argent que sont les princes et les banquiers. L'artisan a un vocabulaire de l'expérimentation commun avec le médecin qu'est Zénon, vocabulaire retrouvé malgré « les maigres documents concernant la vie de l'homme du peuple », comme Marguerite Yourcenar le déplore elle-même.

Et Zénon, dans ce langage concret ou dans celui plus abstrait de la philosophie, développe, en phase avec les convulsions du monde, ce qui est la substance du livre : une passionnante réflexion sur la destinée humaine.

Thyl Ulenspiegel (1867)

Charles De Coster

Quand les Flandres étaient espagnoles

«Je ne suis point corps, mais Esprit... Esprit de Flandre, Amour de Flandre, nous ne mourrons point.»

Ulenspiegel est ce joyeux farceur apparu au XIVe s. dans la légende allemande, qui a laissé à la langue française l'adjectif «espiègle». De Coster prolonge son histoire, pour en faire le héros de la lutte des provinces flamandes contre l'occupant espagnol dans la seconde moitié du XVIe siècle.

Ulenspiegel naît près d'Utrecht dans la maison d'un charbonnier. Dès son enfance, son esprit mordant et sa langue bien pendue lui permettent de tourner en ridicule et de rouler bourgeois, moines, artisans, plus rarement nobles. Ses tours pendables, parfois douteux, se succèdent comme des scènes de théâtre et donnent un tableau très vivant des bourgs et villes des Flandres, où la bonne chère occupe beaucoup de place. On pense aux tableaux de Bruegel.

▪ L'Inquisition

En même temps que Thyl est né, en Espagne, un enfant sournois et cruel, le futur Philippe II. Et l'oppression grandit aux Pays-Bas contre les paysans, les bourgeois, les premiers protestants, prétendus hérétiques. Le père de Thyl est brûlé vif. Lui-même et sa mère sont torturés. Elle en meurt, lui en guérit, mais désormais, «les cendres de son père battent sur sa poitrine» pour lui montrer la voie de la résistance. Thyl décide de se venger, non pas tant du jaloux qui a dénoncé ses parents, que des vrais responsables de la situation dans «la terre des pères» : la hiérarchie catholique, l'empereur d'Espagne et son appareil d'État. Le voilà agent de liaison, travaillant à la constitution d'une armée réformée, les Gueux. Puis il participe directement au soulèvement de 1572 comme arquebusier, rejoint un moment les Gueux des Bois, puis combat avec les Gueux de Mer, jusqu'à l'indépendance des Provinces-Unies.

La seconde partie du livre voit donc se raréfier les scènes comiques ou truculentes, pour raconter avec force détails les opérations militaires. Apparaissent des personnages historiques comme Guillaume d'Orange le Taiseux (le Taciturne), ou le Ducaillon de sang (le duc d'Albe). Le tout rythmé par les chansons satiriques ou patriotiques de Thyl.

Écrit plutôt sur le ton du conte que du roman, l'Ulenspiegel de De Coster souffre de certains défauts : son idéal féminin est sommaire ; il insiste lourdement sur les tortures ; les caractères de ses héros sont caricaturaux. Mais ils se veulent les symboles des qualités du peuple flamand. C'est pourquoi cette œuvre est considérée en Belgique comme une sorte de Bible nationale. D'ailleurs, Ulenspiegel signifie «votre miroir».

Charles De Coster (1827-1879)
Écrivain belge de langue française (sa mère était wallonne, son père flamand), il écrivit de nombreux contes et nouvelles, avant de réaliser son chef-d'œuvre, *La Légende et les aventures héroïques, joyeuses et glorieuses de Thyl Ulenspiegel et de Lamme Goedzak au pays des Flandres et ailleurs*. De Coster était franc-maçon, ce qui explique le souffle qui anime plusieurs scènes de magie dans son livre, mais aussi certains idéaux qu'il laisse entrevoir et qui dépassent son thème de la lutte nationale : exprimées par la bouche de Lamme, des aspirations à la paix, à la réconciliation, à la tolérance ; ou bien, au travers de scènes de visions, sa foi en une marche vers l'Harmonie suprême.

Édition
Renaissance du livre, 492 p.

Fortune de France (1977)

Robert Merle

Pour se ramentever le XVIe siècle

Suivi de En nos vertes années, Paris ma bonne ville, Le Prince que voilà, La Violente amour, La Pique du jour, La Volte des vertugadins : *de 1545 à Henri IV, les guerres de Religion.*

Robert Merle (1908)
Universitaire, il a écrit une œuvre diverse, marquée d'un profond humanisme : *Week-end à Zuydcoote* (voir p. 117), *La Mort est mon métier* (portrait suffocant d'un SS), *Derrière la vitre* (Nanterre, 1968), *L'Ile* (le Bounty).

D'un bastidou périgordin (tome 1) à Montpellier (tome 2), puis Paris (tomes suivants), accompagnons Pierre de Siorac, gentilhomme devenu médecin. Bec jaune de 15 ans, il part à l'aventure dans une France travaillée par une guerre parfois interrompue de périodes de paix grondante et rechignée. Ce ne sont qu'émotions populaires, villages mis à quia, huguenots puis catholiques occis. A Montpellier, Pierre assiste aux lectures des professeurs de médecine. A Paris, au milieu d'un peuple fanatisé par les curés, il assiste à la Saint-Barthélemy : désormais, pour les réformés de pays d'oc, Charles IX, tenu pour responsable, ne sera plus que «ce petit reyet de merde». *Le Prince que voilà*, c'est le roi Henri III. Puis Henri de Navarre, le huguenot converti après avoir assiégé et affamé Paris, lui succédera.

A la cour, chez les pécunieux, chez les gens mécaniques ou parmi les coquarts, les gouges et les tire-laine, voyez les amours, les heurs et les pâtiments des grands et des petits.

La parlature d'époque qui truffe le récit déroute un peu mais ne l'emburlucoque pas : Robert Merle en a usé assez modérément et a fourni un glossaire : sachez que se ramentever signifie se rappeler ; gens mécaniques : ouvriers ; pâtiments : souffrances ; emburlucoquer : embrouiller, et parlature : jargon !

Édition
Presses Pocket, 6 tomes de 400 à 760 pages

1572, Chronique du règne de Charles IX

Au temps de la Saint-Barthélemy, un huguenot, Bernard de Mergy, et son frère, un sceptique que choque l'intolérance tels sont les héros de ce court et limpide roman que Prosper Mérimée publia en 1829. Il attribue la responsabilité du massacre au roi plutôt qu'à Catherine de Médicis. Mais surtout, il a écrit un roman de mœurs, celles de la noblesse et de l'armée. Son style est, disait Sainte-Beuve, «net, svelte, alerte, coupé au vif». Le frère de Bernard rejette le fanatisme des deux camps et meurt en repoussant prêtre catholique et ministre protestant : «suis-je déjà mort pour que les corbeaux se disputent ma carcasse ? Je ne veux ni de vos messes ni de vos psaumes». (Folio 335p.).

« Les prédicateurs exhortaient
les fidèles dans les églises à redoubler de cruauté »
(Prosper Mérimée).
Les massacres de la Saint-Barthélemy (nuit du 23 au 24 août 1572).
Détail d'une peinture de François Dubois (fin du XVIe siècle).
Musée cantonal des Beaux-Arts, Lausanne.

Michael Kohlhaas (1810)

Heinrich von Kleist

L'Allemagne au temps de Martin Luther

Un maquignon qui ne marchande pas avec la justice.

Heinrich von Kleist (1777-1811)
Personnalité tourmentée, il se suicida à 34 ans. C'est la grande figure du romantisme allemand. Parmi ses pièces de théâtre, *La Bataille d'Arminius*. Des nouvelles, dont *La Marquise d'O*.

Éditions
Phébus, 180 p.

Un éleveur de chevaux est victime d'une injustice. Pour faire valoir son bon droit, ce bourgeois prospère se fait chef d'une bande de pillards, sacrifiant son métier, ses biens, sa famille. Son spoliateur étant un junker lié aux familles régnantes de Saxe, l'appareil d'État couvre l'injustice. Du coup, l'entreprise de vengeance de Kohlhaas change de dimension : elle devient combat contre l'oppression.

Kleist décrit soigneusement les réactions de toutes les personnes concernées. C'est surtout la question de droit et d'éthique, le rapport entre justice et violence qui l'intéressent. Mais même s'il en parle peu, l'aspect social est évident : à l'appel du révolté répondent des centaines d'hommes. Qui sont-ils ? La réponse de Kleist («racaille» libérée par la paix avec la Pologne) est loin de suffire, et d'expliquer la popularité qu'acquiert la cause de Kohlhaas.

Il faut alors se rappeler que l'histoire se passe dans l'Allemagne du XVIe siècle, celle de la contestation luthérienne et des révoltes de paysans.

Petit Louis dit XIV (1985)

Claude Duneton

Côté cour et côté jargon

Un gourmet de langage raconte « l'enfance du Roi-Soleil ».

Claude Duneton (1935)
C'est un passionné de la langue populaire. *A hurler le soir au fond des collèges* est un convaincant plaidoyer sur l'enseignement du français.

Édition
Seuil, Points romans, 570 p.

Les rapports sont tendus entre Louis XIII et la reine Anne d'Autriche. C'est l'époque de la guerre contre le roi d'Espagne, frère de la reine. Celle-ci est donc très étroitement surveillée par Richelieu. Fait aggravant pour elle : nous sommes en 1637 et, depuis son mariage en 1615, la reine n'a pas encore donné d'héritier au royaume.

Mais grâce à Pierre de La Porte, serviteur de la reine, le futur Louis XIV doit à un soir d'orage de voir le jour.

A la cour, Petit Louis est entouré de tendresse – à défaut d'hygiène – mais aussi de complots. Il faut le dire : l'éducation du royal bambin laisse à désirer. Il ne connaît rien de son peuple, qui en souffrira terriblement sous son règne.

Duneton se délecte à adopter vocabulaire ancien et vieilles locutions, et la langue verte prisée à la cour du grand-père Henri IV ; tournures naturelles sous la plume de l'auteur de *Parler croquant* et de *La Puce à l'oreille*.

Les Mutins de la liberté (1986)

Daniel Vaxelaire

Utopie, exotisme, et marine à voile

Des pirates redresseurs de torts créent une république inspirée de l'utopie de Tommaso Campanella.

Une *Histoire de pirates* mentionne une cité fondée au début du XVIIIe siècle dans une baie perdue de Madagascar, par une bande de hors-la-loi que dirigeaient un moine italien défroqué et un noble français en rupture de ban, et qui se disaient ennemis de tous les tyrans. Aujourd'hui encore, une tribu malgache prétend descendre de pirates. La cité s'appelait Libertalia.

Vaxelaire est parti de ces données pour imaginer l'aventure exceptionnelle de ces mutins idéalistes. Le frère Angelo, mis à l'écart par l'Église pour son esprit contestataire, se morfond dans son hospice au contact quotidien de la misère humaine, quand il rencontre Olivier, jeune officier de marine intelligent et frondeur. Olivier apporte sa passion de la vie et son goût de l'aventure, Angelo sa culture et sa révolte. Quand le bateau où ils se sont embarqués tombe entre leurs mains à la suite d'un combat naval, c'est l'occasion inespérée : avec l'équipage qu'Angelo se charge de convertir à ses idées égalitaires, pour ne pas dire libertaires, ils se font « bandits d'honneur, pour la liberté et contre l'oppression ». Et ces drôles de corsaires d'attaquer les bateaux négriers, dont ils délivrent les prisonniers, et les navires de toutes nationalités, dont ils invitent les marins à se joindre à eux au lieu de rester soumis à des tyrans. Une alliance avec la reine d'une petite île leur permet de trouver des compagnes. Grâce au rayonnement, à l'autorité morale d'Angelo, ces mercenaires et autres ruffians apprennent (tant bien que mal) le respect de la femme ; ce conglomérat de cultures diverses, aux couleurs de peau et aux langues variées, commence à former une communauté fraternelle et tolérante. A travers mille détails, discussions, incidents, Vaxelaire rend palpable, vraisemblable la naissance de cette Utopie... et inévitable sa chute.

La cité du soleil

Le moine Campanella, le maître à penser d'Angelo, décrit un État idéal, dirigé par des sages de façon à éviter tout conflit ou injustice : éducation des enfants prise en charge par la cité, travail collectif, pas de propriété. Certaines de ses idées font aujourd'hui sourire ... ou frémir (astrologie érigée en science sacrée, planification de la reproduction, réglage militaro-policier de la vie quotidienne). Mais en cette fin du XVIe, début du XVIIe, affirmer que c'est l'inégalité des richesses qui corrompt l'homme et que celui-ci devrait prendre en main l'organisation sociale était follement osé : Campanella passa vingt-sept ans au cachot, torturé par l'Inquisition sans jamais se rétracter, et mourut empalé.

Daniel Vaxelaire (1948)

Il fait en 1968 un grand voyage au Moyen-Orient, d'où il ramène un reportage qui établit ses talents de journaliste. Son service militaire à la Réunion lui fait aimer l'île « Bourbon », au point qu'il s'y installe. Son premier roman, *Chasseur de Noirs*, raconte la colonisation de cette île de l'océan Indien dépourvue de population autochtone, par des sujets de Louis XIV, qui y importent l'esclavage. *L'Affranchi* raconte comment les Blancs, sentant, dans les années 1830, que vont finir les beaux jours de l'esclavage, réussissent à sauver les meubles. *Les Chasseurs d'épices*, c'est, au XVIIIe siècle, les aventures de Monsieur Poivre.

Édition

Lieu commun, 425 p.

Le Domaine (1957)

Aquilino Ribeiro

Trois siècles de noblesse rurale au Portugal

Une classe confite dans ses préjugés, un pays qui stagne.

Aquilino Ribeiro (1885-1963)
Il a connu la prison et l'exil sous la dictature de Salazar. Il a écrit une centaine d'ouvrages. *Le Domaine* s'inspire de documents trouvés lors de la démolition d'un manoir.

Édition
Sylvie Messinger, 424 p.

Au XVIe siècle un honorable ecclésiastique acquiert une terre au nord du Portugal pour en faire une exploitation rurale. Il la léguera à… son fils, et, d'héritier mâle en fils aîné, de fils illégitime en neveu, l'histoire du domaine de Notre-Dame-du-Bon-Secours se déroule jusqu'au XIXe siècle.

Les événements historiques ne forment qu'un arrière-plan brumeux, tant ces nobliaux de province y contribuent peu : quelques coups de feu contre l'Espagne, la colonisation du Brésil dont ils restent à l'écart, la fuite devant les troupes de Napoléon. Au fil des siècles, les maîtres du domaine sont de plus en plus ignares et irresponsables, jouisseurs, dilapideurs. L'apport d'argent par certaines alliances, le travail des domestiques, métayers et esclaves n'auront fait qu'entretenir des parasites tout juste bons à égrener leur arbre généalogique et à user du droit de cuissage. Seule la nature, vue par ceux qui l'aiment, ne déçoit jamais.

Et encore

Sur les Grandes Découvertes : *1492 : les aventures de Juan Cabezon de Castille*, de H. Aridjis et *Mémoires de Christophe Colomb*, de S. Marlowe. *Les Condottieri*, de P. Humbourg (3 tomes), se déroulent dans l'Italie de 1378 ; *Le Nain*, de P. Lagerkvist, *La Promenade italienne*, de Y. Singer-Lecocq et, en partie, *Léon l'Africain*, de A. Maalouf, en pleine Renaissance. *Le Roman d'Henri IV* de Heinrich Mann (3 tomes) est un beau plaidoyer humaniste.
La guerre de Trente Ans hante *Une rencontre en Westphalie*, de G. Grass. *Le Juif Süss*, de L. Feuchtwanger (déformé par les nazis), vit à la cour du Wurtemberg au XVIIIe siècle. Ouvrages de mémoire nationale, tels sont *Par le fer et par le feu* du Polonais H. Sienkiewicz, *Les Tambours de la pluie*, sur Scanderberg, de l'Albanais I. Kadaré.
J. Hamburger a imaginé un passionnant *Journal d'Harvey*, médecin de Charles Ier d'Angleterre et découvreur de la circulation sanguine. Autres grandes figures : Cervantès, au centre de *La Capitane*, de D. Schneider, et Giordano Bruno de *L'Homme incendié*, de S. Philippini. *Le Dieu manchot*, de J. Saramago, se déroule dans le Lisbonne du premier XVIIIe siècle.
En France, *Les Fous de Dieu*, de J.-P. Chabrol sont les Camisards. Citons aussi, de Massin, *La Cour des miracles*, sur Concini. *L'Allée du roi*, de F. Chandernagor, c'est les Mémoires fictives de Mme de Maintenon. *La Fuite à Constantinople*, de J. Almira, est celle du comte de Bonneval. *Ces messieurs de Saint-Malo*, suivi du *Temps des Carbec* de B. Simiot est l'excellent roman de l'ascension d'une bourgeoisie. *Les Colonnes du ciel*, de B. Clavel, va, en 5 tomes, de la Franche-Comté du XVIIIe siècle ravagée par la guerre jusqu'au Nouveau Monde où émigrent ses héros.

Révolution française et Empire

«C'était le meilleur et le pire des temps, le siècle de la sagesse et de la folie, l'ère de la foi et de l'incrédulité, la saison de la lumière et des ténèbres.»

Début de : ***Un conte de deux villes,***
Charles Dickens.

Histoire d'un paysan (1867)

Erckmann-Chatrian

Un grand roman républicain et populaire

C'est l'autobiographie imaginaire d'un paysan alsacien, Michel, qui eut 20 ans au bon moment, lorsque la Révolution battait son plein.

Émile Erckmann (1822-1899) Alexandre Chatrian (1826-1890)

Nés tous deux entre Lorraine et Alsace, les Vosges et leur nature puissante et calme emplissent leur œuvre. Le père d'Émile est relieur papetier, républicain et voltairien. Celui d'Alexandre est maître verrier. « Ce sont des cocos bien plébéiens », disait d'eux Flaubert. Hommage involontaire ! Des doubles du père d'Erckmann se rencontrent au fil des lectures, comme des doubles du voisin et ami juif Meyer Heymann, ou des doubles des vieux soldats de guerres napoléoniennes qu'ils ont connus.

C'est là un des romans les plus évocateurs sur cette époque. Le style est sobre, le ton est moraliste. Le bon sens, les bons sentiments guident les meilleurs des hommes. On s'y embrasse et l'on pleure de joie aussi bien lorsque poussent les premières pommes de terre que lorsqu'on apprend la mort de Louis XVI. Les hommes simples sont de grand sentimentaux. Si l'analyse de la psychologie des personnages n'est pas le fort du roman, ils ne sont cependant pas des images de l'Épinal voisin, ni des types humains stéréotypés. En cette période qui impose à chacun de prendre position, on est jugé à ses actes.

Outre Michel, généreux et courageux, qui s'engage dans la lutte, voici Chauvel, le colporteur d'idées nouvelles et maître à penser, bientôt conventionnel ; porte-parole des auteurs, il est partisan de Danton. Voici Maître Jean, forgeron aubergiste, révolutionnaire modéré et dont le fruste compagnon reste jusqu'au bout fidèle aux seigneurs ; voici enfin l'admirable Marguerite, la fille de Chauvel, le grand amour de Michel.

L'intrigue romanesque est très simple, les auteurs ne s'embarrassent pas de procédés compliqués pour évoquer la vie au village alsacien, à Paris ou sur le front. Une lettre, l'article d'une gazette y pourvoient. Les héros, envoyés à l'endroit qu'il faut, sont là pour jouer les reporters. Que d'événements vit-on ! Les faits essentiels de la période sont répartis en quatre chapitres : « Les États généraux », « La Patrie en danger », « L'an I de la République », « Le citoyen Bonaparte » sont autant de phases de la Révolution.

▪ Des faits significatifs

On sent ainsi les prémices de la Révolution aux réactions à l'annonce du *Compte rendu* de Necker, qui dévoile le coût des fastes de la cour. Lorsque les députés du Tiers-État s'opposent au roi, ils trouvent un matin porte close et cherchent dans Versailles une salle de réunion. Ils échouent dans celle du Jeu de paume. Les échos de la prise de la Bastille parviennent en Alsace : les bûcherons descendent des forêts pour s'en prendre aux riches et aux couvents. Les massacres que la réaction organise à Nancy avec l'accord de La Fayette et auxquels assistent, malgré eux, sans comprendre, des révolutionnaires impuissants et trompés montrent la difficulté d'y voir clair, de reconnaître ses amis de ses ennemis. Les bourgeois révolutionnaires comme Maître Jean qui ont acquis des biens de l'Église sont repus, et souhaitent que la Révolution s'arrête ; mais que leurs biens nouvellement acquis soient menacés par les armées d'émigrés, ils deviennent enragés. Le serment de fidélité à la Constitution nouvelle que doit prêter le clergé est un événement très important qui divise le village, les familles. La levée en masse prend une autre signification dans les campagnes frontalières qu'à Paris. La montée de la réaction après Thermidor est ressentie quand des membres de la noblesse ou de l'appareil d'État local refont surface.

L'importance prise par l'armée révolutionnaire, seul rempart face à la contre-révolution, prépare l'avènement d'un Bonaparte que les auteurs n'aiment guère ; dès le début, une phrase de celui-ci a éveillé la méfiance de Chauvel : « Je vais vous conduire dans les plus fertiles plaines du monde, dit-il à ses soldats d'Italie ; vous y trouverez honneur, gloire, richesse. » Cet appel au pillage est contraire aux idéaux et à la méthode de la Révolution qui s'est efforcée de mener une « guerre de propagande ».

▪ Pour Danton

Plutôt qu'en Bonaparte, les auteurs se reconnaissent en Danton. Robespierre est décrit comme un autoritaire voulant tout régler par la répression. Les Girondins sont des bourgeois qui mettent la liberté au-dessus de tout mais se défient du peuple. Les Montagnards mettent, eux, comme le peuple, l'égalité des droits avant la liberté. Mais, précisent les auteurs, tout cela était bien complexe. D'ailleurs, Chauvel, qui, sur le moment, s'était réjoui de la chute de Robespierre, s'aperçoit vite que ce n'était pas le signe du retour du peuple sur la scène politique mais celui du déclin de la Révolution.

Le jugement d'Erckmann-Chatrian est celui de républicains du XIXe siècle. C'est au regard du règne de Napoléon, de la Restauration, des révolutions de 1830 et de 1848 et de l'avènement du Second Empire qu'ils jugent. C'est ainsi que Chauvel explique qu'« on verra les révolutions se suivre à la file tant qu'un ouvrier pourra dire en parlant d'un bourgeois : c'est un privilégié ». En écrivant ce roman en 1867, sous Napoléon III, ils ont voulu, comme le dit le vieux Michel, rendre hommage aux héros de la Révolution. Ils y ont pleinement réussi car leur héros c'est le peuple.

La Révolution française et le roman

De Chateaubriand à Vallès, la grande Révolution – et celles qui suivirent au XIXe siècle – influença fortement les écrivains. Le romantisme de Chateaubriand (*Les Martyrs*) et de Vigny (*Cinq-Mars*) regrettait l'ancien temps. Dumas écrivit une ambitieuse œuvre de divertissement allant de l'Ancien Régime à l'Empire. Hugo construisit peu à peu une mystique de la Révolution, espérant la réconciliation nationale autour d'une religion charitable et d'un humanisme républicain et progressiste (*Les Misérables*, *Quatrevingt-Treize*). Jules Vallès cria dans son œuvre la révolution encore à faire (*L'Insurgé*).

Mais c'est le désenchantement qui domine chez Balzac, Stendhal, et davantage encore chez Flaubert. Tous ont cependant cherché à démonter les mécanismes sociaux : des *Chouans* à *La Chartreuse de Parme*, des *Misérables* à *L'Éducation sentimentale*, l'histoire née de la Révolution, celle où les hommes et les classes sociales jouent un rôle, s'impose.

Quelques titres

L'Histoire, ils la font vivre dans plusieurs dans leurs romans : *Madame Thérèse* évoque un épisode militaire en 1792, *L'Histoire d'un conscrit de 1813*, c'est l'atrocité de la guerre ; *L'Histoire d'un homme du peuple*, qui se déroule lors de la Révolution de 1848, s'arrête, avant que les ouvriers révoltés ne soient écrasés par le pouvoir bourgeois : Erckmann-Chatrian, n'écrivent pas la suite, regrettant toujours ce qu'ils considéraient comme une cassure au sein du peuple. Après la Commune dont Chatrian, enfermé pourtant dans Paris, ne dit rien, ils flétrissent dans *Maître Gaspard Fix* le bourgeois bonapartiste arriviste. Puis ils se sépareront, pour des motifs personnels, financiers et politiques.

Édition

Pauvert-Serpenoise, 2 tomes, 1100 p.

Les Chouans (1829)

Honoré de Balzac

Amours romanesques contre intérêts politiques

Le dernier roman de jeunesse de Balzac est le premier de La Comédie Humaine.

Honoré de Balzac (1799-1850)
Lancé dans les affaires (édition, imprimerie), il n'en retire que des dettes pour toute sa vie, ce qui ne l'empêchera pas de mener grand train. Il rencontre le succès à partir des *Chouans* et surtout de *La Peau de chagrin* (1831). Son œuvre va se bâtir pour former une dénonciation de la « comédie humaine » : de nombreux romans de mœurs (près de 85) où il s'attache à décrire, entre autres, la bourgeoisie montante, sa mesquinerie, son culte de l'argent, son arrivisme. Dans *Les Illusions perdues*, Rubempré à écrit un roman historique, *L'archer de Charles IX*, et sa discussion avec son ami d'Arthez permet à Balzac d'exprimer sa conviction : il faut raconter l'« histoire du présent ».

Édition
Le Livre de Poche, 401 p.

Dès la parution en français d'Ivanhoé, Balzac, qui avait 20 ans, fit de Walter Scott son maître. Comme ses premières productions, des œuvres théâtrales, n'avaient pas eu le succès escompté il se lança dans le roman historique, en se donnant pour tâche ce qui manquait, d'après lui, à Scott : réaliser la peinture de la passion. Car dans *Les Chouans*, il s'agit bien, avant tout, d'une intrigue d'amour entre un jeune marquis, envoyé par le roi pour prendre la tête des paysans bretons soulevés, et une belle républicaine d'origine aristocratique, envoyée, elle, par le ministre de la police Fouché pour le séduire et le trahir. Les conversations galantes, les progrès de l'amour et ses trahisons occupent une bonne partie du livre, et il faut bien avouer que les considérations de Balzac sur la psychologie féminine ont mal vieilli.

Mais ce qui fait l'intérêt du roman, et de la destinée tragique des deux héros, c'est bien sûr la période qu'ils vivent et la politique dont ils sont les acteurs, et peut-être les jouets : 1799, la troisième guerre de Vendée, la République tombée aux mains d'arrivistes. Bonaparte, devenu Premier consul, guerroie dans toute l'Europe et a besoin de soldats (la conscription obligatoire est une des causes du soulèvement). La politique n'est plus faite par le peuple de 89, qu'incarne le loyal soldat Hulot, mais par des policiers retors exécutant les plans secrets d'hommes d'État pour lesquels d'ailleurs Balzac ne cache pas son admiration. Il n'est pas tendre pour les Chouans, paysans à l'aspect aussi bestial que leur mentalité est primitive, dirigés par des aristocrates ambitieux et des curés démagogues.

Balzac s'était déjà documenté sur la Révolution pour préparer son *Histoire de France pittoresque*. Avant d'écrire *Les Chouans*, il alla passer six semaines à Fougères pour s'imprégner des lieux. Une de ses meilleures pages est celle où il explique la chouannerie par le paysage breton, expression de modes séculaires de propriété et de travail et creuset de la mentalité paysanne.

▪ Balzac légitimiste

Balzac apporta à son texte, en 1834 et en 1844, plusieurs modifications dans un sens royaliste : le jeune libéral attiré par les idées de Saint-Simon devient légitimiste après la révolution de 1830, qui avait mis sur le trône Louis-Philippe, le roi bourgeois, cédant ainsi à son mépris de la plèbe et à ses ambitions aristocratiques (il s'ajoute lui-même une particule). La nouvelle *Un épisode sous la Terreur* est encore plus significative de sa nostalgie de l'Ancien Régime.

Guerre et Paix (1869)

Léon Tolstoï

Une réflexion sur l'Histoire

L'amour de la vie s'oppose au traumatisme de la guerre et à l'inéluctabilité des événements historiques.

Cette monumentale et envoûtante chronique familiale et militaire des campagnes napoléoniennes de 1805 et 1812 est construite en courts récits successifs développant en parallèle plusieurs histoires, et s'organise autour d'une double démonstration : l'Histoire n'est pas le fait des grands hommes mais est prédéterminée par une foule de causes ; le bonheur de l'homme est d'accepter avec simplicité ce qui est. Tolstoï accorde son style à ces idées : avec des mots simples, il a l'art de suggérer la vie telle qu'elle est. Un détail, une impression, et l'on croit observer avec lui l'Histoire et la nature qui suivent seules leur cours.

▪ Napoléon et Koutousov

Mais les héros du livre – sauf rares exceptions – n'ont pas ce fatalisme historique et moral. La guerre provoque de multiples réactions : les états-majors élaborent plan sur plan ; tel officier flatte ses supérieurs pour faire carrière ; tel autre rêve de se couvrir de gloire ; le discret héroïsme ou la peur panique, l'atrocité banale des combats qui paralyse ou exalte, Tolstoï les observe avec un tranquille réalisme plein de compréhension pour les vaines initiatives des acteurs. Il réserve son ironie aux chefs qui prétendent avoir prise sur l'événement. Tel est Napoléon, cet « insignifiant instrument de l'Histoire » dont la Grande Armée, vainqueur à Austerlitz, se dissout dans Moscou en flammes ; tel est Rostopchine, gouverneur de Moscou, qui ne sait que mentir au peuple et lui donne en pâture un malheureux prisonnier politique. Tolstoï égratigne au passage les historiens, ses contemporains, comme Thiers, qui ont, pour expliquer l'Histoire, substitué à Dieu « les buts de l'humanité », entendant par là les buts « des peuples qui occupent le petit bout nord-ouest d'un immense continent ».

Le peuple russe, lui, est instinctivement dans le vrai ; ses réactions quotidiennes et son solide bon sens assèneront des « coups de gourdin » à l'armée française.

Le général en chef Koutousov est en harmonie avec cet esprit populaire émanant de la terre russe. Il n'a certes « jamais parlé de quarante siècles qui le contemplent du haut des pyramides », mais il sait attendre : grâce à lui, Napoléon se battra lui-même. Koutousov c'est, extraordinaire portrait, le peuple russe fait maréchal.

Les personnages imaginés par Tolstoï cherchent leur voie dans ce monde bouleversé. Le prince André, un tourmenté qui « éprouve sans cesse le besoin d'envenimer ses plaies », masque sa sensibilité derrière un scepticisme ou un cynisme hautains. Il aspire d'abord à la gloire militaire puis se consacre à ses terres, se plonge dans la politique puis dans l'amour : chaque

Léon Tolstoï (1828-1910)
Né dans une grande famille aristocratique, il fut orphelin à 9 ans. Tour à tour étudiant, fêtard à Saint-Pétersbourg, officier en Crimée, voyageur à la recherche du progrès en Europe, fondateur d'une école pour le peuple, il mena aussi une vie de propriétaire, vie simple avec sa femme dont il eut treize enfants. La question « Pourquoi vivre ? » marque sa vie et son œuvre. Il en théorise la réponse après une grande crise morale vers 1880 : il faut vivre comme les simples, croire en Dieu en dehors de toute Église – il fut excommunié en 1901 ! –, il faut aimer les hommes, condamner la violence, refuser la civilisation moderne avec son industrie et le pouvoir d'État.

Une œuvre tourmentée
Son œuvre témoigne de l'extraordinaire conflit entre sa vitalité et ses tourments existentiels.
Les Cosaques et *Récits de Sébastopol* évoquent la vie et la mort à la guerre. *Anna Karénine*, *La Sonate à Kreutzer* traitent de l'amour et du drame du couple. *Résurrection* est un réquisitoire contre le pouvoir et l'injustice.

Édition
Folio, 2 tomes, 1 500 p.

nouvel enthousiasme dénonce la vanité du précédent.

De même Pierre Bezoukhov, forte carrure et «grand format», cherche avec inquiétude la sérénité tour à tour dans la philanthropie, la franc-maçonnerie, la vie mondaine, le vin, le sacrifice l'amour romantique, la conspiration politique.

Natacha, symbole de cette vitalité qui anime les meilleurs personnages du livre, chercher l'amour : Tolstoï est un infatigable observateur des passions et déchirures des couples. Après une dure épreuve, devenue la meilleure des mères, elle goûte un bonheur inattendu en harmonie avec sa nature de femme. Avec elle se confirme la justesse de la philosophie de Tolstoï.

▪ Platon

Mais nul mieux que Platon Karataïev n'incarne ses convictions : moujik illettré, il est la vérité et la simplicité mêmes. Il rayonne d'amour pour les hommes et n'attend rien d'eux. Sa résignation souriante permet à Pierre de reprendre confiance, de s'apaiser, de retrouver un Dieu «qui est partout». Il faut attendre le dernier quart du roman pour rencontrer Karataïev. C'est pourtant, plus même que son double haut placé Koutousov, le personnage fondamental. Il porte en lui les idées que l'auteur développera par la suite : panthéisme, fatalisme moral, vie en accord avec la terre.

Mais si Karataïev est exemplaire, Tolstoï se reconnaît aussi en Pierre Bezoukhov qui, à la fin, poursuit la recherche de sa vérité en préparant la conspiration décembriste contre le tsar.

Il faut lire le passionnant appendice à la fin du roman où Tolstoï insiste par exemple sur la différence qu'il voit entre la démarche de l'historien et celle du romancier pour aborder les personnages historiques : «L'historien et l'artiste qui décrivent une époque ont affaire à des objets différents. L'historien aurait tort de vouloir peindre un personnage historique dans sa totalité, dans toute la complexité de ses relations avec tous les aspects de la vie ; l'artiste de même n'accomplirait pas sa tâche s'il présentait toujours son personnage dans une attitude historique. Koutouzov ne désigne pas toujours l'ennemi, monté sur un cheval blanc, une longue vue à la main, [...] et l'impératrice Maria Fedorovna ne se tenait pas toujours debout, en manteau d'hermine, la main posée sur le Code, et c'est pourtant ainsi que se les représente l'imagination populaire.»

L'opinion d'un révolutionnaire
«[...] dans l'atmosphère irrespirable de la lâcheté écœurante de l'opinion publique officielle, ce dernier apôtre de la charité chrétienne, en qui revit le prophète de la colère de l'Ancien Testament, jette son cri obstiné : "Je ne puis pas me taire." Comme une malédiction au visage de ceux qui pendent comme de ceux qui se taisent devant les pendaisons.
«Et s'il ne sympathise pas avec nos buts révolutionnaires nous savons que c'est parce que l'Histoire lui a refusé toute compréhension de ses voies.»
Léon Trotski, *Neue Zeit*, 1908, article pour le 80e anniversaire de Tolstoï.

Quatrevingt-Treize (1872)

Victor Hugo

L'année terrible

« Imputer la révolution aux hommes, c'est imputer la marée aux flots. » Mais des épreuves nécessaires surgit la liberté.

C'est la guerre en Vendée. Les protagonistes : des soldats révolutionnaires prêts à mourir pour leur cause, et parmi eux le solide sergent Radoub ; des paysans vendéens aussi déterminés, le fanatique Imâmus en tête ; le chef des Blancs, le vieux et cruel marquis de Lantenac ; en face, le jeune Gauvain, parent de ce dernier, est passé à la Révolution ; à ses côtés, il y a Cimourdain, son ancien précepteur, ex-prêtre, devenu un conventionnel incorruptible. La Révolution n'est pas le seul enjeu : des enfants, volés par les Chouans, sont recherchés par leur mère et le régiment républicain qui les avait adoptés. En les sauvant de la mort, Lantenac se rachètera de ses crimes.

La majeure partie du roman se passe en Vendée. Mais la nomination de Cimourdain comme commissaire politique est l'occasion pour l'auteur d'un portrait de la Convention et de ses principales figures.

▪ Le mythe révolutionnaire

Écrivant alors qu'il se battait pour l'amnistie des Communards, Hugo, pénétré de la mission historique du poète, célébrait la brûlante année 1793 pour mieux défendre les idéaux révolutionnaires autour desquels il espérait voir les hommes se réconcilier. Son style épique et somptueux, sa démesure même, s'accordent à cette célébration.

Sombre est la Vendée aux bois ténébreux où fourmillent les paysans à la conscience aveugle : elle est « l'ignorance faisant à la vérité, à la justice, au droit, à la raison, à la délivrance une longue résistance bête et superbe ». Mais, comme l'exprime Gauvain, « sous un échafaudage de barbarie se construit un temple de civilisation ».

Cette dialectique historique où la lumière surgit de l'ombre fait espérer une société idéale : dans sa conversation finale si belle avec Cimourdain, Gauvain oppose au pragmatisme révolutionnaire de celui-ci une utopie égalitaire.

Les Châtiments

En 1822, le jeune ultraroyaliste Hugo voyait dans la Révolution des « saturnales de l'athéisme et de l'anarchie ».

En 1853, le Victor Hugo républicain tonnait de son exil contre Napoléon le Petit et célébrait dans *Les Châtiments* la Révolution en l'année 93 :

« Né pour clore les temps d'où sortirent les nôtres,
Toi qui par la terreur sauvas la liberté,
Toi qui portes ce nom sombre : Nécessité,
Dans l'histoire où tu luis comme en une fournaise,
Reste seul à jamais, Titan Quatrevingt-treize !
Rien d'aussi grand que toi ne viendra après toi. »

Victor Hugo (1802-1885)

D'abord romantique légitimiste (« je veux être Chateaubriand ou rien »), il devint dès 1829 un apôtre de la générosité humaine, puis un militant œuvrant pour une démocratie où Dieu, le progrès et l'éducation du peuple s'accordent.

A 18 ans, il écrivit *Bug Jargal*, roman de la révolte des esclaves de Saint-Domingue : celle-ci n'a pas sa sympathie, mais Toussaint Louverture est déjà un beau héros hugolien. *Les Misérables*, dénonciation de la misère morale et matérielle, contient de puissants tableaux de la bataille de Waterloo et de l'émeute parisienne de juin 1832.

Hugo, qui voyait la guillotine comme « un point noir dans le ciel bleu de 89 », a fait, dans *Le Dernier Jour d'un condamné*, un émouvant plaidoyer pour l'abolition de la peine de mort.

Édition

Folio, 482 p.

Les Mouchoirs rouges de Cholet (1983)

Michel Ragon

Portrait de ceux qui combattirent la République

Dans les Vendéens arriérés, Ragon respecte les paysans.

Michel Ragon (1924)
Au travail dès 14 ans, il n'a jamais oublié ses origines paysannes et ouvrières (*Drôles de métiers, Une place au soleil, Les Quatre Murs*). La Vendée l'inspire parce que berceau de sa famille (*L'Accent de ma mère, Ma sœur aux yeux d'Asie* où il parle aussi de son père, colonial d'Indochine). *Les Mouchoirs rouges...* reçoivent quatre prix (dont le prix Alexandre-Dumas et le Goncourt du récit historique). Son activité pour la promotion de la littérature populaire aboutit à son irremplaçable *Histoire de la littérature prolétarienne de langue française. La Mémoire des vaincus* évoque le mouvement libertaire.

Édition
Le Livre de poche, 347 p.

La guerre civile a ravagé la Vendée. Le roman, qui commence en 1796, raconte comment des survivants, resurgissant hagards des forêts qui leur ont donné asile, font revivre un village sous l'aile d'un vieux curé qui, tel Noé, «recommence avec ses fils et ses filles l'histoire du monde». Pour regrouper les familles, on adopte les orphelins et les enfants du viol, on ferme les yeux sur la polygamie, et parfois sur l'inceste. Les maisons étant incendiées et les cultures détruites, les paysans travaillent en collectivité. Quelques années plus tard, ayant réussi à passer de la famine à la misère (un progrès !), ils voient revenir les nobles, qui reprennent possession des terres et font maintenant bon ménage avec les autorités républicaines, trahissant ainsi les paysans qui ont versé leur sang pour eux.

▪ Espoirs déçus

Les changements de régime (l'Empire, la Restauration des Bourbons, les Cent-Jours) déçoivent à chaque fois l'espoir des paysans vendéens de voir revenir leur roi et l'Ancien Régime, auquel ils sont attachés par morale traditionnelle (obéissance au maître), par ignorance (foi religieuse aveugle), par méfiance de ce qui vient de la ville, et aussi parce que leur intuition leur dit que la bourgeoisie (même s'ils ne connaissent pas ce mot) ne leur apportera pas grand-chose. De fait, leur mode de vie ne change guère : eux-mêmes refusent les innovations (la pomme de terre est diabolique), et, surtout, l'État ne leur apporte du progrès que ce qui l'arrange (des routes stratégiques en prévision d'autres soulèvements, mais pas d'écoles pour assurer la relève des prêtres qui alphabétisaient tant soit peu les campagnes).

En accompagnant dans leur vie de labeur et de déboires le paysan Dochâgne, Jacques le tisserand et le forgeron Chante-en-hiver, leurs compagnes et leurs enfants, on assiste à la mort d'une société paysanne dont la chouannerie aura été la dernière tentative de jouer un rôle politique. A la fin du livre, pour un paysan qui a l'espoir de s'enrichir, des centaines partent en exode sans savoir qu'ils vont former le prolétariat : le XIXe siècle commence.

La Louve de Mervent
Cet autre roman de M. Ragon évoque le sursaut de la chouannerie en 1832 à l'appel de la duchesse de Berry : les paysans, comme le fils de Dochâgne, sont une fois encore utilisés, puis abandonnés à leur sort.

La Révolution (1963)

Robert Margerit

Une somme moderne sur la période

La fiction, confrontée à la tempête révolutionnaire, devient serviteur de l'Histoire.

L'Amour et le Temps, *Les Autels de la peur*, *Un vent d'acier* et *Les Hommes perdus* constituent une chronique romancée, allant jusqu'en 1794 pour les trois premiers, après Thermidor pour le dernier.

De Limoges l'avocat Claude Mounier est envoyé aux États généraux. Il assiste, et le lecteur avec lui, au serment du Jeu de paume, à la prise de la Bastille, au vote la nuit du 4 août de l'abolition des privilèges, à la fête de la Fédération. Il verra plus tard la prise des Tuileries et la fin de la royauté le 10 août 1792.

A Limoges, les divisions de la bourgeoisie se font l'écho de celles des députés parisiens. Au front, parti comme volontaire aux côtés du futur maréchal Jourdan, Bernard, ami et rival en amour de Mounier, gagnera du galon.

▪ L'œil d'un jacobin

L'intrigue romanesque elle-même, histoire d'amour et d'amitié à trois – Claude Mounier, Bernard et Lise – est ténue, noyée dans la tourmente : le personnage principal, c'est la Révolution. Nous la voyons naître, grandir, hésiter, s'étendre, s'éteindre, à travers l'œil des Roland, Desmoulins ou Danton dont Mounier est un familier. Celui-ci, en jacobin d'une clairvoyance peu commune, est partisan de la République démocratique lors même que tous encore, Robespierre compris, en sont à redouter le vide que causerait le chute du roi. Puis Mounier est pour Robespierre contre Danton, mais s'oppose à la politique de terreur de l'Incorruptible et souhaite sa chute. Thermidor annihilera vite ses espoirs : ce sera l'offensive contre-révolutionnaire. Des temps difficiles s'ouvriront pour lui ainsi que pour sa femme Lise et leur ami Bernard. Ils connaîtront l'exil, le doute.

Georges-Emmanuel Clancier – d'origine limousine comme Robert Margerit – lui a rendu un amical hommage dans sa préface : « L'érudition impressionnante de l'historien est ici mise au service des dons admirables du romancier : qualité de l'écriture infiniment sensible et précise, investigation à la fois intuitive et déductive des vérité secrètes, qu'elles se situent à la source des actes individuels ou qu'elles commandent le mouvement des foules. »

Restituée par la plume de Robert Margerit, voilà cette Révolution où, « soulevés par le souffle de la liberté, les avocaillons improvisés hommes d'État et les boutiquiers improvisés généraux avaient vaincu les rois d'Europe ».

Robert Margerit (1910-1988)
Prix Renaudot 1951 pour *Le Dieu nu* (passions dans une ville de province avant guerre), il affectionne le jeu tragique de l'amour et de la mort (*Mont-Dragon, La Terre aux loups, Le Château des Bois-Noirs*). *L'Ile des perroquets* est un étrange roman de la flibuste. Il est aussi l'auteur d'un ouvrage historique, *Waterloo*.

Mounier
Le Claude Mounier du roman, personnage fictif, n'a rien de commun avec le Mounier (Jean-Joseph) présent effectivement à la Convention : envoyé par le Dauphiné, celui-ci conseilla au roi la résistance à l'Assemblée, démissionna et s'exila.

Édition
Phébus, 4 tomes, de 500 à 700 p. chacun

Trafalgar (1873)

Benito Pérez Galdós

En 43 *Épisodes nationaux*, la saga espagnole du XIXe siècle

Où Galdós cherche dans l'histoire récente de son pays l'explication des événements de son temps.

Benito Pérez Galdós (1843-1920)
Il écrit d'abord des critiques (théâtre, musique) et des chroniques pour les journaux. Ses premiers romans lui valent le succès : *La Fontaine d'or*, *Doña Perfecta*, *Miau*, et surtout les premiers *Épisodes nationaux*. Il devient le porte-parole littéraire du mouvement libéral et constitutionnel sous Alphonse XII et la régence. Il est même envoyé, sans qu'il le veuille, aux Cortès pour représenter Puerto Rico. Galdós se passionne pour l'Histoire dans la mesure où elle permet de comprendre la situation politique contemporaine. Toute son œuvre est parcourue par cette conviction, sauf ses derniers romans, empreints de mysticisme.

Édition
EFR, 165 et 225 p.

Le premier *Épisode national* est consacré à la bataille de Trafalgar (1805), où la flotte anglaise battit, au large de Cadix, l'armada franco-espagnole. Mise au compte du mauvais commandement de l'escadre, cette défaite fut ressentie par les Espagnols comme un épisode héroïque de leur histoire. Galdós avait entendu le récit d'un vieux marin témoin de la bataille alors qu'il était mousse, et il en fait le narrateur de ce roman.

Gabriel, enfant des rues et orphelin, a été recueilli par un brave officier de marine en retraite qui ne jure que par les combats navals et la guerre contre les Anglais. Sachant imminente la bataille décisive, il réussit à embarquer sur le plus grand des vaisseaux espagnols, où il emmène Gabriel. Après l'exaltation patriotique et la passion guerrière, celui-ci découvrira les horreurs de la guerre, le respect de l'adversaire, et appellera même de ses vœux, le temps d'une réflexion, une utopique fraternité des peuples.

Grâce à une ironie non dénuée de tendresse (le vieux commandant est gâteux, sa femme acariâtre, Gabriel reste un enfant au cœur pur), Galdós maintient entre lui et ses personnages une distance qui fait comprendre au lecteur qu'il ne faut voir en eux que des incarnations de l'âme espagnole et de ses facettes contradictoires : patriotisme, idéalisme, réalisme…

Juan Martin el Empecinado (1874)

Quatrième *Épisode national*, encore raconté par Gabriel qui, six ans après Trafalgar, est soldat, et envoyé en renfort auprès des partisans soulevés dans les campagnes pour arrêter l'invasion française. Les personnages sont toujours taillés à coups de serpe, tel ce curé qui a pris les armes par goût de la guerre et du pouvoir et qui trahira (comme bien des chefs de bande du roman, présentés d'abord comme des héros). Seul Juan Martin reste la droiture et la modération incarnées. Gabriel sent s'approfondir et s'anoblir son sentiment patriotique. Les Français, eux, n'ont plus confiance en Napoléon qui les arrache à leur famille pour ses guerres de conquête. Le récit est égayé par l'histoire d'un bébé adopté par la troupe qui l'a trouvé dans un de ces villages pillés alternativement par les Espagnols et les Français, aussi affamés les uns que les autres. Mais le vrai héros de cet épisode, Galdós nous en prévient, c'est le peuple des campagnes et son goût de la guérilla – qui alimente ici la guerre d'Indépendance – mais qui peut devenir tendance à l'anarchie et au parasitisme, ce qui, selon lui, expliquerait en partie le devenir de l'Espagne.

Le Siècle des Lumières (1962)

Alejo Carpentier

Guadeloupe an II, Guyane an X

Le messager de l'abolition de l'esclavage sera aussi l'instrument de son rétablissement.

Le siècle des Lumières apporta les idées nouvelles aux Antilles. Celles de Rousseau tout comme les principes de la franc-maçonnerie se répandirent, qui influencèrent intellectuels et négociants. Du décret du 4 février 1794 (16 pluviose an II) qui abolit l'esclavage à celui du 10 mai 1802 (20 floréal an X) qui le rétablit, l'onde de choc de la Révolution ébranla la région, de la Guadeloupe à la Guyane. L'ouragan révolutionnaire a soulevé d'immenses espoirs, élevé puis brisé bien des hommes. Riche de ses sources documentaires, cet écrivain musicologue à l'écriture foisonnante et poétique a bâti une symphonie lyrique qui donne à l'événement sa force émotive.

▪ Victor Hugues

Le messager de la Révolution, c'est Victor Hugues, personnage réel. C'est lui qui apporta aux Antilles le décret d'abolition en même temps que « la Machine », la guillotine. Sa vie, peu connue, permettait à l'auteur d'inventer librement le personnage de ce robespierriste. Paisible négociant d'Haïti au début du livre, il devient par la suite l'inflexible révolutionnaire reprenant la Guadeloupe aux Anglais, organisant la piraterie contre eux, châtiant sans relâche les ennemis de la Révolution. Mais Hugues sait s'adapter à l'évolution politique métropolitaine : il se retrouve finalement en Guyane, réinstaurant l'esclavage, capturant et tuant les Noirs qui s'étaient échappés.

Deux jeunes et riches Cubains, Esteban et Sofía sont d'abord enthousiasmés par l'action de Hugues. Esteban va même en France et y est chargé par Brissot de travailler à la pénétration des idées révolutionnaires en Espagne. Plus tard, Sofía rêve de relancer la révolution en Guyane. Tous deux sont écœurés par la trahison de Hugues devenu agent du Consulat.

Symboliquement, ils meurent à Madrid sous les balles des troupes de Napoléon début mai 1808 : dernière des nombreuses références à Goya présentes dans le livre, c'est là, pour le monde hispanique, l'acte de décès des espoirs qu'il avait fondés dans la Révolution française. Pourtant, Sofía se jetant dans l'émeute madrilène une épaule dénudée et l'épée à la main, flanquée d'Esteban armé d'un fusil de chasse, c'est la lutte populaire éternelle contre l'oppression, lutte toujours recommencée : « Il faut faire quelque chose ! – Quoi ? – quelque chose ! » Pour Carpentier cette tragédie historique ne condamne pas le fait révolutionnaire : à la fin d'un autre roman, *Le Royaume de ce monde*, il réaffirme que « la grandeur de l'homme consiste précisément à vouloir améliorer le monde, à s'imposer des tâches ».

Alejo Carpentier
Voir page 54.

« Le Royaume de ce monde »
Écrit quatorze ans avant *Le Siècle des Lumières*, c'est l'affrontement entre Noirs et Blancs à Saint-Domingue : lutte entre exploités et exploiteurs mais aussi heurt de deux cultures, l'une magique, l'autre chrétienne. Venu après Toussaint Louverture et Dessalines, le Roi noir Henri Christophe (1811-1820) périt pour « s'être toujours tenu en marge de la mystique africaniste des premiers chefs de l'indépendance haïtienne ».

Édition
Folio, 462 p.

Un vaisseau de ligne (1938)

Cecil Scott Forester

Capitaine Hornblower contre Napoléon

Un roman de caps et d'épée sur un voilier de guerre anglais.

Cecil Scott Forester (1899-1966)
Auteur d'abord de romans policiers, correspondant du *Times* en Espagne (1936-1937), scénariste à Hollywood, on lui doit *L'Odyssée de l'African Queen* et bien sûr la série des Hornblower où *Retour à bon port* et *Pavillon haut* encadrent chronologiquement *Un vaisseau de ligne.*

Édition
Phébus, 313 p.

Le capitaine Hornblower est le héros solitaire de ce récit, l'un des meilleurs parmi les dix qu'a confectionnés Forester sur ses aventures.

Cette fois-ci, Hornblower fait partie d'une escadre le long de la côte méditerranéenne de l'Espagne, alors que Napoléon a porté la guerre dans la péninsule. Blocus, tentatives de débarquement, coups de main, batailles navales, navigation ponctuée de temps calme et de tempête : avec son vieux *Sutherland* qu'il manœuvre admirablement (les amateurs de cacatois, perroquets et huniers se régaleront), Hornblower multiplie les exploits, massacre des centaines d'ennemis. Cela lui arrache quelques soupirs : ce n'est pas un fanatique, même s'il n'aime guère les Français (et encore moins ses alliés espagnols). Il a même plutôt ces hommes en sympathie, comme ces pantins qui s'agitent au loin et qu'il bombarde ; comme ces marins, prisonniers et paysans embarqués de force pour compléter son équipage. Le capitaine est cultivé, lecteur assidu de Gibbon, le grand historien anglais de l'époque des Lumières. Une blessure amoureuse, une affection empreinte de pitié pour sa femme, son mal de mer habituel en début de voyage (comme Nelson), l'effort qu'il doit faire pour paraître un impénétrable capitaine d'un vaisseau de Sa Majesté, autant de faiblesses qui le rendent presque sympathique. D'autant plus qu'il critique l'Amirauté et n'est pas arriviste pour deux pence.

Et encore

N'oublions pas *Les dieux ont soif* de A. France, où, à l'époque de la Terreur, le citoyen Brotteaux, sceptique humaniste, met en garde contre les dangers de l'exercice du pouvoir révolutionnaire. Restif de La Bretonne, dans ses *Nuits révolutionnaires*, livre des observations qui valent bien un roman. C. Dickens a écrit un intéressant *Conte de deux villes* – Londres et Paris –, et L. Feuchtwanger un passionnant *Roman de Goya*. Babeuf a inspiré à Ilya Ehrenbourg une *Conspiration des Égaux*. A. Dumas a abondamment évoqué la période (voir page 53) tout comme C. Doyle (voir page 43).

Parmi les très nombreux romans parus lors du Bicentenaire, citons *Les Enragés* de L. Willette pour son sujet original, le petit peuple et ses héros aux prises avec la misère, et *Le Pont de la Garonne* de H. Sarrazin où l'auteur, bordelaise, a su recréer le tissu social de sa ville lors de la Révolution et l'Empire.

On retrouve les Antilles d'alors dans *La Mulâtresse Solitude* de A. Schwarz-Bart (voir page 192), œuvre si belle et poétique, et dans *Histoires des Caraïbes* d'Anna Seghers, concises et fortes.

1815 – 1914

« Le plus loin dont il me souvienne, c'est 1815, l'année que les étrangers vinrent à Paris. »

Début de : ***Jacquou le Croquant,***
Eugène Le Roy.

Temps difficiles (1854)

Charles Dickens

Un conte réaliste sur la société industrielle

Dickens décrit et dénonce le terrible fossé qui se creuse au XIXe siècle entre bourgeois et ouvriers.

Charles Dickens (1812-1870)
Il travaille toute sa vie pour divers journaux, sans compter ceux qu'il fondera. Il rencontre très vite le succès avec les *Esquisses de Boz*, *Les Aventures de M. Pickwick*, *Oliver Twist*, *Nicholas Nickleby*, *Le Magasin d'antiquités*, *David Copperfield*, *La Petite Dorrit*, etc. Il écrit aussi des farces, des contes de Noël. Il voyage sans cesse, accueilli partout à bras ouverts : États-Unis (qui le déçoivent en tant que démocratie), Italie, France, Allemagne, Suisse. Les événements de 1848 en France l'enthousiasment, les questions sociales le passionnent. Lui qui avait refusé d'être député sera anobli peu avant sa mort.

Édition
Folio, 406 p.

Coketown, une ville symbole : tout y est voué à l'industrie naissante, les airs comme les eaux, les hommes et les femmes, les forces des prolétaires et la conscience des bourgeois. Celle-ci est incarnée par M. Gradgrind, directeur d'école, pour qui l'éducation des enfants doit être entièrement soumise à la vérité des « faits ». Et il fait bonne mesure dans l'éducation de ses propres enfants, étouffant en eux toute imagination, toute sensibilité, tout idéalisme. Le résultat, catastrophique, lui fera comprendre que l'esprit humain se nourrit de bien autre chose que de ce positivisme qui, chez lui, n'est rien d'autre que le culte du profit érigé en principe absolu, en morale, en art de vivre. Son ami Bounderby, patron et banquier, lui, n'évoluera jamais, trop borné par son arrivisme. D'autres personnages encore constituent des charges virulentes contre le conformisme. Les enfants de Gradgrind resteront dégradés ou abîmés, les filles étant les premières victimes de leur éducation, sauf peut-être les plus jeunes, qu'aura préservées l'influence de Sissy, la petite saltimbanque, bête noire de Gradgrind au début du roman.

Car les pauvres, s'ils sont physiquement sacrifiés, savent garder un cœur pur, une droiture et un courage qui font d'eux l'espoir de cette société inhumaine. L'ouvrier tisserand Blackpool, victime d'un coup monté par le fils de son patron après avoir été victime de la crédulité de ses compagnons d'atelier, représente l'honneur de la classe ouvrière. Une classe ouvrière dépeinte par Dickens comme excessivement naïve et livrée à des agitateurs démagogues (alors que le livre a été écrit plus de dix ans après le mouvement chartiste).

▪ Une œuvre engagée

Dickens souffrit pendant toute son enfance de la gêne de ses parents, éternellement endettés, emprisonnés même. A 12 ans, il passa plusieurs mois dans une fabrique de cirage à coller des étiquettes. Il resta toute sa vie proche des exploités et en particulier des miséreux des grandes villes et des ouvriers de l'industrie en pleine explosion dans l'Angleterre du XIXe. Il visitait les bas quartiers, les prisons, les mines, les usines de Manchester et, d'ailleurs, dénonçant les conditions de logement et de travail, collaborant avec des philanthropes (il fonda lui-même un centre d'accueil pour ex-prostituées). Il rencontra les plus grands libéraux de son temps (Louis Blanc, George Sand, Hugo, Lamartine, Dumas et Michelet, Disraëli, Irving, Andersen). Plus encore que d'un romancier, *Temps difficiles* est l'œuvre d'un journaliste d'avant-garde et d'un libéral convaincu.

Le Guépard (1958)

Giuseppe Tomasi di Lampedusa

Sicile, 1860-1910 : la fin d'une aristocratie

Aux « guépards et aux lions » succèdent « chacals et hyènes » : l'occasion pour l'auteur d'un superbe portrait.

Le Guépard, personnage d'un aristocrate inspiré à l'auteur par son grand-père, vit, entre Palerme et son fief de Donnafugata, le rattachement de la Sicile à la nation italienne : Garibaldi et ses Mille débarquent en mai 1860 à Marsala, mettant fin au royaume bourbonien des Deux Siciles. L'île plébiscite son rattachement au royaume italien de Victor-Emmanuel le Piémontais.

Prince de Salina, à la fois rationnel et sensuel, le Guépard incarne le monde de la richesse indolente. Au demeurant assez sympathique, d'un aimable paternalisme avec ses paysans, profondément attaché à cette terre sévère de Sicile et à ses hommes, il vit avec lucidité la fin d'un monde que sa propre fin accompagne.

▪ Tancrède et Angélique

Son neveu Tancrède peut, lui, jouer avec les nouvelles cartes. Il s'engage aux côtés de Garibaldi car, dit-il cyniquement, « si nous voulons que tout continue, il faut que d'abord tout change ». De fait, tout va continuer comme avant pour les pauvres, même si de nouveaux riches s'affirment, avec lesquels Tancrède et le Guépard lui-même composent. A la déchéance dorée de l'aristocratie répond l'immobilité des paysans dans la misère. Le fatalisme prévaut, pour longtemps, sur l'espoir sporadique et éphémère de changement.

La future classe dirigeante, c'est surtout Don Calogero, le nouveau riche qui rachète des terres à tour de bras. Sa fille Angélique fera un mariage princier, incarnation d'une génération montante triomphante, vite au fait de sa nouvelle condition. Le Guépard éprouve un hautain amusement à voir ce Don Calogero grimper l'échelle sociale à toute vitesse en soufflant, mais aussi une pointe d'admiration pour ses talents d'homme d'affaires et de politicien sans scrupule qui truque les votes.

Lampedusa ne force pas le trait. Il ne ridiculise pas son bourgeois arriviste. Son prince est d'une sensualité retenue qui tout à la fois comprend les changements du monde, les accepte, les fuit : c'est dans l'observation des étoiles et les calculs qu'elle entraîne qu'il donne désormais le meilleur de lui-même. Le Prince ne vit pas d'illusions et de fausses valeurs. Son attachement à la terre de Sicile ne l'empêche pas de penser que les prétendus « hommes d'honneur » de ce pays ne sont que des « violents imbéciles capables de toutes les tueries ». Ayant ainsi vécu, il ne meurt pas désespéré : Angélique, Tancrède existent après lui.

Giuseppe Tomasi di Lampedusa (1876-1957)
D'une noble famille sicilienne, il écrivit aussi quelques nouvelles regroupées sous le titre *Le Professeur et la Sirène*. L'une d'elle, *La Matinée d'un métayer*, aurait pu être le point de départ d'une suite du *Guépard*.

« Le Guépard » de Visconti
Burt Lancaster surtout, Claudia Cardinal, Alain Delon, la Sicile et ses paysages immuables aussi : à partir de cinq des huit chapitres du roman, Visconti a réalisé une œuvre originale dont le bal, devenu scène finale, occupe le tiers et se déroule comme la lente et brillante agonie d'une aristocratie anachronique.

Édition
Seuil, Points roman 249 p.

La Guerre carliste (1909)

Ramon del Valle Inclan

Guerre dynastique et sociale en Espagne

Les descendants des carlistes de 1873 poursuivront avec Franco, la lutte de leurs aïeux contre la République.

Ramon del Valle Inclan (1869-1936)
Écrivain de la « génération de 98 », année d'humiliation nationale (perte de Cuba, Porto Rico, Philippines), il accuse la politique libérale de la décadence de l'Espagne. Mais il est aussi un anticonformiste, phare de la bohème littéraire. Après 1918, il évolue à gauche, s'oppose à la dictature de De Rivera.
Il écrivit une œuvre singulière faite de pièces de théâtre, contes, poèmes, farces, romans. *Jardins ombreux* (1903) groupe des récits sur la Galice féodale. *Tirano Banderas* (1926) fait le portrait souvent repris par la suite d'un dictateur sud-américain.

Édition
Gallimard, 314 p.

Les guerres carlistes : celle de 1833-1839 comme celle de 1872-1873 furent menées par les partisans de l'absolutisme théocratique traditionnel derrière le prétendant au trône don Carlos et ses descendants contre la monarchie constitutionnelle centralisatrice puis contre l'éphémère république (1872-1874).

Valle Inclan a réuni trois courts romans en un, centré sur l'année 1873 : *Les Croisés du roi* se situent en Galice, au bord de la mer. Un couvent sert de dépôt d'armes aux carlistes ; le marquis de Bradomin récolte des fonds pour la guerre. *La Lueur du brasier* se déroule en Navarre, parmi les partisans carlistes et les troupes républicaines. *Comme un vol de gerfauts* évoque un curé, Santa Cruz, personnage historique, féroce guérillero en rupture avec le prétendant carliste et incarnant ce qu'Unamuno appelait « un carlisme populaire », luttant pour les *fueros*, les vieux droits et privilèges régionaux.

Valle Inclan prend ses distances avec la rigueur des faits historiques pour mieux développer sa vision de l'Espagne. Il s'intéresse particulièrement au choc des événements sur les individus : certains ne les ressentent qu'en ce qu'ils bouleversent leur vie personnelle ; d'autres en tirent des conclusions pour leur action politique.

Valle Inclan fait sien le point de vue des idéologues carlistes : les troupes républicaines, représentantes du pouvoir haï, sont indisciplinées ; elles ne respectent pas la religion : elles fouillent un couvent de sœurs et leur chef garde la casquette vissée sur la tête. Les nobles libéraux sont libertins ou corrompus. La classe montante est représentée par Ginero, l'usurier sans pitié. Le peuple – c'est-à-dire les paysans, Valle Inclan ignorant le prolétariat urbain – ne fait que suivre les nobles carlistes, guidé par le clergé, et combattant avec une primitive et saine cruauté.

Passéiste sur le plan idéologique, ce roman est moderne dans sa forme et son style ; une suite de courts chapitres élégamment écrits, et traduits, donne un rythme alerte à cette épopée lyrique.

1873
C'est aussi l'année des cantonnards, partisans d'un fédéralisme symétrique, à gauche du mouvement carliste. Dans *Monsieur Witt et les Cantonnards*, R.J. Sender a évoqué leur lutte à Carthagène.

Le Sujet de l'empereur (1914)

Heinrich Mann

Une satire de l'Allemagne de Guillaume II

Dissection d'un triste type humain, servile, lâche et haineux, qui prolifère en certaines périodes.

Adepte de la « prostration romantique devant un maître qui déléguera à son sujet la part qu'il faut de son pouvoir pour opprimer les plus petits », voici Dieterlich Hessling, fabricant de papier de la petite ville de Netzig en Allemagne, au siècle dernier.

Tout petit déjà, Hessling ressentait un délicieux frisson en passant devant un agent de police car « il pouvait s'il voulait le mettre en prison ». Un peu plus tard, il « jouissait d'appartenir à ce bloc impersonnel, à cet organisme implacable, inhumain, mécanique » qu'était le lycée. Étudiant, il fut membre d'une de ces corporations fanfaronnes qui fleurissaient alors à Berlin, la Néo-Teutonia. Heinrich Mann, qui parle au nom de l'Allemagne éprise de liberté et de fraternité, dénonce le danger que représentent les idées qui y régnaient : les Néo-Teutons souhaitaient « une représentation populaire par état comme aux temps fortunés du Moyen Age » ; leur mentor von Barnim « supprimait ses concitoyens juifs : n'étaient-ils point un facteur de désordre et de dissolution, de confusion et d'irrespect, le principe du Mal lui-même ? A parler d'eux son visage pieux se contractait de haine ».

La haine et la peur sont chez Hessling, devenu un bourgeois en vue de sa ville, des réflexes pavloviens déclenchés par tout ce qui représente une parcelle de liberté. En guise d'idées, il vomit la boue qui remonte à la surface en certaines périodes : xénophobie et racisme, haine des pauvres, des chômeurs, des ouvriers, des socialistes, des francs-maçons, de ceux qui parlent de « notre parenté avec le singe », de ceux qui critiquent ces piliers de l'ordre que sont la religion, l'armée ; il professe évidemment un mépris vicieux envers les femmes.

▪ Prophétique

Avec le recul, le livre de Heinrich Mann a pris des accents prophétiques. Ce Hessling qu'une trouble identification à l'empereur obsède, ce « type qui ne voit plus dans l'oppression et la cruauté les tristes étapes de l'évolution humaine, mais le sens même de la vie », ce genre d'individu c'est, en Allemagne après 1918, de la graine de nazi. A Paris, Anatole France avait inventé un mot pour désigner leurs homologues français : des « trublions ». A la veille de la grande boucherie européenne, des voix d'écrivains s'étaient élevées pour les dénoncer, de part et d'autre des frontières.

Heinrich Mann (1871-1950)
Frère de Thomas, attaché à la culture latine, profondément démocrate, engagé à gauche et exilé en 1933, il écrivit une œuvre passionnée, satire sociale de son époque. *Le Sujet* a une suite... à rééditer : *Les Pauvres* et *La Tête*. Dans *Professor Unrat* (*Professeur Ordure*), son héros est un maître vicieux plutôt qu'attendrissant comme dans l'adaptation cinématographique de Sternberg (*L'Ange bleu*). Dans un beau roman historique, *Henri IV*, Mann a fait le portrait d'un roi libéral, dévoué au peuple.

Édition
Presses d'aujourd'hui, 381 p.

La Marche de Radetsky (1932)

Joseph Roth

La douce agonie de l'empire austro-hongrois

Sanglés dans leurs principes comme dans leurs uniformes, les Trotta reflètent subtilement l'évolution des temps.

Joseph Roth (1894-1939)
Il naît dans une famille juive de Galicie, près de la frontière russe, étudie la philosophie et les lettres à Vienne. Il s'engage en 1916 et sera prisonnier des Russes. Après la guerre, il est journaliste pour le Parti socialiste : on a retrouvé 450 articles politiques de cette période où il défend le socialisme international, avant de devenir, à l'invasion de l'Autriche par Hitler, un partisan de la restauration des Habsbourg. Il finit sa vie en exilé, errant de Belgique en France en passant par Amsterdam, désespéré, alcoolique, et meurt à Paris dans la misère. Outre ses deux romans sur la fin de l'Empire, il a écrit *Hôtel Savoy* et *La Fuite sans fin*.

Cette marche de Johann Strauss a marqué l'enfance de Charles-Joseph, symbole des principes dans lesquels sont élevés les serviteurs de l'Empire, des milliers de fonctionnaires et d'officiers pour qui la fidélité à la personne de l'empereur et l'obéissance au service de l'État sont des absolus, et marquent les limites de leur univers.

Tout a commencé pour Charles-Joseph, avant même sa naissance, par l'anoblissement de son grand-père à la bataille de Solférino. Le héros décide de la carrière civile de son fils, qui à son tour décidera de la carrière militaire du petit-fils. Ainsi, chacun suit la voie étroite qui lui est tracée. Et pourtant, à chaque génération, un petit décalage étonne, sinon détonne, par rapport à ce mouvement d'horlogerie. Le héros de Solférino refuse l'auréole de légende qui lui est faite avec son aspect d'exagération, donc de mensonge. Son fils le préfet finit par admettre que l'Empire est proche de sa chute. Et le petit-fils démissionnera de l'armée et se fera régisseur.

La fin d'un monde qui s'est cru immuable est de plus en plus perceptible : dans le comportement de ces fonctionnaires modèles mais toujours plus désorientés ; dans la bouche de leur entourage, où certains analysent lucidement leur époque ; dans les faits mêmes, jusque dans le dernier lieu de garnison de Charles-Joseph, toute petite ville perdue aux confins d'une province de l'Est : là-bas, les officiers se ruinent au jeu, des soldats désertent et retournent au village, et les ouvriers du chiendent, enfin touchés par les idées social-démocrates, font leur première grève.

L'annonce de l'attentat de Sarajevo, au milieu de fêtards éméchés, par un soir d'orage, est admirablement décrite. Bien que morts d'ennui et gavés d'idéologie héroïque, les militaires se retrouvent en guerre sans enthousiasme. Mais Charles-Joseph, qui trouve la mort pour avoir voulu rapporter de l'eau à ses hommes, est-il moins héroïque que son grand-père héros de Solférino ? En Autriche, la guerre de 1914 consacre la mort d'un monde d'image d'Épinal et la naissance du XXe siècle : place au danger, à la souffrance, à la boue, et peut-être aussi aux chaleureux sentiments individuels qui ont eu tant de mal à se faire une place dans la vie du préfet et du sous-lieutenant.

Comment les nationalismes, l'antisémitisme, latents eux aussi dans la vieille société, vont-ils se développer ? *La Crypte des capucins*, qui constitue une suite de *La Marche de Radetsky*, répond mal à cette question, trop pétrie de nostalgie passéiste pour le temps des Habsbourg.

Édition
Seuil, Points roman
352 p.

Jacquou le Croquant (1899)

Eugène Le Roy

Jacquou, un héros de la révolte

Sous la Restauration, la Révolution n'est pas morte !

Qu'était la Restauration pour bien des paysans ? Le retour en force des nobles, des grands propriétaires terriens comme ce Nansac qui, dans cette région du Périgord, écrasait le peuple des campagnes. C'est lui qui fit envoyer et mourir au bagne le père de Jacquou et fit aussi mourir sa mère de chagrin.

L'orphelin eut la chance de trouver un curé et un noble généreux pour l'élever, lui apprendre à lire, lui donner le goût de la solidarité entre les hommes. Mais le jeune homme garde au cœur une haine tenace contre le responsable de ses malheurs : il se vengera de Nansac et entraînera les paysans à la révolte.

Pourtant la révolte de Jacquou n'est pas un simple règlement de comptes personnel. Il se sent l'héritier de tous ces croquants qui, au cours des âges, se sont révoltés. Son combat rejoint aussi celui des insurgés de la Révolution de 1830 qui éclate à Paris.

Eugène Le Roy (1836-1907)
Né en Dordogne, il y vécut et la raconta dans ses livres. *Le Moulin de Frau*, est, disait Alphonse Daudet, « un livre de raison incomparable… »

Édition
Folio junior, 360 p.

Les Lurons de Sabolas (1932)

Henri Béraud

Avec les canuts lyonnais

Un bon roman populaire d'un auteur bien peu sympathique !

De 1833 à 1839, les événements bousculent la vie à Sabolas, petit village près de Lyon. Les deux personnages principaux sont de jeunes artisans, nouveaux compagnons du Tour de France. Ils participent en 1834 à l'insurrection des canuts. L'un échappe à la répression, l'autre prend quatre ans de forteresse. La vie les a séparés. Ils finiront par s'opposer violemment. Cependant, leur village se transforme : une manufacture s'y installe, loin de la grande ville remuante.

L'auteur s'est placé du point de vue des artisans et des paysans saignés par l'usurier. Par son langage puisé dans le terroir, il s'y entend pour faire sentir l'odeur de la glèbe. Mais on sent aussi celle de la poudre quand ça s'échauffe, à Lyon. Pourquoi l'insurrection ? Les héros du livre défendent un monde qui disparaît, où le travailleur avait plus de dignité que dans celui qui le remplace. La vision de Béraud est passéiste et pessimiste.

Henri Béraud (1885-1958)
Il est l'auteur d'autres romans historiques tels *Le Vitriol de la lune* (une conspiration sous Louis XV) ou *Mon ami Robespierre*. Collaborateur, il fut condamné à mort puis gracié.

Édition
Stock, 252 p.

Et la montagne fleurira (1975)

Luc Willette

1851 : la Provence contre Louis-Napoléon

Paysans et ouvriers tentent de défendre la République.

Luc Willette (1938)
Son œuvre est celle d'un historien et romancier de gauche. Citons les romans *Les Enragés* sur la Révolution française, *Que brûlent les châteaux* sur une jacquerie au Moyen Age.

Édition
Denoël, 368 p.

Pour Pierre, finis le quartier Latin et les discussions sur la misère du peuple ; Forcalquier l'attend, avec son futur cabinet d'avocat. Et déjà en écoutant ses compagnons de voyage, il prend conscience de l'ambiance politique qu'il va trouver dans la petite ville de province : une bourgeoisie haineuse, des magistrats aux ordres, tous exaspérés par le souvenir de 1848 et rêvant de mettre à genoux leur ennemi, le peuple ; mais aussi des chefs révolutionnaires qui ont la confiance des paysans et révèlent aux ouvriers des chambrées « la Belle », la république sociale. A l'annonce du coup d'État du 2 décembre, le soulèvement est spontané dans les Basses-Alpes : Pierre doit choisir son camp…

Ce mouvement armé eut bien lieu dans plusieurs départements ruraux du Sud-Est et du Sud-Ouest, et fut écrasé au bout d'une semaine. Les personnages de Luc Willette, admirables ou répugnants, sont tous passionnés, et n'en représentent que mieux les forces sociales en présence.

Jules Vallès fut un des rares écrivains engagés aux côtés des insurgés.
La Commune : Barricade de la rue Saint Florentin. Gravure de D. Vierge d'après M. Siom in *Le Monde illustré* du 29 avril 1871. *Bibliothèque nationale*, Paris.

Ph. Jeanbor © Archives Photeb.

L'Insurgé (1886)

Jules Vallès

A bas l'Empire, vive la Commune !

Au-delà de l'expression de sa propre aigreur contre la société, Vallès pousse le cri du peuple humilié.

Dernière partie de la trilogie autobiographique *Jacques Vingtras*, ce roman peut se lire indépendamment. Alors que *L'Enfant* était dédié « à tous ceux qui, pendant leur enfance, furent tyrannisés par leurs maîtres ou rossés par leurs parents » ; alors que *Le Bachelier* salue « ceux qui, nourris de grec et de latin, sont morts de faim », *L'Insurgé*, passant franchement de la révolte individuelle à la révolte collective, rend hommage « aux morts de 1871, à tous ceux qui, victimes de l'injustice sociale, prirent les armes contre un monde mal fait et formèrent, sous le drapeau de la Commune, la grande fédération des douleurs ».

▪ Individualiste et révolutionnaire

De 1862 à la Commune, Vallès-Vingtras, pion en province, petit employé, journaliste à la recherche de piges, rage contre la société. C'est un individualiste mais aussi un révolutionnaire qui est d'un coup contre « le régime de Décembre » de Napoléon III. Vallès fait au passage en quelques lignes des portraits frappants d'hommes qu'il apprécie : Lefrançais, Blanqui, Michelet, Delescluze. Lors de la déclaration de guerre de 1870, il est suffoqué par la vague chauvine antiprussienne qui balaie le pays : « c'est la plus grande désillusion de ma vie. » Aussi le 18 mars 1871, jour du déclenchement de l'insurrection, est-il la réalisation d'un espoir de toujours : « La voilà donc, la minute espérée et attendue depuis la première cruauté du père, depuis la première gifle du cuistre, depuis le premier jour passé sans pain, depuis la première nuit passée sans logis ; voilà la revanche du collège, de la misère, et de Décembre ! »

Mais aussitôt Vingtras ajoute : « Je n'aurais pas voulu ces taches de sang sur nos mains, dès l'aube de notre victoire. » Car s'il parle de revanche, il cherche surtout un monde juste et propre.

▪ Avec le peuple

Le style s'accorde à ces idées : sa haine pour cette société impitoyable aux pauvres et à tous ceux qui ne veulent pas se soumettre servilement, Vallès la transmet par une écriture rageuse, sarcastique, faite de mots directs et crus. Mais pour parler des humbles, il trouve les mots de la chaude sympathie et des phrases aux accents hugoliens. C'est pour eux comme pour lui que Vallès écrit et combat lors de la Commune. Alors qu'en mai 71 Paris est soumis aux massacreurs sous un ciel qui est « comme une grande blouse inondée de sang », Vallès leur a échappé et peut s'écrier : « Ils ne m'auront pas ! Et je pourrai être avec le peuple encore. »

Jules Vallès (1832-1885)
De père enseignant et de mère paysanne, devenu journaliste révolutionnaire, Vallès est un révolté de toujours, qui fut dès 1848 partie prenante dans les événements. Il publia des chroniques dans divers journaux. Emprisonné brièvement à deux reprises sous l'Empire, il représenta lors de la Commune le XXe arrondissement. Il écrivait dans son journal, *Le Cri du peuple*. Réfugié par la suite à Londres, il rentra à Paris après l'amnistie de 1880.

Édition
Folio, 334 p.

Maria Vandamme (1983)

Jacques Duquesne

Du Nord industriel au Paris de la Commune

Essor capitaliste, épreuves pour le monde ouvrier : aujourd'hui un bon roman social peut être un best-seller.

Jacques Duquesne (1930)
Homme du Nord, journaliste catholique, l'un des fondateurs de l'hebdomadaire *Le Point*, il a écrit un intéressant petit roman sur Dunkerque en 1940, *La Grande Triche* et, faisant suite à *Maria Vandamme*, *Alice Van Meulen*, dont l'héroïne est une jeune bourgeoise catholique pleine de vitalité ; on y retrouve Maria, Blaise et la famille Rousset.

Édition
Le Livre de poche, 280 p.

De 1862 à 1871 surviennent des événements essentiels : les progrès de la Révolution industrielle qui bouleversent l'industrie textile de Lille à Roubaix, l'essor des mines autour de Lens, les conséquences de la guerre civile américaine sur le marché du coton, celles du libre-échange avec l'Angleterre, alors phare industriel. Cette activité fébrile repose sur la grande misère ouvrière dont on a de brefs et aveuglants aperçus dans les filatures, les mines, dans les courées et les logements. Malgré ces conditions difficiles, l'organisation ouvrière fait des progrès.

Au cœur de cette misère : Maria, orpheline, fille de ferme devenue ensuite ouvrière. Le lecteur fait sa connaissance alors qu'elle vient d'être enfermée dans un bordel. On est vite fixé sur son compte : tout risquer plutôt que d'accepter cette violence ! Elle met le feu, parvient à s'enfuir. Placée chez des patrons du textile, nouveaux riches, elle côtoie des gens corrects avec elle mais imbus bien sûr de leur supériorité sociale. Maria sait se faire respecter. Elle veut comprendre le monde. Elle veut apprendre à lire. Malgré obstacles et échecs, malgré les malheurs qui encombrent sa vie, elle agit en accord avec ses idées et sait saisir les moments de bonheur.

Autour d'elle : Arthur Rousset l'industriel avisé et sa femme qui savent bien marier leur fille pour agrandir leur patrimoine, le docteur, très croyant, que la misère ouvrière révolte mais qu'indignent les socialistes sans Dieu. Il sauve pourtant le grand amour de Maria, Blaise, militant de l'Internationale ouvrière en construction. Blaise est un maçon creusois qui met la même conscience à défendre ses idées qu'à monter un mur : un militant professionnel comme on l'aurait appelé plus tard. Il veut construire une « organisation solide ». Engagé à la fin du livre dans le combat de la Commune, il déplore les conflits entre les tendances et le manque d'organisation : les Communards, « mal commandés gaspillaient leur courage. Le peuple aurait mérité de meilleurs chefs ». D'autres personnages encore peuplent le roman : Aloïs le Belge, dévoué et fidèle à Maria, Baleine, le colporteur revenu des mers du Sud, la tête pleine d'histoires.

Jacques Duquesne passe avec aisance d'un milieu à l'autre, agençant habilement dialogues, réflexion, descriptions. Surtout, il a inventé un personnage, Maria, qui, par son opiniâtreté et sa dignité, son désir de vivre, c'est-à-dire de comprendre le monde et d'aimer, est à elle seule un espoir.

La Débâcle (1892)

Émile Zola

Un tableau naturaliste de la guerre de 70...

... dont la Commune n'est, selon Zola, que la dernière bataille.

La débâcle, c'est celle de l'armée de Napoléon III face aux Prussiens. La majeure partie du roman se situe autour de Sedan, décrivant l'enthousiasme patriotique des soldats, suivi par leur colère devant le désordre des opérations, l'incurie du commandement, puis par le désespoir dû au nombre des victimes et à l'humiliation de reculer. La population civile, ruinée par le passage des troupes affamées, décimée elle aussi par les bombardements, fait souvent le coup de feu avec le soldat de ligne. Pour eux comme pour Zola, le Prussien est l'ennemi héréditaire, presque toujours gros, blond et borné, et dont le patriotisme n'est que fanatisme.

Maurice l'intellectuel, Jean le paysan font partie de la même escouade. Le fossé social qui les sépare se comble en une fraternité totale qui les amènera à incarner le drame final du peuple français : à Paris, la révolte éclate à l'annonce de la capitulation. Maurice, passionné, se joindra aux insurgés de la Commune, Jean reste fidèle à la hiérarchie militaire et sera Versaillais. La toute dernière partie du livre se situe donc dans le Paris assiégé.

▪ Zola Versaillais ?

Zola explique la Commune par une crise de folie de la population parisienne exaspérée par la défaite et le siège, il y voit l'explosion apocalyptique de la société française gangrenée par vingt ans d'Empire. La répression, qui permet de faire table rase pour reconstruire une France plus saine, est bonne au fond, de même que la guerre est nécessaire, car « la vie ne peut pas être sans la mort ».

Zola s'affirme ici comme un bourgeois républicain : opposé à l'Empire, dénonçant ses généraux, il ignore complètement la classe ouvrière, qui avait été son objet d'observation dans *L'Assommoir* et dans *Germinal*. La base constructive du peuple français, c'est la paysannerie, incarnée par Jean Macquart. Les idéaux socialistes (auxquels il fait à peine allusion à travers les sentiments de Maurice) sont des enfantillages, et la signification politique de la Commune, à laquelle il n'accorde aucune dimension sociale, ne dépasse pas le cadre des antagonismes franco-prussien ou République-Empire.

Les Rougon-Macquart
En vingt romans, dont *La Débâcle* est l'avant-dernier, ce cycle retrace « l'histoire naturelle et sociale d'une famille sous le second Empire ». Zola voulait illustrer certaines lois de l'hérédité formulées en 1850, en racontant l'influence sur cinq générations d'une tare laissée par l'ancêtre Tante Dide et qui s'exprime de diverses façons en chaque individu, selon son milieu. Cette conception de l'hérédité est complètement dépassée, mais le cycle constitue une belle fresque de la société du XIXe siècle.

Émile Zola (1840-1902)
Fils d'un immigrant italien, Zola entre comme grouillot chez Hachette, puis il écrit pour la presse. Disciple de Taine, des Goncourt, du savant Claude Bernard, ses premiers romans (*Thérèse Raquin, Madeleine Férat)* sont d'inspiration réaliste. Il réunit chez lui à Médan les écrivains de l'école naturaliste et a écrit une œuvre critique importante, *Le Roman expérimental, Le Naturalisme au théâtre, Les romanciers naturalistes*. Pour le cycle des *Rougon-Macquart*, il écrit près d'un roman par an de 1871 à 1893 : *L'Assommoir*, en faisant scandale, fait sa renommée. Ses plus grands succès sont *Germinal*, et l'article *J'accuse* par lequel il défend Dreyfus et qui lui vaut un an d'exil. Il mourra accidentellement d'asphyxie.

Édition
Le Livre de poche, 501 p.

Monsieur Bergeret à Paris (1899)

Anatole France

L'affaire Dreyfus

La générosité, l'esprit critique et l'ironie ne sont jamais démodés. Où France invente le mot « trublion ».

Anatole Thibault (1844-1924)
Dit France, fils d'un libraire, il fut jusqu'à la cinquantaine un écrivain célèbre, érudit irrespectueux et anodin. Les événements de la fin du siècle en firent un partisan de l'idée socialiste (il fut journaliste à *L'Humanité* de Jaurès). *Crainquebille* dénonce le système judiciaire ; *L'Ile des pingouins* est une inénarrable fable politique dénonçant l'exploitation, le colonialisme et la guerre ; tout comme *Sur la pierre blanche* où il imagine aussi la société future. Dans *Les dieux ont soif*, France, à propos de la Terreur de 1793, met en garde les révolutionnaires contre les dangers du pouvoir. Ce thème est aussi abordé dans *La Révolte des anges*. Prix Nobel 1921.

Édition
Presses Pocket, 205 p.

Monsieur Bergeret, professeur de province nommé à Paris, dreyfusard convaincu, sympathise avec les idées socialistes pendant que s'agitent à Paris et dans sa province des arrivistes et des notables poltrons.

Quelle agréable écriture que celle d'Anatole France qui, en quelques phrases simples et élégantes, règle leur compte aux nationalistes antidreyfusards ! Pour mieux les pourfendre, l'auteur a même inventé un mot, « trublion », et une fable apocryphe du XVIe siècle où sévit une bande sans foi ni loi.

Pétri de culture antique et de raison voltairienne, Monsieur Bergeret promène ses convictions dreyfusardes et anticléricales, son intérêt pour les idées socialistes, son espoir dans l'avenir, ses utopies : tout France est là, dans une confiance mesurée et lucide en l'humanité.

Monsieur Bergeret a un trublion dans sa propre maison : son chien Riquet, qui lèche la main de qui le mate et aboie hystériquement sur tout étranger. Les antidreyfusards, ce sont aussi Jean Coq et Jean Mouton, petits-bourgeois qui gobent avidement tous les mensonges de leurs journaux ; ce sont aussi les membres de l'Agitation française et, bien sûr, des militaires qui en prennent pour leur grade.

L'espoir est ailleurs : dans ce colonel Picquart qui, par honnêteté, ose braver ses supérieurs ; dans cet ouvrier, le menuisier Roupart, qui fait preuve d'un optimisme à long terme : « Dès à présent, les collectivistes et les libertaires préparent l'avenir [...]. Nous pouvons dès à présent faire un peu de bien. Ce qui ne nous empêchera pas de mourir désespérés et la rage au cœur. Car bien sûr nous ne verrons pas le triomphe de nos idées et quand le collectivisme sera établi sur le monde, il y aura beau temps que je serai sorti de ma soupente les pieds devant. »

La richesse sociale et politique de ce petit roman est stupéfiante, son actualité aussi : les idées les plus nobles comme les préjugés les plus minables développés alors durent encore. Certes A. France fait preuve d'une confiance bien naïve dans la seule force des idées et sur le rôle que pourrait jouer une élite intellectuelle dans les changements sociaux : cela, seul, peut paraître désuet !

L'histoire contemporaine
Monsieur Bergeret à Paris est le dernier volume d'une série comprenant : *L'Orme du mail, Le Mannequin d'osier, L'Anneau d'améthyste*. France y dresse un tableau décapant de la IIIe République, du boulangisme à 1900.

Les Thibault (1922-1940)

Roger Martin du Gard

Drame familial et drame social

Une vue très précise de la société française à la veille de la guerre de 14-18.

L'ampleur des *Thibault*, roman-fleuve, ne doit pas rebuter : elle est au contraire l'assurance d'un plaisir prolongé.

L'œuvre débute par *Le cahier gris* dominé par la tendre amitié du jeune Jacques avec Daniel de Fontanin, et la figure du père, fondateur d'un pénitencier où il enferme son fils. *Le Pénitencier*, *La Belle Saison*, *La Consultation*, *La Sorellina* développent les rapports à la fois affectueux et tendus entre les deux frères Thibault : Antoine, devenu un brillant pédiatre qui se consacre entièrement à son travail, est un homme méthodique, raisonnable, honnête, ambitieux. Jacques, sensible, révolté par une société qui ne l'intègre pas, rencontre son destin en Suisse où il se lie avec un groupe de révolutionnaires gravitant autour de l'Internationale ouvrière.

▪ «L'été 14»

Après la mort du père, pathétique malgré le peu de sympathie qu'éveille l'homme, c'est l'explosion de «*l'été 14*» vers laquelle converge l'œuvre et qui occupe plus de deux volumes. Les événements s'y précipitent. La guerre qui vient est l'obsession du petit groupe cosmopolite auquel appartient Jacques. Lorsque les espoirs tombent un à un, que les chefs socialistes tergiversent, que «journalistes, professeurs, écrivains, savants, intellectuels, tous à qui mieux mieux abdiquent leur indépendance critique pour prêcher la nouvelle croisade, exalter la haine de l'ennemi héréditaire», lorsque des ouvriers socialistes eux-mêmes se trouvent de bons motifs pour justifier leur «libre acceptation» du départ au front, lorsque enfin Jaurès est assassiné sous ses yeux, Jacques se retrouve terriblement seul avec ses quelques compagnons d'idées. Il décide avec son ami Meynestrel d'«un acte solitaire et décisif» pour sortir enfin de l'impuissance.

Dans l'*Épilogue* enfin, Antoine est gazé. Il rédige son journal, profonde méditation. Dans les deux frères, profondément différents, circule pourtant le même sang des Thibault.

Roger Martin du Gard définit avec précision ses personnages par leurs réactions et leurs actions dans les événements. Une tension croît autour d'Antoine le médecin, confronté à la souffrance, autour de Jacques le révolutionnaire, confronté à la guerre qui vient. *Les Thibault* nous parviennent comme un précieux document historique et humain.

Inspiration
Pour l'acte décisif de Jacques et Meynestrel (jeter des tracts pacifistes sur le front), l'auteur a pu s'inspirer de Lauro de Bosis, jeune Italien qui, en 1933, survola Rome pour répandre une proclamation antifasciste.

Roger Martin du Gard (1881-1958)
Formé à l'étude des documents historiques à l'École des chartes, il en a gardé le souci de la précision scientifique. Il s'intéresse aussi à la psychologie. Une autre grande œuvre, bien antérieure, *Jean Barois*, beau roman présenté comme une pièce de théâtre, restitue l'affaire Dreyfus et met aux prises esprit scientifique et religion.

Édition
Folio, 5 tomes, 400 pages chacun.

La Vie d'un simple (1904)

Émile Guillaumin

La condition paysanne au XIXe siècle

L'Histoire, c'est aussi ... celle des deux tiers de la population.

Émile Guillaumin (1873-1951)
Né et mort à Ygrande dans l'Allier, paysan toute sa vie, il écrivit d'autres romans sur les paysans, souvent introuvables aujourd'hui, tel *Baptiste et sa femme*. Dans *Le Syndicat de Baugignoux* (éditions Ipomée à Moulins), il évoque un syndicat de métayers auquel il participa de 1906 à 1912.

Édition
Le Livre de poche, 319 p.

S'inspirant de la vie d'un vieux voisin paysan, Émile Guillaumin a écrit le roman de la vie rurale dans l'Allier de 1823, date de la naissance de Tiennon, à la fin du siècle. Lui-même paysan, il allie la connaissance intime de ce monde à l'art d'en parler simplement sans clichés et de mettre l'accent sur les faits significatifs. Il trouve le recul nécessaire pour souligner les rapports du monde paysan et de l'ensemble de la société.

Avant tout, c'est la dureté de la vie paysanne qui frappe : une vie de labeur ininterrompu. Adolescent, il quitte sa famille qui n'a pas assez de terre et va s'embaucher comme journalier à l'année. Marié, devenu métayer, il continue pour joindre les deux bouts à travailler au-dehors dans des domaines. Plus tard, il sera casseur de cailloux pour un entrepreneur de routes.

Les propriétaires, bourgeois des villes, sont rapaces et imposent aux paysans des contrats comprenant parfois de véritables corvées. L'endettement ronge la paysannerie en ce pays où l'on prétend que la caille, en chantant, dit : « Paie tes dettes ! »

▪ Une lente et décisive évolution

Sur fond de grande pauvreté et de travail harassant, de lents changements apparaissent. L'isolement, en 1835, est complet : « Au-delà des limites du canton, au-delà des distances connues, c'étaient des pays mystérieux, qu'on s'imaginait dangereux et peuplés de barbares. » Les progrès techniques arrivent bien lentement. Vers 1860, Tiennon a remplacé son araire par une bonne charrue. Il réussit à convaincre son propriétaire de l'utilité de la chaux comme engrais. On commence à remplacer le seigle par du froment. Ce n'est qu'à la fin du siècle qu'un chemin de fer à voie étroite va désenclaver véritablement cette campagne, la faisant entrer dans l'économie nationale.

Les hommes aussi vont bouger. Le paysan a une nièce placée chez des bourgeois parisiens. L'école a pénétré au village, et la mode. Le curé a moins d'emprise sur les esprits. Enfin, depuis 1848, les paysans (les hommes !) ont le droit de vote. L'Allier se révéla un de ces départements ruraux « rouges » pour longtemps.

Le « simple » de Guillaumin a conscience des événements. Il a vécu, pour reprendre le mot de l'historien Eugen Weber, cette période cruciale de l'histoire sociale française : « la fin des terroirs ».

Le Pain quotidien (1931)

Henri Poulaille

Classe ouvrière, début du siècle

Dureté de la vie quotidienne, sur fond de solidarité : Poulaille cultive les traditions anarcho-syndicalistes.

C'est, romancée, l'enfance de l'auteur dans les quartiers populaires du XVe arrondissement de Paris, au début du siècle. C'est aussi l'histoire d'une classe ouvrière qui a la vie difficile, où l'alcoolisme et la violence des pauvres entre eux prolongent la violence de l'exploitation. Sur les chantiers du bâtiment, les accidents sont fréquents ; il n'y a pas de protection sociale.

Mais dans le milieu des Magneux – la famille de Loulou, lui charpentier, elle canneuse de chaises à domicile –, la solidarité prime. Le père Magneux, victime d'un accident, est soutenu financièrement par ses camarades. C'est un anarcho-syndicaliste ; certains de ses amis pensent comme lui, d'autres sont plus proches des socialistes. Tous luttent pour une vie meilleure.

Ce rare roman-témoignage, écrit dans un style clair et vif, où les dialogues dominent, se termine sur la vague de grèves qui suivit la catastrophe minière de Courrières (1 200 morts en 1906) : dans le bâtiment, les ouvriers rentrent sans avoir rien obtenu mais la tête haute, espérant dans des combats futurs et confiants dans la venue prochaine d'une révolution libératrice.

Henri Poulaille (1896-1980)
Il fut le principal animateur de la littérature prolétarienne en France. *Le Pain Quotidien* a une suite : *Les Damnés de la terre*, évoquant les luttes ouvrières de 1906 à 1910, et *Pain de soldat*, suivi des *Rescapés*, sur la guerre de 14 : à chercher chez les bouquinistes.

La littérature prolétarienne

Œuvre d'écrivains d'origine ouvrière ou paysanne, cette littérature qui porte comme nulle autre témoignage de l'histoire et de la vie des peuples, s'est développée avec l'instruction et les progrès du mouvement ouvrier organisé. En France, après Charles-Louis Philippe (*Bubu de Montparnasse*), Émile Guillaumin, Marguerite Audoux (*Marie-Claire*), Pierre Hamp (*La Peine des hommes*), Henri Poulaille fut le théoricien de l'École prolétarienne dans *Le Nouvel Age littéraire* (1930). L'œuvre de Eugène Dabit, Louis Guilloux, Ludovic Massé, Jean Giono, Jean Guéhenno témoigne de leur attachement à leur origine sociale. Michel Ragon a publié une irremplaçable *Histoire de la littérature prolétarienne de langue française* dont Bernard Clavel est peut-être le représentant contemporain le plus connu.

La littérature prolétarienne est aussi internationale, représentée par le Roumain Panaït Istrati (voir page 138), par l'Anglais Alan Sillitoe (*Samedi soir, dimanche matin*), par le Suédois Ivar Lo-Johansson (*La Tombe du bœuf*), la Néerlandaise Neel Doff (*Jours de famine et de détresse*), le Belge Constant Malva (*Histoire de ma mère et de mon oncle Fernand*) ou le Russe Maxime Gorki (*La Mère, En gagnant mon pain*) (pour la littérature prolétarienne soviétique, voir page 156).

Éditions
Grasset, Cahiers rouges, 356 p.

La Maison du Peuple (1927)

Louis Guilloux

Les débuts du mouvement socialiste

La confiance inébranlable dans un avenir meilleur.

Louis Guilloux (1899-1980)
Dans *Le Sang noir*, le héros, Cripure, s'insurge contre la guerre. *Salido* et *OK Joe* sont des récits sur la Seconde Guerre mondiale en Bretagne.

Éditions
Grasset, Cahiers rouges, 160 p.

Voici l'histoire romancée du père de Louis Guilloux, cordonnier à Saint-Brieuc, pionnier du Parti socialiste dans sa ville. De 1903 à 1914, la famille de François Quéré vit la montée du mouvement socialiste, l'espoir qu'il soulève, la révolte du 17e régiment d'infanterie, le succès électoral, la trahison de certains dirigeants, la lutte contre la guerre qui vient. La profondeur de ses convictions, la noblesse de ses idées aident François à affronter les coups durs. Avec ses amis Le Braz, Lautié et d'autres, il construit une maison au peuple, pour qu'il vienne s'y instruire afin de mieux combattre. Avec sa femme, calme et décidée, il forme un couple solidement uni. La grand-mère si pauvre, si digne, est un personnage très émouvant.

Simplicité du style et clarté du récit qui montre sans chercher à démontrer donnent sa beauté au roman de Louis Guilloux : Jean Guéhenno en fut bouleversé et Albert Camus «n'a jamais pu le lire sans un serrement de cœur».

Et encore

Le XIXe siècle est, bien sûr, dans les peintures sociales de Hugo, Balzac, Stendhal, Zola ou Dickens.
La bourgeoisie est dépeinte dans *Les Boussardel*, de P. Hériat, ou *Les Chemins de Maison Haute*, de B. Jagger en Angleterre. Le peuple ouvrier est le héros du *Pain noir* de G.E. Clancier – à Limoges –, de *Pays-Haut* de A.M. Blanc – en Lorraine –, ou encore de *Metello* de V. Pratolini, à Florence. Les paysans sont ceux de *Des grives aux loups* de C. Michelet – en Corrèze –, ou du *Vin pur* de L. Massé, dans l'Aude. *Sébastien Doré*, de F.O. Rousseau, visite la France de 1871 à 1914, Max Gallo a écrit *Belle Époque*. L'avant-guerre est évoquée par L. Aragon dans *Les Cloches de Bâle* et *Les Beaux Quartiers*. *Le Partage du sang*, de J. Egen, est un tableau pacifiste de l'Alsace après 70. *Le Hussard sur le toit*, de J. Giono, est un hallucinant voyage dans la Provence ravagée par le choléra. La Révolution de 1848 est évoquée dans *L'Éducation sentimentale*, de G. Flaubert, dans *Le Grand Flot* de D. Hénard ou *L'Histoire d'un homme du peuple* d'Erckmann-Chatrian ; la Commune de Paris dans *Le Canon Fraternité*, de J.-P. Chabrol, *Votre pavé, citoyen*, de Y. Singer-Lecocq, *Les Massacres de Paris*, de J. Cassou, *Le Coq rouge*, de A. Lanoux, *Bas les cœurs*, de G. Darien ; l'Affaire Dreyfus dans *Jean Barois* de R. Martin du Gard.
Le Risorgimento est dans *Le Bonheur fou* de J. Giono, *Malafrena* de U. Le Guin ou la remarquable nouvelle de L. Sciascia, *Quarante-huit*. B. Pérez Galdós a écrit dans ses *Épisodes nationaux* le roman du XIXe siècle espagnol. La lutte nationale des Irlandais est le thème d'*Insurrection* de L. O'Flaherty ou des *Tambours de Dublin*, récit autobiographique de S. O'Casey.

La Première Guerre mondiale

«La nuit d'avant, on avait vu le grand départ de tous les hommes.»

Début de : ***Le Grand Troupeau*, Jean Giono.**

A l'Ouest, rien de nouveau (1928)

Erich Maria Remarque

Le cri d'une génération sacrifiée

Honni des militaristes, un livre où tous les soldats, quel que soit leur uniforme, peuvent se reconnaître.

Erich Maria Remarque (1898-1970)
En 1916, Erich Paul Kramer est mobilisé. A son retour du front, où il a été blessé cinq fois, il exerce toutes sortes de métiers. Dès 1929, la parution de *A l'Ouest*... est un succès (15 millions d'exemplaires vendus jusqu'à présent), mais fait de lui une bête noire des nazis : il émigre en France, puis aux États-Unis, où il est naturalisé, et finit sa vie en Suisse.
De son œuvre, citons *L'Obélisque noir* sur la montée du nazisme ; *L'Étincelle de vie* sur les camps de concentration ; *Le Temps de vivre et le temps de mourir* sur la dictature hitlérienne ; *L'Ile d'espérance* (un soldat en permission pendant la guerre de 40) ; *Les Exilés* (les opposants fuient à travers l'Europe).

Édition
Le Livre de poche, 287 p.

A 19 ans, Paul est un vétéran. Deux années de front lui ont appris à se terrer sous les déluges de mort, à reconnaître au bruit qu'ils font les projectiles et le danger qu'ils représentent, bref à sauver sa vie. Mais aussi à voir mourir, et bien sûr à tuer : à la grenade, à la baïonnette, à la pelle de tranchée.

Tout ce qu'il a vécu, souffert, pressenti, ou refoulé au fond de lui, c'est ce que vécurent les millions de jeunes (et de moins jeunes) envoyés sur les fronts de la guerre de 14-18 qui dévora 8 millions de vies et produisit 8 millions de mutilés, essentiellement français, allemands et autrichiens, russes. C'est pourquoi ce livre, quand il parut dix ans après la fin de la guerre, eut un retentissement international. Il a été traduit en vingt-cinq langues, porté à l'écran, et reste aujourd'hui un des grands témoignages de l'histoire mondiale.

Ce récit de soldat est dépourvu de haine, mais certainement pas d'émotion. Comment oublier la scène où Paul, bloqué deux jours dans un trou d'obus, s'adresse à l'homme qu'il vient d'égorger, promettant de s'occuper de sa veuve et de son enfant ; ou la description des jeunes recrues mal préparées aux tranchées, mourant comme des mouches mais avançant sans cesse, bétail héroïque ; comment ne pas poursuivre la réflexion que Paul a un jour avec ses camarades sur les causes de la guerre, se demandant qui l'a déclarée et qui en tire profit.

Pourtant, ces jeunes ne sont pas spécialement pacifistes. Ils se sont engagés, portés par la vague générale de chauvinisme qui déferla des deux côtés de la frontière, chapitrés par certains de leurs professeurs, et sans doute ravis de quitter le lycée. Et une fois au front, ce n'est plus que le spectacle de la souffrance, la mort des camarades, la conscience de vivre encore pour quelques minutes, l'épuisement physique et moral, et parfois le rêve osé de voir arriver la paix.

▪ Mise à l'index

Réaliste et simple, le récit de Remarque ne se voulait pas engagé. Mais c'est justement parce qu'il était véridique qu'il devint la cible des nazis. Ils boycottèrent le film, tourné dès 1930 aux États-Unis, et obtinrent son interdiction. Le livre fut brûlé dans les autodafés de 1933. Comme les nazis mettaient en avant la thèse du « coup de poignard dans le dos » (l'armée allemande n'aurait pas été vaincue sans le sabotage et la propagande défaitiste que les révolutionnaires ourdissaient à l'arrière !), l'œuvre de Remarque, qui anéantissait toute gloriole en décrivant la guerre telle qu'elle est, et ce qu'elle fait des hommes, ne pouvait que déranger leurs plans de revanche.

Jules Matrat (1975)

Charles Exbrayat

Le front : un monde à part

Un paysan dans l'inimaginable cataclysme : son nom ne figurera pas sur l'interminable liste du monument aux morts du village.

Arraché par la guerre à sa terre de Chervagne, non loin de Saint-Étienne – région chère à l'auteur –, Jules Matrat ne tient le coup au front que grâce à un paysan comme lui, Louis Agnin, originaire des Alpes. Leur détresse commune, leur attachement commun à leur terre, leurs projets de mariage font naître une amitié qui se forge dans le voisinage de la mort.

▪ Incompréhension

Lorsqu'il revient en permission, Jules ne sait et ne peut raconter ce qu'il a vécu au front. C'est au-delà de ce qu'il pourrait dire, de ce que ses parents et Rose, sa fiancée, pourraient imaginer. Quand il parle de son copain, nul ne peut comprendre l'immense importance de leur amitié. Et quand Agnin meurt, nul ne peut comprendre son malheur. Exbrayat exprime avec simplicité et une grande vérité la profondeur du fossé qui coupe le soldat du monde civil. Jules n'a plus lui-même la capacité de se rendre compte de la douleur des autres, de ce qu'est l'attente d'une lettre, la crainte de la venue du facteur et du maire porteurs d'un message du ministère : il y aura dix-sept morts au village. De cette incompréhension réciproque de gens honnêtes naît une grande émotion. La guerre finie, Jules en revient indemne physiquement, mais définitivement mutilé à l'intérieur. Malgré l'affection de ses parents et l'amour confiant et solide de sa fiancée, il reste enfermé dans son passé. Il est devenu un homme incapable de rendre les autres heureux. La mort de son ami l'obsède. Il s'abrutit aux travaux des champs pour soulager sa peine. Puis Jules fait le voyage des Alpes pour voir la femme de Louis. Elle s'est remariée. Il ne peut l'admettre. Paradoxalement, c'est le souvenir de son ami qui le sauvera du suicide.

▪ « Non ! »

Jules Matrat n'a pas la possibilité d'analyser la guerre. Mais le lecteur sent avec lui que ce qu'il a vécu est inadmissible. Et quand, devant un monument aux morts, un notable, en termes pompeux, appelle les jeunes, si de nouveau le besoin s'en fait sentir, « à porter des gerbes de sacrifices dans les granges de l'idéal », Jules Matrat ne peut supporter cet appel à un nouveau massacre ; au nom de tous ceux qui ont vécu l'enfer, il pousse un cri déchirant : « Non ! »

Charles Exbrayat (1906)
Auteur de romans policiers, il a écrit aussi une intéressante série de romans historiques et sociaux sur la France de Louis XVI au second Empire : *La Lumière du matin* ; *Le Chemin perdu* ; *Les Soleils de l'automne.*

Édition
Albin Michel,
228 p.

Invasion 14 (1935)

Maxence Van der Meersch

L'Occupation dans le nord de la France

La survie quotidienne, les profiteurs, les collaborateurs, les résistants vus par un moraliste chrétien.

Maxence Van der Meersch (1903-1951)
Écrivain français du Nord, partisan d'un christianisme social hostile à toute lutte de classes, il a décrit dans *Quand les sirènes se taisent* l'échec d'une grève et dans *Pêcheurs d'hommes* l'époque du Front populaire, vue par un jeune ouvrier catholique qui s'oppose aux syndicalistes aux côtés de patrons paternalistes.

Édition
Albin Michel, 560 p.

La grande originalité de ce roman est de rappeler l'occupation d'une partie de la France par l'armée allemande durant le premier conflit mondial. Entre Roubaix et Lille, l'auteur fait un panorama de la société, succession des moments de la vie de plusieurs familles urbaines et rurales, d'ouvriers, de patrons, de paysans. Ce roman réaliste est empreint de gravité et de moralisme chrétien.

L'Occupation, c'est d'abord un problème de ravitaillement. Des notables, gros paysans ou fonctionnaires, utilisent leurs postes pour trafiquer sur les vivres, les vêtements. A Lille, le cabaret de la Grande-Bourloire est le rendez-vous des trafiquants : à côté des commerçants «réguliers» qui «ont commencé à tripoter», on trouvait «une lie d'aventuriers [...] tous ceux, toutes celles qui s'enrichissent en eau trouble, et que leur hardiesse, leur habitude de vivre en marge des lois, rendaient particulièrement aptes aux "affaires" de ces temps perturbés».

▪ Résister ?

Il faut bien vivre. Mais vivre est aussi un problème politique. Les patrons du textile ont commencé à refaire tourner leurs usines sous le contrôle de l'armée allemande. Les ouvriers s'y opposent et, sous l'impulsion d'un patron résistant, Hennedyck, le patronat change d'avis. Les usines sont alors pillées par l'occupant. Les patrons qui ont des stocks cachés les écoulent quand même vers l'Allemagne, via la Hollande...

La Résistance s'organise : un abbé, figure centrale du roman, en est l'âme. Un journal est édité, un réseau d'espionnage mis sur pied avec l'Angleterre. Des résistants sont fusillés, d'autres emprisonnés. Des jeunes sont envoyés à des «travaux de culture» sur les arrières de l'armée allemande.

La fin de la guerre, c'est une immense pagaille. Les appels à la révolution traversent l'armée allemande. La Libération est l'heure où la Résistance devient «un capital de gloire dont chacun prétendait vivre». C'est la déception de ceux qui espéraient une réconciliation franco-allemande : «Au lieu de cela, une moisson de haine, un chauvinisme fanatique !»

▪ Rédemption

Le chrétien Van der Meersch ne se demande jamais par quel mécanisme des millions d'hommes ont été envoyés les uns contre les autres enfreindre le commandement : «Tu ne tueras point.» Les meilleurs de ses héros ont vécu cette période comme une rédemption ; sa foi permet à l'abbé Sennevilliers de traverser avec sérénité les pires épreuves.

Chez Remarque
ou chez Exbrayat : la même souffrance dans les tranchées.
Combats de l'Argonne en juin 1915.

Ph. © Archives Photeb - D.R.

Le Tour du doigt (1977)

Jean Anglade

Difficile de rire de la guerre

Quand il fallait refaire sa vie à 20 ans.

Jean Anglade (1915)
Il a écrit *Les Ventres jaunes* et *La Bonne Rosée,* et a évoqué les années 1945-80 dans *Les Permissions de mai.* On lui doit aussi *Les Convoités,* roman de Trieste, de 1915 à 1945.

Édition
Presses Pocket, 348 p.

Jules Vendanges, apprenti instituteur, porte un nom qui fait pouffer de rire ses petits élèves. Mais il doit partir soldat : « Les besoins du marché sont tels qu'on ne peut se permettre de négliger une tête. » A Verdun, « les généraux des deux camps lancent à pleine main leurs régiments, ainsi que des confetti sur le carnaval ». Dans la presse, Barrès parle de la jeunesse : « Nul, l'ayant rencontrée qui part à la bataille avec des cris de joie, ne peut mettre en doute l'immortalité de la race. » En réalité, tout n'est qu'une sauce de boue et de sang dont les poilus sont les ingrédients. Qui sont-ils ? « Pédago, charcutier, ouvrier, cordonnier, mais surtout : paysan, paysan, paysan. » Il y a aussi les Sénégalais qui gèlent et meurent par milliers. L'auteur parle des mutineries de 1917 : pas besoin d'en chercher la cause.

Et que deviennent les rescapés du massacre ?

Jean Anglade s'exprime avec tendresse, ironie et humour ; mais là, l'humour ne peut qu'être noir et amer.

Et encore

Le Feu, sous-titré *Journal d'une escouade*, de H. Barbusse, fut le premier roman-témoignage sur l'hécatombe des tranchées. On trouve, du même auteur, plus analytique, *Clarté*. Après la tragédie des *Croix de Bois*, R. Dorgelès est plus anecdotique dans son *Cabaret de la belle femme*. A. Lanoux a fait de Dorgelès le héros de *Adieu la vie, adieu l'amour*. J. Romains a abordé la guerre dans *Les Hommes de bonne volonté*, en particulier dans *Verdun*. L. Aragon s'en prend à ceux qui ont laissé la guerre se faire dans *Les Voyageurs de l'impériale*. *Le Grand Troupeau* de J. Giono est un cri pacifiste. L. Guilloux a mené une réflexion passionnée dans *Le Sang noir*.
L'Équipage de J. Kessel voit dans les débuts de la guerre aérienne une prestigieuse aventure. *Capitaine Conan* et *Lena*, de R. Vercel, se déroulent en Europe centrale. Côté allemand, *Orage d'acier*, récit autobiographique de E. Jünger n'a pas les accents pacifistes de Remarque, de L. Renn dans *Guerre* ou de A. Zweig dans *Le Cas du sergent Grischa*. Dans *Le Pantalon*, récit historique, A. Scoff rappelle le cas d'un fusillé pour l'exemple, tout comme H. Cobb dans *Les Sentiers de la gloire*. Court et roboratif : *La Der des der* de D. Daeninckx.
Août 14 de A. Soljenitsyne est le début d'une étude sur la guerre et la révolution en Russie. U. Sinclair a donné dans *La Fin d'un monde* la vision d'un progressiste américain. *L'Année noire* de I. Kadaré, c'est 1914 en Albanie.

L'entre-deux-guerres

«Un chahut de camions chargés de fusils
couvrait Madrid tendue
dans la nuit d'été.»

Début de : ***L'Espoir,***
André Malraux.

Après (1931)

Erich Maria Remarque

L'année 1919 en Allemagne : l'incertitude

La patrie accueille ses héros mutilés et démoralisés par le chômage, l'inflation... et les balles !

E. M. Remarque
voir page 94.

Comme Paul l'avait fait dans *A l'Ouest, rien de nouveau*, Ernst raconte dans *Après* la vie et les sentiments de Remarque et des jeunes de sa génération dans l'après-guerre de 14. L'annonce du cessez-le-feu a suscité parmi les soldats des tranchées un espoir, un soulagement immenses, mais teintés d'inquiétude : que vont-ils retrouver de leur vie d'autrefois ? Seront-ils eux-mêmes capables de renouer le fil de leur jeunesse ?

Ils retrouvent une famille aigrie par les privations. Un gouffre s'est creusé entre eux et leurs proches, souvent inconscients de ce qu'ont été les horreurs du front. Et sous prétexte qu'ils ont 20 ans, on veut les rasseoir sagement sur les bancs de l'école, eux qui ont vu mourir tant de camarades sous leurs yeux, et qui ont tué de leurs mains. Remarque développe ainsi l'un de ses thèmes : la camaraderie de guerre, qui ne cache chez lui pas la moindre prétention à appartenir à une élite, mais seulement la conviction angoissée que lorsqu'on a survécu à la terrifiante violence des tranchées, seuls ceux qui ont connu cet enfer peuvent comprendre.

▪ Révolution lointaine

L'Allemagne de novembre 1918 est en ébullition. Mais en politique, là non plus, Ernst et ses camarades ne sont pas dans le coup. Ils ne sont pas hostiles à la révolution, mais les premières manifestations, auxquelles ils se mêlent plutôt par hasard, les déçoivent par le manque d'action, ainsi que le gouvernement qui n'offre qu'un changement de façade. L'action se déroule dans une ville de province indéterminée, mais ce n'est pas pour cela que les amis d'Ernst sont peu informés, c'est parce qu'ils restent plongés dans une sorte de rêve, qui est souvent cauchemar, obsédés, aliénés qu'ils sont par leurs souvenirs de guerre. Et c'est encore en soldats qu'ils réagissent à une autre manifestation, réprimée cette fois, où ils retrouvent deux anciens comme eux, mais bien ancrés dans la réalité : l'un dirige la manifestation et est abattu par l'autre qui dirige la fusillade. Leur dernière planche de salut, la solidarité, qui leur avait permis de survivre au front, est donc pourrie. La vie civile leur ramène différences sociales, mépris contre la pauvreté, chômage, trafics.

Des camarades d'Ernst bien peu réussiront à s'en sortir. Beaucoup, et surtout les meilleurs, tomberont encore, victimes indirectes de la guerre. Et le procès de l'un d'eux, devenu meurtrier par désespoir, sera le procès de la société qui dresse les jeunes à la guerre. A la fin du livre, Ernst et ses amis rencontrent une bande d'adolescents à l'exercice, encadrés par des adultes d'extrême droite...

Édition
Folio, 433 p.

Le Dernier Civil (1936)

Ernst Glaeser

L'impossible république de Weimar

Dans une petite ville allemande, nulle opposition ne s'organise face aux progrès de la gangrène nazie.

Jean-Gaspard Bäuerle, natif de Siebenwasser, dans le Wurtemberg, a fait fortune aux États-Unis où il est devenu un riche industriel. Héritant de son père sa haine du militarisme prussien et son républicanisme, il se réjouit de pouvoir rentrer sur ses vieux jours dans une Allemagne enfin républicaine. Mais, de 1928 à 1933, il assiste, incrédule puis effaré, aux progrès rapides des démagogues nazis.

Avec le personnage de Bäuerle, Ernst Glaeser montre à quel point l'idéal démocratique et républicain est étranger à l'Allemagne d'alors. La démocratie allemande n'est pas, « comme il avait rêvé, le lieu d'accomplissement d'une mission historique » mais est « sortie des vestibules de Versailles, de l'angoisse du bourgeois vaincu ». Comme le pense le maire Schraeder, la démocratie parlementaire « suppose l'aisance ».

▪ La crise

Or la crise est là. On a connu l'inflation galopante, voilà maintenant les dettes, les faillites, les expulsions, le chômage. Bäuerle a beau faire revivre un domaine agricole et fournir ainsi du travail, c'est vers d'autres que se tournent les uns après les autres les morceaux de la société disloquée de Siebenwasser, vers les cadres du Parti nazi : un secrétaire de mairie machiavélique et un ancien officier. Ceux-ci enrégimentent facilement de jeunes lycéens qui rêvent de se sacrifier pour un idéal. Les exercices paramilitaires de cette bande de jeunes ne prêtent bientôt plus à rire. Le mouvement, avec la crise, trouve une base de masse. Les nazis rassemblent et canalisent toutes les aigreurs des vaincus de la vie, de la guerre, de la crise, vers l'appel messianique du Führer qui désigne le démon à exorciser, le Juif, et l'idéal à exalter, la fierté d'être Allemand.

Rares sont ceux qui, comme Bäuerle, refusent de se laisser entraîner. Le postier Kern, revenu invalide de la guerre et qui espéra un temps dans la révolution, est la seule conscience claire de la ville. Le jeune Hans, qui a marché avec les nazis tout en gardant un respect de l'humanité, se détache d'eux mais ne peut continuer à vivre, symbole du désarroi d'une génération. Chacun reste seul dans son refus.

La qualité du roman de Glaeser est de faire littéralement sentir la putréfaction de la société allemande sur laquelle prospère le nazisme. C'est cette putréfaction que Bäuerle ne peut supporter, dernier civil d'une société aspirant à se militariser.

Ernst Glaeser (1902-1963)
Un temps compagnon de route des communistes, il écrivit deux autres intéressants romans : *Classe 22* – la guerre vue de l'arrière par des jeunes de la génération de l'auteur – et *La Paix*, sur la période révolutionnaire de 1918.
Exilé en 1933, il rentra en Allemagne hitlérienne six ans plus tard : par nostalgie du pays, expliqua-t-il, par amour de *Ce qui demeure* pour reprendre le titre d'un de ses romans. Il devint rédacteur d'un journal de la Wehrmacht. Il tenta de se justifier dans un roman non traduit, *Grandeur et misère des Allemands*.

Édition
Grasset, Cahiers rouges, 426 p.

La Septième Croix (1941)

Anna Seghers

Rhénanie 1934-1935

La fuite d'un prisonnier est l'occasion d'une traversée de la société allemande au début du nazisme.

Anna Seghers (1900-1983)
Écrivain officielle de l'ancienne RDA, elle garda une écriture originale. Hommage à la lutte des exploités, son œuvre, d'un style précis et concis, est une analyse nuancée des réactions de l'homme face à l'Histoire. Anna Seghers excelle dans de courts récits : *La Révolte des pêcheurs de Sainte-Barbara* ; *Histoires des Caraïbes* (la Révolution française aux Antilles) ; *Transit* (l'exil d'écrivains allemands).

Un camp de concentration. Soudain, la région est en alerte : sept prisonniers se sont évadés. C'est pour eux qu'ont été dressées des croix : six sont repris et suppliciés. La septième croix reste vide. Le succès du dernier évadé entraîne pour l'ensemble des prisonniers la multiplication des sévices. Pourtant, c'est aussi une défaite de la machine policière, un espoir pour tous. D'autant plus que Georg, l'évadé, militant du Parti communiste, autrefois jeune homme instable à la vie privée peu reluisante, s'était révélé sous la torture : les nazis n'étaient pas parvenus à le faire plier.

▪ La survivance d'une opposition

Une fois hors du camp, Georg doit traverser la Rhénanie, pourchassé et seul. Seul ? Pas tout à fait. Car si la société allemande étouffe dans le carcan policier – Anna Seghers décrit les pressions multiples subies par la population, la terreur qui ferme les yeux et les bouches, le consentement de beaucoup au régime – une discrète opposition survit. Guidé par des coups de pouce invisibles d'anciens amis ou camarades, aidé par des inconnus qui prennent ainsi un risque mortel, Georg passe à travers les mailles du filet policier, moins efficace que le réseau pourtant ténu, noué brin à brin par ceux qui restent solidaires contre la dictature.

Et Anna Seghers rappelle que ce sont des Allemands, ceux qui s'opposèrent au nazisme, qui furent les premières victimes des camps de concentration.

Édition
Folio, 511 p.

Les morts restent jeunes

Autre roman d'Anna Seghers, c'est une œuvre ample qui couvre la période 1918-45 : unique en son genre, fresque sociale passionnante et engagée mais éloignée des canons du « réalisme socialiste », elle s'attache à montrer la marque des événements sur les hommes. A. Seghers passe ainsi en revue la révolution spartakiste et l'assassinat de Rosa Luxembourg, la république de Weimar, la montée et la victoire hitlériennes, la guerre sur le front russe. Le livre commence par l'assassinat du jeune soldat révolutionnaire Erwin par des Corps francs. Les assassins et leurs familles servent ensuite de fil conducteur : l'un est un industriel, deux autres sont des officiers aidés d'un chauffeur, le dernier est un paysan, l'éternel lansquenet servile. Erwin survit en son fils Hans qui reprendra son combat.

Le Destin de A.D. (1960)

Ernst von Salomon

Un homme dans l'ombre de l'Histoire

L'Allemagne de 1918 à 1947 racontée d'un point de vue d'extrême droite.

« Un homme choisi par le sort pour représenter la foule », dont le «cas peut démontrer à l'évidence l'histoire de tous» : pour incarner l'homme jouet de l'Histoire, von Salomon a choisi la figure, qu'il veut falote et naïve, en tout cas innocente, d'un petit sous-officier qui, de complot d'État en erreur judiciaire en passant par l'arbitraire de la dictature nazie, finit par cumuler vingt-sept ans d'emprisonnement. Par la plume d'un chroniqueur qui relaterait la vie de A.D. en expliquant en détail son contexte politique, c'est von Salomon qui retrace à sa façon l'histoire de l'Allemagne après la guerre de 14.

▪ Sous Weimar

Comme il se doit aux yeux d'un nationaliste, la nécessité historique urgente après et malgré la défaite de 18 est la reconstitution d'un état fort, tâche que seule l'armée serait capable d'assumer. Mais justement, l'existence d'une armée allemande est entravée par le traité de Versailles et dépend du bon vouloir des vainqueurs. Et c'est pour leur prouver sa fiabilité, c'est-à-dire sa capacité à lutter contre le communisme, que la Reichswehr monte en 1923 un procès truqué contre le pauvre A.D. : lui qui avait arrêté tant de communistes est accusé d'être leur complice ! Le paiement de réparations exorbitantes ruine l'Allemagne : l'avidité des vainqueurs provoque une montée de la crise et du nationalisme, deux circonstances dont les nazis s'apprêtent à faire leurs choux gras.

▪ Dans les camps

Considéré désormais comme communiste, A.D. est transféré en camp de concentration dès l'arrivée au pouvoir des nazis et n'en sortira qu'en 45. Infirmier sous les ordres d'un médecin SS (avec qui il a des liens d'estime), il sauve plusieurs hommes en liaison avec la direction clandestine de résistance du camp, dont von Salomon ne dit pas clairement qu'elle est organisée par les communistes. L'auteur réussit à raconter les mésaventures de son héros depuis la création jusqu'à la libération de Buchenwald, pratiquement sans parler des activités générales du camp ! À la fin du livre, il semble renvoyer tout le monde dos à dos : les prisons américaines pour les responsables nazis valent les camps de concentration, les procès de Nuremberg sont bâclés sinon truqués..., et son A.D. ne rate pas cette dernière occasion d'être condamné à tort.

Bien que peu soigné sur le plan littéraire, ce livre est un document intéressant par le point de vue qu'il expose sur la période. Quant au personnage A.D., déraciné, ambigu, victime des nazis auxquels rien ne l'oppose sur le fond, il est bien plus un reflet de l'auteur que de l'homme de la foule.

Ernst von Salomon (1902-1972)
En sortant de l'école militaire (dont il parle dans *Les Cadets*) en 1918, il combat la révolution ouvrière à Berlin sous les ordres de Noske, puis déserte et s'engage dans les corps francs. Il participe aux répressions diverses et à des complots d'extrême droite, tel l'assassinat de Rathenau – qui lui vaut cinq ans de prison – ou le putsch de Kapp : il raconte ses souvenirs de cette période dans *Les Réprouvés*. *La Ville* parle de son rôle d'agitateur pendant la révolte des paysans du Schleswig-Holstein. Il ne rejoindra pas officiellement les nazis, mais, en 1945, sera emprisonné un an dans les camps de l'armée américaine. Il retracera encore une fois sa vie dans *Le Questionnaire*.

Édition
NRF Gallimard, 261 p.

Fontamara (1934)

Ignazio Silone

Les Abruzzes sous Mussolini

Les cafoni, *paysans pauvres italiens ont trouvé en Silone un porte-parole.*

Ignazio Silone (1900-1978)
Dirigeant du Parti communiste lors de sa fondation, il rompit avec lui en 1931. Socialiste après la guerre, il se retira ensuite de toute activité politique et prôna un socialisme chrétien. Les nouvelles éditions de plusieurs de ses romans, dont *Fontamara*, connurent quelques modifications dans le sens de ses nouvelles idées.
Le Pain et le Vin évoque aussi l'Italie fasciste, *Une poignée de mûres*, l'Italie des années 44-45, toujours dans les Abruzzes.
Il fut considéré par Faulkner comme « le plus grand écrivain vivant ».

Édition
Grasset, 300 p.

Ignazio Silone était un antifasciste exilé lorsqu'il écrivit ce livre. Ce fut pour lui « la pénible et solitaire continuation d'une lutte ».

Il imagine le témoignage d'un paysan, de sa femme et son fils, habitants de Fontamara, petit village isolé dans les Abruzzes. Ce sont les *cafoni* qui « font fructifier la terre et souffrent de la faim » comme ailleurs « les fellahs, coolies, péons, moujiks ». Contre eux : la ville, et particulièrement le prince Torlonia qui accapare les terres, l'Entrepreneur qui représente l'État, Don Circostanza, l'avocat libéral et Don Abbachio qui se partagent les rôles pour les embobiner. C'est l'époque des Chemises noires, troupes de choc du Duce, qui vont fondre sur le village quand il n'acceptera pas le détournement de son cours d'eau au profit de l'Entrepreneur.

Le *cafone* est le héros du roman : misérable (le plus fortuné possède un âne), il trouve aussi normal que le cours des saisons de trimer, d'être pressuré d'impôts et victime d'injustices. Un humour amer lorsqu'il réfléchit à son sort sauve le cafone du désespoir. Il mène quelques combats sporadiques quand il arrive à s'unir à ses semblables et que la coupe des injustices est soudain trop pleine. Mais la répression a toujours rapidement le dernier mot.

Un cafone à part, Berardo Viola, refuse la soumission. Son grand-père était déjà considéré comme un brigand. Il n'a pas de terre quoique, force de la nature, il travaille d'arrache-pied. Le sort s'acharne sur lui. Mais il se rebelle, avec lucidité : « La loi est faite pour les hommes de la ville [...]. Comment un paysan pourrait-il avoir raison ? » dit-il aux autres ; ou encore : « On ne discute pas avec les autorités. Si l'Entrepreneur veut vous voler l'eau, mettez le feu à sa tannerie. » Berardo est respecté, mais il n'est pas suivi. C'est un individualiste qui, le jour où les Fontamarais se préparent enfin à la révolte, a décidé de s'en aller.

▪ Que faire ?

Un personnage mystérieux, l'Habituel Inconnu apparaît vers la fin. C'est un militant recherché par les fascistes. Il est insaisissable. Le lecteur se pose avec lui comme avec les Fontamarais en lutte l'angoissante question : que faire ?

Ignazio Silone s'efface derrière ses personnages. Il veut faire de son écriture l'expression littéraire du parler et de la pensée des cafoni.

Et le buisson devint cendre (1949)

Manès Sperber

L'Internationale communiste en Europe

Des militants sont pris en étau entre le danger fasciste et la trahison stalinienne.

Le premier tome de cette trilogie (réunie ici en un seul volume), qui se poursuit avec *Plus profond que l'abîme* et *La Baie perdue*, a donné son titre à l'ensemble. C'est aussi le plus intéressant par la période décisive qu'il évoque, celle où s'affermit le pouvoir de Staline en URSS et où les nazis s'installent au pouvoir en Allemagne. Ce roman, comme les deux suivants, exige une certaine connaissance de l'histoire politique de l'époque.

▪ L'espoir brisé

« Roman-saga du Komintern, [...] œuvre d'une profondeur et d'une ampleur exceptionnelle » selon Arthur Koestler, c'est l'histoire de militants communistes, haut placés pour la plupart dans l'appareil de leurs partis. Mobilisés par la révolution russe, ce grand espoir, animés par la farouche volonté de répandre la révolution en Europe, ils doivent faire face, la vague révolutionnaire refluant, à la montée de la réaction, à la victoire du nazisme auquel les partis ouvriers n'ont pas su s'opposer. Sperber veut montrer comment, dans cette lutte vite à contre-courant, ces femmes et ces hommes sont désarmés politiquement et moralement par les retournements de Staline et la dictature qui règne dans leurs partis, qu'ils soient yougoslave, autrichien, allemand ou russe. Certains sont écartés, calomniés, assassinés.

Plus profond que l'abîme : tel est ensuite le désespoir des militants exilés, en rupture avec leur parti, et qui apprennent la vérité sur les camps staliniens. Que faire ? Dénoncer l'URSS ? La plupart y renoncent pour ne pas affaiblir la lutte contre Hitler.

Dans le troisième tome, *La Baie perdue*, le héros Doïno Faber rejoint des maquisards en Yougoslavie. Ne voulant pas s'intégrer à la résistance communiste, son groupe se fait massacrer et par les staliniens et par les nazis.

Cette trilogie désespérée met en scène des personnages pour lesquels l'engagement est une nécessité, même quand ils prennent conscience qu'ils continuent un combat perdu d'avance contre des forces qui les dépassent : ceux qui combattaient le fascisme dans ces années-là au nom d'idéaux révolutionnaires sans se cacher la vérité sur le stalinisme furent en effet bien isolés et ne trouvèrent guère de soutien dans les démocraties ! Manès Sperber a rendu compte avec talent de la psychologie de ces femmes et de ces hommes, de leurs rapports avec leurs partis, du chantage à la fidélité et à la confiance qui y régnait, et du poids gigantesque de l'Histoire qu'ils sentaient peser sur leurs épaules.

Manès Sperber (1905-1984)
Juif autrichien, d'abord jeune sioniste, il devint vite marxiste et membre du Parti communiste. Disciple à Vienne du psychologue Alfred Adler, il lui consacra un livre (*Alfred Adler et la psychologie individuelle*). Rompant avec le stalinisme en 1937, il suivit une évolution proche de celle des héros de son roman. Son autobiographie est parue sous les titres : *Les Porteurs d'eau, Le Pont inachevé* et *Au-delà de l'oubli.*

« Qu'une larme dans l'océan »
Extrait du troisième volume et publié avant lui, ce texte sobre est l'histoire de la lutte des Juifs d'une petite ville de Pologne orientale pendant la dernière guerre.

Edition
Odile Jacob, 842 p.

Les Rebelles/La Gueuse/ L'Embellie (1965-1968)

Jean-Pierre Chabrol

Des Cévennes à Paris, Madrid et Berlin

Quand la terre des Camisards est à l'unisson des combats de l'Europe pour la liberté.

Jean-Pierre Chabrol (1925)
Cévenol, il chante sa terre dans de nombreux ouvrages dont *Les Fous de Dieu* (les camisards). Lié au mouvement ouvrier et communiste, il a, avec *Le Canon Fraternité*, écrit un beau et gros roman sur la Commune de Paris. Conteur, on peut l'entendre sur les ondes ou sur scène.

Édition
Le Livre de poche, 400p., 600 p., 540 p.

Au village de Clerguemort, au sud du mont Lozère, voilà ceux qui sont restés paysans ou bergers, ceux qui travaillent non loin à la mine, ceux qui, partis à la ville, jusqu'à Paris ou à l'étranger, reviennent au pays ou donnent des nouvelles.

En trois tomes où l'on retrouve les mêmes personnages – mais que l'on peut lire indépendamment –, Chabrol conte un combat. Dans *Les Rebelles*, l'écrivain parisien Cherchemidi retrouve son village, ses vieux originaux comme Le Devarié ou Le Sang-Caillé, son maire Le Jaurès. Il y a beau temps que le vent souffle à gauche dans ce village prolétarien. Le maître d'école Alain Doirien a de fiers élèves, tel Luc Roux, fils de mineur, qui se crève un œil, «comme Gambetta», pour retrouver sa liberté. La sœur de Cherchemidi, partie à Hambourg, voit la montée du nazisme.

Dans *La Gueuse*, Noël Targues est à la mine de La Vernasse. Il deviendra un responsable communiste. Dans le quartier des gueules noires, se rencontrent de multiples nationalités, des Polonais aux Espagnols. La France de 1934 bouillonne, la mine s'émeut. C'est, en Allemagne, la dictature hitlérienne.

▪ 1936

Dans *L'Embellie*, «temps devenant beau pour un moment, après une bourrasque», Chabrol parle de l'année 36. Le récit est centré sur une auberge de jeunesse créée à Clerguemort dans le mas d'un vieux déserteur de 14. Dans ce haut lieu de la résistance à la guerre, des jeunes, pacifistes à la Giono, socialistes, communistes, discutent de la guerre civile espagnole. On retrouve aussi Nathan, le titi parisien, la jeune ouvrière Rirette et sa bande : ce sont les «congés payés», conquis par la grève générale. Des mineurs en vacances montent aussi jusqu'à la Cabusselle. On perçoit au village les échos de Paris, l'ambiance Front popu avec ses revues *Vendredi* ou *Marianne* et l'activité du groupe Octobre de Prévert. Le drame de l'Europe parvient jusqu'à l'auberge avec deux jeunes Allemands, représentant l'hitlérisme conquérant.

Chabrol force le trait. Il met l'accent sur le parler rocailleux de ce pays au peuple têtu, comme sur l'argot des Parisiens qui découvrent la montagne. Les enthousiasmes, les colères, certaines scènes aussi ont quelque chose d'excessif, mais de cet excessif nécessaire au conteur pour souligner par l'écrit ce qu'il aimerait dire de vive voix.

Le Faubourg des Coups-de-Triques (1979)

Alain Gerber

Belfort, Blum et le jazz d'Artie Shaw

Humour tendre et vie quotidienne au temps de la grève sur le tas.

Le Faubourg des Coups-de-Triques, quartier ouvrier de Belfort, Théo, 10 ans, en connaît tous les recoins. Sa famille, des artisans et ouvriers, ont leur avenir dans les filatures ou à l'usine Alsthom. Théo a un grand copain, Gentil, ancien marsouin qui a roulé sa bosse, clarinettiste passionné du jazz «artichaut».

Juin 36, dans ce milieu sans militant, c'est un espoir mesuré. Il y a un climat : «Les gens se sentaient – disons – plus légers... puis Belfort a fait grève... Il fallait que Blum, tout Blum qu'il était, s'enfonce bien ça dans le crâne.»

Par une succession d'histoires aux héros pittoresques, Gerber module l'histoire au quotidien.

L'auteur continue l'histoire du Faubourg dans *Une sorte de bleu* qui se déroule sous l'Occupation ; roman nettement inférieur.

Alain Gerber (1943)
Critique de jazz et écrivain, touche-à-tout, il a imaginé une société précolombienne dans *Le Jade et l'Obsidienne.*

Édition
Le Livre de poche, 374 p.

La Grande Vie (1981)

Roger Bordier

Un roman poétique et populaire

De 1934 à 1936, la montée des espoirs dans un monde menaçant.

Au cœur d'une famille populaire vit un enfant de l'âge qu'avait alors l'auteur. On y rencontre Antoine et Louis, deux syndicalistes rivaux, une fille mariée à un bourgeois, Thomas le cheminot et Bob-Tonton qui tient un bar dans le quartier des Halles à Paris. Cette famille a ses racines en bord de Loire et entretient avec amour une ancestrale tradition républicaine.

Les événements nationaux et internationaux vont y résonner fortement. En France, les ouvriers se mobilisent, se sentent de plus en plus dans leur bon droit. C'est le mérite du livre de faire sentir ce que peut être une période de radicalisation sociale où, soudain, beaucoup, sinon tout, paraît possible. D'autant plus dur est l'épilogue : «La guerre nous a tout pris», vont dire plus tard les anciens. Le langage poétique – et parfois déroutant – de Roger Bordier chante l'idéal social et la nostalgie des luttes mythiques de la gauche française.

Roger Bordier (1923)
Écrivain attaché au milieu ouvrier. *Les Temps heureux* et *La Belle de mai* évoquent les années 1870-1880, *Vel d'Hiv* le Paris de 1909 à 1959.

Édition
Albin Michel, 550 p.

Le Maître d'école (1983)

Pierre Gamarra

L'humble combat d'un instituteur

Comment être au service de l'école laïque et de la paix ?

Pierre Gamarra (1919)
Écrivain communiste, président du comité de la revue littéraire *Europe*, il a récemment publié *Les Nuits de la Bastille*, quatre intéressants récits autour de la date du 14 juillet 1789.

Édition
Messidor, 231 p.

Simon Sermet, rescapé de la guerre de 14, commence sa carrière dans un petit village de montagne au sud de Toulouse. Puis il se marie et revient enseigner dans son village natal.

L'instituteur est respecté pour son instruction, son dévouement. Il fait office de secrétaire de mairie, dépanne tout un chacun pour les papiers administratifs à remplir. L'auteur sait décrire la vie de village et comment l'instituteur s'y insère.

Si le maire est souvent radical, chaque village a son socialiste, son communiste. Simon, lui, se consacre à son travail mais défend des principes pacifistes : les guerres du Rif, d'Éthiopie, d'Espagne, l'agitation militariste en France et en Allemagne l'indignent. Il espère dans le Front Populaire, croit aux accords de Munich. Le pacifisme intégral est-il une position possible ?

Pierre Gamarra a donné avec *La Femme de Simon* publié dans le même volume, une suite à ce roman, qui se déroule pendant l'Occupation.

Les Derniers Étendards (1967)

Angel Maria de Lera

La guerre d'Espagne en flash-back

Le premier roman pro-républicain paru sous Franco.

Angel Maria de Lera (1912)
Romancier espagnol, il parle, dans *Les Trompettes de la peur*, de ces apprentis toreros inconnus, victimes « de la faim et de la peur ».

Édition
Albin Michel, 363 p.

Avec des personnages d'origine modeste grandis par les événements, tel l'instituteur socialiste Federico ou le maire Cubas, sont vécus les derniers combats du Madrid républicain, aux moments où « seule l'énergie du désespoir » peut sauver la ville. En parallèle, tous les deux chapitres, des retours en arrière retraçant l'évolution de la guerre civile telle que l'ont vécue les protagonistes depuis juillet 36 convergent vers cette ultime phase de la lutte.

Les sympathies républicaines de l'auteur sont claires, mais la leçon essentielle qu'il tire de cette période est : plus jamais cela ! Et il dédie son livre à « toutes les mères espagnoles qui pleurèrent la guerre civile ». C'est sans doute ce qui permit la parution, au temps du franquisme, de ce roman dense qui, comme d'autres ouvrages sur la guerre d'Espagne, suppose connus du lecteur bien des événements.

L'Espoir (1937)

André Malraux

Un roman épique pour défendre une thèse politique

Malraux, aventurier et militant, a écrit à chaud sur la guerre d'Espagne.

Participant dès le début de la guerre civile à la constitution d'une escadrille aérienne montée de bric et de broc au service du gouvernement républicain, Malraux publia *L'Espoir* à son retour en France.

Ce roman, faux reportage, est divisé en quatre sections qui sont autant de saisons de la lutte : l'été incandescent est le temps de l' «illusion lyrique», de la lutte héroïque et désordonnée des milices ouvrières, principalement anarchistes, qui réussissent malgré tout à faire échec au putsch dans de nombreuses régions d'Espagne. Puis, dans un automne brumeux, se met en place l'«exercice de l'apocalypse», la nécessaire et laborieuse constitution d'une armée républicaine pour s'opposer aux efficaces troupes fascistes. Ensuite la guerre s'enlise, sous la neige d'un rude hiver. Le printemps amène une courte victoire, l'espoir de vaincre retrouvé.

Les personnages de Malraux, immergés dans les événements, ont une vue fragmentaire. Mais d'une foule de fragments se dégage une réflexion politique. Dans l'incessant déferlement de phrases porteuses d'actions toujours renouvelées, Malraux place ses arguments qui aboutissent à la conclusion exprimée dès les premières semaines de combat : «L'armée de la révolution est à faire du commencement à la fin... Sinon Franco, lui, fera l'ordre à coups de cimetières. Comment crois-tu qu'ils ont fait, en Russie ?» Des chrétiens comme Guernico, des volontaires étrangers, socialistes comme Darras ou Magnin, des personnages proches de Malraux comme Garcia et Scali rejoignent les communistes dans leur volonté d'organiser une armée classique disciplinée et de voir se dissoudre les milices politiques et syndicales qui ont été jusque-là l'âme de la lutte. Des communistes incarnent cette nécessaire discipline, tel Heinrich à Tolède ou Manuel, devenu chef militaire en quelques semaines.

Cependant, les personnages de Malraux tâtonnent, doutent : «A quoi sert la révolution si elle ne doit pas rendre les hommes meilleurs ?» «Les hommes les plus humains ne font pas la révolution, ils font les bibliothèques et les cimetières.» Certains sont conscients de la dictature exercée par les communistes staliniens dans le camp républicain et refusent, pour vaincre, de renforcer la «servitude politique». Ce à quoi Malraux répond : «La résistance porte en

Un film
L'Espoir, d'abord appelé *Sierra de Teruel*, fut tourné en Catalogne en 1938 puis monté en France après l'entrée de Franco à Barcelone en janvier 1939. C'est le seul film de Malraux.

André Malraux (1901-1976)
Compagnon de route du mouvement communiste avant de devenir résistant gaulliste durant la Seconde Guerre mondiale, on lui doit, entre autres, des romans sur la Révolution chinoise de 1925-1927, *Les Conquérants* et *La Condition humaine* (voir page 228), et, sur le nazisme, *Le Temps du mépris*.

elle-même toutes ses fatalités.» Pour lui, la révolution sociale représentée par les milices doit se soumettre, rentrer dans le moule de la république bourgeoise et de son armée dirigée par les plus efficaces, les communistes liés à Moscou, et cela quelles que soient leurs méthodes. Ce roman d'hommes, cette épopée guerrière est une prise de position urgente, car, en Espagne, «le destin lève son rideau de fumée pour la répétition générale de la prochaine guerre».

Édition
Folio, 593 p.

Hommage à la Catalogne
Reportage irremplaçable de George Orwell (l'auteur de *1984*), il donne un tout autre point de vue : les staliniens, en éliminant à Barcelone anarchistes et membres du POUM portent un coup mortel et à la révolution et à la république.

Et encore...

De nombreux romanciers allemands ont écrit sur leur pays : I. Keun était une jeune fille en Allemagne nazie (*Gilgi*, *Après minuit*). U. Danella a parlé de la *Lame de fond* hitlérienne ; W. Mehring s'est moqué du nationalisme dans *Les Müller, une dynastie allemande*. K. Mann est l'auteur de *Méphisto*. La situation des juifs est au cœur de *Felix Guttmann*, de P. Härtling, ou de *L'Ami retrouvé*, de F. Uhlmann. A. Döblin a écrit le réaliste et passionnant *Novembre 18* (4 tomes).
L'exil intérieur d'un opposant italien est raconté dans *Le Christ s'est arrêté à Eboli*, de C. Levi.
Le Front populaire français est vu de droite dans le caustique *Travelingue* de M. Aymé ; l'itinéraire d'un fasciste est décrit dans *Gilles*, roman autobiographique de Drieu La Rochelle. Marx Dormoy et Roger Salengro ont inspiré *Un homme sur le pavois* de R. et C. Quillot. Les espoirs de 36 se retrouvent dans *La Douceur de vivre* de P. Morelle et *L'Été 36* de B. Poirot-Delpech.
Requiem pour un paysan espagnol, de R.J. Sender, c'est l'Espagne de la chute de la monarchie. M. Aub a écrit ses *Dernières Nouvelles de la guerre d'Espagne* ; sur le même thème, de N. Tejera, *Le Ravin* (guerre civile aux Canaries) ; de E. Hemingway, bien sûr, *Pour qui sonne le glas*. *L'Homme de choc* de J. Peyré est un roman d'action sur l'insurrection des Asturies en 1934. L. Sciascia a écrit une irremplaçable nouvelle, *L'Antimoine*, sur les troupes italiennes aux côtés de Franco. A lire aussi de passionnants passages de *Où tu porteras mon deuil* de D. Lapierre et L. Collins. M. Gallo est l'auteur d'une intéressante saga couvrant cette période : *Le Palais des fêtes* (1920-1939) qui fait suite à *La Baie des Anges* et précède *La Promenade des Anglais* (qui évoque la guerre).
Enfin, une fois n'est pas coutume, pour les fureteurs chez les bouquinistes, quelques «introuvables» intéressants d'auteurs allemands : de A. Sharrer, *Les Sans-patrie* ; de E. Noth, *La Voie barrée* ; de F.C. Weiskopf, *La Tentation* ; de W. Bredel, *L'Épreuve* ; de L. Renn, *Après guerre* ; de A. Zweig, *La Hache de Wandsbek* ; de H. Fallada, *Loup parmi les loups*.

La Seconde Guerre mondiale

«Personne ne pouvait dormir. Quand le matin sera venu, les embarcations d'assaut seront mises à la mer.»

Début de : ***Les Nus et les Morts*,**
Norman Mailer.

Vie et Destin (1980)

Vassili Grossman

L'U.R.S.S. en guerre : bientôt la liberté ?

Stalingrad est au point de contact de deux régimes « identiques ».

Vassili Grossman (1905-1964)
Il commence à écrire des romans bien dans la ligne réaliste-socialiste. Mobilisé en 1941, il est correspondant de guerre. En 1952, il publie la première partie d'une longue fresque sur la guerre, *Pour une juste cause*, officiellement critiquée pour son ton un peu trop libre, puis tombée dans l'oubli. En 1960, la seconde partie, *Vie et Destin*, n'est pas publiée. Pis, l'auteur reçoit la visite de la police politique qui confisque jusqu'au papier carbone. En Occident, c'est cette partie qui fut éditée. A quand l'intégrale ? Dans *Tout passe*, Grossman développe l'idée que dans son pays « les progrès et l'esclavage russes se sont trouvés enchaînés l'un à l'autre ».

Éditions
Seuil, Points roman, 600 p.

Tournant de la guerre, la bataille de Stalingrad fut ressentie comme une revanche par le peuple russe : revanche contre l'Allemagne hitlérienne ; revanche contre la fatalité de l'échec, de la peur, de la soumission. Sous les bombes, les habitants de la ville, les réfugiés qui avaient quitté Moscou, les soldats parlent des drames récents, de la collectivisation forcée, des purges sanglantes. Certains espèrent que, grandi par l'épreuve, le peuple russe trouvera le chemin d'une nouvelle liberté face à l'État. Hélas, « la logique des événements a fait que, au moment où la guerre populaire atteignit son plus haut point pendant la défense de Stalingrad, cette guerre permit à Staline de proclamer ouvertement l'idéologie du nationalisme étatique ».

Le roman s'articule autour de la famille Chapochnikov dont il ne reste que deux sœurs, Lioudmila et Evguenia. Toutes deux ont divorcé dans la tourmente des purges de 1937. Leurs ex-maris sont l'un dans un camp du Goulag, l'autre à la Loubianka, brisé par les tortures. Les nouveaux compagnons des deux sœurs ne sont plus des militants mais des techniciens. Strum, physicien atomiste, fait une découverte capitale mais subit des pressions, parce qu'il est juif. Novikov, colonel de chars, participe à une offensive victorieuse mais risque gros pour avoir différé une attaque de huit minutes pour épargner la vie de ses hommes.

▪ Bourreaux jumeaux

Le récit suit simultanément plusieurs chemins : dans la ville et la Centrale bombardées, sur le front ou dans un camp nazi. Grossman s'attache d'autant mieux à la personnalité de ses personnages qu'ils sont confrontés à deux machines broyeuses des libertés individuelles. Idéalisant en réaction la démocratie occidentale, l'auteur met l'accent sur l'identité de comportement dans les deux camps : on y parle sur le même ton de ceux qui sont au Parti et des autres ; à l'hôpital, l'homme blessé surveille ses paroles car la police politique veille : l'Allemand et le Russe sont habitués à vivre traqués. Staline et Hitler, brièvement mis en scène, sont des dictateurs jumeaux aux méthodes identiques.

Mais, par la bouche d'un de ses personnages, Ikonnikov, l'auteur, écœuré par un système qui étouffe les libertés et écrase les individus soi-disant pour leur bien, dit aussi son espoir en l'homme : « Je ne crois pas au bien, je crois à la bonté. »

Theodor Plievier
Dans son remarquable roman *Stalingrad* – malheureusement épuisé –, il montre la bataille côté allemand et son impact dans le pays.

Le Bal des maudits (1949)

Irwin Shaw

Côté allemand et côté américain

La guerre est sans beauté et sans gloire pour ceux qui la subissent et ceux qui la font.

Le soir du nouvel an 1938 Christian Diestl, moniteur de ski, rencontre une jeune Américaine dans une station du Tyrol atteinte par l'épidémie nazie. Au même moment à New York, Michael Whitacre vient de diriger le plateau d'une pièce de théâtre et se rend à une party. A Santa Monica sur la côte ouest, le jeune juif Noah Ackerman assiste à la mort d'un père qu'il n'aime guère : ces trois hommes qui s'ignorent, la guerre va les emporter et préparer leur rencontre.

Ces personnages ne sont pas des archétypes sommaires : chacun a une histoire, une psychologie nuancée qui n'appartiennent qu'à lui. Ils vont faire la guerre dans la troupe. Ce ne sont pas des héros, même s'ils font parfois des actes héroïques. Christian est le plus antipathique : il traverse la guerre en se salissant les mains quand il en reçoit l'ordre ou en tire avantage. Mais l'armée allemande, c'est aussi quantité de braves types victimes de la guerre moderne tout comme ceux d'en face.

Michael et Noah, des centres d'entraînement au débarquement en Normandie et jusqu'à la libération d'un camp de concentration en Allemagne, suivent chacun un itinéraire varié au sein de l'armée. L'auteur connaît bien les multiples rouages de cette armée américaine qui ballotte les hommes au gré des besoins. Des planques à l'abattoir d'un front mouvant et meurtrier, la traversée de la machine de guerre américaine où sévit souvent l'antisémitisme laisse une impression peu reluisante. Encore celle-ci est-elle, aux dires de l'un des personnages, ce qu'on fait de mieux dans le genre !

▪ « Jeunes lions » ?

En tout cas, il y a loin de la perception de la guerre par les états-majors à celle que l'on a sur place, sur un bateau de débarquement, dans un abri individuel, sous les bombardements, dans la boue et la crasse, et cela quel que soit l'uniforme. C'est la grande force du livre de faire vivre les événements d'en bas et dans deux camps opposés.

Les aperçus sur l'arrière et la vie des populations civiles ne sont pas le moins intéressant, bien que les personnages féminins, femmes légitimes, amantes, vamps ou prostituées soient pour la plupart des stéréotypes à la mode d'Hollywood.

Ce *Bal des maudits* montre la guerre dépouillée de son auréole de gloriole et de noblesse. *Les Jeunes Lions* – titre original du livre – ne sont pas de fiers guerriers, mais des victimes.

Irwin Shaw (1913-1984)
Ayant combattu dans l'armée américaine, il se servit de son expérience pour écrire *Le Bal des maudits*. Un film célèbre réalisé par E. Dmytryk avec, entre autres, Marlon Brando fut tiré du livre. En Poche, signalons aussi *Le Riche et le Pauvre* suivi de *Le Mendiant et le Voleur*, saga familiale dans l'Amérique du XXe siècle.

Édition
Presses Pocket, 2 tomes, 878 p.

L'Empire du soleil (1984)

James Graham Ballard

Où le réel rejoint la science-fiction

Prisonnier des Japonais, un enfant s'adapte à la guerre.

James Graham Ballard (1930)
Emprisonné par les Japonais pendant la guerre au centre de détention de Longhua, il partit ensuite en Angleterre. Il est un prolifique auteur de récits de science-fiction : *Cauchemar à quatre dimensions, La Forêt de cristal, Le Monde englouti, Le Rêveur illimité, Salut l'Amérique !, Crash !*

Édition
Folio, 435 p.

De Pearl Harbor à la bombe atomique sur Nagasaki, Jim se retrouve seul, coupé de ses parents, prisonnier cerné par la guerre, la maladie et la faim qui amoncellent les cadavres autour de lui.

Jim est un exceptionnel témoin : les images qui le frappent forment un puissant raccourci de la guerre et de ses conséquences en Extrême-Orient. Ainsi à la veille de Pearl Harbor ses parents vont à une fête costumée au milieu de l'extrême misère chinoise et des bruits des bottes japonaises : Jim, lui, s'échappe sur l'aérodrome fossile voisin où sont restés les avions et les soldats abattus lors de l'offensive japonaise de 1937. Avions et squelettes en uniforme fascinent cet enfant de onze ans. Jim voit aussi à l'œuvre l'imprévisible brutalité et la cruauté des occupants. Mais comme il n'a nulle haine pour eux et a même de l'admiration pour leurs avions – qu'il reconnaît au premier coup d'œil comme plus tard les avions américains –, Jim les observe et les voit tels qu'ils sont : des soldats souvent jeunes, capables du pire, mais avec lesquels des contacts sont possibles pour obtenir de l'eau, de la nourriture.

Car Jim a tôt compris que l'essentiel, pour le prisonnier qu'il est devenu, est de « regarder en face le présent » et d'avoir la volonté permanente de survivre. Très réaliste, Jim n'en est pas moins riche d'une imagination nourrie... des récits de science-fiction plus tardifs de l'auteur : « Jim, mon alter ego, voit l'existence comme un héros qui aurait lu tous mes livres », déclarait J.G. Ballard au *Magasine littéraire.*

▪ Une grande lueur

Lors de la fin de la guerre, Jim fait preuve d'une grande lucidité. La grande lueur blanche qui soudain éclaire sans bruit le stade où il est prisonnier annonce pour lui la fin de la guerre mais lui fait pressentir le début d'une autre : la bombe atomique de Nagasaki ne peut être messagère de paix. Jim assiste aux attaques des troupes de Tchang Kaï-chek alliées à des gangs et soutenues par les Américains contre les communistes qui ont pourtant combattu les Japonais : Jim voit là « le début de la troisième guerre mondiale », la guerre froide et la guerre civile qui se profilent en Chine.

Jim est lucide car il s'intéresse aux gens autour de lui : Européens, Américains, Japonais ou Chinois, c'est avec le même regard qu'il juge leurs actes, un regard respectueux certes de la force, mais surtout sensible au point de vue de ceux qui, comme lui, en sont victimes.

A l'écran
Meilleur livre 1985 pour le magazine *Lire*, ce roman fut adapté à l'écran par Steven Spielberg.

Le Pont de la rivière Kwaï (1952)

Pierre Boulle

Un divertissement satirique

L'honneur de l'armée, c'est d'aider l'armée adverse.

Prisonnier des Japonais, un régiment anglais est conduit dans la jungle thaïlandaise pour construire un pont, partie essentielle d'une voie ferrée devant permettre à l'armée nippone de bouter les Anglais hors d'Asie. Grâce au colonel anglais Nicholson qui prend l'affaire en main, le soleil brille bientôt sur un superbe pont. Nicholson, héroïque et ridicule à souhait, n'a pas hésité à sacrifier au service de l'ennemi des hommes exténués par le travail. Mais ce faisant, l'officier a réussi ce qui seul compte pour lui : conserver intacts le moral et la hiérarchie du régiment, démontrer aux Japonais – qui viennent pourtant de les vaincre – la supériorité des Occidentaux. Mais les Services secrets anglais ont décidé de faire sauter l'ouvrage...

La satire peut atteindre d'autres hommes, en d'autres pays qui, au nom d'un idéal d'ordre et de l'obéissance militaire, se sont aussi mis au service de leur vainqueur.

Pierre Boulle (1912)
Il participa au scénario du film à l'épilogue différent du livre.
On lui doit aussi : *Le Sacrifice malais* et la *Planète des singes*.

Édition
Presses Pocket, 218 p.

Le Clan du sorgho (1986)

Mo Yan

Un village chinois à l'heure japonaise

Le bref récit de la lutte cruelle et exemplaire des humbles.

En 1938, un détachement japonais arrive dans un village chinois du Nord-Est, oblige les paysans à construire une route, réquisitionne leurs bêtes. Le grand-père Luohan, qui s'y est opposé, est dépecé vivant. Un an plus tard, le père du narrateur alors âgé de 14 ans, Douguan, participe à une embuscade avec d'autres paysans sous les ordres du commandant Yu, un bandit résistant, et tue un général japonais.

La violence de la guerre souille de sang les champs de sorgho, symbole de vie et de paix. Elle fait irruption dans la vie des villageois, dans celle de la femme de Luohan qui se souvient de l'époque de leur mariage.

Dans un langage cru et poétique, l'auteur a construit son récit comme une légende familiale où le martyre du grand-père, l'exploit du père, la mort des femmes sont à la fois drame personnel, morceau d'histoire du village et hommage rendu aux sacrifices des paysans chinois dans la lutte anti-japonaise.

Mo Yan (1956)
Né dans une famille de paysans pauvres, il est également l'auteur de *La Mélopée de l'ail paradisiaque*, roman sur une émeute paysanne et sa répression en 1987.

Édition
Actes Sud, 153 p.

Le Chagrin des Belges

Hugo Claus

Une fresque au vitriol de la Flandre occupée

Le regard aigu et sans pitié porté par un jeune Flamand sur un monde adulte et hypocrite.

Hugo Claus (1929)
Peintre du groupe Cobra, poète, dramaturge et romancier, scénariste de théâtre et de cinéma, on lui doit aussi de courts romans où histoire et allégorie se mêlent : *La Chasse aux canards, L'Étonnement, La Honte.*

Écrit sous une forme déroutante et allégorique, chargé d'allusions culturelles, ce roman ne s'en lit pas moins facilement, et avec gourmandise une fois la surprise passée.

Il s'agit bien d'une fresque montrant le peuple flamand confronté à la guerre et l'occupation allemande. L'image d'ensemble est nette : les Flamands sont antifrançais et antianglais, anticommunistes et proallemands ; collaboration politique, trafics et combines prospèrent dans la veulerie, la mesquinerie et l'hypocrisie – presque – générales. Cette image sombre est égayée par quelques rares touches claires et surtout la facture volontairement grotesque de l'ensemble. Le narrateur, le jeune Louis Seynaeve, ne cesse de découvrir ce monde d'adultes et semble dire : « On a beau le savoir, ça étonne toujours ! »

▪ Quelle famille !

Ce tableau est fait de l'assemblage d'une foule de portraits de personnages dont les contours se précisent au fil d'un fourmillement d'anecdotes qui constituent le récit : voilà l'école des sœurs, les copains et les nonnes (sœur Ange, sœur Sapristi) ; voilà le collège des jésuites avec en tête le Caillou ; voilà la ville, Walle, alias Courtrai, ses bistrots, ses intellectuels nationalistes alcooliques ; voilà surtout, au centre, la famille, drôle de tribu : Papa imprimeur, pronazi prudent et Parrain gros bonnet encore plus prudent ; Maman côtoie de très très près à son travail des notables nazis ; les nombreux oncles sont autant d'échantillons humains : Mononc'Léon part volontaire pour le travail en Allemagne, Mononc'Florent trafique et, seul de la famille, regarde vers l'Angleterre ; Mononc'Firmin, un brin juif, est la brebis galeuse ; Mononc'Armand est « inspecteur à la Recherche des tabacs dissimulés, submergé de cadeaux par les paysans des environs » ... Chacun a quelque chose à cacher, chacun a son regard en dessous. A l'époque, disons, de la bataille de Stalingrad, on commence à nuancer sa position. Et Louis, au beau milieu ? Il parle avec une fausse naïveté, avec une ironie ricanante, parfois méchante. Il apprend vite : toutes valeurs – amour, religion, patriotisme – se révèlent frelatées. Lui ne répond pas à ce qu'il voit par le désespoir mais se met au diapason : il rentre aux Jeunesses nazies et ment comme un cochon. Son imagination foisonnante et provocante s'en donne à cœur joie.

C'est là qu'intervient l'écriture de l'auteur : au naturalisme le plus direct qui voit les hommes faits de chair, de sang et de préjugés réagir comme animalement succède la vision poétique d'un réel transformé par l'imagination de Louis, l'humour, les jeux de mots, la caricature. Une tendre pitié, un brin d'espoir dans l'homme pointent sous les mots.

▪ La marque du temps

Tableau évoquant la manière de Brueghel, d'Ensor ou de Grosz, le roman est aussi l'illustration de ce que Claus nomme « la marche destructive et constructive du temps ». Ses personnages, et d'abord Louis, portent la marque indélébile de cette période 1939-1947. L'histoire du pays en est comme tachée : si la bataille des Éperons d'or (1302), victoire de la bourgeoisie flamande sur la chevalerie française, fait toujours la fierté des nationalistes flamands, cette période du *Voor Belgiekske nikske*, traduit, pour respecter la rime, par « Pour la Belgique, pas une chique ! », fait, encore aujourd'hui, le chagrin des Belges.

Flamingants
Écrivant en néerlandais – la langue littéraire commune aux Pays-Bas et à la Belgique –, H. Claus fait parler naturellement ses personnages en flamand, néerlandais truffé entre autres de gallicismes : paradoxal, pour ces francophobes de flamingants ! Le traducteur A. van Crugten s'est attaché à en restituer toute l'ironie et s'en explique dans une intéressante préface.

Édition
Folio, 707 p.

Week-end à Zuydcoote (1949)

Robert Merle

La poche de Dunkerque

Deux jours d'une banale horreur en attendant la captivité ou la mort.

Quatre soldats font popote : Alexandre est content pourvu que l'ordre et la propreté règnent dans l'ambulance qui leur sert d'abri et que chacun donne la réplique qu'on attend de lui. Dhéry, obèse à l'esprit apparemment lent, est en fait un débrouillard. Pierson, curé, accepte la guerre avec une résignation souriante. Maillat s'insurge au contraire contre l'absurdité de toutes les guerres.

La région est encerclée par les Allemands. L'armée britannique organise son rembarquement. Maillat tente d'embarquer mais son bateau est aussitôt bombardé et il doit renoncer. Il erre sur la plage et dans la ville, dans ce grouillement humain : soldats anglais et français encerclés, rares civils qui sont restés. L'armée britannique est la seule structure existante. Tout est incertain. Les réactions des hommes sont imprévisibles : comment comprendre Atkins, le copain anglais qui refuse de sauter du bateau en flammes et va mourir carbonisé ? Et Jeanne qui reste dans sa maison, convaincue que sa présence va la sauver des bombes ? Et ses propres réactions, sa peur soudaine puis son héroïsme irréfléchi, et l'habitude qu'on prend à l'horreur ?

Robert Merle (1906)
Voir page 60.
Agent de liaison auprès de l'armée britannique, il était présent à Dunkerque.

Édition
Folio, 244 p.

La mort n'oublie personne (1989)

Didier Daeninckx

La Résistance au quotidien

Toute l'atmosphère du pays minier, pendant les années 40, imprègne cette intrigue historico-policière.

Didier Daeninckx (1949)
Il travailla dans l'imprimerie, puis fut animateur dans la banlieue parisienne, avant de se lancer dans la littérature policière. L'intérêt de ses romans dépasse largement celui des classiques intrigues criminelles. Ainsi, *La Der des ders*, qui se situe à la fin de la guerre de 14.

Mis en quarantaine par ses camarades, un collégien se suicide : il paie encore, vingt ans après la guerre, pour la condamnation pour meurtre qui a frappé son père peu après la Libération. Bien des années plus tard, un de ses anciens camarades voudra en avoir le cœur net, et d'abord comprendre pourquoi le père a été condamné.

Alors, il remontera dans le passé de ce vieil ouvrier du Nord, qui accepte de lui raconter sa vie : l'usine, la guerre, la Résistance à 17 ans avec des opérations de commando, qui sont parfois prétextes à de sordides règlements de comptes, la clandestinité. Puis arrestation et torture par la Gestapo aidée par des miliciens français, déportation du jeune homme, qui, à son retour, connaît quand même un peu de bonheur. Bien peu, car les notables vichystes sont souvent encore là, blanchis et à des postes d'où ils peuvent se venger de la peur qu'ils ont eue à la Libération, et donner cours à leur haine viscérale de tout ce qui touche de près ou de loin le Parti communiste donc les FTP.

Avec pour toile de fond le nord de la France, ses canaux et ses jardins ouvriers, dans la rumeur des luttes des ouvriers et des mineurs, ce livre donne de la Résistance et de l'immédiat après-guerre une image plus véridique que les stéréotypes de l'Histoire officielle. Ses héros sont des gens laborieux, au courage anonyme : ceux qui prennent les risques et ne reçoivent pas de médailles.

Prix
Meurtres pour mémoire a obtenu le prix Vaillant-Couturier et le grand prix de la Littérature policière. Il a été adapté pour la télévision.

Édition
Folio, 190 p.

Meurtres pour mémoire (1984)
Du même auteur, recoupe la même période. 1961 : Un petit prof d'histoire, homme sans histoires, est abattu sur les Grands Boulevards le soir de la manifestation pacifique des Algériens de Paris contre le couvre-feu. 1981 : un étudiant en histoire, son fils, est abattu en sortant de la préfecture de Toulouse où l'avaient mené ses recherches sur le camp de Drancy, ce centre où l'on regroupait les juifs pour les envoyer à Auschwitz.
Le jeune flic chargé d'enquêter sur le meurtre du fils pressent un lien avec celui du père. En remontant cette filière avec lui, nous assistons, grâce à la précision de Daeninckx, à deux des épisodes les moins reluisants de l'histoire de la France moderne : la guerre d'Algérie, et l'Occupation. Intelligent et cultivé, l'inspecteur Cadin mettra à jour le rôle ignoble joué par la police française et les autorités en ces deux occasions, avec la complicité d'une partie de la population et de toute la grande presse.
Un excellent polar, une belle histoire d'amour, et une solide leçon d'histoire.
Folio, 216 p.

La Muraille (1950)

John Hersey

Journal du ghetto de Varsovie

Cette vie quotidienne des emmurés vivants est inspirée de la Chronique *de l'historien Emmanuel Ringelblum, fusillé en 1944.*

Joseph Kessel, qui préface le livre, le considère comme «un des livres du siècle». Ce journal fictif d'un survivant du ghetto, Noach Levinson, commence le 17 novembre 1939 et se termine le 14 mai 1943. Il aurait été retrouvé enterré dans les ruines du ghetto rasé par l'armée allemande.

La Muraille, c'est l'enceinte couronnée de tessons que les nazis firent construire par les habitants eux-mêmes tout autour du ghetto après y avoir regroupé tous les juifs de Varsovie. Hersey décrit cette société de près de 500 000 personnes qui doivent continuer à vivre ainsi emprisonnées sous la férule nazie. Une administration, le Judenrat, gère le ghetto, se faisant souvent l'auxiliaire des nazis avec une police juive qui opère elle-même des rafles. Les conditions de vie sont extrêmement difficiles : le typhus menace, la faim abat les plus faibles. A partir de juillet 1942, les nazis vont entreprendre de vider méthodiquement le ghetto et conduire leurs victimes au camp d'extermination de Treblinka. Le 14 septembre 1942, Noach note : «Là où il y a quelque temps un demi-million de juifs s'entassait dans le ghetto, nous ne sommes plus désormais que soixante-dix mille.»

Noach montre ceux qui refusent de voir la vérité en face, malgré les preuves irréfutables. Mais il y a aussi ceux qui, conscients, veulent survivre coûte que coûte et parmi ceux-là, les individualistes et ceux qui s'entraident. Ainsi, plusieurs familles se prêtent la main. Des réseaux de solidarité s'organisent. Durant l'été 42, voyant que la seule alternative est de «mourir en combattant ou mourir comme des moutons à l'abattoir», des groupes de résistance se forment, réussissant à se procurer nourriture et armes à l'extérieur du ghetto. Alors qu'il ne reste plus que quarante mille personnes, en avril 1943, c'est l'insurrection contre la machine d'extermination. Quelques centaines de combattants vont tenir trois semaines contre tanks et bombes. Le journal se termine quand Noach Levinson parvient à s'échapper par les égouts.

Dans ce roman qui suit de très près la réalité historique telle que l'ont rapportée des témoins, J. Hersey réussit à faire pénétrer le lecteur à l'intérieur de la Muraille, à le faire participer à la vie quotidienne dans ce qu'elle a de nécessaire et de futile, à lui faire ressentir l'angoisse, le doute, le désarroi de la population et son asphyxie finale sous le mortel étau qui se resserre ; à lui faire partager enfin le combat désespéré d'une poignée de condamnés à mort.

On lit *La Muraille* le souffle coupé, coupé par l'abjecte violence des oppresseurs et par la force d'âme de ceux qui réussissent à relever la tête.

John Hersey (1914)
Il est né en Chine, où son père était missionnaire : dans le roman *La Vocation*, il évoque l'activité religieuse et sociale d'un évangéliste dans la Chine d'avant Mao. Reporter pendant la guerre, il trouve en Italie l'inspiration d'*Une cloche pour Adano* où un officier américain doit administrer un petit village.

Témoignages
Marek Edelman, ancien dirigeant de l'insurrection, a publié des *Mémoires du ghetto de Varsovie*. Le *Journal* d'Abraham Lewin, mort dans le ghetto, a été également édité. *Au nom de tous les miens*, de Martin Gray, relate le combat d'un homme pour échapper à l'enfer du ghetto et de Treblinka.

Édition
Folio, 2 tomes, 920 p.

Nu parmi les loups (1957)

Bruno Apitz

Les dernières semaines de Buchenwald

Dérobé aux bourreaux, un enfant symbolise l'espoir, et cristallise les capacités de résistance.

Bruno Apitz (1900-1979)
Membre du Parti communiste allemand, arrêté en 1933, il fut emprisonné huit ans à Buchenwald. Libéré en 1945, il s'établit en RDA.

Édition
Messidor/Temps actuels, 309 p.

Buchenwald, près de Weimar en Thuringe, était un camp très peuplé (cinquante mille personnes en 1945). Ouvert en 1937 pour les opposants politiques allemands, toutes les nationalités s'y retrouveront pendant la guerre. C'est un camp où les prisonniers politiques, bien organisés, purent dominer les droits communs et diriger l'administration.

Bruno Apitz relate l'activité de l'organisation communiste clandestine du camp. David Rousset, dans *L'Univers concentrationnaire* écrivait à ce propos : «L'organisation communiste atteint là, sans doute, un degré de perfection et d'efficience unique dans les annales des camps.» Comme *Treblinka*, de J.-F. Steiner, qui décrit l'activité du comité de résistance des juifs de ce camp, *Nu parmi les loups* témoigne de la persistance, dans les pires conditions, du combat pour la dignité humaine.

Bruno Apitz a bâti son roman autour d'un fait véridique : l'arrivée au camp, dans une valise, d'un enfant juif de 3 ans sauvé du ghetto de Varsovie. Des détenus le cachent. L'enfant sait se taire. Les nazis ont vent de sa présence. La sauvegarde de l'enfant et la préparation de l'insurrection vont de pair. L'auteur détaille comment, malgré assassinats, tortures, coups, menaces et injures, les militants qui occupent les points clés de l'administration du camp organisent les planques, les réunions, le vol et les cachettes d'armes.

▪ La tension de l'espoir

C'est que les conditions deviennent moins défavorables en ce printemps 1945. Les détenus réussissent à être informés de l'avance des troupes russes et surtout américaines. Bochow, le principal dirigeant, Kramer, responsable du camp devant les SS, Pipig, qui sera torturé à mort, tous ont commencé l'incertain compte à rebours de leur libération. Les SS les massacreront-ils avant l'arrivée des Américains ? Quand doivent-ils déclencher l'insurrection avec leurs quelques armes, au risque de sacrifier des centaines, voire des milliers d'entre eux ? Apitz fait le portrait idéalisé de militants exemplaires, humains et conscients de leurs responsabilités, avant-garde de la masse des détenus d'où nulle figure ne ressort.

Mais l'auteur sait décrire avec simplicité et émotion l'atrocité au quotidien ; il sait crier la vérité, transmettre la tension née de l'espoir ; et l'enfant, échappant toujours aux tortionnaires, passe de main en main comme le témoin de la dignité reconquise.

Le Pont (1958)

Manfred Gregor

Les lycéens-soldats de la Wehrmacht

Dans l'Allemagne envahie, un jeu guerrier qui tourne au massacre.

1er mai 1945 : dans cette petite ville allemande, le pont est un bien faible obstacle à l'avance des troupes américaines. Mais le général, si sa fonction a encore un sens, se doit de tenter quelque chose, bien que, dans l'état de déliquescence de l'armée allemande, toute opposition ne soit que l'occasion d'une dérisoire tuerie de plus. Le général a bien un petit pincement au cœur en envoyant de jeunes soldats au massacre, mais il balaie rapidement ces scrupules de son cerveau d'un coup « d'essuie-glace ».

C'est ainsi que sept lycéens de 16 ans, enrégimentés depuis peu à la caserne de leur ville, reçoivent pour mission de défendre coûte que coûte le pont qui est à côté de chez eux. Pour cela, il n'y a vite plus personne avec eux ; ils ont vu refluer sur le pont une foule hagarde de soldats allemands leur criant : « Débinez-vous ! Qu'est-ce que vous attendez ? » Les sous-officiers désignés pour les commander ont suivi ce conseil, comme tous les vieux rappelés à leur côté et qui n'ont aucune envie de jouer aux petits soldats sacrifiés. Aussi les sept garçons vont-ils devoir inventer seuls une façon de se battre.

C'est une bande de jeunes. Dans leur tête, les mythes patriotiques héroïques, les jeux guerriers, la bravade devant les copains jouent leur rôle. Ils suivent celui qui domine leur groupe et qui organise avec ingéniosité, comme une embuscade d'Indiens, la défense du pont. Leurs méthodes peu orthodoxes surprendront le premier détachement américain apparaissant à l'entrée du pont.

▪ La mort

Évoquant un épisode réel de la fin de la Seconde Guerre mondiale, Manfred Gregor met surtout en scène, sur ce pont où tout se joue, la rencontre des sept jeunes avec la mort. C'est pour eux une découverte d'abord étonnante puis atroce. Le premier d'entre eux tombe : « Bernhard, bon Dieu petit ! Dis quelque chose, remue-toi, fais quelque chose Bernhard ! » hurle son camarade Horber incrédule. « Est-ce ou non terrible de mourir ? » se demandent-ils dans un moment d'accalmie. Soudain, ils prennent conscience qu'eux-mêmes donnent la mort : après avoir fait sauter un char, Forst réalise qu'il « y a des hommes dans ces chars, bon sang, des hommes comme moi ! ». L'auteur transmet le choc ressenti par ces jeunes, eux qui jusque-là n'ont perçu la guerre que de loin, vivant presque normalement leurs années d'adolescence.

Le roman est ponctué de courts rappels de la vie de ces garçons et de leur entourage, éclairages brefs et violents de la société allemande sous le nazisme, écrits comme autant d'étranges épitaphes criantes de vérité.

Manfred Gregor (1929)

Le Pont, inspiré par l'expérience de l'auteur – il fut incorporé à la Wehrmacht à 16 ans en 1945 – est aussi le titre d'un film de Bernhard Wicki sorti en 1959. On doit à M. Gregor d'autres romans : *Ville sans pitié* est l'autopsie d'un jugement de GI's coupables d'un viol ; *La Rue* a pour thème la délinquance des jeunes.

Édition

Le Livre de poche, 252 p.

La Storia (1974)

Elsa Morante

L'histoire des innocents broyés par l'Histoire

D'inoubliables portraits incarnent les populations livrées au fascisme et à la guerre.

Elsa Morante (1912-1985)
Sa jeunesse est mêlée aux événements de la guerre (elle vit un an avec des réfugiés). Dès 1941, elle commence à écrire des nouvelles. Ses romans *Mensonge et Sortilège* et *L'Ile d'Arturo* reçoivent l'un le Prix Viareggio, l'autre le Prix Strega, les principales distinctions littéraires italiennes. Elle écrit aussi des poèmes

La Storia de Morante, c'est l'autre Histoire, sans faits d'armes ni médailles, celle qui brise le destin des individus de chair et de sang. Ainsi, Ida, petite institutrice inoffensive, n'ose pas se défendre lorsqu'elle est agressée par un soldat allemand : c'est qu'elle est marquée par son ascendance juive, qu'elle réussira d'ailleurs à tenir secrète jusqu'à la fin de la guerre. Nous sommes à Rome, en 1941.

Né du viol, le petit Useppe ne demande qu'à vivre, malgré la sous-alimentation, les bombardements, et surtout la découverte traumatisante de la cruauté des hommes. Nino, le fils aîné d'Ida, qui a encore plus faim d'action que de pain, passe des Jeunesses fascistes à la résistance communiste, puis à la contrebande. Il y a encore la tribu des Mille, famille napolitaine qui survit par la solidarité et les trafics. Il y a la vieille Vilma, qui passe pour une folle quand elle tente, quelques jours avant la rafle finale, de prévenir les habitants du ghetto du nouveau massacre des Innocents. Il y a Giuseppe Secondo, vieux communiste qui trouvera une nouvelle jeunesse en se joignant au maquis…

▪ Histoire politique

Chaque partie du livre, se déroulant pendant une année de guerre, est précédée d'une rétrospective d'une page ou deux des événements internationaux. Le style y est apparemment sec comme dans les dépêches de presse, et pourtant il émane de cette simple énumération de faits une brûlante dénonciation du formidable mépris qu'ont les gouvernements, et pas seulement les dictatures, pour les masses humaines, une indignation écœurée devant les progrès techniques qui perfectionnent les moyens de destruction et de torture, une révolte profonde face à toute cette machinerie internationale qui ne change ses rouages que pour mieux écraser les peuples.

▪ Histoire quotidienne

L'amour d'Elsa Morante est infini pour chacun de ses personnages, tous bouleversants, et il s'applique jusqu'aux animaux, qui souffrent avec leur maîtres, les comprennent et les aident à vivre. Elle peint aussi la joie de vivre, surtout en la personne de l'ardent Nino, et dans celle d'Useppe, qui aime tout le monde. Mais le personnage en lequel Morante se projette le plus est sûrement David, le militant anarchiste, qui avant la guerre croyait assez en l'avenir de l'humanité pour aller, lui, jeune bourgeois, militer en usine. Les tortures des nazis, l'extermination de sa famille, le désir de vengeance qui l'a contaminé, ont réduit sa personnalité en cendres, et la fin du roman s'attarde longuement sur l'agonie de David et sa défaite, malgré ses efforts pour se raccrocher à son ancien idéal.

Elsa Morante est pessimiste («et L'Histoire continue», conclut-elle après un dernier chapitre d'actualités sur les années 50 et 60, riches elles aussi de massacres et d'oppression). Mais c'est là la rançon de sa sensibilité et de son respect de la vie, qui nous valent l'inoubliable témoignage historique qu'est *La Storia*.

A l'écran
Luigi Comencini a porté *La Storia* à l'écran. Claudia Cardinale est une Ida au regard d'animal traqué et Lambert Wilson un tragique David. Le film n'a pas le souffle du roman mais Comencini excelle dans l'art de filmer les enfants : or *La Storia*, c'est d'abord le petit Useppe...

Édition
Folio, 2 tomes, 978 p.

Les Santons brûlés (1975)

Theodor Kallifatidès

Enfants en bande, parents en guerre

Les conflits dans la Grèce d'après-guerre.

Comme *Les Santons du Péloponnèse*, qui décrivait la guerre et l'occupation allemande, *Les Santons brûlés* se déroule dans un village près de Sparte, et Kallifatidès y décrit d'abord le monde des enfants. Ceux-ci sont déjà marqués : par leurs origines sociales bien sûr, et par la guerre, qui leur a souvent pris leur père. Ils se regroupent en bandes que régissent les principes de la société des adultes : le machisme, les rivalités politiques, la violence. Mais il y a aussi de la place pour l'amitié, la tendresse, et même l'amour : celui qui fleurit entre Minos et Reveka, la petite juive qu'a recueillie sa famille. Ce bel amour va s'éteindre quand Reveka sera brisée. Comme la démocratie grecque.

Car ce livre est aussi une histoire politique de la Grèce de 1944 à 1947. Il raconte, vu du village de Jalos, le départ des Allemands, le retour des prisonniers politiques et l'arrivée triomphale des partisans, puis comment ceux-ci déposent les armes, comment les fascistes, armés par les Anglais, font régner la terreur, comment les derniers résistants du village seront des enfants que la guerre a mûris.

Prenant clairement parti, Kallifatidès montre la politique suicidaire du Parti communiste – très populaire par son rôle dans la Résistance – qui livre ses militants désarmés aux fascistes et laisse les plus lucides d'entre eux continuer à se battre seuls. Des silhouettes d'adultes traversent le roman : le vieux père Stélios que tout le village aime, l'instituteur qui, après avoir vécu des années de prison sans se laisser abattre, cède à la lassitude devant la trahison de son parti, la jeune veuve violée qui devient officier dans le maquis ; d'autres encore, admirables ou poignantes, ou bien ignobles et sanglantes.

Un troisième roman, *Les Santons d'Athènes*, raconte, en insistant sur sa vie sexuelle, la fin de l'adolescence de Minos et la vie à Athènes jusqu'en 1950.

Theodor Kallifatidès (1938)
Les romans de Kallifatidès sont traduits... du suédois. En effet, l'auteur a émigré et s'est fixé à Stockholm, tout en restant très lié à son pays d'origine. On lui doit aussi *Un long jour à Athènes*.

Édition
Denoël, 188 p.

La Trêve (1963)

Primo Levi

Après Auschwitz

Au sortir des camps, les prisonniers sont ballottés dans le chaos de l'Europe centrale.

Primo Levi (1919-1987)
Ingénieur chimiste, juif, il fut déporté à 25 ans. Il témoigna de cette époque dans *Si c'est un homme*, (sur Auschwitz) *Maintenant ou jamais* (des juifs résistent en rêvant de la Palestine). Il se suicida.

Édition
Cahiers rouges, Grasset, 246 p.

Publié en tant que roman, ce livre est largement autobiographique. Primo Levi, juif italien, assiste, après un an d'internement à Auschwitz, à l'arrivée de l'Armée rouge en janvier 45. Il ne sera de retour à Turin qu'en octobre. Dans l'intervalle se déroule une sorte d'odyssée chaotique au cours de laquelle des milliers de gens comme lui retrouvent tant bien que mal le contact avec une société désagrégée, on n'ose dire avec la liberté. Car l'Europe centrale, dévastée, affamée, est alors une Babel fourmillant de millions de déportés libérés, d'ex-prisonniers de guerre, de soldats démobilisés et autre réfugiés sous la houlette de l'administration russe, qui se croisent, s'entraident parfois, et trafiquent dans toutes les langues possibles.

Primo Levi parle avec une retenue, une pudeur extraordinaire. Il lui suffit de décrire le comportement de ses compagnons, de raconter l'histoire de personnes qu'il a connues, pour qu'émanent d'un bout à l'autre du livre le sentiment douloureux de la dignité humaine bafouée et un miraculeux amour de la vie.

Et encore...

La guerre commence en France dans *Le Commandant Watrin* de A. Lanoux. La Résistance est exaltée dans *L'Armée des ombres* de J. Kessel. *Au bon beurre* de J. Dutourd, *Mon village à l'heure allemande* de J.-L. Bory, la série de *La Grande Patience* de B. Clavel se déroulent pendant l'Occupation. De B. Clavel toujours, *L'Espagnol* est un poignant cri pacifiste.
Sur la guerre en Italie, ajoutons *Une poignée de mûres* de I. Silone, *Le Sentier des nids d'araignée* de I. Calvino.
Les Jours de notre mort de D. Rousset, *La mort est mon métier* de R. Merle conduisent à une descente dans l'enfer des camps nazis ; de même *Treblinka* de J.-F. Steiner qui, comme *Le Dernier des Justes* de A. Schwarz-Bart, rappelle l'holocauste du peuple juif.
M. Mann a décrit la guerre sur le front russe dans *Aux portes de Moscou*, suivi de *Sur la Vistule* et *La Chute de Berlin*. *J'ai quinze ans et je ne veux pas mourir*, de C. Arnothy, se déroule dans Budapest occupée par les Allemands et assiégée par les Russes. *08/15* de H.-H. Kirst est une intéressante série sur l'Allemagne en guerre.
Les Nus et les Morts de N. Mailer c'est, crûment racontée, la guerre de GI's dans le Pacifique. *Pluie noire* de Masuji Ibuse (voir p. 232), ce sont les retombées de la bombe d'Hiroshima.

Aires géographiques

De la Mer du Nord au temps des drakkars
au Missisipi des bateaux à aubes...

Tapisserie de Bayeux, XIe siècle.
Centre Guillaume-le-Conquérant - Bayeux.

Missisipi
Gravure de Currer, (2ème moitié du XIXe siècle).
Museum of the City of New York.

Europe du Nord

**«Il fut un temps, est-il dit dans les livres,
où la nation islandaise ne possédait
qu'un seul bien qui eût quelque valeur
marchande : c'était une cloche. »**

Début de : ***La Cloche d'Islande,***
Halldor Kiljan Laxness.

La Cloche d'Islande (1946)

Halldor Kiljan Laxness

Une moderne saga de l'Islande au XVIIIᵉ siècle

Le combat du paysan, de la vierge et de l'érudit pour que vive leur terre de misère et d'histoire.

Halldor Kiljan Laxness (1902)
Prix Nobel 1955, « il y a quelque chose de rebutant pour Laxness, amant de la vie et de la liberté, dans l'abnégation d'un certain christianisme », dit Régis Boyer, le grand spécialiste des lettres islandaises, dans son introduction. Rebelle à toutes les chapelles, il est le chantre de la liberté islandaise.
S'il ironise sur l'héroïsme légendaire dans sa *Saga des Fiers-à-Bras*, dans son roman *Station atomique*, il combat dès 1948 la présence militaire américaine sur son île. Dans le roman *Lumière du monde*, la poésie triomphe de toutes les épreuves.

Dans le creuset de la création romanesque fusionnent ici une terre et son peuple, son histoire et sa légende.

▪ Trois destins

Jon Hreggvidsson est un croquant, voleur, et il est accusé de meurtre. Mais a-t-il réellement assassiné le bourreau du roi ? Son procès, toujours repris, devient enjeu politique entre partisans et adversaires des vieilles familles de la noblesse islandaise. Snaefrid, la « vierge claire », « Soleil d'Islande », est une splendide, orgueilleuse et sensible représentante de cette aristocratie. Son amour pour Arnas Arnaeus survit à leur opposition politique. Arnas, grand collecteur des vieux manuscrits historiques éparpillés dans les chaumières d'Islande, est devenu l'infortuné partisan d'une Islande plus douce aux pauvres et plus moderne.

Car l'Islande du XVIIIᵉ siècle où vivent ces personnages est extrêmement pauvre et arriérée : famine et maladies y font des ravages. La population – 50 000 habitants – est à ce point misérable qu'un bout de corde y est un bien précieux : pour en avoir dérobé Jon fut une première fois condamné. La justice est rendue annuellement au « Thing », en un site naturel grandiose, faille volcanique en cette terre d'enfer : on flagelle, on pend, on coupe le cou aux criminels, on précipite les femmes adultères dans la mare aux Noyades.

Colonisés par les Danois, les Islandais sont tenus pour des « voleurs, menteurs, vantards, pouilleux, ivrognes, débauchés ». Le Danemark monopolise le commerce après avoir imposé la religion luthérienne : en 1550, le dernier évêque catholique islandais avait été décapité.

▪ Résistance

Méprisée, ballottée par les événements, la petite et misérable Islande résiste pourtant. Elle résiste comme Jon Hreggvidsson – personnage historique que l'on retrouve dans les annales judiciaires –, insolent croquant, emprisonné, enrôlé de force dans l'armée danoise, près d'être pendu par les Prussiens ou attendant de poser sa tête sur le billot de Thingvellir, et qui, toujours, finit par s'en tirer : le peuple, sordide et sublime, a la peau dure. L'Islande résiste comme Snaefrid, incarnation de la légende du pays, qui s'oppose aux Danois et à l'archiprêtre Sigurd, le déplaisant représentant d'une foi imposée, sévère et ascétique : en se moquant de son « idole aux membres transpercés de clous », elle revendique ses origines païennes face au christianisme luthérien. L'Islande résiste enfin en Arnas Arnaeus, non tant par son action politique que par son œuvre d'archiviste : Laxness s'est inspiré là aussi d'un personnage historique, Arni Magnusson, qui vécut de 1663 à

1730. Dans son introduction, Régis Boyer souligne la ressemblance entre Arnaeus et son modèle : celui-ci «passa sa vie et dépensa sa fortune à recueillir par toute l'île les prestigieux manuscrits d'autrefois... Il profita de l'accession au pouvoir, au Danemark, de souverains plus libéraux pour tenter d'inventorier et d'améliorer la condition de son peuple..., un incendie de Copenhague, en 1728, détruisit une partie de sa collection car il fit preuve d'une inexplicable nonchalance au moment crucial».

Ces trois personnages si différents et qui s'opposent puisent, aux moments critiques, dans les *eddas* et *sagas* leur conviction d'appartenir à un grand peuple. Jon le gueux lui-même répond au mépris d'un colonel danois par ces mots : «Mon ancêtre Gunnar de Hlidarendi faisait douze aunes de haut !»

La Cloche d'Islande, parodiant parfois les sagas, parfois le style baroque du XVIIIe siècle scandinave, ou reprenant un langage populaire truculent et vert, campant des personnages légendaires d'elfes et de géants, ou bien réels de politicien cynique, de religieux ridicule, de rustre aviné, maîtrise le brassage des milieux sociaux et le mélange des genres, et donne une expression moderne à l'épopée de la terre islandaise.

Eddas et sagas
Les premières sont des poèmes héroïques du XIIIe siècle. Les secondes – du nom de la déesse de l'Histoire dans le panthéon nordique – datent des XIIe-XIVe siècles et sont des relations en prose des exploits des héros légendaires. Lire en particulier la *Saga de Njall le Brûlé*.

Édition
Garnier
Flammarion, 510 p.

Les Fiancées de la Saint-Jean (1946)

Vilhelm Moberg

Une tradition à travers les âges

D'Anders Eriksson, vieux violoniste de Suède, à son ancêtre Corne de Bouc, qui inventa la musique.

Les principaux personnages de cet original petit roman sont la nuit du solstice d'été, que l'on fête ici depuis des siècles sur la Colline aux Chênes, et la source qui jaillit là et a le pouvoir de rendre leur virginité aux filles qui l'ont donnée pendant cette nuit.

La source réunit quatre musiciens parmi tous ceux qui ont conduit la danse. Ces quatre hommes, liés par le sang, issus d'époques différentes, font reculer le temps en racontant leurs nuits de la Saint-Jean, aux résonances sentimentales ou paillardes, humoristiques ou tragiques : ainsi, le joueur de lyre, qui, au début du XVIIIe siècle, mourut de la peste ; le joueur de flûte, témoin au XVIe s. de la révolte contre le roi réformateur Gustave Vasa ; et Corne de Bouc, qui ne sut pas sauver sa bien-aimée offerte en sacrifice au dieu de la Fécondité. A eux tous, ils expliquent cette fête et sa tolérance sexuelle, qui survécut longtemps à la cérémonie païenne.

Vilhelm Moberg (1898-1973)
Il a écrit *Les Émigrants* (vers les États-Unis fin XIXe). *A cheval ce soir*, description d'une jacquerie, appelle aussi à résister aux nazis.

Édition
Presses universitaires de Lille, 159 p.

Les Carolins (1898)

Verner von Heidenstam

L'échec de la suprématie suédoise

Où le patriotisme trouve son compte même dans la défaite.

Verner von Heidenstam (1859-1940)
D'un milieu privilégié (il est fils d'un officier du génie), il gardera toujours un style de vie aristocratique. Ses voyages de jeunesse en Italie, Grèce, Orient, inspireront en partie sa poésie, après qu'il eut renoncé à sa première vocation de peintre. Longtemps lié à Strindberg, il se brouille avec lui à partir de 1910 : Strindberg reste solidaire du mouvement ouvrier, alors que Heidenstam évolue à droite. Il reçoit le prix Nobel en 1916, en même temps que le pacifiste Romain Rolland.

Édition
Rombaldi/Prix Nobel, 230 p.

Les Carolins sont les fidèles de Charles XII, dernier roi de Suède. Celui-ci entreprit au début du XVIIIe siècle une tentative de conquête de l'Europe du Nord qui se prolongea jusqu'à la fin de son règne, menant son pays à la ruine. Cette « grande guerre du Nord » forme le cadre du livre, dont chacun des dix-huit chapitres (souvent très courts, et rédigés un peu comme les éléments d'une mosaïque), emmène le lecteur à la suite des armées suédoises sur les champs de bataille (siège de Riga que défendent les Suédois, siège manqué de Poltava, qui marque en 1709 le début de leur recul) ; dans l'entourage du roi (ministres, officiers, avec Mazeppa, chef cosaque allié) ; chez ses ennemis (avec Pierre le Grand, hystérique et décadent, mais souffrant comme Charles XII de la sublime solitude des souverains) ; avec les prisonniers (soldats assignés à résidence en Pologne ou en Ukraine, esclave suédoise achetée pour le sérail du sultan de Turquie) ; parmi le peuple paysan de Suède, qui gronde sous le poids des dépenses de guerre mais reste fidèle, etc.

Si Heidenstam ne cache pas les souffrances provoquées par la guerre (mais sublimées par l'ardeur patriotique de ses personnages), il aime les vertus qu'elle est censée cultiver : fidélité, héroïsme, sens du sacrifice, et les exalte à chaque page. Son Charles XII est un personnage paradoxal : antipathique, presque inhumain, il fascine tous ceux qui l'approchent, et pense qu'il vaut la peine de mourir si « par notre courage et notre bravoure, nous devenons immortels », ce qui lui permet de sacrifier la vie de ses soldats aussi joyeusement qu'il risque la sienne.

D'une écriture originale aux sources d'inspiration multiples (le ton peut être celui de l'épopée, du conte nordique, du conte oriental), Heidenstam a produit là un livre agréable à lire dans sa forme, mais qui, pour le fond, annonce le propagandiste militariste et chauvin qu'il deviendra en 1914.

***Le Cavalier suédois* (1936)**
Dans ce roman de Léo Perutz (voir p. 55), on parle aussi de Charles XII en guerre contre la Pologne, la Saxe et la Russie. Son héros meurt à la bataille de Poltava, la grande défaite de l'armée suédoise en 1709. Mais l'essentiel de l'action se déroule en Silésie, et donne un aperçu du retard de l'Europe centrale : grands domaines agricoles féodaux, techniques primitives, oppression et superstition. Et une intrigue à la Léo Perutz, qui jongle avec l'identité, si ce n'est avec la réalité des personnages, plus de l'humour noir et une bonne dose de fatalisme.
10/18, 274 p.

Le Départ des musiciens (1978)

Per Olov Enquist

Chez les bûcherons de Suède, à la fin du XIXe siècle

Dans ce monde à part, arriéré, aliéné, les idées modernes se fraient un chemin douloureux.

Ce livre raconte la naissance des premières organisations ouvrières dans le nord de la Suède. Le ton est assez étrange, et laisse une impression de malaise dès le premier chapitre qui raconte une tentative d'information politique par un militant socialiste envoyé de Stockholm dans ces régions reculées : ce sont les ouvriers eux-mêmes qui se chargent de le poursuivre et de le molester pour lui interdire de revenir.

▪ Portraits de paysans

Suivent pendant une centaine de pages des anecdotes, des souvenirs, des descriptions qui se rapportent à la famille Markström, ou plus généralement à la vie et la mentalité des habitants du Westerbotten. Et ces pièces de puzzle finissent par esquisser un tableau sensible, vivant, presque attachant : ces paysans-ouvriers saisonniers ignares et brutaux, imbibés d'une religion primaire qui se limite aux sermons apocalyptiques du pasteur et à la lecture de la Bible, aliénés par la morale du patron (on est tenté de dire, du seigneur), sont aussi des gens pleins d'humour, de générosité, de solidarité et de courage.

▪ Première grève

Leur première révolte se fera non pas contre la misère, car la misère, ils ne connaissent que ça depuis des siècles, mais contre le mépris d'un contremaître qui les a traités de paresseux, bref, pour leur dignité. Suivra une grève contre la baisse des salaires à la scierie : les ouvriers du village s'organisent seuls, apprennent à se réunir, à discuter, à voter, à prendre conscience de la dureté du patron.

▪ Pitoyable combattant

Le jeune Nicanor rappelle alors le militant de Stockholm, un drôle de type que l'auteur nous a fait connaître et presque prendre en pitié, avec sa vie privée ratée et sa maladie de la prostate, sa solitude, et ses doutes politiques qui en font un homme usé mais opiniâtre : il répond à l'appel, et Nicanor décide de le suivre dans un voyage de propagande vers un village aussi arriéré que le sien l'était il y a quelques années. Mais c'est lui cette fois qui sera victime de l'ignorance des habitants et des malentendus qu'elle provoque.

Un chemin long et difficile que celui qui permet de sortir de la misère et de l'arriération. Aussi long et douloureux que la mort vieil oncle Aron : celui-ci n'aura jamais compris qu'étant devenu un mouchard, il n'a plus sa place parmi ses compagnons de travail ; mais il voit bien qu'après être devenu un violeur il n'a plus sa place dans le village, ni même dans la vie.

En 1910, la famille de Nicanor prend un autre chemin et émigre aux Amériques. Comme des milliers d'autres Suédois.

Per Olov Enquist (1934)
Fils d'un bûcheron du Nord, homme de gauche, il a écrit un scénario sur la vie de Strindberg, des pièces de théâtre, plusieurs romans : *Le Cinquième Hiver du magnétiseur* parle du médecin Mesmer qui vécut au XVIIIe siècle. *La Cathédrale olympique* relate les jeux Olympiques de Munich et de l'attentat des terroristes palestiniens contre les athlètes israéliens. *L'Extradition des Baltes* expose en détail comment la Suède, pour faire oublier sa propre germanophilie, livra à l'URSS, à la fin de la guerre, cent quarante-six Baltes qui s'étaient réfugiés chez elle après avoir combattu dans l'armée allemande.

Édition
Flammarion, 377 p.

La Chute du roi (1902)

Johannes Vilhem Jensen

Un roman picaresque dans le Danemark du XVIe siècle

Sur fond d'histoire du règne de Christian II, Jensen fait le portrait de ses compatriotes, « race pensive » de « songe-creux ».

Johannes Vilhem Jensen (1873-1950)
Prix Nobel 1944, cet écrivain danois a glorifié dans son œuvre la « race gothique » et le progrès technique : Angleterre et États-Unis, « pays gothiques » à la technique avancée, sont promis à dominer le monde... Exemptes de ces prétentions douteuses, ses *Histoires du Himmerland* parlent des hommes et de la nature de sa province natale.

Édition
Actes Sud, 280 p.

Fils d'un forgeron, Mikkel Thørgersen, étudiant raté et famélique dans le Copenhague du XVIe siècle, devenu homme de guerre, veut se venger de Otte Iversen, petit noble qui coucha avec la femme qu'il aimait, et de ses descendants. Ses chevauchées à travers le Danemark et la Suède, ses navigations dans les détroits le rapprochent toujours davantage du roi Christian. Mercenaire dans ses armées, il devient membre de sa garde personnelle.

Les destins de Mikkel et du roi se croisent au rythme de l'histoire : lors de la campagne de Suède, du couronnement du roi à Stockholm, le 7 novembre 1520 lorsque « les royaumes du Nord volèrent en éclats, comme une pierre surchauffée », lors de l'exécution de quatre-vingts nobles et bourgeois suédois, lors de la grande jacquerie des paysans danois favorables au roi et le massacre de deux mille d'entre eux par les nobles : « La jacquerie fut écrasée avec une telle efficacité que même l'histoire de cette injustice ne put être transmise. Après la bataille, un lourd silence retomba sur le Jutland. » Le frère de Mikkel y perd la vie.

Le roi Christian n'apparaît que par intermittence : dans un sauna de Stockholm où Mikkel apporte une missive ; sur l'embarcation qui, effectuant un désespérant va-et-vient entre Fionie et Jutland, Christian ne sachant quelle côte aborder après sa défaite en Suède ; enfin dans son château d'exil. Jensen ne fait cependant pas le portrait de ce roi brutal et autoritaire, mais montre ses actes.

▪ Une leçon historique

En réunissant à la fin Mikkel et le roi, l'auteur tire une leçon historique de cette période : « Le roi Christian [...] possédé par des ambitions de Titan [...] a donné au Danemark son absence à l'Histoire. Et Mikkel Thøgersen, avec son intraitable fierté et ses rêves impénitents, devint l'ancêtre d'une race pensive, ramifiée à l'infini. Ils finissaient leurs jours, assis ensemble dans une cellule, tous deux fondateurs d'une dynastie de songe-creux. » Jensen, nostalgique d'un Danemark puissant, découvre ici sa conception raciale et psychologique de l'Histoire et s'en prend indirectement aux sceptiques et aux esthètes de son temps.

Mais attachons-nous plutôt aux pas de Mikkel ou au galop de son cheval ; suivons-le dans les rues de Copenhague, chez les gueux et les nobles, au bord de son fjord natal, dans les grands espaces enneigés et goûtons aussi les brèves et étonnantes lueurs fantastiques de ces aventures d'un *picaro* nordique.

Sainte misère (1919)

Frans Emil Sillanpää

Finlande 1860-1918

Le long chemin d'un paysan vers les balles d'un peloton d'exécution.

« Jussi ou Juha ou Janne Toivola [...] était un vieux gueux à l'aspect repoussant. » Ainsi l'auteur présente-t-il le héros dont il conte l'histoire. Né en 1857 dans un milieu de métayers misérables, il est peu gâté par la nature, pas bien beau et pas bien vif d'esprit. Ses conditions de vie ne lui permettent pas d'affermir sa personnalité : son prénom lui-même se déforme au gré des gens qu'il côtoie ; son nom est celui des domaines successifs où il travaille : Nikkilä, Tuorila puis Toivola. Gamin méprisé devenu un orphelin déraciné, adolescent moqué puis homme marié à une pauvre fille, une longue suite de misères constitue sa vie.

Sillanpää montre les conditions de vie des tenanciers à la fin du siècle dernier, auxquels les paysans propriétaires imposaient des corvées et qui ne bénéficièrent nullement de l'essor que connut alors la Finlande. La violence est quotidienne à la ferme et dans les familles, aggravée par l'alcool.

Il n'y a cependant nulle complaisance, nul misérabilisme dans ce tableau. Le roman n'est pas une longue et pesante énumération des malheurs des pauvres dans la campagne finnoise. La vie de Juha et des siens est décrite comme ils la ressentent : ainsi est-elle, ainsi faut-il l'accepter. Les êtres, comme la nature, sont ici soumis à un certain fatalisme biologique.

La force de Sillanpää est bien de réussir à placer le lecteur du point de vue de Juha, à transmettre ses sentiments confus et inexprimés, à deviner les lentes réflexions qui cheminent dans les « cellules de son cerveau ». Juha est fruste, pas particulièrement sympathique sans être un méchant homme. Il a toujours vécu sous les pieds du monde, mais il sait pourtant lire et a des yeux pour voir.

▪ L'Histoire vue d'en bas

C'est à travers son regard que l'on voit se développer le mouvement socialiste : un fils parti à la ville lui écrit et envoie des journaux. La grise fatalité de sa vie est ponctuée de brefs éclairs d'espoir vite éteints. Mais soudain, dans le dernier tiers du roman, vient l'explosion : Sillanpää propulse Juha dans l'Histoire, dans la révolution et la guerre civile de 1918, en « ce moment où l'orage sévissait en Finlande et où l'humanité tentait ardemment de deviner quel était le bonheur qu'elle cherchait avec tant de peine ». La fenêtre qu'il ouvre sur l'Histoire est étroite, sa vision fataliste, mais combien réaliste !

Frans Emil Sillanpää (1888-1964)
Fils d'un journalier finlandais, il reçut le nom de la terre où il habitait : *Sillanpää* signifie « Tête de pont ». Il put faire des études à Tempere puis à Helsinki, s'initiant à la biologie. Il revint se marier à une servante dans son village. Son œuvre est marquée par son attachement à sa terre. Citons *La Vie et le Soleil*, *Silja*, *Des êtres humains dans la nuit d'été*. Prix Nobel 1939.

Édition
Rombaldi/Prix Nobel, 170 p.

L'Été du déserteur (1961)

Veijo Meri

Un récit qui n'a l'air de rien...

La guerre est ressentie comme une fatale absurdité.

Veijo Meri (1928)
Écrivain très connu en Finlande, auteur de biographies, traducteur de Shakespeare et de Villon, on peut aussi lire sa courte et humoristique *Histoire d'une corde.*

Édition
Actes Sud, 179 p.

La Seconde Guerre mondiale en Finlande se déroula en trois phases : attaquée en 1939 par Staline, elle participa en 1941 à l'offensive contre l'URSS en tant qu'alliée de Hitler ; en 1944, les troupes soviétiques pénétrèrent en Finlande. C'est lors de la retraite de l'armée finnoise en 1944 que Veijo Meri a situé l'épisode fictif de ce roman.

Le sergent Lauri Heikki Ojala, abandonné en arrière-garde, erre à la recherche de son unité... et se retrouve chez lui. Il reste le temps de faire les moissons et l'amour puis est rattrapé comme déserteur et ramené à son unité.

Lauri, réputé courageux, n'a pas déserté par peur. Il semble faire la guerre en automate. Aucune passion n'anime d'ailleurs les personnages qui agissent avec routine.

L'absurdité de la guerre apparaît comme un constat ressortant du récit de faits bruts, relatés sans fioritures mais avec pudeur : la traversée d'une rivière bouillonnante, les noyades, les cadavres bombardés, l'écho lointain de la guerre au village, Lauri creusant sa tombe.

Guerre russo-finlandaise : soldats prenant leur repas. Commencée dans le froid de novembre 1939, elle se termine lors de *L'été du déserteur* de 1944.

Ph. © Collection Viollet - Photeb.

Le Rêve et la Roue (1964)

Jens Bjørneboe

Les rêves des hommes et la roue de l'Histoire

Une femme écrivain dans la Norvège atteinte par les révolutions politique et industrielle de l'Europe.

«La religion, la justice et la loi, les coutumes, les idées sur l'existence et les structures sociales, tout avait brûlé et s'était refondu dans cet ardent creuset qu'était devenue l'Europe. Le télégraphe, le chemin de fer, les bateaux à vapeur avaient réduit les distances et permis au feu de se propager à une vitesse effrayante.» Dans la deuxième moitié du XIXe siècle, ce feu atteint la vallée d'Enebackh en Norvège, dans la région de Christiania, la future Oslo.

Holm Jølsen, héritier d'un domaine vieux de trois cents ans, descendant d'un chasseur d'ours et dont le blason est un poing serrant un couteau, rêve de faire avancer la roue de l'Histoire dans sa vallée : il parvient à l'industrialiser malgré les difficultés.

Les nouvelles du monde y arrivent au rythme du bateau à vapeur, symbole de progrès. Holm Jølsen pense que «tous les être humains doivent avoir les mêmes droits». Il est partisan d'une unité politique des pays du Nord.

Dévoreur de revues scientifiques et techniques, attendant impatiemment le chemin de fer, Holm suit les progrès de la médecine. Darwin l'intéresse. Les classes sociales sont-elles aussi le fruit de la sélection naturelle ? Holm, patron dur mais juste avec ses ouvriers, met en place dans la vallée le premier système d'assurance sociale de Norvège ; mais il n'aime pas les socialistes. Dans les familles ouvrières, c'est comme ailleurs une noire misère. Les ouvriers recherchent le rêve dans l'alcool, dans les «Alléluias» poussés en chœur par la secte anabaptiste ou, pour quelques-uns, dans la révolution sociale.

▪ Un choc

Le cadre est en place. Le neuvième enfant de Holm, Ragnhild Jølsen, peut entrer en scène au sein de ce monde en bouleversement. Enfant de la forêt qui commerce avec les forces troubles de la nature, la petite fille va devenir un écrivain romantique. Personnage historique, cet auteur de romans tournés vers le passé, gothiques et réalistes, est angoissé par cette société «où les machines et les roues chassent hors du monde les esprits et la joie de vivre». Bjørneboe rend hommage à sa soif de bonheur, à sa révolte contre une société qui refuse aux femmes «le droit de connaître le désir charnel».

Bjørneboe n'a pas écrit une biographie romancée de Ragnhild Jølsen mais l'histoire d'un choc : celui d'une femme avec son époque de bouleversements et de fractures, un choc d'où jaillit l'exaltante et douloureuse écriture d'une œuvre.

Jens Bjørneboe (1920-1976)
Écrivain norvégien révolté contre toutes les oppressions, préoccupé par la bestialité humaine, il écrivit quatorze romans et des pièces de théâtre dont, traduits en français, *Les Ornitophiles*.

Édition
Plein Chant, 270 p.

Vigdis la Farouche (1909)

Sigrid Undset

La volonté de fer d'une femme viking

Raffinement de mœurs et « vendetta » nordique.

Sigrid Undset (1882-1949)
Écrivain norvégienne, elle traduit les sagas islandaises. Sa conversion au catholicisme en 1925 va marquer son œuvre. Elle prend position contre le nazisme dès 1931 et s'exilera aux États-Unis. Citons parmi ses romans *Kristin Lavransdatter*, qui se déroule au Moyen Age, tout comme *Olaf Audunssoen*. Prix Nobel en 1928.

Édition
Stock, 180 p.

Les vies de Vigdis, farouche et volontaire, vouée à la vengeance, et de Ljot, ombrageux et violent, faisant le malheur de ceux qui l'aiment, sont à l'image de leur peuple et de leur époque : les Vikings aux alentours de l'an mille. Le christianisme alors pénètre lentement en Scandinavie. Mais les Vikings, même baptisés, sont encore des barbares s'enrichissant par les pillages auxquels ils aiment se livrer jusqu'en Angleterre et en France. Ces guerriers savent aussi gérer leurs domaines agricoles au milieu de leurs serfs et de leurs valets, entre deux expéditions militaires... ou commerciales, car ils sont encore de grands marchands.

En Norvège, on peut, comme Vigdis, demander justice au roi Olaf Ier, fraîchement converti. En Islande, au pays de Ljot, les conflits sont exposés à l'Allting, assemblée annuelle du peuple. Mais dans la pratique, c'est la coutume qui donne à chaque clan, famille et alliés, le devoir de venger un mort, ou le droit de se faire payer le prix du sang. Dans une telle société, les femmes peuvent aussi bien connaître l'esclavage que jouer elles-mêmes du poignard, et Vigdis ne s'en fait pas faute !

Axé sur l'histoire tragique d'une femme, ce petit livre fourmille d'allusions à la culture viking : outre leur mode de vie et leur mentalité, connus par les sagas, on y parle aussi de leur goût pour les bijoux ciselés, de l'art des bardes, de l'écriture runique, de l'existence d'un royaume viking en Angleterre.

Et encore...

Outre les sagas, ancêtres du roman historique, auxquelles la collection La Pléiade a consacré un volume, citons : *Pelle le Conquérant* du Danois M. Andersen Nexø, cycle romanesque retraçant la vie d'un militant ouvrier dans le Danemark de la fin du XIXe siècle ; les récits historico-documentaires romancés de Thorkild Hansen sur les explorations et les entreprises coloniales danoises au XVIIIe s. : *La Mort en Arabie*, *Jens Munk*, *La Côte des esclaves*. Malheureusement épuisés, *Ici sous l'étoile polaire* et *Les Gardes rouges de Tempere* de V. Linna évoquent la guerre civile en Finlande en 1918 ; *Soldats inconnus*, du même auteur, relate la vie de combattants de la guerre russo-finlandaise de 1941-1944. Épuisé aussi, *A l'ombre de l'usine*, de T. Pekkanen, histoire ouvrière en Finlande après 1918.
De F. d'Eaubonne, *Moi, Kristine, reine de Suède* est une autobiographie imaginaire d'une souveraine à la vie romanesque.
Enfin, rappelons l'importance de la littérature prolétarienne suédoise étudiée par Philippe Bouquet dans *La Bêche et la Plume* : outre les récits de I. Lo-Johansson (*La Tombe du bœuf*, *Histoire d'un cheval*), citons *Une semaine de péché* de F. Fridell ou *Les Grottes*, de K. Salomonson.

Europe centrale et orientale

«Le 31 octobre 1956, un silence inattendu régnait sur Budapest.»

Début de : ***Les Briques,***
Miklos Batori.

La Maison Thüringer (1927)

Panaït Istrati

La naissance du syndicat des dockers de Braïla

Istrati est sans cesse à la recherche de la bonté et de la justice.

Panaït Istrati (1884-1935)
Né à Braïla, fils d'une blanchisseuse roumaine et d'un contrebandier grec, il est au travail dès 13 ans. Toujours au bord de la misère, car il partage tout ce qu'il a, il mène une vie de vagabond (il visitera les pays de la Méditerranée orientale) et de militant socialiste (il anime la grève des dockers en 1910). Il tente de se suicider lors d'un séjour en France, puis fait la connaissance de Romain Rolland, qui le pousse à écrire. Presque tous ses livres seront rédigés en français, langue qu'il a apprise tout seul. Après un voyage en URSS en 1927, il dénonce la dégénérescence du régime soviétique dans *Vers l'autre flamme*. Il meurt à Bucarest emporté par la tuberculose.

Édition
Folio, 173 p.

C'est le premier d'une série de courts romans retraçant la vie d'Adrien Zograffi, personnage fictif représentant fidèlement la personnalité et les idéaux de l'auteur et qui connaîtra la même vie aventureuse. Dans *La Maison Thüringer* sont présents les deux grands leitmotive qui dirigèrent sa vie : l'affirmation de la générosité humaine, et la lutte sociale qui fait progresser les exploités.

▪ La tendresse...

Cette générosité, Adrien l'a déjà connue parmi les pauvres des quartiers populaires de Braïla, et la retrouve intacte chez les Thüringer, des armateurs allemands chez qui il entre comme domestique. En effet, la jeune maîtresse, Madame Anna, n'a pas oublié ses origines modestes, et son riche mariage, loin de lui monter à la tête, lui permet de venir en aide aux humbles vendeurs et artisans qui se présentent chez elle, non seulement sur le plan matériel, mais surtout sur le plan humain. Les pages qu'écrit Istrati sur l'ambiance dans la cuisine Thüringer sont un hymne à la chaleur humaine, à la solidarité spontanée, à la sincère bonté qui, il l'affirme dans sa préface, pourrait sauver l'homme. Adrien, avec sa sensibilité exaltée et sa morale exigeante, voue bien sûr à Anna un ardent amour platonique.

▪ ... et les combats

Connaissant parfaitement le peuple des débardeurs dont il est, Adrien décrit leur vie, qui fait aux femmes un sort peu enviable, les mécanismes de la misère qui engendre violence et déchéance, et le courage opiniâtre de quelques militants avant l'heure. Le livre se situe dans les toutes premières années du siècle et l'esprit socialiste, c'est-à-dire la confiance des travailleurs dans leur capacité à s'organiser, touche l'Europe orientale. En quelques jours, des événements irréversibles déferlent sur le grand port danubien : les six mille dockers se rassemblent, jettent les bases d'un syndicat, et, menacés par l'arrivée de machines élévatrices, se retrouvent en grève. Ils réclament surtout la suppression des « vatafs », qui s'imposent comme intermédiaires entre armateurs et ouvriers, contrôlent l'embauche, et se servent de ce pouvoir dans les périodes électorales. Les patrons d'Adrien, en bourgeois éclairés, reconnaissent les avantages qu'ils trouveraient à traiter avec des syndicats officiels.

▪ Première défaite

Mais, à la grande surprise d'Adrien, la bourgeoisie n'est pas si homogène, et certains patrons n'hésitent pas à se liguer pour en ruiner d'autres. La maison Thüringer ne s'en remettra pas. Et, malgré un début prometteur d'activité politique, Adrien, que tout déçoit dans sa soif d'absolu et que son instabilité pousse sans cesse en avant, se détourne de la lutte des classes et quitte Braïla.

Les Chardons du Baragan (1928)

Panaït Istrati

Exode et jacquerie

La condition paysanne en Roumanie au début du siècle.

Le Baragan est cette grande plaine où ne poussent que des chardons dont se nourrissent quelques troupeaux. En automne, le vent casse les boules de chardon et les entraîne au loin. De jeunes paysans traversent aussi le Baragan, fuyant la famine. Ainsi vont Mataké, qui vient de perdre sa mère, et son copain Brèche-Dent. Ils sont recueillis par le frère de celui-ci, qui s'indigne de la misère des paysans des Trois-Hameaux : à part quelques riches, tous y sont sous la coupe du boyard qui a accaparé les terres. Mais en 1907, les paysans de Roumanie se soulèvent. Aux Trois-Hameaux, on a le courage de demander des comptes au noble, qui répond à coups de fusil. Les paysans brûlent le château et s'emparent des provisions. La répression sera impitoyable, et les deux garçons s'enfuient, poursuivis par ces chardons que sont les riches et leurs sbires.

L'œuvre d'Istrati
Parmi ses romans : *Kyra Kyralina*, *Oncle Anghel*, *Codine*, *Présentation des haïdoucs*, *Nerrantsoula*...

Édition
Cahiers rouges, Grasset, 207 p.

Mèmed le Mince (1955)

Yachar Kemal

Un conte social transmis par les bardes

Agas, paysans et bandits d'honneur dans la Turquie du XXe *siècle.*

Au temps du Nouveau Gouvernement issu de la Révolution de 1920 dirigée par Ataturk, un jeune paysan d'un village de Cilicie, entre Taurus et Méditerranée, se fait bandit pour s'opposer à l'aga qui possède six villages : c'est un bandit d'honneur, espoir de protection et de revanche pour les paysans. La campagne turque, dans ces années-là, est pauvre et dominée par des seigneurs et de nouveaux riches qui accaparent les deux tiers des récoltes, fouettent les villageois et appellent si nécessaire l'État et ses gendarmes à la rescousse.

Dans *Mèmed le Faucon*, suite de ce roman, le héros aide un village à résister aux violences d'Ali Safa Bey qui use de tous les moyens pour mettre la main sur les meilleures terres.

Yachar Kemal, dans un entretien au *Magazine littéraire* de décembre 1982, pouvait dire de cette belle épopée sociale : « Parmi les trois mille bardes qui vivent encore en Anatolie aujourd'hui, beaucoup chantèrent Mèmed le Mince, et certains le font sans savoir qu'il s'agit d'un livre mais en croyant que c'est un récit de la tradition orale. »

Yachar Kemal (1923)
Barde de sa Cilicie natale écrivain « passerelle entre l'oral et l'écrit », on lui doit *Le Pilier*, *L'herbe qui ne meurt pas*, *La Légende des mille taureaux*, *Meurtre au marché des forgerons* et *Le Roi des éléphants*.

Édition
Folio, 556 p.

La Niche de la honte (1978)

Ismaïl Kadaré

Un conte historique de l'Albanie du XIXe siècle

Où la tête d'un pacha albanais rebelle finit exposée en place publique.

Ismaïl Kadaré
Voir notice page 47.

A l'époque où l'armée de Napoléon parcourait l'Europe, en Albanie le vieux pacha Ali de Tépélène se dressait contre son maître, le sultan turc. La terre albanaise était coutumière du fait : depuis Scanderberg, grand héros national qui, au XVIe siècle, brava victorieusement les envahisseurs turcs, « le pays albanais avait levé la tête trois cents fois en tout ». Cette rébellion d'Ali, la plus importante que l'on ait vue depuis longtemps, était-elle le fait d'un pacha ambitieux et de ses troupes ou de l'ensemble du peuple albanais ?

Autour de faits historiques, la révolte et la répression en Albanie, l'énorme bureaucratie de l'Empire turc et sa politique modulée vis-à-vis des provinces, Kadaré, surtout, raconte une histoire fourmillante d'inventions. Son récit est chronologique, mais l'œil qui voit les événements change : voilà Abdallah, gardien de la « niche de la honte » où l'on expose la tête des dignitaires disgraciés ou des ennemis abattus : la prochaine sera-t-elle celle d'Ali l'Albanais rebelle ou celle d'Hurshid pacha envoyé contre lui pour le vaincre ? Devant la niche, sur la grande place de la capitale turque, des rumeurs bruissent, venues des quatre coins de l'Empire comme du cœur du pouvoir. Voilà maintenant Hurshid attendant énervé qu'on lui apporte la tête d'Ali enfin vaincu et pressentant que ce succès même peut lui coûter la sienne. Et voici Tundj Hata, courrier spécialiste du transport des têtes emballées dans la glace. La veuve d'Ali puis un fonctionnaire envoyé pacifier l'Albanie poursuivent l'histoire.

▪ La mémoire nationale

Kadaré dresse un tableau extraordinaire de la machine étatique et de ses méthodes qui rappellent le *1984* d'Orwell ; le fin du fin de la pacification est (Kadaré *dixit*) le « cra-cra » consistant à effacer une nation de la carte en plusieurs étapes : suppression de l'idée de rébellion, suppression de la culture, de l'art et des coutumes, suppression de la langue et de la mémoire nationale.

Tuer la langue est particulièrement fondamental pour couper les racines de la création artistique, détruire les poèmes, ballades et contes qui font l'âme d'un peuple.

L'âme du peuple albanais ne risque pas de s'éteindre avec Ismaïl Kadaré, moderne conteur nationaliste qui, par ses romans, enrichit la mémoire nationale mais aussi, simplement, la littérature.

Édition
Fayard, 239 p.

Les 40 jours du Musa Dagh (1933)

Franz Werfel

Un épisode du génocide des Arméniens en 1915

Quand les dirigeants de Turquie décidèrent l'anéantissement de l'une de leurs principales minorités nationales.

Sur la côte nord de la Syrie, le Musa Dagh, montagne de Moïse, plonge à pic dans les eaux de la Méditerranée. A ses pieds, des villages arméniens, dont la population connaîtra un destin différent de celui de la quasi-totalité des Arméniens de Turquie : eux refusent de partir en déportation, prennent les armes et se retranchent sur le Musa Dagh dont ils se servent comme d'une forteresse. Pendant quarante jours, ils mettent en échec le gouvernement turc et ses forces armées (par ailleurs occupées sur les fronts de la guerre de 14), et réussissent malgré la famine, l'angoisse, la fièvre typhoïde et la décomposition sociale, à tenir jusqu'à ce qu'un hasard miraculeux vienne les délivrer.

▪ Une culture ancienne

Malgré sa longueur, le roman tient en haleine. Il donne une idée de la situation du peuple arménien, partagé entre l'empire des tsars et l'Empire ottoman où il a pu, jusqu'en 1915, maintenir dans une semi-intégration sa culture, sa langue, ses traditions (famille patriarcale), et en particulier sa religion chrétienne (d'une Église séparée de Rome). De famille juive et d'éducation catholique, Werfel fut toute sa vie préoccupé par la question de la foi en contradiction avec le monde moderne, et il insiste ici beaucoup sur la cohésion de la communauté arménienne grâce à l'autorité morale de ses chefs religieux.

Les personnalités publiques mises en scène sont réelles : Enver et Talaat, les dirigeants turcs qui ordonnèrent le génocide ; Djelal Bey, le *wali* (préfet) d'Alep, qui refusa d'exécuter cet ordre et fut aussitôt révoqué ; le pasteur allemand Johannes Lepsius qui révéla dès 1916 à l'opinion de son pays les circonstances du massacre en un « rapport secret », bientôt saisi du fait de l'alliance de la Turquie avec les empires centraux.

Le personnage clé du livre, Gabriel Bagradian, symbolise l'homme écartelé entre plusieurs cultures, situation de nombre d'Arméniens de la diaspora : officier de l'armée ottomane, Français d'adoption, Arménien d'origine, cet intellectuel, capable de se transformer en stratège et qui organise magistralement la défense sur le Musa Dagh, ne se sent nulle part vraiment accepté. Sa femme, une mondaine irritante et égocentrique, ne représente sans doute que l'idée que Werfel se fait des Parisiennes.

▪ 1 500 000 victimes

La résistance et le sauvetage des villageois du Musa Dagh sont des faits authentiques. Les étapes de ce génocide planifié par les autorités sont décrites telles qu'elles eurent lieu : accusation de complot collectif, hommes séparés des familles sous prétexte de mobilisation,

Franz Werfel (1890-1945)
Convaincu de sa vocation littéraire (il commence à écrire à 14 ans), il refuse la carrière commerciale que lui réserve sa famille. Après ses études à Prague, il va vivre à Leipzig, où il travaille chez un éditeur, puis à Vienne. Il publie des recueils de poésie et des pièces de théâtre. Horrifié par la guerre, il doit rejoindre le front de Galicie de 1915 à 1917. Après l'Anschluss, il fuira en France, à Stockholm et finalement aux États-Unis. Parmi ses romans, *Barbara ou la piété* raconte la vie d'un officier de l'armée autrichienne dans un monde en décadence. *Le Crépuscule d'un monde* rassemble des nouvelles écrites antérieurement, sur fond de nostalgie de l'Autriche impériale. A signaler encore un roman sur Verdi.

femmes et enfants jetés sur les routes du désert pour un prétendu changement de résidence et livrés à la soif, à la faim, à l'épuisement, aux pillards. Les musulmans qui les aidaient risquaient la mort. Qu'est-ce qui décida les dirigeants turcs à se priver, en pleine guerre mondiale, de milliers de soldats qui avaient déjà fait la preuve de leur loyauté, à désorganiser des secteurs entiers de l'économie, à empoisonner des régions entières par la décomposition de dizaines de milliers de cadavres abandonnés le long des routes ? Le propos de Werfel n'est pas d'expliquer, mais de témoigner, et la communauté arménienne des États-Unis exprima sa reconnaissance en assurant le transfert de ses cendres à Vienne, vingt ans après sa mort.

Édition
Le Livre de poche, 924 p.

La Prise du pouvoir (1953)

Czeslaw Milosz

Défaite des Allemands, arrivée des Russes

Par petites touches, un tableau de la Pologne en 1944-1945.

Czeslaw Milosz (1911)
Il se présente lui-même comme « citoyen américain, lituanien de nationalité et poète de langue polonaise ». Plein d'espoir pour la Pologne en 1945, puis déçu, il partit en 51 aux États-Unis. *La Pensée captive* parle de la situation des écrivains polonais entre 1945 et 1953. *Sur les bords de l'Issa* raconte son enfance. *Notre Europe à nous* pose le problème de l'appartenance de la Pologne à l'Occident. Prix Nobel en 1980.

Édition
NRF Gallimard, 288 p.

A la fin de la guerre, la Pologne est un chaos : après des années d'occupation nazie qui l'ont saignée à blanc, les combats du front germano-russe font leurs ravages, en particulier autour de Varsovie. Le départ de l'armée allemande va laisser le pouvoir vacant : c'est alors une course de vitesse entre les différentes forces politiques de Pologne qui se sont affirmées dans la résistance. L'armée du Pays, nationaliste, catholique, antisémite, qui a tenu les maquis et qui obéit au gouvernement en exil à Londres, tente de prendre la tête des événements en décrétant en août 1944 l'insurrection de Varsovie (la première, celle du ghetto, a été écrasée en 1943). Les Russes, qui sont aux abords de la ville, laissent les Allemands la réduire et reprennent leur avance en janvier 1945. Ils soutiennent l'armée populaire des résistants communistes, qu'ils aident à former un gouvernement à Lublin.

Mais celui-ci, pour être obéi, cherche à s'adjoindre des personnalités issues de toutes les couches de la société et de tous les bords, y compris les plus anticommunistes. Ainsi Michel, militant convaincu d'extrême droite, que l'on a vu pendant l'insurrection dans un petit groupe où le hasard l'avait réuni à un jeune ouvrier socialiste, Phoque, à un pacifiste, à un étudiant juif rescapé de l'holocauste : d'abord emprisonné, Michel sera invité à reconnaître l'état de fait et acceptera de collaborer avec un gouvernement à étiquette communiste. Alors que Phoque restera en prison.

Le style adopté par Milosz rend le désordre qui régnait alors en Pologne quasiment palpable. De courtes scènes, presque des photographies, montrent des personnages agir ou dialoguer pendant quelques minutes, sans qu'on les présente toujours explicitement. Au lecteur de comprendre, d'après leurs actes ou leurs paroles, qui ils sont et ce qu'ils veulent.

Cendres et Diamant (1948)

Jerzy Andrzejewski

Où est le diamant ?

Un roman existentiel sur fond de rétablissement de l'appareil d'État polonais en 1945.

Ce livre (au titre s'inspirant d'un poème de Norwid) se déroule dans une petite ville – Ostrowiec – évacuée depuis peu par l'occupant allemand. Des membres d'un groupe terroriste de l'armée de l'Intérieur, nationaliste et anticommuniste, abattent deux ouvriers. Mais les tueurs se sont trompés de cible ; ce ne sont par Podgorski et Szczuka, les responsables communistes locaux, qu'ils ont liquidés. Il va falloir recommencer. Maciek Chelmicki, le jeune exécuteur désigné par son groupe, est partagé entre la fidélité à son organisation et l'envie de tirer un trait sur son passé, d'arrêter de tuer sur ordre. La guerre est finie, il veut vivre, enfin. C'est par bravade qu'il accepte de mener cette mission à son terme. Mais entre-temps, il tombe amoureux et fait fortuitement la connaissance de l'homme qu'il doit assassiner.

▪ Période cruciale

Andrzejewski arrête son regard sur cette période cruciale pour son pays, montre les dévastations, le désarroi d'une jeunesse grandie dans la guerre et qui, la paix revenue, se sent spoliée et se bat parfois pour son propre compte : ainsi se forment des bandes de jeunes armés, qui veulent imiter leurs aînés, mais ne deviennent que de petits criminels.

Szczuka, Maciek ne doutent pas de leur engagement. Mais ils commencent à redouter l'engrenage qui leur désigne toujours un nouvel ennemi. Autre problème moral : celui du procureur Kossecki qui doit d'être sorti vivant d'un camp nazi à sa complicité avec les Allemands dans la persécution de ses codétenus.

Cependant, le nouvel État polonais se forme. Les membres de l'aristocratie acceptent avec condescendance l'union sacrée entre nationalistes et communistes. Les ambitions du maire de la ville, Swiecki, en passe d'être nommé ministre, grandissent. Ce beau monde, assemblé pour un dîner s'entend pour écarter un journaliste, un gêneur. Tous se retrouvent finalement au petit matin à danser au son de la Grande *Polonaise* de Chopin, jouée sur des crincrins désaccordés : ce monde de notables passéistes et d'arrivistes sonne faux. Est-ce pour lui que les Szczuka et les Maciek se sont battus ?

Wajda-Cybulski

Andrzejewski a collaboré étroitement avec Wajda qui tira du roman un beau film chargé de symboles. Plus libéré des entraves de la censure, le film est aussi davantage centré sur la personnalité de Maciek, le jeune terroriste, interprété par un acteur trop tôt disparu, Zgbiniew Cybulski.

Jerzy Andrzejewski (1909-1983)

Pendant la guerre, il fit partie d'un mouvement de résistance littéraire aux nazis. Entré au Parti communiste polonais en 1949, il publia des articles « réalistes-socialistes ». L'évolution politique à l'Est le vit s'écarter ensuite du dogme. Après *Cendres et diamant*, il écrivit une parabole sur l'Espagne de l'Inquisition puis publia *Les Portes du paradis* – une croisade d'enfants vers la Terre sainte – et *Sautant sur les montagnes*, parodie de best-seller à l'occidentale.

Édition

Folio, 400 p.

Les Frères Askhenazi (1937)

Israël Joshua Singer

Une courte fresque, une foule d'événements

Guerres, révolutions industrielle, sociale, nationale : les Juifs de Lodz dans le cyclone.

Israël Joshua Singer (1893-1944)
Né en Pologne, il émigra aux États-Unis en 1934. Frère aîné du prix Nobel Isaac Bashevis, il écrivait comme lui en yiddish. Il est l'auteur d'une dizaine d'œuvres parmi lesquelles *Camarade Nachman*, itinéraire amer d'un jeune juif devenu communiste.

Édition
Stock, 375 p.

Mené chronologiquement, des débuts de la révolution industrielle à l'indépendance de la Pologne après la Première Guerre mondiale, le récit est fait de courts chapitres où les problèmes et les actes des protagonistes sont replacés dans leur contexte historique.

Cette construction simple et soignée, d'une écriture fluide, est d'abord l'histoire de deux frères juifs, faux jumeaux, Simha Meyer et Yakov Bunem, qui grandissent dans un milieu de patrons du textile. Simha devient vite un ambitieux, cynique et sans scrupule, travailleur tenace qui veut devenir le «roi de Lodz», le premier industriel de cette ville vouée au textile. Son frère devient, lui, un aimable jouisseur, chanceux, généreux, courageux et loin d'être un incapable. Leurs mariages et leurs amours permettent de visiter la communauté juive, avec ses pesanteurs religieuses et familiales contre lesquelles beaucoup de jeunes s'insurgent. D'ailleurs, pour faire de bonnes affaires et se donner l'air moderne, Simha ne se fait-il pas appeler Max ?

Cette communauté juive est aussi divisée socialement. Elle compte une majorité de petits artisans qui en restent au métier à main et comptent au boulier. Parmi les jeunes juifs, les idées socialistes commencent à faire leur chemin : Tevyé-y-a-une-justice et Nissan-le-Dépravé; ce dernier fils de rabbin, vont se révéler d'infatigables militants de la cause ouvrière et du socialisme, que la répression ne fera pas plier. Autant dire qu'ils ne sont pas des amis de Max qui exploite sauvagement ses ouvriers. Plus d'une fois la révolte gronde. Elle explosera. Les ouvriers polonais et allemands apprennent à se défendre et s'emparent des idées nouvelles.

▪ Nationalisme et antisémitisme

Lodz est aussi atteinte par la guerre : celle de 1905, qui demande des recrues ; celle de 1914 qui voit l'occupation de la ville par les Allemands. C'est ensuite le déferlement de la Révolution russe, l'écroulement du tsarisme puis des empires centraux, l'indépendance de la Pologne. L'essor des nationalismes dans cette partie de l'Europe nourrit la remontée de l'antisémitisme ; les pogroms poussent de nombreux juifs à l'exil.

Le drame des juifs est présenté ici en liaison avec les crises économiques et politiques : ce qu'ont vécu les frères Ashkenazi et les militants Tevyé et Nissan allait marquer l'histoire de l'Europe et du monde.

Une semaine en juin (1974)

Stefan Heym

Grève à Berlin-Est en 1953

La première grande lutte ouvrière d'après-guerre à l'Est – peu connue à l'Ouest – est vécue, ici, de l'intérieur.

Witte, représentant du syndicat officiel dans une grande entreprise, est estimé de ses collègues de travail. Communiste sincère, profondément attaché à son parti et à ses idées, il souffre de voir le fossé s'agrandir entre le pouvoir et les ouvriers au nom desquels celui-ci prétend gouverner. La décision du gouvernement d'Ulbricht, mis en place par l'URSS, d'augmenter les normes de production alors que les salaires ont diminué, et que l'approvisionnement dans les magasins est plus difficile, déclenche l'explosion. La grève, partie du Bâtiment, s'étend à d'autres secteurs. Aux manifestations répond l'irruption des chars russes. De courts chapitres, datés de jour en jour, à des heures précises, découpent le roman comme un scénario. Les faits et gestes des protagonistes sont ponctués de communiqués du gouvernement, de la radio de l'Ouest ou des troupes russes. Les personnages, bousculés dans leur vie, mènent d'haletants monologues intérieurs pour tenter de mettre de l'ordre dans leurs idées.

Witte est le seul à ne pas être complètement pris de court. Il s'est tout de suite rendu compte que le mécontentement contre les normes risquait de prendre de graves proportions, que la cause profonde en était l'absence de démocratie dans le pays, l'absence de liens solides entre le parti et la classe ouvrière.

L'auteur décrit avec beaucoup de vérité la maturation du mouvement, alimenté par les inconséquences et les erreurs d'analyse du pouvoir qui répond toujours avec un temps de retard aux revendications : quand il cède sur les normes, les ouvriers en sont à réclamer des élections libres.

▪ Un pays meurtri

Ces événements se déroulent dans une Allemagne encore en ruine. Le régime nazi et la guerre sont tout proches : Berlin est toujours en partie détruite, les hommes sont meurtris dans leur chair. Et le pouvoir, avec ses discours stéréotypés sur l'avenir radieux, ne répond pas aux difficultés du présent, profondément ressenties.

Au-delà des circonstances de cette période précise, Stefan Heym pose des problèmes politiques plus larges : les rapports du Parti communiste allemand avec les ouvriers sont ceux de toute bureaucratie, politique ou syndicale, qui se prétend le porte-parole des ouvriers sans se soumettre à leur contrôle. Son personnage principal, Witte, porte un espoir, celui d'un « socialisme épuré, humaniste, libéré des scories staliniennes ».

Stefan Heym (1913)
Exilé en 1933, engagé dans l'armée américaine en 1943, il en est congédié après 1945 pour procommunisme. Il s'installe en RDA en 1952. Écrivain d'abord officiel puis devenu très critique, il ne publia pratiquement plus qu'à l'Ouest. On lui doit *Les Croisés*, *Les Yeux de la raison*. *Une semaine en juin* n'a pu paraître en RDA qu'à la chute de Honecker en 1989.

Édition
La Nuée bleue/
Lattès, 334 p.

Les Briques (1963)

Miklos Batori

Une scène de rue significative.

Budapest 1956 : un ancien policier est, à son tour, traqué.

Miklos Batori (1920)
Écrivain hongrois, il se réfugia en France après 1956 et écrivit notamment, directement en français, *Le Vignoble des saints, Les Va-nu-pieds de Dieu, La vie est un océan.*

Éditions
Laffont/Pavillons, 239 p.

Ce pourrait n'être que l'anecdote d'un règlement de comptes personnel : Elek, jeune insurgé, veut abattre un des policiers auquel il a eu affaire quand, accusé de sabotage contre des stakhanovistes dans son usine, il fut torturé.

Mais cette traque est lourde d'histoire. La dénonciation de la dictature stalinienne en Hongrie constitue une partie intéressante du livre ; le climat dans Budapest insurgée est complexe : à l'activité des militants, catholiques ou sociaux-démocrates, qui réquisitionnent des locaux, à l'enthousiasme de beaucoup de jeunes qui de nouveau respirent, ont confiance en Nagy, le communiste réformateur qui négocie avec les Russes, fait écho la méfiance des plus vieux, convaincus que les chars russes reviendront ; la plupart des habitants de l'immeuble où s'est réfugié le policier, prudents, ne prennent pas position ; le concierge ménage à la fois Elek, embusqué dans la rue, et le policier, emmuré au grenier.

L'auteur a écrit son texte comme un reportage sensible à l'état d'esprit d'une population inquiète.

Et encore...

Sur le XXe siècle, citons pour la Hongrie, *Le Complice*, de G. Konràd (de l'avant-guerre à l'après-56) et, de H. Le Porier, *Les hommes dans la ville* (Les événements de 56).
I.B. Singer est le peintre de la communauté juive polonaise au XIXe siècle (*Le Domaine*, *Le Manoir*) ou dans l'entre-deux-guerres (*La Famille Moskat*).
Le Livre de Milioutine, de D. Popović, est l'intéressant soliloque d'un paysan serbe de la Grande Guerre, à Tito.
Mais si nous avons privilégié l'époque contemporaine, il est aussi des romans historiques se rapportant à des périodes antérieures. Ainsi la trilogie de H. Sienkiewicz : *Par le fer et par le feu* (la Pologne lors du soulèvement cosaque de 1648) ; *Le Déluge* (guerre contre la Suède en 1655) et *Messire Wolodyjowski* (guerre contre les Turcs en 1672).
Migrations, de M. Tsernianski, rappelle la diaspora des Serbes au XVIIIe siècle, attirés par le mirage russe, slave et orthodoxe.
I. Andrisch, prix Nobel 1961, est l'auteur de beaux romans tels que *La Chronique de Travnik*, histoire d'une petite ville bosniaque de 1806 à 1814 au carrefour des influences française, autrichienne, russe et turque, et *Il est un pont sur la Drina*, histoire autour d'un ouvrage depuis sa construction au XVIe siècle.

Russie/URSS

«Sur une place glaciale, décembre 1825 vit disparaître les hommes de 1820 et leur bondissante démarche.»

Début de : ***La Mort du vazir-moukhtar*, Iouri Tynianov.**

La Fille du capitaine (1836)

Alexandre Pouchkine

A la mode de Walter Scott

Une histoire d'amour, mêlée à la révolte de Pougatchev : la beauté d'une écriture sobre et précise.

Alexandre Pouchkine (1799-1837)
Le grand poète et dramaturge, auteur d'*Eugène Onéguine* et de *Boris Godounov*, et de petites tragédies comme *Mozart et Salieri*, *Le Convive de pierre*, fut aussi le premier grand prosateur russe, au style concis, auteur des *Récits de Bielkine*, courts tableaux de la vie russe ou de *La Dame de pique*, histoire de l'obsession d'un joueur. Son premier et court roman historique, *Le Nègre de Pierre le Grand*, évoque son bisaïeul Ibrahim Hannibal, esclave acheté à Constantinople et devenu favori du tsar.

Édition
Presses Pocket, 190 p.

Selon la volonté de son père, Griniov, jeune noble et petit officier, est envoyé à l'armée là où Pougatchev s'est soulevé. Le voilà amoureux de la fille du commandant du fort qu'attaque et prend Pougatchev. Qu'adviendra-t-il de notre héros et de la discrète Maria Ivanovna ? Leurs aventures conduisent le lecteur devant le terrible rebelle entouré d'un état-major peu rassurant.

Pouchkine s'appuie sur une documentation serrée. Historiographe officiel, il avait accès aux archives et avait publié deux ans plus tôt une *Histoire de la révolte de Pougatchev*. Il se rendit sur les lieux des combats, rencontra «de vieilles gens contemporains» du rebelle dont, dit-il, «une femme cosaque de 75 ans qui se souvient de cette époque».

L'intrigue du roman est conçue comme une aventure pleine d'imprévu. Le lecteur perçoit la documentation historique comme partie du récit, tant l'économie de l'écriture de Pouchkine ne lui emprunte que le strict nécessaire : ainsi, dit-il, «je ne décrirai pas le siège d'Orenbourg qui est du domaine de l'Histoire et non d'une chronique de famille».

Pouchkine s'intéresse aux faits et gestes de ses personnages plus qu'à leur psychologie. En cela, il s'est inspiré, il ne s'en cache pas, de Walter Scott. Pouchkine lui emprunte son «héros moyen» qui se trouve fortuitement au cœur d'un conflit historique, sur la route de grands personnages. Tout comme Quentin Durward rencontrait d'abord Louis XI sous les traits d'un marchand, Griniov rencontre Pougatchev en vagabond et son aimée Maria tombe sur une belle promeneuse qui n'est autre que Catherine II. La fin du roman est proche de celle de *Rob Roy* de Scott.

▪ La révolte

S'il n'analyse pas les causes de la révolte de Pougatchev, Pouchkine le montre en vengeur impitoyable de toutes les frustrations des pauvres et fait de ce charismatique Usurpateur, autoproclamé tsar sous le nom de Pierre III, un barbare sanguinaire pourtant capable d'humanité. Pouchkine est loin d'approuver la révolte : «Jeune homme, si mes Mémoires tombent entre tes mains, dit son héros, souviens-toi que les meilleures et les plus solides transformations sont celles qui naissent de l'amélioration des mœurs, sans aucune convulsion violente.» Ce qui n'empêche pas le jeune Griniov, officier fidèle au tsar, de vivre pourtant une étrange complicité avec le rebelle et d'éprouver pour lui une certaine sympathie.

Les Hommes du tsar (1989)

Vladimir Volkoff

Un roman historique au second degré

Après Pouchkine, Alexeï Konstantinovitch Tolstoï et Moussorgski, Volkoff donne son « Boris Godounov ».

« Ce n'est pas tellement l'histoire des Temps des Troubles que l'auteur a voulu mettre en roman, ce sont les œuvres littéraires que certains de ses prédécesseurs russes avaient déjà tirées de cette histoire », explique l'auteur : en particulier le *Boris Godounov* de Pouchkine qui inspira à Moussorgski son opéra et *Le Prince Serebrianny* de A.K. Tolstoï. Il n'est cependant pas besoin de connaître ces œuvres pour goûter ce roman. S'il y reprend des mythes historiques et pastiche des passages de Tolstoï, Volkoff ne perd pas pour autant le fil de la politique des tsars : la mise au pas des boyards, la construction d'une nation et d'un État autocratique.

▪ Tsar et Psar

Le modeste Tartare Boris Godounov devient donc un proche du tsar Ivan. A la mort de celui-ci, les portes du pouvoir lui sont ouvertes, des devins l'en ont assuré. Un autre homme connaît une ascension vertigineuse : Psar, le valet de chiens, méprisé d'entre les méprisés, brutal et sanguinaire par obéissance. Il fait partie des « hommes du tsar » dotés de grands domaines, ces *opritchniks* formant la garde personnelle d'Ivan.

Volkoff a réussi sa galerie de portraits : Ivan le Terrible vieillissant, puant, la barbe effilochée comme une serpillière, n'est plus l'homme politique réaliste, habile et cruel qu'il fut mais un dangereux mégalomane lubrique. Boris l'ambitieux sait composer avec ses scrupules quand le pouvoir est en jeu. Psar, cet homme de main sans pitié, s'éveille à l'humanité grâce à un mariage inespéré.

Massacres, tortures de boyards disgraciés, raid sur Novgorod, guerre contre les Polonais ou les Tartares : la sanglante agitation des hommes, l'Histoire, se déroule sous l'œil courroucé de Dieu. Tous les chemins mènent à l'Église, ses ors et ses icônes sur lesquelles grands et moins grands posent leurs lèvres, devant lesquels tous se prosternent et décrivent d'amples signes de croix, espérant leur salut, malgré leurs actes inhumains et leur commerce avec Satan.

▪ Barbarie

La Russie de 1567 à 1592 était une terre souffrante et hantée par la mort, grosse de violentes transformations. La nation naissait dans le sang, péniblement. La barbarie régnait dans l'Est orthodoxe, dans ce Moscou qu'Ivan voulait la « troisième Rome », à l'heure où l'Occident catholique du pape Grégoire XIII célébrait par un *Te deum*, dans Rome illuminée de feux de joie, la Saint-Barthélemy.

Vladimir Volkoff (1932)
Écrivain français d'origine russe, il est l'auteur d'ouvrages de science-fiction, de pièces de théâtre (*La Tragédie de Yalta*) et de romans : *Le Retournement*, la trilogie des *Maîtres du temps*.

Édition
Le Livre de poche, 507 p.

La Mort du vazir-moukhtar (1928)

Iouri Tynianov

Sur les traces d'un écrivain ambassadeur

Angleterre et Russie rivalisent pour la colonisation de l'Orient.

Iouri Tynianov (1894-1943)
Il étudie les lettres à l'université de Petrograd jusqu'en 1918, est interprète auprès du Komintern quatre années, puis devient professeur de littérature russe et de poétique. Il analyse Dostoïevski, Gogol, Pouchkine. Accusé de « formalisme », il se tourne vers le roman historique. *Le Disgracié* raconte la vie du poète décembriste Kuchelbecker. Spécialiste du langage, Tynianov aurait utilisé les possibilités du roman historique pour parler de la situation politique de son temps.

Édition
Folio, 692 p.

Ce roman raconte les deux dernières années de la vie d'Alexandre Griboïédov, poète, libéral, qui fit aussi une carrière diplomatique en Perse, où il trouva une mort violente.

Quand débute le livre, Griboïédov est en même temps apprécié des cercles littéraires pétersbourgeois (on évoque sa comédie satirique *Du malheur d'avoir trop d'esprit*, interdite mais circulant sous le manteau tel un samizdat), et suspect aux yeux du gouvernement tsariste (il s'est commis avec les Décembristes, dont le complot a été réprimé trois ans auparavant, en 1825). De nombreuses scènes et dialogues décrivent sur un ton grinçant et parfois bouffon les préoccupations superficielles de ce beau monde, hanté de figures restées célèbres comme Pouchkine.

▪ Intérêts économiques

Griboïédov vient de négocier la fin de la guerre contre la Perse, en un traité qui permet à la Russie de dépouiller celle-ci en lui faisant payer un très lourd tribut. Il amène également aux ministres de Nicolas Ier un projet de développement industriel des régions du Caucase. Mais ceux-ci sont préoccupés, non de développer les provinces de l'empire, mais de guerroyer aux frontières, et n'ont mis fin à la guerre de Perse que pour commencer celle de Turquie. Car, en ce début du XIXe siècle, l'heure est au partage du monde entre les puissances européennes... qui veulent le rester. L'Angleterre ayant solidement pris pied en Inde, avance en Asie, et l'alliance ou la sujétion de royaumes tels que la Turquie ou la Perse sont non seulement un enjeu qui permettrait de faire pièce à l'avancée de la puissance rivale, mais aussi un canal commode pour pressurer les peuples orientaux misérables déjà habitués à la férule de leurs souverains.

▪ Exotiques contrastes

Griboïédov est renvoyé en Perse comme ministre plénipotentiaire (vazir-moukhtar), et la deuxième moitié du livre se déroule à Tiflis, Tabriz, Téhéran, faisant découvrir au lecteur les mœurs orientales et de curieux points de rencontre entre les sociétés d'Orient et d'Europe centrale (des militaires russes désertent souvent et se mettent au service du shah ; de jeunes Allemandes préfèrent la vie dans un harem à leur ancienne vie de fille de ferme). Cette partie du livre est plus chaleureuse, on y rencontre des figures sympathiques ou émouvantes (petites filles des harems ; eunuques prisonniers de leur destin, même quand ils sont parvenus au faîte des honneurs). Jusqu'à l'horrible scène où Griboïédov sera lui aussi victime des jeux sanglants des meneurs d'hommes, cette fois les mollahs de Téhéran. Il ne faudra pas quelques semaines pour que son gouvernement passe officiellement l'éponge sur le massacre : diplomatie oblige.

Les Héritiers de l'avenir (1968-1970)

Henri Troyat

Les derniers feux du tsarisme

Qu'est-ce que la liberté, pour un serf, pour un révolutionnaire ?

En trois tomes, *Le Cahier*, *Cent un coups de canon*, *L'Éléphant blanc*, Henri Troyat parcourt à grands pas les soixante dernières années du tsarisme sur les traces d'un jeune noble, Vissarion, et de son serviteur, Klim. Du règne d'Alexandre II (1855-1881), autocrate éclairé, à la veille de la Première Guerre mondiale, tous deux vivent l'abolition du servage, la lente montée des mouvements révolutionnaires, le bagne sibérien, l'exil en France...

Klim est un notre guide : serf sachant écrire, prenant des notes sur un cahier, passionnément attaché à son maître et, d'une autre manière mais tout aussi profondément, à son tsar, il suit Vissarion dans les rangs révolutionnaires. Il l'y suit non par conviction mais par fidélité. La servilité de Klim n'est jamais bassesse. Elle témoigne à la fois de la loyauté du peuple russe et de sa profonde aliénation.

L'auteur s'est appliqué à reconstituer, dans ce récit vif et clair, les temps forts de l'histoire. Dans le deuxième tome, lorsque arrive le décret d'abolition du servage, Klim, séparé de Vissarion, est le valet d'un « arbitre de paix », noble nommé par les autorités pour aplanir les différends entre propriétaires et moujiks : les réactions hostiles des premiers et la méfiance des seconds ne facilitent pas cette tâche. Le décret impérial n'accorde qu'une liberté bien limitée qui parfois aggravera même la condition des paysans. Des nouveaux riches, des koulaks, en profiteront sur le dos des plus pauvres.

▪ Populistes et terroristes

Troyat cherche aussi à montrer les différentes phases du mouvement révolutionnaire : aux nihilistes (mot inventé par Tourgueniev dans *Pères et fils*) succèdent les populistes, les « narodniki » qui cherchent, en côtoyant les paysans dans leur travail, à les organiser en vue d'une action révolutionnaire. Klim est témoin de leur dévouement et de leur échec qui entraîne le retour au terrorisme. Le petit groupe de Vissarion prépare et lance des bombes. Après plusieurs tentatives, une autre organisation, la « Volonté du peuple », finit par assassiner le tsar lui-même.

En prison avec son maître et ses amis pour activités révolutionnaires, Klim attend d'être jugé. Il pleure l'autocrate et redoute avec raison la réaction. La période suivante sera celle de la répression, de l'immobilisme politique du gouvernement dans une Russie où le capitalisme se développe et où les groupes marxistes s'implantent.

Henri Troyat, évitant tout manichéisme, met d'autant mieux le doigt sur les tares du tsarisme et le déchirement de la société dans une période où, pour un temps, l'attachement à la tradition l'emporte encore sur l'impérieuse conscience des bouleversements nécessaires.

Henri Troyat (1911)
Né à Moscou, Lev Tarassov est venu en France en 1920. Prix Goncourt 1938 pour *L'Araigne*, roman d'analyse psychologique, la terre russe est sa meilleure – et généreuse – source d'inspiration. Citons, entres autres, les cycles : *La Lumière des justes* (la Russie des Décembristes), *Tant que la terre durera* (la fin du tsarisme, la Révolution et la guerre civile vues du côté blanc). Ajoutons le pittoresque *Grimbosq* (un architecte français dans le Saint-Pétersbourg de Pierre le Grand). Troyat est l'habile biographe d'Ivan le Terrible, de Catherine II, de Pierre le Grand, d'Alexandre II, « Le tsar libérateur », et des phares de la littérature russe, de Pouchkine à Gorki.

Édition
Flammarion, 3 tomes, 300 p. chacun.

La Mère (1906)

Maxime Gorki

De la résignation à la révolte

Le grand roman du peuple qui va « ébranler le monde » est d'abord un témoignage sur la vie des humbles.

Maxime Gorki (1868-1936)
Pseudonyme d'Alexis Pechkov. Orphelin à 11 ans, il mène une vie d'errance qu'il racontera dans *Ma vie d'enfant*, *En gagnant mon pain*, *Mes universités*. Autodidacte, il commence à écrire à 24 ans et ses romans *Un vagabond*, *Les Trois*, ou les drames *Les Bas-fonds*, *Les Petits-Bourgeois*, le font apprécier. Quand éclate la révolution de 1917, il s'en démarque, parlant d'« instinct sauvage de la populace ». Il quitte la Russie en 1921, pour y revenir en 1928 à l'appel de Staline qui le met à la tête de l'Union des écrivains, en 1934. Mais on ne sait toujours pas s'il mourut de pneumonie ou de la main de la police secrète.

Édition
Messidor, 448 p.

A 40 ans, la mère de Paul est une vieille femme, usée par des années de travail, d'humiliation et de brutalités de la part de son mari, un ouvrier alcoolique comme le sont presque tous les habitants du faubourg. Maintenant qu'elle est veuve et qu'elle n'a plus que son habitude de pleurer et son fils, la mère remarque que celui-ci est de plus en plus différent des jeunes gars de la fabrique : il ne supporte pas la vodka, et passe une partie de ses soirées à lire des livres.

▪ L'espoir

Un jour, Paul lui apprend que ce qu'il veut, c'est « savoir la vérité ». Il faut « apprendre, pour ensuite apprendre aux autres ». Frappée par la conviction de son fils, par les qualités humaines des amis qu'il lui présente, par la grandeur des idéaux qu'elle devine en écoutant leurs discussions, la mère voit s'ouvrir devant elle une nouvelle voie : elle commence à réfléchir, à espérer, elle apprend à s'exprimer et à convaincre à son tour.

▪ L'action

D'abord simplement pour aider ces jeunes qu'elle estime et qu'elle aime, elle commence à participer à leurs activités, transportant sous ses jupes des brochures de propagande. Puis au contact de tous ces gens qu'elle découvre, ouvriers en révolte, intellectuels au service du peuple, paysans qui veulent s'instruire, parfois enfants d'aristocrates en rupture avec leur milieu, au spectacle de leur abnégation brûlante d'espoir et de joie de vivre, la mère est acquise à la certitude qu'un avenir de justice et de fraternité est possible pour toute l'humanité, et qu'elle peut, elle, modeste femme et mère d'ouvrier, contribuer à le réaliser. Le jour où son fils est condamné à la déportation en Sibérie, la mère ne pleure même pas : elle est maintenant de ceux qui continuent la lutte.

Un livre engagé
Lorsqu'il écrivit *La Mère*, Gorki était déjà extrêmement populaire en Russie par ses romans autobiographiques, nouvelles pièces de théâtre. Il s'était lié avec les marxistes et s'était attiré l'hostilité du régime tsariste. Arrêté après la révolution de 1905, qui avait suscité son enthousiasme, libéré à la suite d'une protestation internationale, il gagna l'Amérique, où il eut le temps d'écrire *La Mère*, mais ne fut pas autorisé à rester..., sa compagne n'étant pas son épouse légitime. Le roman parut en Russie deux ans plus tard, sous forme de feuilleton dans une revue.

Ville conquise (1931)

Victor Serge

Défendre la Révolution par la vérité

Une littérature de témoignage et de combat.

A travers une foule de personnages et de belles descriptions de Petrograd, c'est un tableau très réaliste de l'URSS de 1919 : famine, marché noir, pillage à tous les niveaux ; guerre civile, complots, sabotages. Les responsables bolcheviks travaillent jour et nuit dans les anciens palais, avec dans le ventre quelques grammes de pain noir de plus que les autres, pour répartir un ravitaillement sporadique, renforcer des troupes sous-équipées, remettre au travail des ouvriers épuisés mais encore volontaires. Dans ce pays saigné à blanc, isolé, la guerre civile c'est aussi les perquisitions, les arrestations, les exécutions. Pendant que les ouvriers révolutionnaires se battent et tombent au front, d'autres, jouissant d'un pouvoir que le peuple épuisé ne peut contrôler, se structurent en une bureaucratie bientôt toute-puissante et impitoyable.

Le révolutionnaire Victor Serge milite en décrivant les faits et les hommes dans leur réalité, aussi amère soit-elle.

Victor Serge (1890-1947)
Viktor Lvovitch Kibaltchich, d'abord anarchiste, rallia les bolcheviks puis combattit le stalinisme

Édition
Ville conquise, in *Les Révolutionnaires*, Seuil, 148 p.

S'il est minuit dans le siècle (1939)

Victor Serge

Déportés par Staline

Avant Koestler et Soljenitsyne, Serge dénonçait le régime.

C'est au nom d'une révolution qu'il a soutenue que Victor Serge écrit. Il dédie son livre aux révolutionnaires espagnols victimes de la Guépéou, emprisonnés par les franquistes ou poursuivant toujours la lutte.

Ce roman est par moments difficile, car faisant allusion à une foule d'événements politiques.

Déportés, les opposants communistes à Staline luttent pour survivre mais sont aussi préoccupés par la lutte contre le fascisme en Allemagne. Serge mêle les destins individuels de ses personnages, Kostrov, Rodion, Elkine, à l'évolution dramatique de la situation politique : en URSS, la dictature s'est imposée.

L'auteur sait de quoi il parle : ayant rejoint l'opposition de gauche à Staline, il fut arrêté puis déporté en 1933. C'est à l'action d'écrivains tels que Rolland, Gide, Malraux, Alain, qu'il dut sa libération.

Mémoires
Antistalinien, Serge dénonce, dans *L'Affaire Toulaev*, les procès de Moscou. Ses passionnants *Mémoires d'un révolutionnaire* attaquent avec plus de virulence encore le régime.

Édition
Grasset, Cahiers rouges, 256 p.

Le Docteur Jivago (1957)

Boris Pasternak

Passions et Révolution

Oublions Omar Sharif et Julie Christie pour un « tableau historique de la Russie » de la première moitié du XXe siècle où Pasternak exprime « ses véritables pensées ».

Boris Pasternak (1890-1960)
Favorable à la Révolution mais contrarié dans son œuvre par les normes littéraires staliniennes, il se réfugia dans la traduction (de poètes géorgiens, de Keats, Kleist, Petöfi, Verlaine, Shakespeare, Goethe, Schiller). Ce poète (*Ma sœur, la vie*) a laissé d'intéressantes correspondances (avec Olga Freidenberg, des amis géorgiens, R.M. Rilke). C'est d'ailleurs à la mémoire de Rilke qu'il dédia son essai autobiographique *Sauf-Conduit* en 1929.

Enfant en 1905 à Moscou, Iouri Jivago voit de sa fenêtre les derniers combats de la révolution avortée.

Médecin au front lors de la Grande Guerre, il en vit l'atrocité. A l'hôpital arrive La Nouvelle : « Frappant le sol de leurs bâtons et de leurs béquilles, les invalides et les malades qui pouvaient marcher accoururent en boitillant, ils criaient tous à la fois : [...] c'est la Révolution ! » Dans l'armée, chez les officiers, les discussions pour ou contre la continuation de la guerre sont animées. Et chez les hommes de troupes ? « Les paysans, en ce moment, ne s'intéressent qu'à la question de la terre. » Des régiments entiers désertent. Envoyés pour les réprimer, des cosaques fraternisent.

La révolution d'Octobre voit Jivago revenu à Moscou. C'est l'insurrection. Son oncle, philosophe lucide, l'entraîne dans la rue en spectateur : « Vite, Ioura, habille-toi et sortons. Il faut avoir vu ça. C'est ça, l'Histoire. Ça n'arrive qu'une fois dans la vie. » Le nouveau pouvoir bolchevik se met en place, animé par des « hommes d'une volonté de fer, vêtus de vestes de cuir, utilisant toutes les méthodes d'intimidation, armés de revolvers, qui se rasaient peu et dormaient encore moins. »

1918 voit s'étendre la disette, bientôt la famine. La guerre civile ravage le pays. Jivago, prisonnier et médecin de partisans rouges, la vit de près. Le nouveau régime entre dans une nouvelle période : c'est « la prépondérance des forces obscures, des intrus, des faux sympathisants. Les soupçons, la délation, les intrigues, la haine grandissent ». Les paysans souffrent terriblement des massacres et des réquisitions. Pour Jivago, la suite ne sera qu'une longue agonie. Il disparaît à la fin des années 20. Ses amis connaîtront la nuit du stalinisme, le goulag, à nouveau la guerre.

▪ Poète et chrétien

L'histoire grandiose et tragique s'efface derrière la chronique familiale, puis réapparaît soudain et s'impose aux protagonistes. *Le Docteur Jivago* est dès l'abord peuplé de nombreux personnages aux liens enchevêtrés. Mais le roman se focalise vite autour de trois figures : Iouri Jivago, poète acceptant d'abord l'Histoire avec une bonne humeur fataliste, s'y adapte et ne renonce pas facilement à son amour de la vie malgré les souffrances ; Pavel Antipov, instituteur, est devenu inflexible révolutionnaire connu sous le nom de Strelnikov ; Lara, femme de Pavel, amante de Jivago, est pour les deux hommes l'impossible amour. En chacun d'eux, la passion est sublimée par le sens du sacrifice.

La providence pousse les personnages les uns vers les autres, provoque des rencontres inopinées en des lieux magiques, creusets des drames où Pasternak développe ses pensées. « Ce travail sera, écrivait-il dès 1945, l'expression de mes vues sur l'art, l'Évangile, sur la vie de l'homme dans l'Histoire. » Traversé par des événements historiques étonnants, angoissants, incertains, ce roman d'un poète, dominé par une sensibilité chrétienne et un vif sentiment de la nature, se clôt sur des vers apaisés du docteur Jivago.

Le Nobel
Refusé en URSS, *Le Docteur Jivago* parut en Italie en 1957. L'attribution du prix Nobel à Pasternak en 1958 provoqua son exclusion de l'Union des écrivains soviétiques. Menacé d'expulsion d'URSS, il refusa le prix.

Édition
Folio, 696 p.

Cavalerie rouge (1926)

Isaac Babel

Un collage de récits, une épopée lucide

Anachroniques et révolutionnaires, les cavaliers de Boudienny.

Groupant trente-quatre récits se déroulant en 1920 lors de la campagne de la 1re armée de cavalerie soviétique pendant la guerre contre la Pologne de Pilsudsky, *Cavalerie rouge* est né de l'expérience même de l'auteur : il fit partie des troupes de Boudienny et tint alors son journal. Babel parle ici par la bouche du narrateur, Lioutov, intellectuel qui se mêle aux guerriers cosaques, observateur et rapporteur attentif de leurs faits et gestes. Histoires, lettres, proclamations, discours se juxtaposent pour former ce tableau épique.

Car malgré sa forme éclatée, *Cavalerie rouge* tient de l'épopée. Il en a le thème : le passage tonitruant des cavaliers annonce la naissance d'un monde nouveau ; les héros ne sont que les éléments d'une collectivité héroïque. Il en a le ton : exploits et massacres des cosaques sont relatés sans émotion ; des métaphores aux violentes couleurs peignent l'aventure surhumaine.

Mais Isaac Babel, mi-horrifié mi-admiratif devant la force primitive des cosaques rouges, garde une distance ironique. L'image crue, le langage grossièrement banal perturbent l'épopée. Il est loin de tracer des portraits exemplaires : méprisant les intellectuels, trucidant leurs prisonniers, fouettant les moujiks, violant les filles, brutalisant les juifs, courant à la mort sans état d'âme, ces guerriers-paysans pleurent à chaudes larmes leur coursier abattu et hurlent terrorisés devant l'impressionnante icône d'une inquiétante église. Qu'était la révolution pour ces hommes ? Et qu'étaient ces hommes pour une révolution aspirant à façonner un homme nouveau ?

Isaac Babel (1894-1941)
D'origine juive, il évoque sa ville natale dans les *Contes d'Odessa*. Favorable à la Révolution en laquelle il voyait une victoire sur l'antisémitisme, mais écrivain indépendant et critique, violemment attaqué puis rentré en grâce vers 1934, par la suite isolé, il fut arrêté en 1939 et disparut deux ans plus tard.

Édition
Seuil/Points, 157 p.

Le réalisme socialiste

En septembre 1934 se tint à Moscou le premier congrès de l'Union des écrivains soviétiques sous la présidence de Gorki, flanqué de Jdanov, Boukharine et Radek. Dans la grande salle ornée des portraits des grands « précurseurs » réalistes, Shakespeare, Balzac, Molière, Gogol, Cervantès, Pouchkine, Heine, les orateurs jetèrent les bases des nouveaux statuts où l'on pouvait lire : « Le réalisme socialiste, méthode de base de la littérature soviétique et de la critique littéraire, exige de l'écrivain sincère une présentation historiquement concrète de la réalité dans son développement révolutionnaire. Ainsi la véracité et l'aspect historiquement concret de la représentation artistique de la réalité doivent s'allier à la tâche d'un changement idéologique et de l'éducation des travailleurs dans l'esprit du socialisme » (cité par R. Robin in *Le Réalisme socialiste*).

Le terme « réalisme socialiste », approuvé par Staline, était apparu dès 1932. Ce dogme s'imposa jusqu'en 1954 (date du deuxième congrès des écrivains soviétiques), et même au-delà.

Nouveaux Tarzan

Le réalisme socialiste bannit vite toute originalité dans l'écriture et le vocabulaire, au nom d'une pureté de la langue. Le roman devint roman à thèse, visant à idéaliser les héros de la révolution, de la guerre civile, de la lutte pour la production. Les titres eux-mêmes évoquent le chantier, l'usine, le métal : *Terres défrichées*, *Et l'acier fut trempé*, *Énergie*, *Hydrocentrale*, *Le Barrage*... Au centre du roman réaliste socialiste, voici le héros positif. Avant la Révolution, écrivait Iouri Tynianov, on publiait *« Tarzan, Le Fils de Tarzan, La Femme de Tarzan, son bœuf et son âne... »*. Le nouveau Tarzan est cet ouvrier ou ce paysan bolchevik qui sort vainqueur du combat contre la jungle capitaliste et ses fauves, dompte la matière. Le héros déchiré et complexe des grands romans réalistes du XIXe siècle est bien loin. L'Homme Nouveau du réalisme socialiste élève sa conscience et triomphe du Mal, comme une banale figure du cinéma hollywoodien.

Dès 1928, la politique littéraire s'était durcie : les partisans d'une « littérature prolétarienne » de propagande menaient l'attaque contre *L'Année nue* de B. Pilniak, roman novateur sur la tragique réalité de l'année 1919, ou *Nous autres* de E. Zamiatine, fiction sur un sombre futur ; le général Boudienny sonnait la charge contre *Cavalerie rouge* de I. Babel, « obscène caricature tout imprégnée d'esprit petit-bourgeois ». L'Union des écrivains de 1934 accueillit dans ses rangs des « compagnons de route » jusqu'ici décriés, mais ce fut pour mieux leur imposer ses normes.

Des romans prorévolutionnaires antérieurs dont ils se réclament – *La Mère*, de Gorki, *Le Ciment*, de Gladkov, *Chapaev*, de Fourmanov, *La Défaite*, de Fadéiev, *Le Torrent de fer*, de Sérafimovitch (ces trois derniers sur la guerre civile) –, les tenants du réalisme socialiste ne retiennent pas le meilleur, et y ajoutent la servilité politique et le mensonge. « Réalistes », les romans vont « inventer des hommes, leurs sentiments et leurs pensées, inventer les appartements où ils habitent, les trains qu'ils prennent » (V. Grossman) ; « socialistes », ils vont grossièrement encenser la politique du régime et son chef : *Terres défrichées* de Cholokhov (1932) commence et finit par un discours de Staline ; dans *Et l'acier fut trempé* d'Ostrovski, autobiographie romancée de l'auteur (1934), il n'y a guère d'hommes dignes de ce nom que bolcheviks.

J.-P. Morel, dans son ouvrage *Le Roman insupportable* écrit : « Une littérature qui part d'un inventaire de cas à "traiter", qui cherche une méthode pour les présenter avec vraisemblance et qui vise à produire, sur un public donné, des effets calculés d'avance, mérite-t-elle encore le nom de littérature ? » Certainement non ! Qu'elle obéisse à la planification bureaucratique... ou aux lois du marché.

Le Ciment (1925)

Fedor Gladkov

Un roman réaliste, critique et socialiste

Industrialisation, militants et bureaucrates.

De retour après trois ans de guerre civile, Gleb, ouvrier communiste, découvre l'usine où il travaillait, un énorme complexe qui produisait ciment et électricité, complètement abandonnée. Ses anciens voisins ont survécu grâce aux trafics, au pillage (de l'usine entre autres), au marché noir. Gleb se fixe alors un objectif : remettre en route la cimenterie. Il parviendra, malgré des obstacles de toute sorte (la famine, les dernières attaques des Blancs), à redonner confiance (et conscience) aux ouvriers, et à passer outre aux bureaucrates qui, déjà, parasitent les postes de direction et paralysent les bonnes volontés.

Tout en rendant hommage aux bolcheviks les plus sincères, Gladkov dresse un tableau sans complaisance de l'URSS des années 20, et évite à son héros un manichéisme caricatural : Gleb ne retrouvera pas le contact avec sa femme, que les responsabilités politiques ont transformée, et connaîtra l'échec de sa vie personnelle.

Fedor Gladkov (1883-1958)
Énergie est une œuvre de commande à la gloire du régime. *Récits de mon enfance*, *Les Libres*, *Le Temps méchant* racontent la vie des paysans et ouvriers avant la Révolution.

Édition
Julliard, 440 p.

Paysans des kholkhozes portant des denrées à la coopérative.

Le roman «réaliste socialiste» dut chanter l'effort productif après la collectivisation forcée.
BDIC (Univ. de Paris), Nanterre

Une journée d'Ivan Denissovitch

Alexandre Soljenitsyne (1962)

Une dénonciation qui fit date

Tchoukhov, paysan russe, lutte pour la survie quotidienne sans horizon dans le Goulag stalinien.

Alexandre Soljenitsyne (1918)
Sa captivité de huit ans, puis son exil forcé marquent son œuvre : *Le Premier Cercle, Une journée..., L'Archipel du Goulag. Août 14* se veut « roman historique sur l'époque de la révolution ». Révolte mais aussi nationalisme, mysticisme, passéisme imprègnent son écriture.

Édition
Presses Pocket, 189 p.

Pourquoi sont-ils dans ce camp tous ces hommes, survivant d'une ration de pain et d'une soupe claire, jetés au mortel mitard sous un quelconque prétexte, travaillant toute la journée par des – 30° C en ce début d'hiver 1951 ? Pendant la guerre, Goptchick, alors gamin, avait porté du lait à des maquisards nationalistes ukrainiens. Tiourine a eu le tort, en 1930, d'être fils de *Koulak*. Le capitaine reçut après la guerre un cadeau d'un amiral anglais avec lequel il avait combattu. Tchoukhov, comme six autres, est un « espion » : capturé par les Allemands, il avait rejoint son unité. Serka, lui, est revenu de Buchenwald.
C'est une journée de Tchoukhov qui est ici racontée dans une langue souvent parlée où la grossièreté, passagère, n'est jamais procédé littéraire ; Tchoukhov, dont on partage les préoccupations nécessairement terre à terre, l'anxiété, la lutte débrouillarde pour la vie. L'œil de Soljenitsyne est fraternellement ironique.
Pour les prisonniers, qui ne croient plus sortir un jour, seul l'instant compte. Des rares plaisirs, il faut extraire toute la substance : « Cette louche [de soupe] est plus précieuse que la liberté, plus précieuse que toute leur vie passée et que toute leur vie à venir. » Travailler, bâtir un mur avec ardeur et compétence, c'est pour Tchoukhov et ses compagnons conserver des valeurs humaines dans cet univers où lui-même ne s'appelle plus que « 854 ».

Et encore...

Sur la période tsariste, n'oublions pas les cosaques Zaporogues du *Tarass Boulba* de N. Gogol. *Le Fou du tsar*, de J. Kross, c'est l'Estonie sous Alexandre Ier. I. Trifonov a fait le portrait des terroristes qui assassinèrent Alexandre II dans *Le Temps de l'impatience*. *L'Homme de Kiev*, de B. Malamud, est victime de l'antisémitisme sous Nicolas II. *La Saga de Youza*, de Y. Baltouchis, est celle de la Lituanie aux XIXe et XXe siècles. *Si loin pour mourir*, de M. Pasquelot, accompagne les marins russes dans la guerre contre le Japon en 1904-1905. *L'Amour de l'électricité*, de V. Axionov, est inspiré de l'activité militante de l'ingénieur bolchevik Krassine.
La révolution est au cœur du *Don Paisible* de M. Cholokhov et de la trilogie kazakh de A. Nourpeissov (*Crépuscule, La Saison des épreuves, Les Cendres de l'été*). M. Boulgakov montre *La Garde blanche* dans la guerre civile. Moscou 1934, c'est *Les Enfants de l'Arbat* de A. Rybakov. Le Moscou des purges en 1937, c'est *La Maison déserte* de L. Tchoukouskaïa. Enfin, dans *On frappe à la porte*, de I. Guerassimov, en 1949, les Moldaves sont déportés par Staline.

Amérique du Nord

«Comme un être qui s'éveille à regret,
le froid brouillard se lève et s'étire
au long des collines, révélant l'immobile
éparpillement d'une armée au repos.»

Début de : ***La Conquête du courage,***
Stephen Crane.

Le Dernier des Mohicans (1826)

James Fenimore Cooper

Voyage aux sources du western

En 1757, Anglais et Français se font la guerre par Indiens interposés.

James Fenimore Cooper (1789-1851)
James Fenimore Cooper mena la vie d'un grand propriétaire terrien conservateur.
C'est la lecture de Walter Scott qui le mit sur la voie de l'écriture. L'histoire de « Bas-de-Cuir » s'échelonne de 1740 à 1806 : *Les Pionniers* y évoquent un village aux premières années de l'indépendance. *La Prairie* voit la vieillesse et la mort du héros, « au-delà du vacarme des établissements civilisés ». Auparavant, avec *L'Espion*, Cooper rappelait la lutte entre patriotes et loyalistes dans la guerre d'Indépendance.

Édition
Folio Junior, 347 p.

Un jeune officier anglais accompagne les deux jeunes et belles filles du commandant Munro qui rejoignent leur père au fort William Henry, menacé par les troupes françaises de Montcalm. Leur guide indien Magua les trahit mais, aidés par deux nobles Mohicans et par le chasseur blanc Bas-de-Cuir, ils parviennent au fort. Hélas le fort est pris ; les Hurons alliés aux Français ne respectent pas les engagements de Montcalm, massacrent, pillent et enlèvent les filles du commandant. Nos héros partent à leur poursuite...

▪ Rousseauiste ?

Roman d'aventures, roman d'amour, roman d'histoire, *Le Dernier des Mohicans* s'inscrit dans la série des « Bas-de-Cuir », depuis *Le Tueur de daims* jusqu'à *La Prairie*. Le héros, appelé ainsi parce qu'il porte des guêtres de peau comme les Indiens des forêts, est dit aussi Œil-de-faucon, Longue carabine ou Natty Bumppo. Pour le créer, Cooper s'est inspiré de la vie de Daniel Boone, colon aventurier du Kentucky et des bords du Missouri. Ce héros, simple, intelligent, loyal, est presque devenu un Indien par sa connaissance de la forêt. Il vit en étroite union avec la belle nature que menace la civilisation. Il sert, dit l'auteur, « de point de communication entre la civilisation et le monde sauvage ». A travers lui, Cooper exprime son idéal romantique d'une vie rude, sa nostalgie de la forêt, métaphore du paradis perdu.

Les accents rousseauistes de Cooper ne doivent pourtant pas tromper : il n'est pas un défenseur des Indiens. Les Hurons et les Iroquois, alliés aux Français, sont présentés comme des sauvages fourbes d'une horrible cruauté. Les deux Mohicans amis de Bas-de-Cuir, Chingachgook et son fils Uncas, sont les meilleurs représentants de leur race, impitoyables guerriers certes, mais loyaux, courageux, sensibles. Ce sont des chefs, des nobles (Cooper ne s'intéresse pas aux peuples indiens eux-mêmes). Pourtant même de ces amis-là, qui lui ont parfois porté secours au péril de leur vie, Bas-de-Cuir tient à se démarquer : il ne manque pas une occasion de rappeler que pas une goutte de sang indien ne coule dans ses veines. Malgré son amour de la vie dans les bois, il est fier de représenter une civilisation qu'il croit supérieure.

Pour Cooper, les Indiens, cette race primitive, font partie du monde d'hier : « Les Blancs sont maîtres de la terre », dit à la fin un Indien. Uncas, dernier des Mohicans, n'a plus qu'à mourir en brave.

L'écrivain reste avant tout le créateur de mythes : celui de la terre américaine, sauvage et belle, où l'homme peut mener une vie libre. Il a créé les personnages mille fois repris dans les *dime-novels* puis dans les westerns de Hollywood.

Des écrivains comme
Dee Brown ont célébré la résistance indienne.
Sitting Bull, chef des Sioux (1834-1890).

Ph. © DITE - Archives Photeb.

Le Nègre de l'Amistad (1989)

Barbara Chase-Riboud

Les derniers temps du commerce triangulaire

En 1842, la Cour suprême des États-Unis reconnaît la qualité d'hommes libres à des esclaves mutinés.

Barbara Chase-Riboud (1939)
Sculpteur, poète et écrivain, elle a encore écrit *La Virginienne* (l'amour fou du président Jefferson pour une esclave noire) et *La Grande Sultane* (au XIXe siècle, une jeune créole va devenir la mère du sultan ottoman Mahmoud II).

Liberia
La solution, préconisée par certains abolitionnistes, du retour des esclaves en Afrique dans le cadre d'une colonie américaine, est à l'origine de l'actuel Liberia.

Édition
Albin Michel, 326 p.

Le sujet du livre est l'odyssée vécue d'un groupe d'Africains kidnappés aux abords de leur village et embarqués sur un navire négrier. Cette fois (et la chose est bien arrivée, plusieurs fois), les prisonniers arrivent à s'emparer du bateau, l'*Amistad*. Mais pour en être maître, il faut savoir le piloter. Sengbe Pieh, leur chef, doit faire confiance à deux Blancs qu'il a épargnés, et qui se gardent bien de ramener le navire vers l'est. Parvenus en Nouvelle-Angleterre après un périple infernal, ceux de l'*Amistad* (en espagnol, amitié !) sont emprisonnés et attendent l'issue du procès que leurs soi-disant propriétaires, des trafiquants espagnols de Cuba, intentent aux États-Unis pour récupérer leur « marchandise ». Un marin noir autrefois délivré de l'esclavage par l'Angleterre leur sert de mentor dans le monde des Blancs.

▪ Vers l'abolition

Car l'Angleterre, qui a été la première à s'enrichir en deux siècles de traite, est devenue en ce début du XVIIIe siècle la championne de la lutte contre l'esclavage. Cette lutte n'est pas seulement une question de principes humanitaires, mais aussi un outil dans sa vieille rivalité contre l'Espagne. Et c'est enfin un moyen de pression contre les États-Unis d'Amérique, cette ex-colonie qui a fait sécession.

Les antiesclavagistes s'appuient sur la Déclaration d'indépendance. Les autres aussi d'ailleurs. L'Amérique est alors passionnée par le violent débat entre esclavagistes et abolitionnistes. Ceux-ci sont souvent de grands bourgeois qui ne fraient pas avec les Noirs, mais sont conscients de la marche de leur siècle ; ou des Noirs affranchis et parvenus à l'aisance. Certains États reconnaissent l'esclavage, d'autres l'ont aboli.

Ce procès regorge de magouilles, de faux témoignages, et autres manœuvres politiques. On apprécie alors l'idée géniale de l'auteur qui a fait démarrer le roman par un procès en pays mendé : oui, les peuples africains, bien avant de connaître les Blancs, avaient des sociétés complexes, avec un droit et des procédures juridiques. Et la justice desdits civilisés paraît d'autant plus grossière et caricaturale, jusqu'au verdict final.

L'abomination du voyage, la terreur des Noirs brutalement transposés dans le monde des Blancs, leur désespoir quand ils se voient coupés de leur pays, la rage froide des plus courageux, tout le contexte de l'esclavage est là. Et le roman expose de plus, sur la base d'authentiques documents historiques, les rapports de force qui amenèrent les pays d'Europe à abandonner enfin la pratique de la traite, après que celle-ci eut changé la face du monde.

Jubilee (1966)

Margaret Walker

Écrit cent ans après la fin de l'esclavage

Cette évocation de la lutte des Noirs pour leur droit à la vie est un émouvant plaidoyer contre la haine.

La guerre de Sécession avait-elle pour enjeu l'abolition de l'esclavage ? Elle va faire naître, chez les Noirs du Sud, d'immenses espoirs.

▪ Maîtres et esclaves

Dans un domaine de Géorgie, Viry est une des esclaves de John Morris Dutton. Il est aussi son père, tandis que sa mère est, comme elle, esclave. Gamine, elle se retrouve vite à trimer du matin au soir dans la cuisine de la Grande Maison sous les ordres de Madame Maîtresse qui la hait. Les esclaves domestiques ont la vie à peine moins dure que les Nègres des champs, toujours menacés par le fouet du régisseur Grimes, petit Blanc hargneux. Entre ces petits Blancs, pour la plupart fermiers crève-la-faim et les esclaves noirs, c'est le mépris et la haine.

Viry va faire la connaissance d'un Noir libre, le forgeron Randall Ware dont elle aura deux enfants. Ils se marient secrètement : le Maître ne veut pas qu'en devenant la femme d'un homme libre, Viry gagne sa liberté. La guerre de Sécession les sépare. Chez les Maîtres, tous meurent accidentellement ou par suite de la guerre. Les Noirs disparaissent. Viry attend encore deux ans après la fin des combats le retour de Randall. En vain. Pour donner un père à ses enfants, elle se marie officiellement et part avec Innis Brown, un Nègre des champs qui l'aime profondément, honnête homme aux mains d'or qui sait tout cultiver et sait bâtir une maison. Viry elle-même est experte pour nourrir et vêtir sa famille. Ils vont tâcher de trouver un petit coin tranquille pour cultiver la terre. Mais, chassés par une inondation, escroqués par un propriétaire blanc, ils voient ensuite leur maison brûlée par le Ku Klux Klan. Il finissent par trouver une ville où, finalement, l'accueil sera meilleur.

C'est là que Randall Ware les retrouve et vient chercher son fils dont il veut faire un instituteur. Pour Randall, qui a roulé sa bosse, qui sait lire, qui a travaillé pour les troupes nordistes, l'instruction est l'arme dont les Noirs doivent s'emparer pour s'imposer aux Blancs, auxquels aucune confiance ne doit être faite.

▪ Quelle liberté ?

Mais Viry, elle, veut croire à un bonheur possible, à une vie sans haine. Oui, l'écrasante majorité des Blancs méprise les Noirs. Viry, Innis, Randall ont tous subi les violences du Klan. Viry, qui a le teint très clair est souvent, comme une Blanche, prise à témoin «que les Nègres prennent les meilleures places», ou que le gouvernement «prend tout pour donner aux Nègres». Une brave fille lui affirme que les Noirs «ont une queue par-derrière». Oh oui ! le racisme imbécile et dangereux, Viry connaît. Mais elle sait aussi qu'au

Margaret Walker (1915)
La Viry du roman est l'arrière-grand-mère de l'auteur. M. Walker a expliqué son travail dans *Comment j'ai écrit Jubilee*. Enseignante de littérature, elle est aussi l'auteur d'autres ouvrages, non traduits en France, *Pour mon peuple*, *Journée d'octobre*.

temps de l'esclavage il y avait des Blancs abolitionnistes qui organisaient des filières d'évasion ; que dans son malheur elle a rencontré des Blancs qui l'ont aidée, et que la maison qu'elle habite maintenant, ce sont des voisins blancs qui les ont aidés à la construire pour remercier Viry de son rôle de sage-femme.

Surtout, Viry croit en la bonté de Dieu : « Je sais dans mon cœur qu'il y a un Dieu et qu'il va jamais oublier ses enfants », dit-elle à Randall Ware. De manière différente, Viry et Randall sont pourtant tous deux convaincus d'une même chose : désormais, ils ne se résigneront plus. Randall et son fils Jim, Noirs libres, prennent le train ; ils doivent monter à l'avant, dans le fourgon réservé aux Noirs avec les bagages et les bestiaux : longue est encore la route de la liberté...

Édition
Seuil/Points, 478 p.

La Route de la liberté

C'est précisément le titre d'un roman d'Howard Fast dont le héros, Gédéon Jackson, libéré de l'esclavage par la guerre de Sécession, apprend à lire pour remplir son mandat de député à la Convention. Il réussit aussi à convaincre des Noirs et des pauvres Blancs de travailler ensemble. Mais bientôt, en Caroline du Sud, les troupes yankees laissent le champ libre au Ku Klux Klan. Un roman passionné. (Presses de la Renaissance, 330 p.)

Creek Mary la Magnifique (1980)

Dee Brown

Loin des mythes de Fenimore Cooper

les Indiens, confrontés aux Blancs, sont contraints de s'adapter au rapport des forces.

Dee Brown (1908)
Un des rares parmi ses nombreux ouvrages sur les Indiens américains à avoir été traduit en français, *Enterre mon cœur à Wounded Knee,* se veut « une histoire indienne de l'Ouest américain ».

Édition
Stock, 425 p.

L'auteur a repris pour ce roman le nom d'une Indienne qui, vers 1830, s'empara avec ses guerriers d'une ville de Géorgie.

Le récit commence chez les Creeks, se poursuit chez les Cherokees puis chez les Cheyennes. Au rythme des traités non respectés, des empiétements des colons, des massacres commis par des bandes armées ou par les Tuniques bleues officielles, les tribus sont repoussées de plus en plus vers l'ouest. L'exode de Creek Mary et des siens, talonnés par le froid, la faim, la dysenterie, se transforme en hécatombe.

Pourtant les Indiens sont prêts à bien des concessions. Les mariages d'Indiennes et de Blancs sont assez fréquents, à commencer par celui de Creek Mary elle-même. Les échanges commerciaux aussi. C'est un des aspects intéressants du livre de montrer comment la société indienne est envahie par le monde des Blancs. Certains Indiens tentent de s'intégrer à la société blanche et même de s'enrichir. Mais ils restent des parias.

Les autres sont parqués dans des réserves ; les derniers Indiens libres sont exterminés.

Le jour se lève à l'ouest (1980)

Georges Blond

La Californie de la ruée vers l'or

Ceux qui y cherchent la fortune trouvent l'aventure, parfois la mort, ou l'amour et la connaissance de soi.

Quand commence le livre en 1849, la Californie vient d'être perdue par le Mexique, et est en passe de devenir l'un des États-Unis d'Amérique. Mais cela est de peu d'importance aux yeux des émigrants qui se pressent dans les minables locaux du Comptoir franco-américain, persuadés qu'une fois leur billet de bateau en poche il leur suffira de quelques semaines de travail pour revenir, richissimes, réaliser leurs rêves. Car on a, une fois de plus, signalé que, quelque part en Amérique, une rivière charriait des pépites.

Le docteur Valmarie – l'auteur prétend s'appuyer sur ses notes de voyage – a besoin d'argent pour gagner la main de sa Lucie. Le comte de Noyant, son voisin de cabine qui restera son compagnon de route, ne peut plus jouer les aristocrates dans la France d'après 1848, mais veut devenir une notabilité dans ce pays neuf qu'est l'Amérique. Nathalie a enfin compris qu'il ne faut plus lier son destin à celui d'un homme. Au milieu de déclassés de tous les pays d'Europe fuyant la misère du Vieux Monde et d'ouvriers français fuyant la répression, les héros de Blond ont leurs motivations particulières, leur personnalité que l'aventure va approfondir ou révéler.

▪ San Francisco

Le voyage occupe toute la première moitié du roman, ponctué d'obstacles rocambolesques qu'ont dû effectivement rencontrer nombre d'émigrants : naufrage, détournement de destination, cyclone, traversée de l'isthme de Panama à travers la jungle. L'arrivée en rade de San Francisco est grandiose, tant par le spectacle offert que par sa signification sociale : une forêt de bateaux de tous types et de toutes époques, tous abandonnés. Le travail des orpailleurs est bien sûr un travail de bagnards, dans une ambiance d'aliénation, et se révèle, pour la plupart des hommes, un piège. Mais cet afflux d'immigrants donne une impulsion prodigieuse à ce pays sauvage, les villes poussent comme des champignons, un réseau d'échanges se tisse à vue d'œil. Le dernier chapitre explose littéralement : lors du grand incendie de San Francisco, Valmarie et Nathalie cherchent leur chemin, et se trouvent l'un l'autre, au milieu d'un brasier d'apocalypse.

Truffé de remarques humoristiques, ce roman est tour à tour roman de mer évoquant les dangers et les beautés océanes, roman d'aventures accompagnant de sympathiques pionniers, roman historique décrivant un épisode survolté de l'histoire de la société américaine. Dommage qu'il ne fasse qu'esquisser la présence des Indiens, tantôt dégénérés, tantôt hostiles, en tout cas incompréhensibles.

Georges Blond (1906-1989)
Il a écrit plusieurs livres d'histoire (*L'Invicible Armada, La Grande Armée, Verdun*), des récits d'aventures, des livres sur les animaux, des romans – policiers ou non –, une *Histoire pittoresque de notre alimentation* et des albums chez Walt Disney.

Édition
Julliard, 322 p.

La Mort et l'Archevêque (1927)

Willa Cather

Un style épuré pour une mystique de la pureté

Au lendemain de l'annexion du Nouveau-Mexique, deux missionnaires sillonnent un espace en friche spirituelle.

Willa Cather (1876-1947)
Née en Virginie, elle suivit sa famille vers l'ouest, dans le Nebraska, fit ensuite des études et partit s'installer comme journaliste à New York. Baptiste d'éducation, ayant rejoint l'Église épiscopalienne américaine en 1926, elle donna dans son œuvre une vision mythique de l'Amérique, publiant de 1912 à 1940 douze romans, hommages plein d'espoir aux colons de l'Ouest puis condamnation du monde mercantile et industriel qui avilit l'homme. *Ô Pionniers* et *Mon ami Antonia* ont pour thème la vie des immigrants européens du Nebraska. En recevant le prix Nobel en 1920, Sinclair Lewis s'étonnait que le prix ne lui eût pas été attribué.

Édition
Ramsay, 366 p.

Vers 1850, après la guerre contre le Mexique, les Américains sont encore peu nombreux au Nouveau-Mexique, *gringos* mal vus de tous. Les Indiens mexicains peuplent des villages clairsemés ; les Navajos et les Hopis vivent plus au nord.

Inspiré d'un personnage historique, Mgr Lamy, de Santa Fé, l'évêque Jean-Marie Latour accompagné de son ami vicaire Joseph Vaillant, natif comme lui des douces et vertes montagnes du Massif central, est envoyé par Rome dans ces rouges terres arides et plates ponctuées de plateaux et d'escarpements. A dos de mule, l'évêque et son vicaire parcourent des milliers de kilomètres. Albuquerque, Santa Fé sont alors des bourgades.

▪ L'Indien et le Blanc

Les paysans indiens sont souvent sous la coupe de prêtres abusifs : le Padre Martinez est « un vieux coquin qui a des enfants et des petits-enfants dans presque toutes les colonies de la région » ; le père Lucero est « un avare qui prend aux pauvres tout ce qu'ils possèdent pour les enterrer en chrétiens ». Cela n'empêche pas ces Indiens d'être attachés au catholicisme, mais un catholicisme à eux qui laisse place à de nombreuses croyances indigènes que l'auteur, avec son évêque, respecte. Pour le père Latour, les Indiens ne sont pas des sauvages mais des représentants d'une humanité saine, pauvre mais riche d'une vie intérieure intense. Ils sont en harmonie avec la nature. Ainsi cet ami navajo qui « traversait les pays sans rien y déranger, passait sans laisser de trace, tel un poisson dans l'eau, les oiseaux fendant l'air », alors que « l'homme blanc affirmait sa présence au sein des paysages en les changeant ».

Homme blanc, l'évêque vit dans l'ambiguïté et connaît son rôle : pour faire des pauvres Mexicains de « bons Américains », l'Église est mieux placée que l'armée. Lorsque son ami Kit Carson, le fameux guide, attaquera les Indiens navajos, brûlant leurs récoltes pour les déporter au-delà du Rio Grande, Jean-Marie Latour désapprouvera mais lui trouvera des excuses : soldat, il agissait sur ordre.

Ces ambiguïtés ne l'empêcheront pas de jouir d'une grande popularité chez les pauvres jusqu'à sa mort. Car représentant du monde des Blancs, il est une protection contre ses excès.

Comme Willa Cather dans sa vie, l'évêque se méfie du monde mensonger de l'argent et vit heureux dans cette région encore perdue. Pour son vicaire Joseph Vaillant, esprit fort dans un corps malingre et résistant, la partie est plus rude lorsqu'il doit aller porter la bonne parole chez les chercheurs d'or.

La Jungle (1905)

Upton Sinclair

L'enfer des abattoirs de Chicago

L'image d'Épinal de la réussite américaine a un revers : l'exploitation forcenée du prolétariat des grandes villes.

En 1901, une famille de paysans lituaniens arrive en Amérique, croyant, comme tant d'Allemands, d'Irlandais, de Polonais ou d'Italiens, échapper à la misère. Ils y trouvent le capitalisme sauvage, qui en peu d'années les vide de leurs forces, de leur sang, et de leurs espoirs. Après de cruelles vicissitudes, Jurgis, le principal héros du livre, va trouver une issue : les idées socialistes, qui lui permettent de comprendre la source de son malheur et lui donnent les moyens de lutter.

Ce roman est d'abord, littéralement, un reportage. Upton Sinclair passa sept semaines aux abattoirs de Chicago, qui traitaient chaque jour des milliers de têtes de bétail pour fournir la ville en viande de boucherie et les États-Unis entiers en viande en conserve. Déguisé en ouvrier, il visita tous les ateliers, il interviewa des centaines de témoins. Aucune des mésaventures de ses héros qui n'ait été vécue, racontée, amplement confirmée : les conditions de travail sont ignobles, et les conditions de vie en général dans les quartiers ouvriers inhumaines. Les enfants et les femmes sont les premières victimes des salaires de misère, de l'absence totale d'hygiène, de l'alimentation frelatée, des réseaux de prostitution. Dans les abattoirs et les conserveries, on récupère les viandes avariées, on fait passer en chair à saucisse des porcs cholériques, des rats empoisonnés... et parfois des ouvriers.

▪ Un système pourri

Au passage, Sinclair décrit le fonctionnement de la corruption qui sévit au sein de la police, des services sanitaires, des services municipaux, du système électoral, des tribunaux... On comprend que le livre, défendu par Jack London qui y voyait « la Case de l'oncle Tom de l'esclavage du salariat », ait provoqué un énorme scandale. Sinclair fut reçu par le président Roosevelt qui ordonna sur son conseil une enquête secrète sur ce qui se passait à Chicago et dans l'industrie de la viande. Suite aux révélations de Sinclair, des lois furent adoptées (mais appliquées ?) visant à assainir les méthodes de production dans le « trust du bœuf ».

Stupéfiant et véridique, ce livre dévoile tout un aspect de l'édification de la puissance américaine et se termine par un plaidoyer pour les thèses socialistes et une description des progrès foudroyants du parti socialiste américain à cette époque : un double intérêt, qui lui valut d'être publié en trente-cinq langues différentes par le monde.

Remarque : Upton Sinclair était déjà végétarien avant son enquête à Chicago !

Upton Sinclair (1878-1968)

Il vécut dans la pauvreté jusqu'au succès de *La Jungle*. Sa vie entière fut un combat : contre les riches, contre l'alcoolisme, contre la religion, pour une société plus juste, pour la paix, pour l'émancipation de la femme, etc. Il écrivit une foule de pamphlets, articles, pièces de théâtre, et quatre-vingts romans, dont la trilogie du *Pétrole*, *Métropolis* sur les millionnaires de New York, *Les Brasseurs d'argent* sur la spéculation bançaire, *Le Roi charbon*, *Boston* sur Sacco et Vanzetti, *No pasarán* sur la bataille de Madrid, le cycle de *Lanny Budd* qui retrace en onze romans l'histoire du monde de 1913 à 1950. Toutes ces œuvres sont épuisées en France.

Édition

10/18, 2 tomes, 800 p.

Ragtime (1975)

Edgar Lawrence Doctorow

Un habile montage d'actualités et de fiction

L'histoire de l'Amérique des années 1910 s'égrène « comme un air sur un piano », avec ses thèmes et ses temps forts.

Edgar Lawrence Doctorow (1931)
Dans *L'Exposition universelle* et dans son dernier roman *Billy Bathgate*, l'auteur s'inspire du Bronx de son enfance. S'opposant, comme *Ragtime*, aux mythes de l'histoire américaine, *Le Livre de Daniel* revient sur l'affaire Rosenberg, ce couple soupçonné d'espionnage au profit de l'URSS et exécuté sans preuve sur la chaise électrique au temps de la guerre froide.

Édition
J'ai lu, 287 p.

Comme le ferait un journal, *Ragtime* passe de la rubrique sociale à celle de la politique, de l'économie, des loisirs, des faits divers, en une succession de « en bref » ; c'est un collage à la Dos Passos, où le romanesque pénètre l'actualité. Le rythme est celui de la comédie musicale, mais la mélodie n'est pas celle du bonheur.

Des immigrants arrivent au triage d'Ellis Island. Dans les conserveries, les manufactures, les mines, les enfants travaillent dur, menacés par l'accident. « Cent nègres par an étaient lynchés, cent mineurs brûlés vifs, cent enfants mutilés. » Aux grèves ouvrières répond une dure répression. Emma Goldman est la généreuse apôtre de l'anarchisme et du féminisme. La révolution éclate au Mexique où le président américain Wilson, futur « homme de la paix », envoie ses troupes contre Pancho Villa. « L'avenir s'ouvrait à l'extrémité des rails parallèles » du chemin de fer qui passe même sous les rues de Boston et de New York : le métro est né. Houdini, le « roi de l'évasion », multiplie ses tours de prestidigitateur prodige. Freud déplore lors d'un voyage « la rareté des toilettes publiques ». Le tout-puissant banquier Morgan rassemble des trésors archéologiques et rêve d'une pyramide pour tombeau.

Les rubriques se rejoignent ; des hommes en sortent dont les chemins croisent ceux d'une famille.

▪ Portrait de famille

Père, fabricant d'oriflammes et de feux d'artifice, participe à l'expédition Peary vers le pôle Nord. Jeune Frère est amoureux d'une femme dont le mari a assassiné l'amant, et va connaître Emma Goldman. Mère finira par rencontrer Tateh, le pauvre émigrant socialiste juif qui se lance avec succès dans une industrie naissante, le cinéma.

Surtout, un homme va bousculer la famille et New York tout entière. Le Noir Coalhouse Walker, pianiste de ragtime, père d'un enfant que la famille a recueilli avec sa mère, n'accepte pas l'insulte de petits Blancs jaloux de le voir au volant de sa Ford Modèle T. Au nom de sa dignité, il fera couler le sang.

Dans une profusion de personnages historiques et fictifs, Doctorow fait ainsi une chronique satirique sévère de la société américaine qui se construit frénétiquement sur un baril de poudre. Pourtant, tout comme la luxueuse bibliothèque-musée de Morgan bourrée de dynamite par le justicier Coalhouse Walker, elle ne sautera pas.

Les Trois-Chênes (1985)

Maurice Denuzière

Un sérieux travail de journaliste historien

Une intrigue conventionnelle sert de support à un intéressant panorama des années 20.

Les lecteurs de Maurice Denuzière retrouvent dans ce roman des personnages et des lieux de ses précédents ouvrages. Mais l'œuvre peut être prise sans dommage en cours de route, destination l'Amérique d'après 14-18, au temps de la prospérité.

▪ Best-seller

Le héros, grand planteur du Sud descendant d'une vieille famille française, Osmond de Vigors, est un jeune noble tolérant et paternaliste, ouvert au monde nouveau et fier d'une certaine morale aristocratique. Voilà un personnage supposé propre à faire battre le cœur du lecteur populaire reconnaissant : riche, bon et éclairé, c'est le type d'homme aux mains duquel remettre son sort. Les personnages qui gravitent autour d'Osmond, présentés comme des gens plutôt sympathiques dans l'ensemble, ont tous un petit quelque chose de moins que lui. Plus moderne que sa femme, Osmond encourage activement la promotion des Noirs. Plus prudent que son cousin, il ne joue pas inconsidérément à la Bourse. Son honnêteté lui interdit de se salir en politique, ou dans le trafic d'alcool comme son beau-frère. Ce personnage, sa famille, ses serviteurs noirs et ses connaissances ne sont certes pas dénués d'intérêt ; mais ils sont affaiblis par des recettes d'écriture de best-sellers.

Fort heureusement, l'auteur a sérieusement travaillé sur l'Histoire. Le résultat est probant : une large palette d'informations dans tous les domaines est présentée au hasard d'une rencontre, d'une discussion. Toute occasion est bonne pour un petit reportage, chiffres à l'appui si besoin est.

Voilà donc présentée l'Amérique d'après 1918, prenant conscience de son nouveau rôle international, jusqu'à celle de 1929 encore sûre d'elle la vieille du krach ; l'Amérique de la prohibition, de l'essor de l'industrie automobile, de l'aviation, du cinéma, de la radio. Les travailleurs, par leurs combats, conquièrent des droits. Les Noirs aussi, mais ils sont en butte au racisme et à la violence du Ku Klux Klan. Sacco et Vanzetti vont être exécutés sans preuve.

▪ Le temps de la prospérité

L'auteur a finalement réussi une agréable présentation pour un roman documentaire soigné dans lequel il souligne le dynamisme de la société américaine, ses traditions, ses tares, sa diversité : le juge Clavy, conservateur raciste qui saute avec sa distillerie clandestine de « whisky de lune », représente autant l'Amérique d'alors qu'Osmond de Vigors, planteur de coton qui tire dorénavant le plus clair de ses revenus… du pétrole.

Maurice Denuzière (1926)
Ancien journaliste au *Monde*, il a consacré cinq romans à l'histoire de la Louisiane, de la guerre de Sécession à 1945 : *Louisiane, Fausse-Rivière, Bagatelle, Les Trois-Chênes, Adieu au Sud.* Dans *Les Années Louisiane*, il présente cette œuvre et ses sources.

Édition
Folio, 937 p.

Les Raisins de la colère (1939)

John Steinbeck

Les naufragés de la crise des années 30

Héros collectif, le prolétariat agricole, affamé, garde en mémoire l'impossible rêve de la petite propriété.

John Steinbeck (1902-1968)
Prix Nobel 1962, il est né dans la vallée de Salinas, en Californie, où il exerça de nombreux métiers et puisa son inspiration littéraire : les habitants de la ville de Monterey inspirent les récits de *Tortilla Flat* ou de *Tendre Jeudi* ; les fermiers sont les héros des *Pâturages du ciel*, d'humbles ouvriers agricoles ceux de *Des souris et des hommes*.
En un combat douteux montre la lutte indécise menée par des militants communistes lors d'une grève de cueilleurs de pommes.

Édition
Le Livre de poche, 500 p.

Sur les terres grises de l'Oklahoma, la sécheresse recouvre d'une couche de poussière étouffante tout ce qui vit. Les métayers sont ruinés. Plus que les aléas du climat, ce sont les banques qui les achèvent. La famille Joad, comme les autres, doit partir. Des prospectus les appellent en Californie, terre généreuse où chacun espère gagner assez pour pouvoir ultérieurement trouver un coin où se poser, avoir sa propre ferme, sa propre terre. Mais, en cette période de dépression, ils sont des centaines de milliers à filer vers l'Ouest sur de vieilles guimbardes. Les propriétaires, leurs hommes de main et la police imposent à cette abondante main-d'œuvre désemparée de choisir entre le chômage et la faim ou des salaires dérisoires. Pour ces humbles, la société est impitoyable. Le gouvernement essaie de les aider, mais son intervention est bien limitée. La surexploitation, la violence, la répression effacent leurs espoirs. Dans les camps de transit où ils se retrouvent, les migrants s'entraident. Pour la plupart, cette solidarité salvatrice s'arrête aux problèmes immédiats. Mais Tom, un des fils Joad voit, au-delà, la nécessité de la lutte politique des exploités.

▪ Le contexte politique

Steinbeck a lié la détresse vécue par ces hommes à la crise économique et aux enjeux politiques d'alors : « Ils s'amènent [...] pour tâcher de ramasser quelques oranges, mais on les a arrosées de pétrole [...] ; ils écoutent les hurlements des porcs qu'on saigne dans un fossé et qu'on recouvre de chaux vive [...] et la consternation se lit dans les regards, et la colère commence à luire dans les yeux de ceux qui ont faim. Dans l'âme des gens, les raisins de la colère se gonflent et mûrissent, annonçant les vendanges prochaines.» Il est de bon ton aujourd'hui de reprocher à Steinbeck ces références à la crise et à la lutte des pauvres. Pour tel critique, un brin méprisant, « il n'aurait jamais dû quitter son village qui l'inspire si bien » ! C'est pourtant ce qui fait la force et l'intérêt historique du livre.

▪ Action et poésie

Steinbeck excelle dans les dialogues. Comme chez beaucoup de romanciers américains, les idées passent à travers l'action et de brèves paroles échangées. Les digressions idéologiques restent secondaires. Roman militant contre « l'absurdité de la vie industrielle », *Les Raisins de la colère* sont surtout une vigoureuse peinture sociale où la précision des descriptions devient poésie lorsque les drames sociaux trouvent leur symbole dans la nature.

Chesapeake (1978)

James Michener

Des premiers colons au scandale du Watergate

Indiens, Blancs et Noirs, planteurs, esclaves, marins, promoteurs... les générations se succèdent sur la côte est.

Le roman se déroule sur les rives de la Chesapeake, immense baie qui s'enfonce à la hauteur de l'actuel Washington. Il commence chez les Indiens quand, au début du XVIIe siècle, les Anglais se lancent dans la conquête de la Virginie. Edmund Steed, jeune noble catholique, fuit les persécutions religieuses de son pays. Il va fonder une dynastie de grands planteurs. Tim Turlock, un délinquant légèrement débile, est envoyé d'Irlande en Amérique comme domestique. Ses descendants seront longtemps des marginaux, amoureux de leur terre marécageuse. Edward Paxmore construit son premier bateau. Les chantiers navals Paxmore seront la principale industrie de cette région où se développe très vite la culture du tabac. Cudjo, razzié en Afrique, réussit à s'emparer du bateau négrier commandé par un Turlock, mais, renvoyé en esclavage, échoue dans la plantation Steed. Ses enfants seront à l'avant-garde de l'intégration... ou de la révolte.

Il arrive que ces familles fassent cause commune (pendant la guerre d'Indépendance, et même de Sécession, puisque Maryland et Virginie feront partie des États du Nord). Aux deux bouts de l'échelle sociale, les Steed et les Turlock restent farouchement esclavagistes, les uns par intérêt, les autres par préjugé. Alors que les Paxmore luttent opiniâtrement pour l'affranchissement des Noirs. L'évolution sociale est inéluctable, comme est irrésistible le travail des eaux dans la splendide baie de Chesapeake.

▪ Ficelles

Des «ficelles» d'écriture transparaissent. Ainsi, le chapitre qui se passe en Afrique commence dans les mêmes circonstances (un guerrier mis au ban de son peuple), racontées presque dans les mêmes termes que le chapitre indien. Michener adore les femmes indomptables : les épouses Paxmore se ressemblent tant, d'une génération à l'autre, que l'on en perd le fil, jusqu'à ce que l'on ait compris qu'il n'y en a qu'une, chargée d'incarner le rôle progressiste des quakers. Moins inoffensive est l'espèce de déterminisme historique qu'il ressasse vers la fin du livre : les familles se transmettraient intacts au cours des siècles particularités physiques, dons, traits de caractère, capacités intellectuelles. Michener est tellement ébloui par le mot «gène» qu'il ne réalise pas que, pour un Steed ou un Turlock du XXe siècle, l'Edmund ou le Tim du XVIIe n'est qu'un ancêtre sur 16384 de la 14e génération ascendante (ou sur 32768 de la 15e...). Heureusement qu'il est mieux documenté en histoire qu'en génétique.

James Michener (1907)
Dans une interview télévisée, il affirmait travailler seul, sept jours sur sept, tapant avec deux doigts sur sa vieille machine à écrire ! Parmi ses passionnants romans, qui obéissent à la technique des deux ou trois familles caractéristiques d'un pays ou d'une région et dont on suit le destin à travers les siècles, citons *Colorado saga* (le Far West depuis... l'ère secondaire), *L'Alliance* (l'Afrique du Sud depuis les Bochimans), *Pologne, Alaska, Caraïbes*.

Édition
Seuil, Points, 1 164 p.

Tchipayuk (1987)

Ronald Lavallée

Les métis canadiens au XIXe siècle

Les bisons disparaissent, la communauté métisse se désagrège ; Tchipayuk *est un adieu au monde sauvage.*

Ronald Lavallée (1955)
Auteur canadien né dans le Manitoba, journaliste, *Tchipayuk* est son premier roman.

Les métis canadiens de la région de l'actuelle Winnipeg formaient au siècle dernier une communauté de quelques milliers de membres. Descendants d'Indiennes et de Blancs, ils étaient « coureurs des bois », employés de la Compagnie de la Baie d'Hudson ou surtout chasseurs de bisons. Au bord de la rivière Rouge se développa le sentiment d'appartenir à une «nation métisse», en froid avec les Indiens, rejetée par les Canadiens anglophones, francophones et catholiques. La région, administrée par la Compagnie de la Baie d'Hudson, fut vendue en 1869 à l'État fédéral canadien qui se prépara alors à y implanter des colons. Les métis s'insurgèrent sous la direction de Louis Riel et obtinrent des concessions. Mais devant l'avancée de la colonisation blanche et du chemin de fer, le Canadian Pacific, une nouvelle insurrection éclata en 1884-1885 qui fut rapidement écrasée.

Cette trame historique n'apparaît que rarement au premier plan du récit. Mais le héros, Askik Mercredi, grandit dans cette période où, pour les métis et les Indiens, le monde s'effondre. La grande qualité du livre est de redonner vie à ce monde des vaincus, en évitant stéréotypes et manichéisme.

▪ Demi-sauvage

Askik Mercredi, fils d'un « voyageur » de la Compagnie reconverti dans la chasse aux bisons, va aller à l'école, apprendre l'Évangile et la poésie et retrouver le soir les Tchipayuks – les revenants – et les esprits de la forêt. Il vivra dans une tribu indienne, au moment où, avec la raréfaction du gibier, la famine sévit. Puis, grâce à un riche mécène, il sera envoyé étudier chez les frères à Montréal. A 25 ans, rebaptisé Alexis, il est devenu avocat puis intendant du domaine de ses bienfaiteurs. Mais pour les Blancs, il reste un demi-sauvage. Revenu dans son pays lors de la répression de 1885, il ressent une profonde solidarité avec les siens, traqués, derniers survivants d'une « nation » condamnée.

Mercredi, placé au centre des conflits raciaux, désespère d'un Canada en pleine transformation : «Les Indiens regrettent la venue des Blancs et rêvent du temps où ils étaient seuls. Les Français auraient préféré que les Anglais ne viennent pas. Les Anglais méprisent les Indiens et les Français, et ressentent les immigrants comme une souillure.» Mais Simpson, un Blanc qu'il rencontre lors de son retour à la rivière Rouge, veut croire à un Canada tolérant : « Je suis persuadé qu'un jour nous aurons tous les mêmes ancêtres, nous aurons tous du sang français, métis, anglais et indien. On ne pourra attaquer personne sans frapper une partie de soi-même.» Un rêve en 1885 ! Et aujourd'hui ?

Édition
Le Livre de poche, 671 p.

Le Royaume du Nord (1983-1989)

Bernard Clavel

D'abord, une aventure humaine

Pionniers, chercheurs d'or ou Indiens, tous ont le Grand Nord québécois gravé dans les mains et dans le cœur.

Bernard Clavel a refusé de joindre une carte géographique à ses romans : « Si mon Royaume du Nord est directement inspiré de la grande aventure de l'Abitibi, il n'en reste pas moins que je veux rester maître en mon Royaume. » *Harricana*, *L'Or de la terre*, *Miserere*, *Amarok*, *L'Angelus du soir*, *Maudits Sauvages* sont six aventures humaines. Contées dans un style d'une beauté simple, elles naissent d'une histoire commencée en 1910 lorsque des pionniers s'installèrent dans une région du Grand Nord québécois : c'est là le thème du premier tome. Mais l'or attire les hommes ; ils s'affrontent à la terre qui livre ses richesses et qui tue (deuxième tome). *Miserere* se déroule à l'époque de la crise des années 30. Des centaines de chômeurs des villes furent envoyés dans ce pays éloigné. Venant de toutes sortes de métiers, ils espéraient y vivre de la terre. Administration et Église les encadraient. Certains s'adaptaient, d'autres se rebellaient. Pour reconstruire des vies, la routine quotidienne est, aussi, une aventure.

Pour écrire, Bernard Clavel est allé sur place. Dans *Bernard Clavel, qui êtes-vous ?*, il parle de Florida Cailler, « cette femme partie vers le Nord durant la crise des années 30 et qui pleurait en me racontant ses luttes et sa misère ». « Partout, dit-il, me suivra le récit essoufflé de ce mineur de Nord-Métal, rongé par la silicose, accroché à sa maison dans cette cité fantôme aux puits abandonnés. »

Ce sont ces femmes et ces hommes qui importent aussi à l'auteur dans les trois autres romans. Dans le dernier, *Maudits Sauvages*, une petite tribu, les Wabamahigans, est directement menacée par un grandiose projet de barrage dans la baie James. Les terres où reposent leurs ancêtres et leurs terrains de chasse seront-ils inondés ? Faut-il croire les bonnes paroles des Blancs, se laisser couler dans les réserves, dans l'oisiveté, la déchéance, une situation bien réelle aujourd'hui pour beaucoup d'Indiens d'Amérique du Nord ? Pour le vieux chef, le mal s'est introduit avec les premiers fusils, le premier argent, la religion, acceptée, des Blancs. Bien que soigneusement documenté, l'auteur ne prétend nullement à l'exactitude ethnologique. Il se veut, là comme ailleurs, d'abord un romancier. Il se place du point de vue des Indiens comme il le faisait pour les pionniers, les trappeurs ou les mineurs dans les précédents tomes.

Les Compagnons du Nouveau Monde

Ainsi s'intitule le dernier tome d'une autre série romanesque de Bernard Clavel, *Les Colonnes du ciel*, qui se déroule en Franche-Comté au XVIIe siècle ; ses héros finissent par traverser l'Atlantique.

Bernard Clavel (1923)

L'attachement à son milieu d'artisans et d'ouvriers enrichit toute l'œuvre de cet écrivain de la générosité et de la dignité humaine. *La Grande Patience* – quatre romans d'inspiration autobiographique – se déroule des années 30 à la Libération. Nostalgique, sans passéisme, d'un monde plus respectueux de la nature, il chante le Rhône des anciens bateliers dans *Le Seigneur du fleuve*. Ses convictions pacifistes inspirent *Le Silence des armes* (la guerre d'Algérie) et *L'Espagnol* (un antifranquiste pacifiste dans le Jura pendant la guerre), peut-être le plus beau de ses romans.

Édition

J'ai lu, 6 tomes, 320 p. chacun.

Le Canard de bois (1981)

Louis Caron

Au Bas-Canada, la «rébellion de Papineau»

Les petits colons se soulèvent contre les notables anglais.

Louis Caron (1942)
Pour lui, dans l'Histoire, «une figure s'impose : celle du citoyen obscur qui tient la fourche, la faux, ou le bâton.» On lui doit aussi *L'Emmitouflé*, histoire d'un insoumis.

Édition
Seuil/Points, 326 p.

En ce début du XIXe siècle, les Canadiens français paient toujours redevance à un seigneur. Tel est Hyacinthe Bellerose qui, après avoir défriché une terre reculée, en est expulsé. Courageux, généreux, capable de dire tout haut ce que les autres taisent, Hyacinthe, de retour au village après la mort de sa femme, se trouvera mêlé à la révolte de 1835 : d'un côté les Bureaucrates, parti des Anglais qui ont conquis le pays, du seigneur, du marchand, du curé, du notaire. De l'autre côté les Patriotes, parti du petit peuple et des petits-bourgeois d'origine française. Hyacinthe, lui, «dénonce la misère et l'injustice, sans faire de politique». C'est pour cela qu'il sera condamné avec les Patriotes après le soulèvement.

Ce livre fait partager au lecteur les efforts quotidiens, les souffrances, plus rarement les joies d'autres personnages aux riches qualités morales. En contrepoint apparaît Bruno Bellerose, qui vivra cent ans plus tard. Mais on retrouvera mieux les descendants de Hyacinthe dans *La Corne de brume*, deuxième tome de l'ensemble intitulé *Les Fils de la liberté*.

Et encore...

Les Indiens ont inspiré R. Beebe Hill dans *Hanta Yo*, A. Lee Waldo dans *Sacajawa* et E.C. Deloria dans *Nénuphar*.
Faubourg des Amériques, de G. Walter, se présente comme un astucieux scénario autour des pèlerins du *Mayflower*.
Les Hors-la-loi du Texas de F. Carter sont des déracinés d'après-guerre de Sécession, qui tentent de reconstruire une communauté. Ne boudons pas l'hollywoodien roman sudiste de M. Mitchell *Autant en emporte le vent. Dans La Conquête du courage*, S. Crane suit au plus près les réactions d'un soldat pris dans les combats.
Racines, de A. Haley, fait le lien entre les Noirs américains d'aujourd'hui et leurs ancêtres africains arrachés à leur terre par l'esclavage.
Dans sa trilogie *USA* (*42e Parallèle, L'An premier du siècle, La Grosse Galette*), J. Dos Passos a fait un montage cinématographique novateur sur son pays lors de la Grande Guerre et des années 20. *Coups de tête* de J. Cain se déroule lors de la Dépression et du New Deal. Dans *La Croisade de Lee Gordon* et dans *S'il braille, lâche-le*, C. Himes parle de la condition des Noirs, du racisme, du syndicalisme pendant la dernière guerre. *Le Serment* de H. Fast rappelle une période que l'auteur a bien connue, le maccarthysme.
Pélagie la Charette de A. Maillet plonge, par son langage et son thème, au cœur du peuple acadien lors du retour de déportés au XVIIIe siècle.
On ne trouve guère de romans historiques canadiens anglophones traduits en français. Citons *Chien jaune* de W. Kirby qui se rapporte... aux luttes des Canadiens français.

Amérique Latine

«Don Casimiro Ascona était le chef politique du district. Comme tout Jefe politico, don Casimiro se souciait en premier lieu de son propre intérêt.»

Début de : ***Indios,***
B. Traven.

Roulements de tambours pour Rancas (1970)

Manuel Scorza

Le combat pathétique des Indiens péruviens

Le magique rehausse le réalisme, la lutte devient épopée.

Manuel Scorza (1928-1983)
Né à Lima, mort dans un accident d'avion près de Madrid, il vécut en exil à Paris après 1970. Dans *Le Tombeau de l'éclair*, écrit dans un style plus direct que les tomes précédents, il introduit sa propre activité militante en tant que secrétaire du Mouvement communal du Pérou.
En juillet 1983, il signait dans *Le Monde diplomatique* une convaincante analyse sur les causes de l'implantation de la guérilla du « Sentier lumineux » parmi les paysans indiens désespérés.

Édition
Belfond, 303 p.

Ouvrant la série de « la guerre silencieuse », ce roman est suivi de *Garabombo l'invisible*, *Le Cavalier insomniaque*, *Le Chant d'Agapito Roblès*, *Le Tombeau de l'éclair*, tous pouvant être lus séparément.

Sur un haut plateau péruvien, des communautés indiennes vivent, ou plutôt survivent sur des terres arides, tout juste bonnes à l'élevage du mouton. Ces terres sont pourtant convoitées par une compagnie minière américaine qui, pour étendre son secteur agricole, se les approprie ni plus ni moins. Les paysans ont du mal à croire qu'on interdise l'accès des pâturages à leurs bêtes, qu'on les affame. Ces Indiens et leurs ancêtres ont toujours été méprisés, depuis le temps des Incas jusqu'à celui des « colonels » propriétaires d'haciendas, des notables, des modernes exploiteurs.

Les faits sont réels, banals en Amérique latine. Mais cette fois, les Indiens vont entreprendre la lutte, depuis le projet mûri par une poignée d'entre eux pour éliminer le dictateur local, jusqu'à l'attaque des gardes de la compagnie avec des pierres et des frondes. Les paysans sont massacrés, leur dirigeant dénoncé et emprisonné.

Manuel Scorza, militant actif, a lui-même connu la prison puis l'exil pour ses positions politiques en faveur des paysans indiens. Il a conçu ce livre comme une dénonciation et a rassemblé des photos et enregistrements à titre de preuves. Le travail s'est révélé efficace, puisque *Roulements de tambours*... a débouché sur la libération du dirigeant paysan Hector Chacon, un des héros du livre.

▪ Le serpent barbelé

Mais ce roman militant n'a pas la lourdeur d'une démonstration. Manuel Scorza manie l'ironie pour dénoncer les détenteurs du pouvoir ; il excelle dans la métaphore : le Juge est si intouchable que le jour où il perd une pièce de monnaie, personne n'ose ramasser cette pièce dont l'histoire court comme une fable. Surtout, le magique rend ici plus palpable la réalité : le Nyctalope ne voit pas seulement clair la nuit, c'est aussi lui le plus clairvoyant du village, qui prévoit ce qui va se dérouler et sait que le recours à la violence est inévitable. La clôture de la compagnie court à travers les terres comme un monstre inconnu. Lorsqu'elle arrive les bêtes s'enfuient comme devant l'incendie. Mais la clôture magique, les Indiens le savent, n'est qu'un serpent de barbelés. Ils savent aussi que, depuis toujours, ils doivent se battre pour faire valoir leur appartenance au genre humain.

La Fille de Montézuma (1891)

Henry Rider Haggard

Quand l'Europe découvrait l'archéologie.

Une passionnante synthèse de roman d'aventures, d'autobiographie et d'étude historique sur les Précolombiens.

A la demande d'Élisabeth Ier, un vieux noble anglais écrit le récit de ses aventures fabuleuses à travers l'Espagne de Charles Quint, puis dans le Nouveau Monde, où il a assisté à l'avancée des troupes de Cortés et à la chute de Tenochtitlán. Il a passé vingt ans chez les Aztèques, d'abord traité comme un dieu, donc voué au sacrifice. Il s'est réfugié dans une haute vallée où il a connu des années de répit, souverain de la Cité des Pins, qui finit elle aussi par succomber.

▪ L'imaginaire et l'historique

Il s'agit d'un roman d'aventures rocambolesques : Thomas aura passé la moitié de sa vie à poursuivre l'assassin de sa mère, un aventurier espagnol. Celui-ci surgit aux moments les plus inopinés, dans les endroits les plus saugrenus, puis disparaît : Thomas est ainsi entraîné toujours plus loin, tout en échappant à des dangers extraordinaires.

Mais les intentions de Haggard étaient bel et bien historiques, et son information reposait sur de solides données : d'abord sur les témoignages, redécouverts et traduits à son époque, de conquistadores comme Sahagun et Bernal Díaz, qui figurent encore parmi les meilleures sources sur l'état de la Nouvelle-Espagne à l'arrivée des Blancs et sur les étapes de la Conquête.

▪ Le vécu

Ensuite, Haggard écrivit ce livre au retour d'un voyage au Mexique : il avait visité Mexico, l'État du Chiapas et ses mines, et avait été profondément impressionné par les restes de la culture aztèque et par les ruines mayas de Palenque (qu'il fait traverser par son héros). Le but originel du voyage était la recherche du trésor prétendument caché par le successeur de Montézuma (et ami de Thomas dans le livre). L'aventure mexicaine de Haggard fut interrompue par la nouvelle de la mort de son fils resté en Angleterre, qui le traumatisa, et cette obsession reparaît en pointillé dans le livre (Thomas pleure la mort de tous ses enfants, ceux qu'il a eus au Mexique, celui qu'il a après son retour).

▪ La leçon

Haggard insiste lourdement sur l'horreur des sacrifices humains aztèques, et, au nom de l'opposition à tout fanatisme, dénonce aussi vigoureusement les crimes de l'Inquisition catholique. Mais cette dernière position correspond surtout aux sentiments antiespagnols, bien ancrés à son époque au cœur des enfants de la douce Angleterre. Enfin, Haggard développe un sens de l'Histoire bien précis : la décadence des peuples est voulue par la justice divine en expiation de leurs crimes.

Sir Henry Rider Haggard (1856-1925)
Il est connu en Angleterre comme maître du roman d'aventures (le cycle de *She*, le cycle d'*Allan Quatermain*). Économiste, agronome, juriste, il commence à voyager à 19 ans : l'Afrique noire, puis l'Égypte qui lui inocule la passion de l'Histoire et fournit le cadre de son premier roman historique, *Cleopatra*. Fasciné par les civilisations disparues, il amalgame les structures sociales des sociétés précolombiennes au socialisme préconisé par les marxistes : *Cœur du Monde* se passe chez les Mayas, *La Vierge du Soleil* chez les Incas. Citons encore *Le Peuple du brouillard*, *L'Esclave reine*, *La Nuit des pharaons*, *Ève la Rouge*, *Le Dieu jaune*.

Édition
Néo, 243 p.

La Révolte des pendus (1955 ?)

B. Traven

L'oppression sans frein des Indiens du Mexique

La révolution de 1911 commence au fond de la forêt tropicale.

B. Traven (1882-1969)
Écrivain allemand exilé au Mexique, on lui doit encore : *Le Vaisseau des morts*, *Le Trésor de la Sierra Madre* et d'autres romans sur les Indiens tels que *La Charette* et *Indios*.

Édition
10/18, 294 p.

A travers presque toute son œuvre, Traven décrit et dénonce la condition du peuple mexicain, petits paysans, ouvriers agricoles ou d'industrie, méprisés parce que Indiens, corvéables à merci, main-d'œuvre inépuisable à la disposition des *ladinos* (descendants directs des conquistadores) et même des métis.

Ici, c'est Candido, paysan tsotsil, qui tombe avec sa famille dans le réseau de mensonge, de corruption et de violence tissé autour des Indiens, et se retrouve bûcheron dans une *monteria* (exploitation forestière), lié par un contrat qui le met dans une situation équivalant pratiquement à l'esclavage.

Mais les Indiens arrivent aux limites de la soumission. Des idées de justice filtrent jusqu'à eux, tandis que leurs maîtres s'inquiètent du succès de Madero, candidat à la présidence contre le vieux dictateur Porfirio Díaz. Les compagnons de Candido se révoltent « pour la Terre et la Liberté » et se mettent en marche, sans savoir que Madero vient, fin 1910, d'appeler au soulèvement général.

Rosa Blanca (1932 ?)

B. Traven

Le règne des compagnies américaines

Un livre engagé sur l'industrialisation d'un pays pauvre.

Otto Wienecke
Il participa en 1919 à la République des Conseils de Bavière sous le nom de Ret Marut, fut pour cela condamné à mort, s'enfuit et disparut. Plus tard apparut au Mexique un mystérieux écrivain, B. Traven...

Édition
10/18, 284 p.

Trois ans plus tard, le Mexique a un gouvernement issu de la Révolution. Mais les trusts étrangers auxquels Díaz avait bradé le pays sont plus puissants que jamais. Ainsi, la Condor Oil Company veut acquérir coûte que coûte la ferme de la Rose Blanche, au sous-sol présumé pétrolifère. Mais la Rose Blanche appartient à une communauté indienne et est gérée selon les principes de solidarité de la société traditionnelle. Son chef ne veut pas vendre. Entre lui et le président de la Condor Oil (un pur produit de la réussite capitaliste américaine, portraituré par Traven avec causticité), l'issue du combat est réglée d'avance. La Rose Blanche doit disparaître et ses paysans devenir ouvriers. Selon Traven, ils y perdent leur âme indienne, mais y gagnent la conscience plus large d'appartenir à une humanité qui s'étend au-delà des frontières.

N.B. Les compagnies pétrolières étrangères seront expropriées en 1938, contre indemnités.

Le Tigre bleu (1938)

Alfred Döblin

Le réalisme de l'auteur... et des jésuites

Les communautés indiennes créées par les jésuites au Paraguay étaient-elles des utopies socialistes ?

« Le tigre bleu, cette méchante bête qui apporte la dévastation, est descendu du ciel et déchire le monde » : pour les Indiens, ce sont les Blancs qui apportent l'esclavage et la mort. Mais ce n'est pas du point de vue des Indiens que Döblin regarde plusieurs siècles en arrière, dans l'Amérique du Sud conquise par les Espagnols et les Portugais. Ceux qui passionnent et même fascinent Döblin, ce sont les jésuites qui entreprennent, deux siècles durant, de regrouper les Indiens dans des « réductions », communautés qu'ils dirigent en pleine nature, loin des exactions des colons et de la corruption des villes.

▪ Les réductions

Ses premiers héros arrivent à São Paulo en 1549. Le souvenir de Las Casas, le défenseur des Indiens (... et partisan cependant de l'esclavage des Noirs), reste bien vivant. Les jésuites, fuyant l'hostilité de São Paulo, tels des pèlerins en route vers la grâce céleste, s'enfoncent dans la forêt avec les Indiens qui fuient les bandes esclavagistes paulistes. Ils créent leurs premiers villages, Loretto et Saint-Ignace. Ils sont soutenus de loin par « Moi-le-Roi », le souverain de l'Empire espagnol et, de plus loin encore, par la papauté qui, depuis 1537, a reconnu par la bulle *Sublimis Deus* que les Indiens étaient des hommes libres.

Massacrés une première fois vers 1630, les jésuites et leurs adeptes vont mettre sur pied de véritables petites armées.

L'auteur a détaché de fortes figures de frères : frère Mariana qui communie à tel point avec les Indiens et la nature qu'il est absorbé par la forêt et ses mythes, et en meurt ; Emmanuel de Nobrega, le premier Supérieur, ancien soldat devenu jésuite après que ses soudards eurent violé sa fiancée, clairvoyant, d'une grande force morale, et qui périt sans se défendre dans une attaque menée par les gens de São Paulo.

Döblin éprouve une sympathie certaine pour leur expérience. Il ne cache pas la dictature exercée par les pères sur tous les aspects de la vie de leurs ouailles indiennes, d'autant que les traits les plus égalitaires des débuts s'estompent. Mais il y voit une tentative courageuse de concilier catholicisme et respect des indigènes, dans des communautés que ne renieraient pas certains socialistes utopiques du XIXᵉ siècle. Socialiste allemand fuyant l'Allemagne nazie, tenté dans son exil par le catholicisme, Döblin a cherché l'inspiration et l'espoir loin du minuit de son siècle.

Trilogie
Le Tigre bleu fait partie d'une trilogie « amazonienne » comprenant *Le Pays de l'immortalité* et *La Nouvelle Forêt vierge*, actuellement introuvables en français.

Alfred Döblin (1878-1957)
Après son exil hors d'Allemagne, il prit la nationalité française, se réfugia ensuite en Amérique et se convertit au catholicisme. S'il est surtout connu pour *Berlin Alexanderplatz*, roman expressionniste sur les bas-fonds berlinois des années 20, ce médecin devenu écrivain est aussi l'auteur d'une passionnante tétralogie romanesque sur la Révolution allemande : *Novembre 18*, comprenant *Bourgeois et soldats*, *Peuple trahi*, *Retour du front*, *Karl et Rosa*.

Édition
Le Livre de poche, 446 p.

Fils d'homme (1960)

Augusto Roa Bastos

Les «veines ouvertes» du Paraguay

Cette chronique imagée d'un village pris dans la misère et la guerre cherche des raisons d'espérer.

Pour le Paraguay, la Grande Guerre, c'est celle qui l'opposa, entre 1865 et 1870, sous la dictature mégalomaniaque de Solano Lopez, à la fois au Brésil, à l'Argentine et à l'Uruguay. Le pays y perdit 80 % de sa population masculine.

Dans un village de la région de Villarica, la grande saignée est dans toutes les mémoires en ces années 1910. Des personnages étranges s'y succèdent. Histoires et légendes circulent. Survient 1912 et son soulèvement agraire. Au village de Sepukai, un convoi de rebelles s'était formé pour foncer sur la capitale. Une trahison, et le gouvernement lança une locomotive chargée de bombes à sa rencontre : un immense cratère rappelle la terrible explosion, les milliers de morts, des miliciens et leurs familles venues les encourager aux cris de «Terre et liberté !».

Survivants, Casiano Jara et sa femme Natividad, pour échapper à la répression, se font embaucher par «La Industrial» à la culture industrielle du maté, le «thé» de la région. Victimes de l'habituelle escroquerie qui maintient les ouvriers indéfiniment endettés envers les magasins de la compagnie, parqués et gardés comme des esclaves, ils réussiront pourtant à s'échapper de cet enfer.

Augusto Roa Bastos (1917)
Né à Asunción, il participa à la guerre du Chaco. Journaliste, il s'exila en 1947 après un coup d'État militaire. Après avoir vécu trente ans en Argentine, il partit pour la France. Son autre grand roman historique, d'une lecture plus difficile, *Moi le Suprême*, évoque la figure de José Gaspar Francia, dictateur et artisan de l'indépendance nationale du Paraguay de 1814 à 1840.

▪ Le Chaco

Leur fils Cristobal vivra un autre enfer : la guerre du Chaco. Comme la vivra aussi un officier emprisonné pour avoir entraîné des guérilleros paysans.

Roa Bastos consacre une grande partie du livre à cette guerre qui opposa le Paraguay à la Bolivie, culminant entre 1932 et 1935. Il montre des soldats conscients des enjeux, même si la plupart d'entre eux marchent et se sacrifient par patriotisme et obéissance : on va se battre «pour les titres et les actions des latifundistes [...], pour les titres et les actions des compagnies pétrolières [...], notre patriotisme va finir par sentir le pétrole». De fait, Standard Oil et Royal Dutch se disputaient les puits de pétrole par Boliviens et Paraguayens interposés.

Cette guerre du Chaco fut particulièrement atroce. Dans *Les 20 Amériques latines*, Marcel Niedergang écrit : «Il y eut des épisodes dantesques, dont on ne retrouve l'équivalent que dans les récits de la guerre d'Espagne ou les combats de jungle des îles du Pacifique.» Des pages terribles du roman montrent les ravages causés par les combats, les maladies, la soif. Le manque d'eau détruit rapidement les combattants. Dans un poste avancé, des soldats, lancés absurdement à plusieurs reprises à l'assaut d'une position bolivienne, crèvent littéralement de soif. Cristobal conduit un convoi suicide apportant des vivres et de l'eau. L'expédition devient calvaire.

Un avion la mitraille. Des hommes, amis ou ennemis, fous de soif, l'assaillent.

«Anciens combattants», dernier chapitre du roman, souligne les cicatrices de l'histoire.

La narration n'est pas linéaire. De courtes chroniques juxtaposées, réalistes ou mythiques, alternant lumière crue et éclairage indirect, mettent en relief les événements.

Roman désespéré ? Pour Roa Bastos, «il doit bien y avoir une issue à ce monstrueux contresens de l'homme crucifié par l'homme [...] ; il doit y avoir une issue, parce que sinon !»

«Veines ouvertes»
Nous empruntons cette expression à la remarquable étude d'Eduardo Galeano, *Les veines ouvertes de l'Amérique Latine* (coll. Terre Humaine) qui dénonce la mise en coupe réglée de cette partie du continent américain. Dans un autre ouvrage, *Mémoire de Feu*, ce même auteur évoque *Fils d'homme* et la guerre du Chaco : «[...] Roa Bastos raconte la pathétique épopée [...]. Il accompagnera les soldats perdus qui n'ont même pas une goutte d'eau à perdre en larmes».

Édition
Belfond, 376 p.

Débarquement de Hernan Cortés sur la côte du Mexique (1519), évoqué plaisamment par H.R. Haggard dans ***La fille de Montézuma.***

Cette illustration schématise l'arrivée des conquistadores : Cortés est «sauvé» des eaux par un «indien» ; mais une première échauffourée a lieu sur la plage. *Codex Azcatitlan*, copié peu après la Conquête, sur un document indigène. *Bibliothèque nationale*, Paris.

Ph. © Bilbl. Nat. - Archives Photeb.

La Forteresse verte (1986)

Eroll Lincoln Uys

Flashes sur l'histoire du Brésil

Une abondante documentation alimente l'histoire fictive de deux familles sur quatre siècles : une recette éprouvée.

Ancien collaborateur de James Michener, l'auteur exploite ici le même filon : en un gros volume appétissant, il parcourt les siècles. Découpé en huit périodes, de 1491 à 1960, le roman souligne des temps forts de l'histoire brésilienne : voici les Indiens à la veille de l'arrivée de Cabral ; l'installation des premiers colons portugais, les massacres et l'esclavage des Indiens qui commencent ; les débuts de la culture de la canne à sucre ; les réductions dans lesquelles les jésuites regroupent et protègent les indigènes ; ils sont attaqués par les bandeiras de São Paulo ; les Portugais ont à lutter contre les Hollandais qui se sont emparés d'une partie de la côte au XVIIe siècle ; pour les plantations de Pernambouc ou de Saõ Paulo et les mines du Minais Gerais, les esclaves Noirs sont préférés aux Indiens ; au XVIIIe siècle, à Lisbonne, le marquis de Pombal tente une nouvelle politique pour le Brésil ; c'est au Minais Gerais que le premier mouvement républicain est réprimé, à l'époque de la Révolution française ; au XIXe siècle, le Brésil indépendant de Pedro II est en guerre contre le Paraguay de 1865 à 1870 ; bientôt, dans le sertão, les humbles suivent un prêtre qui annonce l'Apocalypse et crée une communauté de 20 000 âmes, qui résistera longtemps aux assauts de l'armée avant d'être exterminée sous les bombes, à Canudos…

Deux familles, les da Silva et les Cavalcanti, déroulent leur généalogie pendant quatre cents ans et servent de fil conducteur à l'histoire. Les uns se sont établis au nord de Recife, les autres dans le Sud, près de São Paulo. L'auteur n'a guère le temps de détailler ses personnages et le lecteur de s'attacher à eux. Une génération succède rapidement à l'autre ; on oublie vite le jeune homme devenu grand-père puis ancêtre cent pages plus loin. Ainsi le veut ce genre de roman. Mais de telles familles sont des personnages en elles-mêmes : c'est autour d'elles que s'est constituée la société brésilienne.

▪ Le peuple brésilien

Cependant, en dehors de quelques da Silva et Cavalcanti, rudes hommes qui établissent et pérennisent leur dynastie, l'auteur a mis en relief les figures de déshérités : Aruana, le chef d'un groupe d'Indiens Tupiniquin qui, un jour de 1500, vit les voiles des premiers bateaux portugais sur l'horizon ; Pierre le Noir, un esclave que l'injustice conduit à la lutte armée ; Antônio Paciência, esclave mulâtre envoyé comme soldat dans la guerre contre le Paraguay et qui rejoint Vicente Mendes Maciel, l'apôtre de Canudos ; son fils Juraci, sauvé du massacre par le père Cervo Cavalcanti et qui, après avoir milité avec les communistes dans les années 30, est devenu médecin.

Eroll Lincoln Uys (1943)
D'origine sud-africaine, devenu citoyen américain en 1986, il fut rédacteur du *Reader's Digest* et l'assistant de James Michener lorsque celui-ci travailla à son roman sur l'Afrique du Sud, *L'Alliance*.

« Déviant de sa route en l'an 1500, Pedro Alvares Cabral avait découvert un paradis, une terre d'abondance à offrir aux hommes. Et cependant, après quatre siècles, on négligeait encore sa plus grande ressource, son peuple. » Un peuple formé d'Indiens, de Portugais, de Noirs, de toute une gamme de métis mais dominé par les riches, tous des Blancs ou, à défaut, « des Blancs par la terre ». Plus encore que l'histoire du sucre, du café et des mines d'or, *La Forteresse verte* est celle, violente, souvent atroce, de ce peuple.

Maîtres et esclaves
En 1933, Gilberto Freyre a fait, sous ce titre, un magistral et étonnant tableau de la société pluriculturelle brésilienne.

Édition
Presses Pocket, 740 p.

Le Valet d'aventure (1990)

Gilbert Pastor

1557-1560 : Les Français au Brésil

Entourés d'Indiens, catholiques et réformés s'affrontent.

Au milieu du XVIe siècle, une petite troupe française s'était établie sur une île en pleine baie de Geneure, le Janeiro portugais : voici fort Coligny, dirigé par Villegaignon.

« L'Histoire prend alors un tour si étrange que je m'étonne que nul romancier ou scénariste ne s'en soit encore emparé », écrivait Claude Lévi-Strauss dans *Tristes tropiques*.

Gilbert Pastor s'en empare. S'inspirant surtout de *L'Histoire d'un voyage fait en la terre de Brésil* du réformé Jean de Léry mais aussi des *Singularités de la France antarctique* du catholique André Thévet, l'auteur a bâti une histoire simple où la fiction permet une mise en forme alerte des relations de ces témoins, mais aussi quelques libertés avec les détails de l'histoire.

Fabien Clément, jeune Normand catholique loué par son père à M. de Vire, cosmographe du roi et savant huguenot, s'embarque pour le Brésil. Ses découvertes nous valent d'intéressantes descriptions des mœurs des Indiens tupis et margayas et de leurs rapports avec les Français qu'ils nourrissent, et qui cherchent en retour à les convertir en les « dépouillant de leur mauvaise nature ». Ce qui horrifie les Européens, c'est de voir les Indiens tuer et manger leurs prisonniers. Mais est-ce plus atroce, pour les réformés, que les catholiques prétendant manger et boire, par l'hostie et le vin, le corps et le sang du Christ ?

L'atmosphère devient de plus en plus irrespirable dans la communauté française enfermée dans son île. Des marins – et Fabien Clément lui-même – préféreront « s'ensauvager » et vivre à l'indienne plutôt que de rester dans le fort qui sera finalement pris par une escadre portugaise.

Gilbert Pastor (1953)
Enseignant, il a déjà publié un autre roman, *L'Homme de Clipperton.*

Édition
Balland, 283 p.

La Guerre de la fin du monde (1981)

Mario Vargas Llosa

Quand un prophète rend espoir aux déshérités

Au fin fond de la province de Bahia, le XIXe siècle finit sur une vision d'apocalypse.

Mario Vargas Llosa (1936)
Candidat malheureux de la droite libérale à l'élection présidentielle de juin 1990 au Pérou, il expliquait son évolution politique et ses idées littéraires dans *Contre vents et marées*, recueil de textes de 1960 à 1983. Parmi ses romans, citons : *Histoire de Mayta*, enquête d'un journaliste sur un militant révolutionnaire présenté comme un marginal, mais surtout *L'Homme qui parle*, attachant récit sur la culture des Indiens de la forêt amazonienne et leur destruction par la société moderne.

Édition
Folio, 700 p.

Dans les campagnes désolées du Nordeste, un illuminé va de village en village, prêchant l'amour du Bon Jésus. Il entraîne avec lui les plus misérables, les désespérés, et les criminels dès lors repentis. Cette poignée de fidèles devient foule, armée, et finit par se retrancher avec le maître dans Canudos, un village abandonné qui devient comme une capitale des miséreux, mais aussi, à sa manière, un centre politique.

Car, dans le contexte, l'affaire prend une dimension révolutionnaire. Pourtant, Antonio le Conseiller a jeté l'anathème sur la jeune République proclamée en 1889, et réprouve tout ce qui vient d'elle : le recensement, les impôts, le mariage civil et le système métrique. Il attend la résurrection du roi du Portugal dom Sebastiao, mort depuis trois siècles. Mais s'il veut rétablir l'empire, c'est que pour lui le dernier empereur du Brésil, Pedro II, est celui qui a aboli l'esclavage. Et s'il voit dans la République l'incarnation de l'Antéchrist, c'est qu'elle ne s'adresse pas aux pauvres. D'ailleurs, les Républicains tentent, tout comme les féodaux du Parti autonomiste, de se servir de la rébellion chacun pour son compte, puis se réconcilient contre le soulèvement quand celui-ci devient trop populaire. Malgré manœuvres et provocations (par exemple pour faire d'eux des agents de l'ingérence anglaise), les fidèles d'Antonio ne dévient pas de leur ligne : ils vivent en une communauté parfaitement égalitaire, et résisteront jusqu'au dernier aux troupes de la République.

▪ Figures fantastiques

Tous les personnages sont démesurés, soit par leur mysticisme (tels Antonio ou les femmes qui vont former l'autorité morale du groupe), soit par leur aspect physique contrastant avec leurs qualités morales ou leurs dons (le Nain rescapé d'un cirque, le Lion au corps monstrueux), soit par leurs contradictions (ainsi les *cangaceiros*, bandits et tortionnaires, devenus des sortes de soldats du Christ). Galileo Gall, un Écossais qui a vécu la Commune de Paris, semble débarqué d'une autre planète avec ses analyses marxistes sur le soulèvement. Un autre citadin, un journaliste qui accompagne jusqu'au bout les insurgés, servira aussi de témoin oculaire... malgré sa myopie invalidante.

Les illuminés de Canudos mettent en déroute trois expéditions militaires avant de succomber, décimés par les privations autant que par les combats. Au nom du progrès, leur ville est rasée, tant ils ont fait peur aux tenants de l'ordre nouveau : la légalité républicaine. Quant au représentant de l'ordre ancien, il semble dégénérer au cours d'une longue scène de viol dont on ne voit guère l'intérêt.

L'Année de la grande sécheresse

Rachel de Queiroz (1930)

Le fléau de 1915 dans le sertão brésilien

Sans fioritures ni théorie, un livre qui témoigne.

Un hiver sans pluie dans le Nordeste, c'est la mort des végétaux, puis très vite celle des bêtes, et pour les hommes la torture de la soif, du soleil, de la poussière, de la famine. Les deux familles dont parle le roman cherchent, comme tous les habitants de la région, à échapper à la ruine pour les mieux nantis, à la mort pour la majorité pauvre.

Vicente appartient à un milieu de propriétaires terriens éleveurs de bétail. Si lui-même, se consacrant à la ferme, mène la vie des vachers, sa cousine est institutrice, son frère va être magistrat. Aussi Vicente, à la charnière de deux classes sociales, se sent-il mal à l'aise. Lors de la sécheresse, il se dépense sans compter pour sauver les bêtes. Sa cousine visite les réfugiés rassemblés dans des camps où le gouvernement leur distribue des rations de famine.

Ces camps sont une voie souvent sans issue pour les paysans pauvres et ouvriers agricoles qui, après la mort de leurs quelques têtes de bétail, partent droit devant eux avec femme et enfants, complètement démunis, agonisant de faim et de soif au bord des routes. Ainsi Chico s'est mis en marche pour l'Amazonie, « où l'eau ne manque jamais » et où le caoutchouc lui permettra, croit-il, de gagner sa vie. Il échoue avec ses enfants survivants dans un de ces camps. La solidarité de *compadres* (parrains de ses enfants, cette institution étant fort respectée dans la société sud-américaine), lui permettra d'en sortir pour tenter sa chance à São Paulo (où il ne sait pas que les bidonvilles l'attendent).

Dans sa simplicité, ce petit livre, tout en donnant un aperçu de la société rurale du Brésil, est une description poignante des ravages causés par les sécheresses récurrentes. Et il ne prétend à rien d'autre qu'à décrire. L'exode, les souffrances, la mort de tant d'innocents y sont présentés comme une fatalité. Les gens ont du cœur, mais sont dépassés par la situation, et la solidarité ne semble pouvoir provenir que des gestes individuels, forcément dérisoires. Une réalité qui, soixante-quinze ans plus tard, est loin d'appartenir à l'Histoire.

Rachel de Queiroz (1910)
Elle écrivit à vingt ans *L'Année de la grande sécheresse*, qui ouvrit sa carrière de romancière. Elle est la seule femme à siéger à l'Académie brésilienne. On trouve aussi en français les romans *Dora Doralina* (histoire d'une vieille femme du sertão) et *Jean Miguel* (histoire d'un pauvre emprisonné pour meurtre).

Le roman brésilien, 1930-1940
« La vogue que connaît alors le "roman du Nordeste" donne un accent nouveau au régionalisme ; la vision paternaliste et exotique qui le caractérisait cède la place à une position critique, souvent agressive, partant de la situation du spolié et engendrant une ouverture sur un nouveau réalisme du vocabulaire comme des situations. L'œuvre de Graciliano Ramos (l'un des auteurs fondamentaux de notre littérature), de Rachel de Queiroz, de José Lins do Rego, les premiers romans de Jorge Amado sont les principaux jalons de ce mouvement de rénovation ». Antonio Candido, *Magazine Littéraire* du 09/82.

Édition
Stock, 142 p.

Sorti tout droit de ***Forêt vierge***
de Ferreira de Castro, ouvrier pesant le caoutchouc au Brésil en 1925.

Ph. © Edimedia.

Les Terres du bout du monde (1942)
La Terre aux fruits d'or (1944)

Jorge Amado

Ilhéos, pays du cacao roi, au début du siècle

Un ton de bonhomie complice tempère l'âpreté de la lutte des classes et le déchaînement des passions.

Le premier tome s'appelait, dans une édition française antérieure, *La Terre violente* : de fait, c'est l'histoire des affrontements violents pour la conquête des terres à cacao près d'Ilhéos, dans l'État de Bahia, au Brésil. Deux gros propriétaires, des «colonels» comme on les appelle, veulent mettre la main sur la forêt de Sequeiro Grande. Qui gagnera, du colonel Horacio ou de la famille Badaro ? A coups d'appuis politiques, de corruptions, de procédures judiciaires et surtout à coups de feu, l'affaire met du temps à se régler. Place aux *jagunços*, ces hommes de main tirés des rangs des travailleurs misérables pour servir de tueurs. Les petits propriétaires sont obligatoirement d'un côté ou de l'autre. Quant à ceux qui s'échinent sur les plantations et qui en font la richesse, ils ont, moins que tous, droit à la parole. C'est l'époque où des pauvres chassés des terres du Nord par la sécheresse, ou d'autres venus d'ailleurs, espèrent, se fiant aux rumeurs, pouvoir s'enrichir à Ilhéos en travaillant dur. Ils espèrent revenir vite chez eux, acheter un bout de terrain, y vivre avec leur famille ou en fonder une. Mais la terre à cacao les fait prisonniers : prisonniers de leurs dettes illégales envers leurs patrons, prisonniers de leur désespoir.

La Terre aux fruits d'or se déroule une quinzaine d'années plus tard, dans les années 30. Les cacaoyers se portent mieux que jamais. Mais une nouvelle force est née : les exportateurs, qui peuvent manipuler les cours et vont s'employer à mettre la main sur les terres que les colonels avaient conquises la serpe, le pistolet et le fouet à la main. A Ilhéos, une autre force encore se développe, clandestinement, celle des communistes.

▪ Sympathies

Jorge Amado, comme ses personnages, est épris de cette terre. Il est attaché à ses hommes. Toute son écriture les chante. Et d'abord les travailleurs, ceux qui souffrent dans les plantations de cacao et qui ont aux pieds une croûte permanente de boue de cacao formant semelle ; leurs femmes usées, aux mains couvertes de cicatrices, d'autant plus désirées qu'elles sont peu nombreuses. Ce sont des victimes résignées, aliénées. Mais même les grands propriétaires, ces violents exploiteurs sans scrupule, ont droit à une petite pointe de sympathie. Le

«Cacao»
Tel est, simple et clair, le titre d'un petit roman réaliste d'Amado, consacré à la vie des travailleurs des plantations, et qui précéda et annonça *Les Terres du bout du monde.*

Jorge Amado (1912)
Le petit peuple de Bahia (aujourd'hui Salvador) est au cœur de *La Boutique aux miracles.* Amado parle plus particulièrement des habitants d'un immeuble dans *Suor*, des Noirs dans *Bahia de tous les saints*, des marins dans *Mar Morto*, des enfants abandonnés dans *Capitaines des sables*. Ses convictions communistes s'y mêlent à son attachement sentimental aux pauvres. *Les Chemins de la faim* sont ceux des métayers chassés de leurs terres dans les années 30.

Édition
Messidor,
318 p. et 450 p.

vieux colonel Horacio, à moitié aveugle, bourreau et assassin de bien des hommes, même lui trouve grâce aux yeux de l'auteur, lui inspire pitié et respect : il est attaché à sa terre. Amado parle aussi avec bienveillance des milieux du jeu ou de la prostitution : cela fait partie du folklore.

Ceux qui, par contre, ne lui inspirent guère de sympathie, ce sont les exportateurs, pour la plupart étrangers. Ce sont aussi les intégralistes, version locale des fascistes. On est dans les années 30 et le Parti communiste brésilien clandestin prône l'union des petits propriétaires et des prolétaires. Amado rend hommage à ses militants comme Joachim, fils d'un ancien homme de main d'Horacio devenu petit propriétaire.

▪ Le peuple roi

Mais l'auteur échappe aux dangers du roman didactique. S'il cherche à mettre à nu les mécanismes de la lutte des classes, ses romans débordent de passion, d'amour des femmes, de goût pour les chants et les fêtes de son peuple. C'est ce peuple, mélange de toutes les couleurs qui, chez Amado, avant le cacao, est roi.

Et encore...

A. Gerber s'est reporté au temps des Aztèques dans *Le Jade et l'Obsidienne*. Dans *Huracàn-Cœur-du-ciel* de F. Pisani un conquistador naufragé s'intègre chez les Mayas.
Des Nouvelles de l'Empire de F. del Paso parlent du Mexique au temps de l'empereur Maximilien. La Révolution mexicaine est au cœur de *Ceux d'en bas*, de M. Azuelas, et de *La Plus Limpide Région* de C. Fuentes. Ajoutons *L'Aigle et le Serpent*, de M.L. Guzman, récit autobiographique passionnant d'un compagnon de Pancho Villa et *La Soldatera* de Dugrand/Vallaeys sur la dictature de Porfirio Díaz.
L'exploitation contemporaine des Indiens est dénoncée dans *Huasipungo* (ou *La Fosse aux Indiens*) de l'Équatorien J. Icaza et dans la *Symphonie péruvienne* (ou *Vaste est le monde*), superbe roman de C. Alegria. Pour écrire *Forêt vierge*, J.M. Ferreira de Castro s'est inspiré de sa propre expérience de la récolte du caoutchouc dans la forêt amazonienne au début du siècle. *Les Tambours noirs* de J. Montello sont une saga sur l'esclavage africain au Brésil. C. Villaverde a dédié aux femmes cubaines son roman *Cecilia Valdès*, tableau de la société esclavagiste cubaine au début du XIXe siècle, vue par un libéral.
Le Torrent de feu de O. Cerruto, c'est celui de la terrible guerre du Chaco entre la Bolivie et le Paraguay dans les années 1930. *Le Sang dans la rue* de G. Atias rappelle la situation du Chili d'Allende.
Enfin notons, bien que ce ne soient pas des romans, les trois tomes inclassables de *Mémoire de feu* de E. Galeano : suites de courtes chroniques, légendes et évocations poétiques épousant la chronologie, ils forment comme une contre-histoire de l'Amérique latine depuis la conquête.

Antilles francophones

«Il était une fois, sur une planète étrange, une petite négresse nommée Bayangumay. Elle était apparue sur terre vers 1750.»

Début de : ***La Mulâtresse Solitude,***
André Schwarz-Bart.

Les Cacos (1989)

Jean Metellus

Haïti 1915-1934 : le temps du mépris

Combat pour la vie et magie vaudou animent ce roman réaliste de la lutte des Cacos contre l'occupation américaine.

Jean Metellus (1937)
Neurologue vivant dans la région parisienne, il manifeste dans son œuvre un profond attachement à la terre haïtienne et à la liberté de son peuple. Dans *La Famille Vortex*, il montre la diversité et la richesse humaine des Haïtiens malgré l'oppression. *L'Année Dessalines* évoque le Haïti de 1960, la révolte des hommes réunis dans la fidélité à Dessalines, père de l'indépendance en 1804. *Jacmel au crépuscule* est une chronique de cette ville en 1956. Œuvre théâtrale montée par Antoine Vitez à Chaillot en 1985, *Anacaona* est une évocation épique d'une reine d'Haïti, brûlée vive par les hommes de Colomb.

Édition
Gallimard, 303 p.

« Le peuple ne se résoudra pas à accepter un nouvel esclavage par des Blancs, quoique nos dirigeants se soient arrangés depuis 1804 pour leur faire accepter l'esclavage du Nègre par le Nègre. » Les Américains, en mettant sous tutelle et en occupant Haïti de 1915 à 1934, ont parfois donné l'espoir à des Haïtiens qu'ils mettraient fin à l'instabilité politique et à la misère. Ceux-là déchantèrent vite. Les occupants avaient trop de mépris envers la population pour œuvrer dans son intérêt. Les hommes furent contraints à la corvée pour la construction de routes, à peine nourris et soumis aux bastonnades. Des soudards, comme le major Johnson du livre, pouvaient torturer et assassiner impunément. Le racisme s'étalait ouvertement. Pourquoi cette politique ? « L'enfer qu'ils nous font connaître vise aussi à démobiliser les Noirs américains », pense le Dr Prassinez, un opposant.

Car il y a des opposants. Si les Américains ont trouvé des hommes de paille et si une petite partie des paysans et des couches moyennes trouve son compte à la situation, le meilleur du peuple se retrouve dans une opposition qui, nécessairement, devient lutte armée.

▪ La cité résistante

Jean Metellus accompagne les premiers combattants, ces Cacos, guérilleros impuissants qui d'abord attirent des représailles sur la population qui ne les suit guère. Mais les exactions des occupants vont pousser cette population à bout. Certains, pour ne pas mourir de faim, partent pour un quasi-esclavage à Cuba. D'autres rejoignent les combattants de la première heure : Alexandre Basalte, Thémistocle, Rouleau, et des femmes telles Clarita et Pauline. Sur le plateau de Bobois va naître une cité de l'insurrection regroupant plusieurs milliers de Cacos. On y vénère des dieux vaudou, Ogoun le Guerrier, Agoué le maître de la Mer, Arada le génie du Bien. Les insurgés s'attachent à leurs dieux comme aux symboles de l'identité qu'on leur refuse. L'occupant sait cela, qui veut interdire le culte vaudou. De même qu'il interdit le carnaval dans sa forme habituelle, expression de la liberté d'un peuple. En échange, il introduit... la boxe !

Le peuple haïtien que montre Metellus est plein de contradictions, empreint de violence et de superstitions. Mais la civilisation qu'apportent les États-Unis fait de la violence un usage à grande échelle. Le plateau de Bobois est bombardé par avion. Alexandre Basalte, le dirigeant charismatique, est assassiné. Mais là où son cadavre crucifié est exposé, un bouquet de bougainvillées rouges apparaît chaque matin : l'éternelle lutte inégale des Haïtiens pour la liberté relève de la magie ; elle est pourtant bien réelle.

La Montagne d'ébène (1984)

Roland Brival

En Martinique, l'heure de l'abolition approche

Fureurs exotiques et aspirations égalitaires composent une peinture de la société coloniale sous Louis-Philippe.

Macouba devrait être l'un des derniers Noirs arrachés à l'Afrique pour travailler comme esclave aux Antilles françaises : le roi bourgeois, au pouvoir à Paris depuis trois ans, vient d'interdire la traite. La même année, l'Angleterre, elle, abolit l'esclavage dans ses dix-neuf colonies (contre dédommagement !). Les békés (les planteurs blancs propriétaires d'esclaves) voient les temps changer avec une mortelle inquiétude, et n'ont rien d'autre à opposer aux idées issues de la Révolution française que la violence de leurs préjugés.

Tel est le contexte politique du roman, son contexte social étant la société bipolaire des Antilles après trois siècles d'esclavage : les Noirs tentent de se libérer par des révoltes qui, faute de coordination, ne sont la plupart du temps que des explosions de violence sans lendemain ; les Blancs créoles n'imaginent rien d'autre que cet ordre esclavagiste qui les a enrichis, mais aussi dépravés.

▪ Aliénations

Ainsi Monsieur de Saint-Aubin, le maître de Macouba, par ailleurs leader politique de sa caste, est, à force d'abus sexuels, poussé vers l'inceste. Ce passage du roman est un peu chargé, mais il n'est pas étonnant que ces petits seigneurs, jouissant des droits de vie, de mort, et de cuissage sur tant d'êtres humains, aient été psychologiquement détraqués. Et l'amour qui naît entre Macouba et la fille du maître, Mara, ne peut qu'être marqué par le fossé de haine et de mépris qui sépare les deux races.

Plutôt invraisemblable, dans ces conditions, va apparaître la conversion de Mara, qui, pour suivre Macouba chez les « marrons », abandonne son cocon de privilégiée et choisit de vivre en « négresse », pourchassée qui plus est. Mais après tout, ce roman ne se veut pas analyse psychologique, mais fresque historique. Et il montre très bien l'héritage sanglant du passé, mais aussi l'ampleur des luttes à venir. Car, réfugiés aux Antilles anglaises, Mara et Macouba découvrent que la liberté y est bien limitée : même émancipés, les Noirs continuent à s'échiner dans les champs de canne à sucre, et misère et mépris sont toujours leur lot. Après la mort de Macouba, Mara se donnera pour but d'armer moralement leur fils pour qu'il participe à la conquête de la liberté pour tout son peuple.

Rappelons que l'esclavage, supprimé par la Convention en 1794, avait été rétabli par Bonaparte en 1802. L'abolition définitive dans les colonies françaises fut votée, à l'instigation du député Victor Schœlcher, par la République issue de la révolution de 1848.

Roland Brival (1950)
Martiniquais, il travaille en France dans le cadre de ses activités artistiques (il combine les carrières d'écrivain, d'auteur-compositeur, de metteur en scène de théâtre, et de peintre plasticien). Ses romans reposent sur ses recherches autour de l'histoire de la Martinique : *Martinique des cendres*, *Le Sang du roucou*... *No man's land* est un roman contemporain sur le métissage. Dans son dernier roman *Le Chevalier de Saint-Georges*, le héros est un aristocrate mulâtre à la cour de Louis XVI.

Édition
J.-C. Lattès, 307 p.

La Mulâtresse Solitude (1972)

André Schwarz-Bart

Guadeloupe 1760 – 1802 : ode à la liberté

L'esclavage n'a pas pu tuer l'âme africaine.

André Schwarz-Bart (1928)
Après *Le Dernier des Justes*, sur la persécution des Juifs, il écrivit avec sa femme Simone – Antillaise, auteur de *Pluie et vent sur Télumée Miracle* et *Ti-Jean l'horizon* –, *Un Plat de porc aux bananes vertes* (1967), sous-titré déjà *La Mulâtresse Solitude* : celle-ci est l'ancêtre d'une vieille Antillaise qui écrit ses souvenirs dans un hospice.

Édition
Le Livre de poche, 156 p.

« La Mûlatresse Solitude allait être mère. Elle participa à tous les combats au poste de Dolé ; arrêtée et emprisonnée, elle fut suppliciée dès sa délivrance le 29 novembre 1802. » Citant un historien, l'auteur rappelle la réalité de son personnage qui lutta pour la liberté des Noirs à l'époque de la Révolution française. Entre autres sources, il s'est inspiré de la tradition orale ; il a construit un texte d'une sobre poésie où le réalisme magique fait jaillir la révolte longtemps confuse et retenue de Solitude.

Sa mère Barangumay, Négresse diola arrachée à l'Afrique, est violée sur le bateau puis, privée de son nom, rebaptisée Bobette, devient esclave chez les Du Parc en Guadeloupe. Vieille femme avant l'âge, détruite dans sa chair comme son ami le Nègre à pilon estropié pour avoir tenté de fuir, elle garde au fond des yeux la haine des oppresseurs. Cette flamme, Rosalie, la fillette née du viol, la perçoit. Une nuit, Bobette s'enfuit chez les Nègres Marrons.

Le départ de sa mère est un choc pour Rosalie, soudain atteinte de bégaiement. Certains l'appellent Deux-Ames : son teint pâle de métisse, ses yeux vairons semblent exprimer un dédoublement. L'esclave docile un peu folle porte secrètement en elle une âme africaine. Coupée de tous, elle crie son nom : Solitude ! Mais « les larves pondues par les Blancs dans la tête des Noirs » n'ont pas corrompu son esprit. Comme instinctivement, elle part à la recherche de sa mère, et retrouve son âme de Négresse aux côtés des Marrons.

Et encore...

Gouverneurs de la rosée de J. Roumain est un beau roman sur les paysans d'Haïti, l'oppression qu'ils subissent, sur le sous-développement et le rôle de la religion vaudou. J.S. Alexis, dans *Compère général soleil* raconte l'histoire d'un jeune emprisonné pour vol de nourriture et devenu communiste en prison. Du même auteur : *Les Arbres musiciens* (Haïti 1940).

E. Glissant dans *Mahagony* exprime la révolte qu'est le marronnage en Martinique, à travers trois récits échelonnés dans le temps. Dans *Le Quatrième Siècle*, il suit l'itinéraire parallèle de deux familles noires depuis 1788, l'une descendant d'un Marron, l'autre d'un esclave. R. Confiant montre le régime de Vichy en Martinique dans *Le Nègre et l'Amiral*.

D. Maximin, dans *L'Isolé soleil*, a suivi les traces de cinq générations de Guadeloupéens, mêlant les genres et les périodes. De plain-pied dans son époque, M. Jeanne, dans *La Chasse au Racoon*, rappelle les conflits sociaux et politiques en Guadeloupe en 1967. (Sur les Antilles à l'époque de la Révolution française, voir aussi pages 75-76.)

Afrique noire

«“Il y a de cela environ trois cents ans moins vingt ans”... Ainsi s'exprime l'Ancêtre du village, le conservateur des traditions du Bwamu.»

Début de : ***Crépuscule des temps anciens,***
Nazi Boni.

Ségou (1985)

Maryse Condé

Un roman historique unique sur le XIXe siècle malien

Fétichisme contre Islam, Noirs contre Noirs, Noirs contre Blancs : splendide et convoitée, Ségou jette ses derniers feux.

Maryse Condé (1937)
Guadeloupéenne, mariée à un Guinéen, elle séjourne dans différents pays africains où elle enseigne : Guinée, Ghana, Sénégal, puis exerce à Paris à la Sorbonne. Spécialiste de la littérature africaine d'expression française, elle l'a analysée sans concession. Auteur d'études littéraires, de pièces de théâtre, elle a écrit aussi d'autres romans tels *Heremakhonon* — roman autobiographique des déceptions d'une Guadeloupéenne dans la Guinée indépendante — et *Moi, Tituba, sorcière noire de Salem*, rappelant qu'une Noire se trouvait parmi les femmes condamnées en 1692 par des puritains américains.

Édition
Le Livre de poche, 3 tomes, 1 270 p.

1797 : « Ségou était à l'apogée de sa gloire. Sa puissance s'étendait jusqu'aux marches de Djenné, la grande cité marchande sur la rive du Bani. On la craignait jusqu'à Tombouctou, à la lisière du désert. Les Peuls du Macina étaient ses vassaux et lui payaient annuellement de lourds tributs de bétail et d'or [...]. La guerre était le nerf de sa puissance et de sa gloire. » Les Bambaras de Ségou prospéraient de l'esclavage. Au début du XIXe siècle, l'islam fut pour les Peuls un puissant fédérateur contre Ségou, l'oppresseur fétichiste. L'islam pénétrait d'ailleurs de plus en plus dans Ségou même, inexorablement. Plus tard, un cheikh musulman Toucouleur, El Hadj Omar, s'imposera par les armes, conquérant Ségou en 1861. Au milieu de ces luttes ethniques et religieuses, les colonisateurs français fournissaient des armes à feu aux uns et aux autres. Longtemps la menace qu'ils représentaient ne fut pas perçue à sa juste mesure. Les troupes françaises d'Archinard pénétreront dans Ségou en 1890.

Maryse Condé, par l'intermédiaire de ses héros, conduit aussi le lecteur au royaume Ashanti, au Sokoto, à Abomey ou à Saint-Louis sur le Sénégal, et même au-delà. La famille Traoré, famille de nobles bambaras proches du pouvoir, éclate sous les coups de boutoir de l'islam et des luttes politiques. Tiékoro va apprendre l'arabe et la religion musulmane à Tombouctou et à Djenné. Il jouera un rôle déterminant pour saper les croyances fétichistes dans sa ville. Un de ses frères, devenu commerçant, atteint Fès ; un autre, capturé, est emmené comme esclave au Brésil où il sera exécuté pour rébellion. Un quatrième, Malobali, fait un grand périple en Afrique de l'Ouest ; son fils, parti à la Jamaïque, le pays des « Noirs libres », sera cruellement déçu.

▪ Les femmes

Tous ces hommes sont contraints par les événements à des choix difficiles. Cantonnées dans leur rôle d'épouse et de mère, les femmes ont de plus à combattre quotidiennement pour leur dignité. Elles aussi s'engagent et se montrent prêtes, par fidélité aux principes qui les guident, à mettre en jeu leur bonheur et leur vie pour sauver leur honneur.

La seule femme que les hommes respectent toute leur vie, c'est leur mère. Comme elle, Ségou, terre nourricière, exerce une attraction qui, un jour ou l'autre, lui ramène ses fils les plus éloignés. Et la mort, amère et tragique, qui fauche ces hommes en ces temps douloureux, annonce la fin prochaine de la belle cité aux murailles de terre.

La mosquée de Djenné (Mali), ville rivale de ***Ségou***.

Ph. © Abbas - Magnum.

Le Lion à l'arc (1985)

Massa Makan Diabate

Un épisode de la formation de l'empire du Mali

Un griot chante les hauts faits du roi Sun Jata au XIIIe siècle.

Massa Makan Diabaté (1938-1988)
Les trois romans : *Le Lieutenant de Kouta*, *Le Coiffeur de Kouta*, *Le Boucher de Kouta*, parlent d'une petite ville malienne avant et après l'Indépendance.

Édition
Hatier/Monde noir, 88 p.

Chargés de la transmission orale du passé, les griots peuvent être considérés comme les historiens traditionnels de l'Afrique. Leurs récits, en partie chantés avec un accompagnement musical, tiennent de l'épopée, du poème, du conte fantastique. Dans ce petit livre, l'auteur a voulu transcrire par écrit l'art et l'éloquence de son oncle Kele Monson Diabaté, issu d'une longue lignée de griots malinkés.

Kele Monson raconte à son jeune frère Seku la vie de Sun Jata (Soundjata) qui, au XIIIe siècle, reconquit le royaume de son père, le Manden, et l'agrandit en dominant le pays Soso. La vie et les épreuves du héros (enfance difficile, rivalité dynastique, exil, revers militaires) ne sont évoqués qu'en contrepoint, s'effaçant derrière les effets de langage, épisodes allégoriques, descriptions de sortilèges, rappels répétés de généalogies, chants, etc. : un style qui exprime, plus encore que l'épopée historique, la vision du monde mandingue.

Le Dernier survivant de la caravane (1985)

Étienne Goyémidé

L'écriture de la tradition orale

Au XIXe siècle, les esclavagistes saignaient l'Oubangui.

Étienne Goyémidé (1942)
Centrafricain, il est aussi l'auteur du *Silence de la forêt*, chez le même éditeur, récit original sur les Pygmées de la forêt équatoriale.

Édition
Hatier/Monde noir, 127 p.

Le vieux Ngalandji est le dernier survivant de son village razzié par des cavaliers enturbannés à la peau couleur cuivre. Ce soir, il raconte. Niché au confluent de deux rivières, son village était prospère, avait fait reculer la forêt ; ses greniers étaient pleins. Une nuit, soudain, des cris terrifiants d'hommes qu'on égorge ; le feu ravage les cases. A coups de fouet et de sabre, les habitants sont regroupés, attachés. L'exode commence, semant les cadavres.

Cependant, la communauté en détresse trouve des ressources en son sein. La doyenne pousse un chant d'espoir avant de mourir. Le chef Koyapolo crache son mépris à la tête des esclavagistes. Des légendes et complaintes célèbrent la force des faibles : celle du frêle roitelet qui eut raison de l'éléphant, celle des femmes qui surent empêcher une guerre fratricide. La tradition fortifie moral et courage : à la première occasion, la révolte balaiera les marchands d'hommes.

Le Tombeau du soleil (1986)

Philippe Laburthe-Tolra

La vie quotidienne dans la forêt camerounaise

Un ethnologue reconstitue les modes de vie et de pensée développés par un clan africain jusqu'au XIXe siècle.

Le lecteur est introduit d'emblée au cœur d'un village et dans l'esprit de ses habitants : les Bendzo du clan d'Amougou, rameau d'un groupe familial plus large issu d'un aïeul fondateur. Pas entièrement sédentarisés, ils cultivent le souvenir du temps où leurs ancêtres traversèrent le fleuve, gardent l'habitude de déménager de temps en temps, et essaiment régulièrement pour donner à chaque guerrier sa chance de devenir le fondateur d'un lignage : habitudes de chasseurs, tempérées par l'agriculture que pratiquent les femmes dans des jardins gagnés sur la forêt.

▪ Rites et tabous

Dans cette société guerrière et patriarcale, le statut des femmes (mariées extrêmement jeunes, prêtées, échangées) est subtil. La polygamie combine obligations et tabous avec une indulgence qui leur laisse en fin de compte de grandes possibilités de liberté sexuelle. Les cérémonies de culte à la féminité sont respectées autant que les rites d'initiation des hommes. Ici apparaît le défaut du récit : certains passages, sinon des chapitres entiers, retraçant les rites animistes (parfois cruels) se contentent de décrire en détail les faits et gestes, sans en donner la plupart du temps la signification. Le lecteur, qui se doute bien que tout a une valeur symbolique (métaphysique, sociale, ou morale), en est réduit à des suppositions. L'auteur, qui a vécu longtemps au Cameroun, s'est appuyé sur des récits authentiques et a visiblement voulu laisser la parole aux Bendzo.

L'influence du monde extérieur filtre discrètement vers ces sociétés isolées. Ainsi un esclave d'origine inconnue, à la peau claire, à l'éducation tellement différente, échoue chez les Bendzo après tout un périple. Grâce à l'amitié du fils d'Amougou, il s'intégrera complètement, puis disparaîtra, ne laissant derrière lui que des enfants au teint clair et, dans l'esprit de son ami, une certaine soif de contacts. Ce sont des échanges commerciaux qui vont commencer à transformer la société bendzo dans un sens irréversible : des produits venus du monde des « fantômes » blancs (étoffes, fusils, sel) ont un succès immédiat dans cette société à l'économie naturelle et autarcique. Qui s'en réserve le monopole s'assure un surcroît de pouvoir et de richesse encore inégalés et voit converger vers lui parents et étrangers : le village s'agrandit d'un coup...

Le livre apporte encore un intéressant aperçu du rôle des Pygmées, profondément pacifiques, médiateurs (comme guides, interprètes, amis et initiateurs) entre les peuples noirs.

Philippe Laburthe-Tolra (1929)
Universitaire enseignant l'anthropologie sociale, il a exercé en France et dans différents pays africains. Il est l'auteur d'un autre roman ethnographique, *L'Étendard du Prophète*, et a publié des études sur les Bétis du Cameroun (*Les Seigneurs de la forêt, Initiations et sociétés secrètes au Cameroun*).

Édition
Seuil, 370 p.

Monnè, outrages et défis (1990)

Ahmadou Kourouma

L'amère ironie des peuples outragés

En pays mandingue, de la colonisation à la guerre froide, un chef d'une exceptionnelle longévité vit une sanglante et humiliante collaboration.

Ahmadou Kourouma (1927)
Né en Côte-d'Ivoire, il est l'auteur d'un autre beau roman, *Les Soleils des Indépendances* (1970) contant la déchéance d'un prince malinké devenu mendiant aux lendemains de l'Indépendance, roman qui reçut le prix de l'Académie française.

Le mot malinké *monnè* signifie tout à la fois outrages, défis, mépris, injures, humiliations, colère rageuse, tout ce que recevaient et ressentaient les Noirs lors de la colonisation.

▪ Hécatombes

Pourtant, le héros fictif du livre, le roi de Soba Djigui Keita s'était mis au service du colonisateur. Fanfaron, il s'était opposé à la politique de la terre brûlée, prônée par l'empereur mandingue Samory, prétendant pouvoir arrêter par sa magie et une muraille de terre l'envahisseur français. S'appuyant désormais sur lui, celui-ci va pouvoir apporter la «civilisation» : «Pas un esclave dans un pays conquis par la France», clame le Blanc. Puis il impose ses deux lois, transmises par l'interprète : «La première s'appelle impôt de capitation, pour chaque membre du clan qui prend et lâche l'air [...]. Allah pardonne, le Toubab jamais au nègre qui ne s'acquitte pas de son impôt [...]. La deuxième loi du Blanc est la recherche du confort [...]. Le Blanc n'hésite pas à faire le bonheur de l'autre quand même celui-ci ne le désire pas.» Pour tout cela, le Nègre doit gagner de l'argent et fournir des produits de la terre au Blanc. Une exténuante et meurtrière exploitation commence aussi avec l'organisation du travail forcé : Djigui Keita, prétentieuse marionnette des Blancs, auquel on a fait miroiter la venue d'un train jusqu'à chez lui, alimente les chantiers en hommes, ses sicaires usant de toutes les violences pour emmener les villageois. Sur les chantiers, dans la lagune et la forêt, tous, «sauf ceux qui ont déserté», meurent pour construire la voie ferrée du Blanc et du chef. Albert Londres, dans *Terre d'ébène*, témoigna en son temps de telles hécatombes : 17 000 morts pour 140 km de voie ferrée !

Avec une naïveté feinte, l'auteur donne la parole au roi Djigui, sanguinaire et pitoyable : servant toujours plus le Blanc, il boira la coupe d'amertume jusqu'à la lie. Il devra bientôt donner des hommes pour faire la guerre contre les Allemands en Europe. Puis, grâce à une exceptionnelle longévité, il atteindra le temps du pétainisme et de la Libération par le grand chef de Gaulle, laquelle se concrétise par la fin du travail forcé.

Le vieux Djigui Keita, le Centenaire, sera méprisé puis rejeté après avoir servi le Blanc qui devait apporter la civilisation : «Le train n'arrivera pas à Soba.»

▪ Après

L'auteur dénonce aussi les successeurs de Djigui, «le parti unique, l'homme charismatique, le père de la nation, les *pronunciamientos* dérisoires, la révolution... le salmigondis de slogans qui, à force d'être galvaudés, nous ont rendus sceptiques».

Édition
Seuil, 287 p.

Sarraounia (1980)

Abdoulaye Mamani

L'épopée d'une amazone animiste

La résistance africaine fut bien réelle... la sauvagerie des troupes coloniales aussi.

En ce début 1899, dans l'ouest de l'actuel Niger, une colonne française avance, commandée par le capitaine Voulet. Sur sa route : Sarraounia, reine des Aznas. Elle a des pouvoirs magiques et reste fidèle au fétichisme de ses ancêtres. Elle a tenu en respect Touareg et fanatiques de l'islam. Son prestige est grand dans la région. L'abattre c'est, pour Voulet, y imposer la domination française. D'abord vainqueur, Voulet, harcelé par Sarraounia et ses guerriers, va perdre de sa superbe.

Si Sarraounia est un personnage fictif, le capitaine Voulet, officier sanguinaire et mégalomane, ne l'est pas.

L'auteur passe du monde des soudards méprisants et bestiaux au monde tolérant mais indomptable de Sarraounia, bruissant de mythes, intimement lié à la nature, confiant dans ses fétiches..., mais aussi dans l'adresse de ses archers à décocher leurs flèches empoisonnées.

Les Noirs ne sont pas idéalisés : tel chef voisin est pour une soumission immédiate aux Blancs ; tel autre, musulman, offre même ses services à Voulet pour venir à bout de la Sarraounia sans Dieu. Les hommes de troupe de Voulet sont des Noirs qui ne rêvent que de ramener chez eux femmes, trésors, troupeaux volés et qui sont prêts à toutes les atrocités pour cela ; jusqu'au jour où, vaincus par Sarraounia, ils retournent leurs armes contre leurs chefs blancs. Le combat de Sarraounia saura aussi regrouper les meilleurs des guerriers noirs de la région qui surmontent les oppositions tribales et religieuses.

Ce court roman mythifie la résistance mais rappelle aussi qu'elle remporta des victoires et fut bien plus active que ce que l'Histoire retient généralement en France. Dans la région où se déroule *Sarraounia*, il y eut des combats jusqu'en 1911.

Abdoulaye Mamani (1932)
Né au Niger, écrivain et scénariste, il a également publié un recueil de poèmes, *Poémérides*.

Un film
Sarraounia est aussi le titre d'un film de Med Hondo inspiré du roman, film aux images superbes, malheureusement rarement projeté sur les écrans.

Voulet

L'historien J. Ki-Zerbo écrit dans sa passionnante *Histoire de l'Afrique noire* : « [...] La colonne partie du Soudan était sous les ordres de Voulet et Chanoine, les conquérants du Mossi. Ces officiers mégalomanes et désaxés semèrent leur route de massacres effroyables. Le gouvernement français finit par envoyer le colonel Klobb pour les "reprendre en main". Cet officier put compter par dizaines les villages incendiés, les puits remplis de cadavres, les fossés remblayés pour servir de fosses communes, les dizaines de cadavres de femmes et même de fillettes pendues dans les bosquets. Klobb, au moment où il atteindra les deux officiers français rebelles, sera exécuté par eux. »

Édition
L'Harmattan, 154 p.

Le monde s'effrondre (1958)

Chinua Achebe

Un classique de la littérature africaine

Chez les Ibos du Bas-Niger : soudain vinrent les Blancs...

Chinua Achebe (1930)
Nigérian, il est l'auteur de *La Flèche de Dieu* (le pays Ibo après la Première Guerre mondiale) et de *Femmes en guerre* (nouvelles sur le Nigeria jusqu'à la guerre du Biafra).

Édition
Présence africaine, 254 p.

Okonkwo est un membre influent de son clan. Un village voisin, coupable d'avoir assassiné une fille du village d'Okonkwo doit, pour éviter la guerre, donner une fille à marier et un jeune garçon, destiné à être sacrifié quand les Dieux le demanderont. Celui-ci, Ikemefuna, vivra trois ans durant dans la famille d'Okonkwo.

Plus de la moitié du livre, beau roman social réaliste, se déroule ainsi dans la société Ibo : voici la façon dont est rendue la justice, voilà les croyances et les Dieux.

On apprend soudain qu'un village, par crainte des mauvais esprits, a tué le premier Blanc qu'il voyait. En représailles, ses habitants ont tous été massacrés. Les Blancs ne règlent pas leurs différends de la même manière que les Noirs ! Très vite, le village d'Okonkwo va voir s'installer les missionnaires. Derrière eux veillent les militaires. Okonkwo ne se soumettra pas. Plus tard, le chef du détachement militaire pourra écrire d'expérience sur « la pacification des Tribus primitives du Bas-Niger ».

Sous l'orage (1957)

Seydou Badian

Mali, l'après-guerre

Anciens et jeunes européanisés s'affrontent.

Seydou Badian (1928)
Il veut marier modernisme et tradition. *Le Sang des masques* parle de l'opposition ville-campagne, *Noces sacrées* est une histoire d'envoûtement.

Édition
Présence africaine, 183 p.

Dans une ville malienne, le père Benfa a décidé de marier sa fille Kany au commerçant Famagan. Mais celle-ci aime Samou, un ami de l'école. Cette école des Blancs a mis dans la tête des jeunes des idées nouvelles. Ils sont admiratifs devant la technique et le pouvoir des Blancs, cherchant à les imiter et méprisant souvent la tradition. Le pouvoir des Anciens est contesté, en particulier celui de décider de l'avenir des filles.

A travers plusieurs personnages, Seydou Badian prêche le compromis entre la modernité et la tradition : « Les machines et les buildings ne sont pas tout dans la vie. Il y a les valeurs morales. »

La comédie de mœurs révèle le drame social, la destruction d'un équilibre, alors que l'administration française annonce la citoyenneté et la fin du travail forcé. A Bamako, une manifestation a lieu tandis qu'une épidémie de méningite cérébro-spinale fauche les plus jeunes.

Les Bouts de bois de Dieu (1960)

Ousmane Sembène

Hiver 1947-1948 : la ligne Dakar-Niger en grève

Grâce à la solidarité des femmes, cheminots et ouvriers du Sénégal et du Soudan mènent une lutte exemplaire.

L'action se déroule au lendemain de la Seconde Guerre mondiale en Afrique-Occidentale française, aujourd'hui partagée entre le Sénégal et le Mali (que l'on appelait alors Soudan français). L'auteur participa à la grève que menèrent pendant près de six mois les employés noirs de la ligne de chemin de fer Dakar-Niger pour obtenir l'application des lois sociales votées en France en 1936 sur les salaires, la retraite, les allocations familiales, les temps de pause. En compagnie de nombreux protagonistes (responsables ou simples syndiqués, femmes de leur famille, notables noirs complices du gouvernement, apprentis et vieux travailleurs, fonctionnaires de la coloniale, ...), le lecteur voyage le long de la ligne, de Bamako à Dakar, en passant par Thiès où se trouvent et la direction de la Régie et les ateliers de réparation des locomotives, donc la tête du mouvement ouvrier. Pour les Africains, la misère était grande avant la grève, et se transforme en famine quand l'administration organise la pénurie des vivres et de l'eau. Mais bien plus grands sont la dignité, le courage et l'esprit d'initiative.

Sembène soigne particulièrement les portraits de femmes : ainsi N'Deye Touti, fascinée par la civilisation occidentale, qui réalise enfin dans quel mépris les «civilisés» tiennent les Noirs ; Penda, la fugueuse, traitée pour cela de putain, qui organise la marche des femmes de Thiès à Dakar ; Maïmouna, la chanteuse aveugle, trop fière pour dire qui est le père de ses enfants ; la petite Ad'jibid'ji, présente à tous les meetings, qui mûrit à toute vitesse, et d'autres encore.

Ce roman montre une classe ouvrière africaine moderne et cohérente, tout en posant un grand problème de société : la polygamie.

Ousmane Sembène (1923)
Autodidacte, il a gagné sa vie comme mécanicien, puis maçon, ferrailleur, ouvrier à Paris chez Citroën, fondeur et docker à Marseille (expérience relatée dans *Le Docker noir*). Il est membre du PCF de 1950 à 1960. Revenu au Sénégal en 1963, il décide de compléter son œuvre littéraire par une œuvre de cinéaste. Son roman *L'Harmattan* appelle à une révolte contre l'oppression coloniale ; *Le Mandat* dénonce la corruption des petits fonctionnaires ; *Xala* critique la polygamie et les nouveaux riches, comme *Le Dernier de l'empire* qui dénonce le régime de Senghor.

Ô pays, mon beau peuple !

Après la guerre, Oumar revient au Sénégal avec sa femme, une Blanche. Difficile pour certains de ses amis et surtout pour sa famille (son père lui avait choisi une épouse) d'accepter une «toubabesse». Mais on les comprend mieux quand on voit comment se conduisent la plupart des coloniaux.
Oumar aime son peuple, mais voit aussi ses défauts, les superstitions dont il est prisonnier. Contrairement à la plupart des colonisés, lui a perdu tout complexe d'infériorité vis-à-vis des Blancs. Il construit sa maison, se fait agriculteur, gagne de l'argent, et veut organiser les Noirs pour qu'ils produisent pour eux-mêmes au lieu d'engraisser les grandes compagnies coloniales. Mais les Blancs ne laisseront pas faire.

Édition
Presses Pocket, 379 p.

Remember Ruben (1974)

Mongo Béti

Le Cameroun vers une indépendance factice

Tout au long des années 50, le peuple des faubourgs lutte contre l'ordre colonial et pour sa dignité.

Mongo Béti (1932)
Alexandre Biyidi, né au Cameroun, écrit d'abord sous le nom d'Eza Boto : *Sans haine et sans amour* se situe à Nairobi pendant la révolte des Mau-Mau ; *Ville cruelle* est la chronique d'une petite ville d'Afrique centrale sous le joug du colonialisme dans les années 30. A partir du *Pauvre Christ de Bomba* (sur l'action missionnaire), il adopte le nom de Mongo Béti. *Mission terminée* est l'itinéraire d'un lycéen qui rompt avec le milieu villageois et la famille. *Le Roi miraculé*, fable sur le système politique traditionnel, aborde les contradictions de la décolonisation. Béti anime la revue qu'il a fondée en 1978, *Peuples noirs, peuples africains.*

Édition
L'Harmattan, 313 p.

Remember Ruben se situe dans une certaine colonie dont la capitale, dite Fort-Nègre, est flanquée d'un faubourg populaire, bidonville à la population remuante, dénommé Kola-Kola, et principal lieu d'implantation d'un certain Parti progressiste populaire dirigé par Ruben, militant révolutionnaire adoré des travailleurs et de la jeunesse. Un jeune homme, Mor-Zamba, va être personnellement impliqué dans tous les événements qui font la vie du pays. Recueilli par un village qui le traite en étranger (ce qui lui permet de voir la société traditionnelle d'un œil critique), il aborde sa vie d'adulte par deux années de camp de travail forcé, «contribution à l'effort de guerre», imposée par la France à ses colonies pendant la Seconde Guerre mondiale. Suivent quelques années de libéralisme pendant lesquelles Mor-Zamba, tout en tâchant d'apprendre un métier malgré la corruption qui stérilise tous les efforts, se politise au contact de la jeunesse étudiante de Kola-Kola (il participe à une émeute qui libère Ruben des mains de ses tortionnaires). Puis il voit l'administration française préparer l'indépendance par la mise en place d'hommes de paille et de réseaux de mouchards, par l'organisation d'élections truquées, et projeter de faire détruire Kola-Kola, cœur de la combativité ouvrière, par des troupes déplacées d'Algérie. Cependant, le mouvement rubéniste s'aguerrit, Ruben passe du syndicalisme à la guérilla. Après sa mort (Ruben Um Nyobé, fondateur de l'Union des populations du Cameroun, exista réellement et fut assassiné en 1958), Mor-Zamba et ses compagnons seront prêts à continuer la lutte, qu'ils savent devoir être longue et sanglante, pour délivrer l'Afrique de ses chaînes.

Maniant la langue avec une aisance étincelante, introduisant tout naturellement l'analyse des événements dans l'intrigue, ce roman démontre et frappe aussi bien qu'un pamphlet.

Main basse sur le Cameroun

En 1972 paraissait un essai politique dans lequel M. Béti, universitaire français d'origine camerounaise, dénonçait la violente répression déclenchée en 1970 contre l'Union des populations du Cameroun, d'inspiration communiste. Mettant en lumière le rôle joué par la France dans les systèmes économique et politique de ses ex-colonies, ce livre dénonçait le néo-colonialisme : il fut aussitôt interdit. M. Béti décida d'écrire sous une forme romancée ce qu'on l'empêchait de dire dans *Main basse...* Ce fut *Remember Ruben*, suivi de *Perpétue ou l'Habitude du malheur* et de *La Ruine presque cocasse d'un polichinelle.*

A la courbe du fleuve (1979)

Vidiadkar Saraijprasad Naipaul

Les difficultés d'un jeune État africain

Ancêtres indiens, éducation anglaise, implantation africaine, le héros de Naipaul a du mal à trouver sa place.

Salim est né sur la côte orientale de l'Afrique. Dans sa région natale se mêlent traditions arabes et style de vie africain. Ses ancêtres, commerçants venus de l'Inde, se sont établis là il y a des générations, entourés d'esclaves dont les descendants se sentent encore liés à des maîtres qui ne les font plus guère travailler mais se sentent toujours obligés de les entretenir. Subtile structure sociale dont Salim comprend dès l'adolescence qu'elle est vouée à disparaître. Pour échapper à ce monde étouffant, il rachète à un ami de la famille plus ou moins homme d'affaires une boutique dans une ville de province d'un autre pays d'Afrique, situé bien plus à l'ouest, et où le rejoindra Ali, l'un des domestiques esclaves de sa famille.

Le premier intérêt de ce livre est de décrire la société africaine de la côte est, bien différente de la côte occidentale que connaît mieux le lecteur français. Tournée vers l'océan Indien, la côte orientale hérite d'un long passé d'échanges avec le monde asiatique et surtout le monde arabe. Il en est résulté qu'une sorte d'équilibre social est devenu complètement inadapté au XXe siècle : ainsi la structure familiale que Salim a connue dans son enfance, ou les rapports atténués de maître à esclave qu'il décrit, et qui se révéleront tellement caducs qu'ils tomberont d'eux-mêmes après l'aventure commune de Salim et d'Ali.

▪ Un pays écartelé

Cette aventure, c'est celle de la construction d'un jeune État africain. Salim s'installe dans un pays que le livre ne nomme jamais, parce qu'il pourrait être à peu près n'importe lequel des jeunes pays d'Afrique après leur indépendance. Ce pays-ci a vécu l'occupation anglaise, et continue à vivre tous les avatars de ces ex-colonies, à la société déstabilisée, à l'économie non viable, aux aspects tantôt modernes, tantôt traditionnels (même la vie privée de Salim est à cette image, ballottée entre les bordels et le mariage arrangé, en passant par la liaison avec une intellectuelle française). Après les émeutes antieuropéennes, sa ville connaît les troubles tribaux, les louvoiements d'un président qui devient dictateur, la mise en place d'une administration déjà bureaucratie, les abus d'un État musclé, le tout sous les yeux d'une population qui lutte contre la misère et n'a d'autre recours que, de temps en temps, la violence. Sa boutique confisquée, Salim quittera le pays juste avant une vague de répression.

Tout en demi-teintes, dans une ambiance frôlant la désespérance, c'est l'itinéraire d'un jeune homme dont rien ni personne ne veut utiliser les qualités.

V. S. Naipaul (1932)
Il est né à la Trinidad, l'une des Antilles britanniques, où son père était venu de l'Inde pour travailler dans la canne à sucre. Il a été journaliste à la BBC, mais surtout s'est imposé comme romancier et a été plusieurs fois primé. Entre autres, *Miguel Street* (prix Somerset Maugham) est la chronique d'une rue d'un quartier pauvre de Port of Spain. *Une maison pour M. Biswas* parle de la communauté indienne à Trinidad. *Guérilleros* décrit le drame d'une île des Caraïbes après l'indépendance.

Édition
Le Livre de poche, 380 p.

Enfant, ne pleure pas (1964)

Ngugi wa thiong'o

Un village kenyan à l'heure britannique

Cette sobre analyse sociale est chargée d'émotion.

Ngugi W.T. (1938)
Universitaire, il est un important écrivain progressiste. Dans son roman *Pétales de sang*, sur le Kenya post-colonial, il prône la lutte des populations contre les nouvelles classes dirigeantes africaines et le néo-colonialisme.

Édition
Hatier/Monde noir, 159 p.

L'action se déroule lors de la lutte d'indépendance des Mau-Mau de l'ethnie Kikuyu (à laquelle appartient l'auteur), entre 1952 et 1956.

Ngugi montre l'attachement des Kikuyus à leur pays planté de thé, de café, de pyrèthre, à cette terre de vertes collines qui leur a été donnée par leur dieu Murungu. La colonisation, en leur arrachant leur terre, s'est attaqué à leurs croyances. Imposant ses valeurs sur les décombres des vieilles traditions, l'école des Blancs s'installe. Certains, comme le jeune héros Njoroge, croient en ses bienfaits.

Njoroge est notre guide. Il raconte ce qu'il voit dans son petit village, ce qu'il ressent. Son père a deux femmes qui s'entendent bien. Mais il est privé de terres. Le grand propriétaire blanc de l'endroit l'emploie. Bientôt, après une grève des Noirs largement suivie dans l'ensemble du pays et aussi dans le village, la répression s'abat. Elle est d'autant plus sauvage que des jeunes, insaisissables, réfugiés dans les forêts, rendent coup pour coup. Les Mau-Mau, comme on les appelle, sont partout et nulle part. Les villageois se sentent de leur côté mais ils n'ont aucun contrôle sur ce qu'ils font.

Et encore...

D. I. Niane (Guinée) a écrit un roman épique sur le XIIIe siècle : *Soundjata ou l'Épopée madingue*. N. Boni (Burkina), dans *Crépuscule des temps anciens*, raconte le Bwamu, entre Niger et Volta Noire, du XVIIe au XIXe siècle. *Water Music*, de T.C. Boyle, est le roman de l'exploration du fleuve Niger par l'Écossais Mungo Park à la fin du XVIIIe siècle.

P. Hazoumé (Bénin) a placé l'intrigue de *Doguicimi* dans le royaume d'Abomey vers 1830. B. Chatwin, dans *Le Vice-roi de Ouidah* rappelle le trafic d'esclaves au Dahomey vers la même époque. J. Malongo (Congo) dans *La Légende de M'Pfoumou Ma Mazono* fait le portrait d'un jeune chef qui s'oppose à l'esclavage et aspire à une société égalitaire. Y. Ouologuem (Mali) dans *Le Devoir de violence* (prix Renaudot 1968) rappelle les inégalités et le rôle oppresseur de la religion islamique avant l'oppression chrétienne et coloniale. *Le Vieux Nègre et la médaille* de F. Oyono (Cameroun) voit un vieil homme, décoré parce que ses fils sont «morts pour la France», jeté en prison. A. Fantouré (Guinée), dans *Le Cercle des Tropiques*, dénonce les tares de la Guinée indépendante. L. Viera (Angola), dans *La Vraie Vie de Domingo Xavier*, rend hommage aux militants anticolonialistes et dénonce la prison portugaise. W. Soyinka (Nigeria), Prix Nobel 1986, évoque, dans *Une saison d'anomie*, la guerre civile dans son pays.

Afrique du Sud

«Dans l'affaire criminelle instruite par Daniel Denyssen, gentilhomme, procureur général de Sa Majesté au cap de Bonne-Espérance...»

Début de : ***Un turbulent silence,***
André Brink.

Un turbulent silence (1982)

André Brink

Le procès de l'esclavage

Blancs et Noirs, hommes et femmes témoignent des mêmes événements. Mais s'agit-il vraiment des mêmes ?

André Brink (1935)
Ayant pris nettement position contre l'apartheid, il a écrit une œuvre engagée d'une belle qualité littéraire. Dans *Au plus noir de la nuit*, un Noir, homme de théâtre, est en butte au racisme. *Le Mur de la peste* passe de la peste au Moyen Age à l'apartheid et aux luttes des ouvriers noirs. *Rumeur de pluie* décrit l'univers d'un patron blanc à la veille des événements de Soweto. Dans *Une saison blanche et sèche*, un professeur ami de l'ordre enquête sur la disparition d'un jardinier noir qu'il estime ; le fils de celui-ci n'a pas donné signe de vie depuis la répression à Soweto.

Édition
Le Livre de poche, 597 p.

La forme même de ce roman peut déconcerter, mais c'est pourtant, dès qu'on s'y engage, ce qui le rend si prenant : c'est une «chaîne de voix», comme dit le titre anglais, où chaque protagoniste raconte tour à tour les mêmes événements, comme dans un procès.

▪ 1824

Tout tourne autour d'un fait réel : la révolte en 1824, au cœur de l'Afrique du Sud, d'une poignée d'esclaves qui, las d'attendre l'abolition de l'esclavage annoncée par les Anglais, s'attaquèrent à leurs maîtres afrikaners.

Dans le silence de la campagne, le *veld*, montent les tensions. Tour à tour, Nicolas et Barend les maîtres, leur frère de lait esclave Galant, d'abord enfants puis adultes ; des figures féminines comme la vieille Mama Rose ou Esther la Blanche rebelle, tous et d'autres encore ont un point de vue différent sur ce qu'ils vivent et voient, sur les événements importants comme sur le moindre incident. Cela seul suffit à montrer combien sont irréconciliables alors les mentalités des maîtres et des esclaves, des Blancs et des Noirs et même des hommes et des femmes. Esther, devenue femme de Barend, est lucide : «Vous ne pouvez vous inquiéter de la libération d'un esclave que si vous pensez que c'est un être humain. Alors, comment des hommes pourraient-ils penser aux esclaves de cette façon, s'ils n'ont même pas encore découvert que les femmes étaient aussi des êtres humains ?»

La supériorité des hommes blancs, Nicolas et Barend l'ont apprise enfants, dans la Bible lue et interprétée par leur père. Aussi, comment faire autrement que de fouetter un esclave comme Galant qui conteste leur pouvoir et veut même, par provocation, porter des chaussures comme les maîtres ?

Ces Blancs arriérés ne comprennent donc rien à la situation sociale ; ils en sont réduits à réprimer tout écart et à vivre dans la peur. Ils le paieront, comme risquent de le payer les partisans de l'apartheid, même si pour l'heure la répression a le dernier mot : tel était l'avertissement que lançait André Brink.

Un instant dans le vent
Autre roman d'André Brink rappelant le passé de l'Afrique du Sud, il se déroule au milieu du XVIIIe siècle. L'amour interdit d'une Blanche et d'un esclave noir en fuite est l'occasion d'un tableau de la vie au Cap à cette époque.

Tels les personnages de
Retour à Soweto de Sipho Sepamla ; manifestation
de jeunes noirs dans cette banlieue de Johannesburg.

Ph. © Ian Berry - Magnum.

La Grande Soif (1985)

William Duggan

Le XIXe siècle à la lisière du désert du Kalahari

Comment un peuple d'Afrique australe survit à travers guerres et migrations, épidémies et sécheresses.

William Duggan (1952)
Il est Américain, mais son premier roman, *La Grande Soif*, se déroule en Afrique où il a vécu pendant plusieurs années.

Édition
Flammarion, 358 p.

L'auteur a imaginé une petite tribu noire, les Ba-Naré, dont l'histoire sur trois générations recoupe celle des différents peuples qui s'affrontèrent réellement au fur et à mesure de leur arrivée dans la région et de leur avancée vers l'intérieur : Bochimans, Zoulous, Boers, Anglais enfin.

Les Ba-Naré cultivent d'ailleurs le souvenir de leur dernière migration d'est en ouest, qui les fit s'établir dans les ultimes sites habitables par des éleveurs de bétail avant de buter sur le désert, et d'où ils délogèrent eux-mêmes une autre tribu. L'un de leurs héros, Tladi, embrigade les jeunes Ba-Naré sur le modèle des Zoulous.

Ceux-ci étaient le fer de lance du peuple N'goumi : repoussés par les Boers, refluant vers l'ouest, ils avaient atteint une efficacité supérieure à celle des autres Africains grâce à une organisation sociale militarisée et à une arme nouvelle. Les Ba-Naré subissent donc périodiquement les raids des Zoulous et ceux des Boers, qui se conduisent de façon aussi barbare, violant les femmes et volant le bétail. Mojamaje, petit-fils de Tladi, héros involontaire pendant son enfance d'une bataille contre des Boers, est par sa mère apparenté aux Bochimans, ces premiers occupants éternellement envahis, qui ont fini par s'adapter à la survie dans le désert, et avec qui les Ba-Naré ont alors des relations à peu près pacifiques. Quant aux relations avec les Boers, elles sont fondées sur la haine, tempérée par les nécessités économiques : ainsi Mojamaje va travailler dans une ferme boer où il rencontre sa future femme, fille métisse du boer. Puis il vit dans une mission d'où il fait passer des fusils aux Africains.

▪ La guerre des Boers

Les événements se précipitent encore avec l'arrivée des Anglais et la découverte de filons de diamants et d'or. Mojamaje se retrouve enrôlé dans l'armée anglaise, et sauve un ami boer du camp de concentration. Il finira sa vie au village, conseillant son peuple qui réussit à se préserver au milieu des bouleversements sociaux (les bergers deviennent mineurs, les missionnaires ordonnent aux femmes de porter des robes), économiques (la peste bovine puis la sécheresse anéantissent le cheptel), politiques (l'administration anglaise s'impose avec la complicité de chefs locaux).

Ce livre décrit la marche cahotante d'un peuple africain vers le XXe siècle sur le ton de la tradition orale : ce sont de vieux Ba-Naré qui se remémorent autour d'un feu les grands épisodes de leur histoire et analysent les motivations de leurs héros ; procédé qui donne au récit une atmosphère et une coloration originales.

Retour à Soweto (1981)

Sipho Sepamla

Avec des militants de seize ans

Ce « reportage » suit la lutte antiapartheid des jeunes.

Ce roman trépidant vous fait entrer de plain-pied dans le Soweto de ces dernières années, à la suite d'un groupe de lycéens pourchassés par la police. Le contexte général de l'Afrique du Sud et des grèves scolaires de 1976 est supposé connu du lecteur. Car ces jeunes ne font pas de longs discours. Ils se sont mis en lutte contre le « système » et trouvent naturel de se retrouver dans la clandestinité. Leur programme : harceler la police par des attentats aux cocktails Molotov contre les bâtiments officiels. L'ambiance dans le groupe est faite de joie de vivre et d'admiration éperdue pour le jeune qui en est le chef. Sans aucune expérience, les lycéens créent au jour le jour leur organisation, en s'appuyant sur la bienveillance des adultes qui se rendent compte que ces jeunes leur donnent l'exemple.

A l'arrivée de Mzi, plus âgé, entraîné et armé, ils gravissent un échelon dans la lutte. Mzi est « de retour à Soweto » pour aider le groupe à s'attaquer directement à l'appareil d'État : il s'agit maintenant de faire sauter un commissariat, d'abattre un des flics les plus détestés du ghetto.

La dernière partie du livre se déroule en prison, où les militants sont tabassés, torturés, assassinés littéralement sous nos yeux. Pendant ce temps, à l'extérieur, d'autres jeunes continuent la lutte...

Sipho Sepamla (1932)
Poète et écrivain noir, il vit toujours en Afrique du Sud. De ses trois romans, seul *Retour à Soweto* a été traduit en français, après avoir été interdit par la censure sud-africaine.

Édition
L'Harmattan,
380 p.

La littérature noire d'Afrique du Sud

La première génération de romanciers noirs sud-africains, celle de Peters Abrahams (*Rouge est le sang des Noirs, Une nuit sans pareil, Cette île entre autres*) et de Es'kia Mphahlele (*Au bas de la deuxième avenue*), tous deux nés en 1919, a été confrontée à l'instauration officielle de l'apartheid et a voulu que s'élève la voix de la mémoire des Noirs. Après le massacre de Sharpeville en 1960, beaucoup furent réduits au silence, tel Mphahlele, aux termes de la loi sur la sécurité intérieure et de la loi sur l'édition. La protestation noire s'exprima davantage à travers nouvelles et poésie. C'est en exil à Londres que Alex La Guma, militant de l'ANC, auteur de *Nuit d'errance*, poursuivit son œuvre.
La révolte de Soweto en 1976 et la mobilisation de la population noire donna l'élan à une contre-culture. La littérature romanesque refleurit : des anciens, nés dans les années 30, écrivirent des romans liés à la lutte : Sipho Sepamla (*Retour à Soweto*), Miriam Tlali (*Entre deux mondes*), Mewa Ramgobin (*Quand Durban sera libre*), Lewis Nkosi (*Le Sable des Blancs*) ; tout comme Wally Mongane Serote, né en 1944 (*Alexandra, mon amour, ma colère*).
Aujourd'hui, une nouvelle génération d'écrivains, nés autour de 1950, se lève pour célébrer elle aussi la mémoire, la culture et la lutte des Noirs, tel Mbulelo Mzamane (*Les Enfants de Soweto*, non traduit).
Mphalele déclarait au *Monde*, le 16 février 1990 : « En Afrique du Sud, l'écrivain a une tâche supplémentaire : décrire la souffrance des opprimés, aider le peuple à comprendre le sens de son oppression et lui suggérer des moyens pour s'en délivrer. » Et Sipho Sepamla : « Les écrivains noirs ont largement contribué à éveiller la conscience des Blancs. »

Cry Freedom, le cri de la liberté

John Briley (1987)

Le roman vrai du journaliste Donald Woods

Ou comment il passa de la bonne conscience à la conscience.

John Briley
Il est le scénariste du film *Cry Freedom*, et celui du film *Gandhi*, oscar du meilleur scénario à Hollywood.

Donald Woods
Réfugié en Angleterre après l'affaire Steve Biko, Donald Woods a effectivement fait publier son témoignage à Londres en 1978 sous le titre de *Vie et mort de Steve Biko*.

Édition
Belfond, 247 p.

Un bidonville investi à l'aube par des autos blindées, ses habitants matraqués et emmenés en prison, ses logements précaires écrasés par les chenillettes : une scène qui se répète souvent en Afrique du Sud. Quand Donald Woods, rédacteur en chef d'un journal de province, reçoit des photos de cette opération, il les publie en première page. Woods, libéral, est encore loin de remettre en question l'apartheid. Il condamne, tout aussi fermement que la répression policière, les idées de Steve Biko, le fondateur du mouvement Conscience Noire, qu'il assimile à un dangereux terroriste.

Quelques mois plus tard, Woods est devenu un ami, un admirateur et un défenseur de Steve Biko. Il s'est aperçu qu'il ne savait pratiquement rien de la vie que mènent réellement les Noirs, même ceux qu'il côtoie depuis longtemps. Il est conquis peu à peu aux idées de Biko, qui prône en fait la non-violence, et dont le but est l'avènement d'une société nouvelle en Afrique du Sud, où Blancs et Noirs collaboreraient fraternellement.

Lorsque Woods apprend la mort (survenue le 12 septembre 1977) de Steve Biko, torturé et assassiné en prison, mais officiellement mort d'une grève de la faim, le combat de Steve devient le sien. Traité lui-même comme un criminel, en butte aux opérations d'intimidation menées par la police contre sa famille, il perd ses dernières illusions sur la justice et la légalité en Afrique du Sud. Mais il ne cédera pas.

Et encore...

L'Alliance de J. Michener reconstitue l'histoire de l'Afrique du Sud, du XVe siècle – arrivée des premiers Européens – à nos jours : trois familles, une noire, une hollandaise, une anglaise, servent de fil conducteur à ce gros roman bien documenté.

Pleure, ô pays bien-aimé, de A. Paton, écrit en 1947 à la veille de l'instauration officielle de l'apartheid, témoigne de la vie des Noirs à Johannesburg. H. Bloom, dans *Émeute au Transvaal*, raconte une révolte d'un ghetto noir en 1953.

Rouge est le sang des Noirs de P. Abrahams conduit dans les quartiers noirs et les mines d'or près de Johannesburg ; *Les Résistants du Cap* de A. La Guma suit de l'intérieur l'action de militants clandestins de l'ANC. *Fille de Burger*, de N. Gordimer, raconte l'itinéraire de la fille d'un dirigeant communiste, mort en prison, jusqu'à la révolte de Soweto. *Alexandra, mon amour, ma colère*, de W.M. Serote parle d'un township aujourd'hui.

Les Enfants de la violence, de D. Lessing, se déroule dans la Rhodésie voisine : pendant la Deuxième Guerre mondiale, les communistes blancs ne réussissent pas à se lier à la lutte des Noirs.

Maghreb

« A Toulon, le vent poussait les nuages de pluie sur l'armada rassemblée dans la rade... »

Début de : ***Les Chevaux du soleil,***
Jules Roy.

La Mère du printemps (1982) Naissance de l'aube (1986)

Driss Chraïbi

Comme une légende du temps de la conquête

Les Arabes atteignent l'Atlantique et l'Espagne, porteurs d'Islam. Le Berbère, vaincu, plie mais ne rompt pas.

Driss Chraïbi (1926)
Écrivain marocain, il fit scandale quand, dans *Le Passé simple*, il dénonçait les tares de la société marocaine traditionnelle avant l'Indépendance. Désavouant un temps ce roman sous la pression des nationalistes, il lui donna plus tard une suite, *Succession ouverte*.
Les Boucs est un roman de révolte contre les conditions faites en France aux travailleurs immigrés dans les années 50.

Édition
Points Seuil, 214 p.
Seuil, 186 p.

Où l'on entend avec la tribu des Aït Afelman le tonnerre lointain de la conquête arabe se rapprocher en l'an 681 ; où, pour ne pas disparaître, la tribu conduite par Azwaw adopte une méthode particulière face au conquérant Oqba ibn Nafi ; où Oqba n'a plus devant lui que «la musique de Dieu : la mer» ; où Tarik Bnou Ziyyad, trente ans plus tard, donne son nom au Djebel Tarik, Gibraltar, et détourne l'énergie des Berbères contre les Infidèles d'Espagne ; où Tarik, cherchant à revenir aux sources de l'Islam, veut faire sa propre hégire et fonder en Espagne l'*oumma*, la communauté islamique pure et juste.

Ainsi pourraient être présentés les grands moments historiques de ces deux romans – indépendants – qui chantent la rencontre des Arabes et des Berbères dans ce qui est aujourd'hui le Maroc. L'auteur fait d'ailleurs entrer le lecteur dans son œuvre par des anecdotes contemporaines d'un malicieux humour : un village berbère opposant une résistance passive et souriante aux fonctionnaires du nouvel État ; un vieux montagnard berbère trouvant dans le chef de gare français un frère de sang : les Limousins ne sont-ils pas les descendants d'une tribu berbère du même nom ?...

▪ La terre et le temps

«Oumer-Bia», «Mère du printemps», fleuve qui donne la vie aux Aït Afelman ! Tu nourris cette terre où poussent l'orge et l'épeautre et où reposent les ancêtres. Face aux Arabes, venus pour rester, tes fils les Berbères adopteront leur religion, se fonderont en eux : la patience et le temps sont les armes des peuples minoritaires.

Dans *Naissance de l'aube*, Tarik et les Berbères scellent leur alliance dans une conquête sanglante de l'autre côté de la Mer Blanche Moyenne. Une petite tribu juive, réfugiée de longue date dans l'Atlas, sera admise dans leur communauté. Bientôt s'édifiera Cordoue. Les artistes cisèleront dans la pierre les premières lettres d'un verset du Coran. Une forêt de colonnes s'ouvrira en clairière sur le mihrab de la mosquée. Plus tard, au XIe siècle, un descendant de Tarik et d'une Berbère, Abdallah ibn Yassin, fondera la dynastie des Almohades.

Mais «ceci n'est pas un livre d'Histoire», avertit Chraïbi. L'Histoire, le roman y prend sa source et y projette le présent, dans le chatoiement de l'imaginaire.

Léon l'Africain (1986)

Amin Maalouf

Fès, début du XVIe siècle, carrefour d'aventures

Ces mémoires imaginaires d'un Méditerranéen invitent à la rencontre entre civilisations.

Son nom même rappelle quelques grands moments de sa vie aventureuse : avant d'être Jean-Léon de Médicis, esclave écouté et choyé par le pape Léon X, il est Hassan ibn Mohamed ad Wazzan, fils de Mohamed le Peseur : son père exerça une charge officielle de contrôleur des denrées et des prix. Il est al Zayyati, du nom de sa tribu d'origine et al Gharnati, le Grenadin, natif de la grande cité andalouse dont il fut chassé par la Reconquête des Rois Catholiques ; l'Histoire retient son nom d'al Fassi, l'homme de Fès, sa grande patrie d'adoption. Mais il faudrait aussi parler de Tombouctou, du Caire, de Tunis.

▪ Grand voyageur

Léon l'Africain est un personnage historique, grand commerçant, diplomate, voyageur, érudit et géographe dont Amin Maalouf, avec une liberté mesurée, a fait un portrait romancé vraisemblable et vivant : l'auteur s'est senti bien des affinités avec cet homme, placé au carrefour des civilisations chrétienne et islamique.

Le jeune Hassan né dans la Grenade de Boabdil a écouté ses parents raconter les derniers temps islamiques de la ville et sa prise par les chrétiens. Il vécut ensuite à Fès, grand centre politique et commercial et participa à l'une de ces caravanes de centaines de chameaux qui, depuis des siècles, acheminaient des produits, en particulier du sel, au «pays des Noirs», jusqu'à Tombouctou, et remontaient chargées d'or. Il connut Alger aux mains de Barberousse, les derniers moments du Caire sous domination mamelouk, et sa conquête par le sultan turc Selim, en 1517.

Mais l'auteur nous invite aussi chez Hassan et sa famille, auprès de ses parents, ses femmes, sa sœur, ses amis. Grâce à Haroun le Furet, fils de la corporation respectée des portefaix de Fès, nous découvrons la ville. Mariam, sœur d'Hassan, symbolise les victimes de l'injustice et leur révolte. La vie d'Hassan, privée comme publique, est une succession d'immenses bonheurs et de tragédies.

▪ Un document historique

Amin Maalouf donne du plaisir au lecteur et le succès du livre l'en a récompensé. Mais il fait aussi largement connaître ce géographe qui, grâce à son *Histoire de l'Afrique* parue en 1550, fut l'homme qui, au XVIe siècle, transmit à l'Europe les connaissances de l'Afrique qu'avaient les Arabes. Au-delà de ses trafics côtiers, l'Occident n'en saura guère plus sur l'Afrique avant le début du XIXe siècle.

Amin Maalouf (1949)
D'origine libanaise, il est l'auteur des *Croisades vues par les Arabes*. Il a publié en 1988 *Samarcande*, roman de la Perse du poète du XIe siècle, Omar Kayyam, dont un manuscrit resurgit six siècles plus tard. Dans *Les Jardins de lumières*, il réhabilite Mani peintre, médecin et prophète mésopotamien du IIIe siècle ap. J.-C., dont le manichéisme a été déformé par l'Histoire.

Édition
Le Livre de poche, 474 p.

La Terre des passions brûlées (1969)

Béchir Khraief

Le chant douloureux du Sud tunisien, dans les années 20

Traditionnelle ou coloniale, la société brise l'élan des jeunes et des femmes.

Béchir Khraïef (1917-1983)
Né dans le Sud tunisien, enseignant après avoir été marchand de soie et de coton, il est devenu un des grands écrivains tunisiens de langue arabe, auteur du premier roman historique classique tunisien, non traduit, *L'Éclair de la nuit* (un esclave noir durant l'occupation du pays par Charles Quint).

Édition
J.-C. Lattès, 308 p.

Trois «livres» se succèdent, marquant les trois moments importants de la vie du héros, Mekki. *Le Livre de Khadija* est celui de la mère. Il se déroule à Nefta, petit village où le palmier dattier est roi. Khadija, femme délaissée, défend son honneur et déborde d'amour pour Mekki, son fils. Elle recueille Atra sa nièce, orpheline de Mouldi et de Tebr, un couple amoureux qui faisait rêver Khadija : la femme parlait d'égale à égal avec l'homme et osait l'appeler par son nom ! Mekki connaît l'école des rues du village et de la campagne, l'école coranique, l'école française. L'enfant a soif de tout apprendre. Le village envie la ville. Les quelques étudiants qui reviennent de Tunis font les fiers. La chronique du village est alimentée par l'organisation des mariages et les luttes pour la terre. Haffa, l'oncle, riche propriétaire avare et cupide, est prêt à tout pour accaparer de nouveaux palmiers. Notaire et juge sont dans sa poche.

▪ La mine

Avec *Le Livre de Mekki*, le décore change : Metlaoui est la ville de la mine de phosphate. Mekki y découvre l'exploitation et le racisme hiérarchisé : plus que le Grec et le Maltais, plus encore que le Marocain ou l'Algérien, le Tunisien est méprisé par les Européens, voué «aux ténèbres de la terre». Mekki met un jour son contremaître en rage : il lit le journal ! L'autre est analphabète. Mekki découvre la solidarité dans la lutte ouvrière : de belles pages parlent de l'idéal du militant Dabandjak qui organise des cours pour cultiver les ouvriers. Une manifestation est réprimée dans le sang.

Le Livre d'Atra, c'est le livre de l'amour. Atra, le grand amour de Mekki, est prisonnière d'un mari qui la cache avec une jalousie maladive : pas question qu'elle dévoile plus que la bouche chez le dentiste ! Et quelle catastrophe quand le mari rate le train dans lequel il vient d'installer sa femme : cette demi-journée sera pour Atra une provision de liberté et de bonheur.

Chronique sociale des années 20, on y voit les vieux, témoins de l'occupation de leur pays, humiliés, qui «exagéraient leur conservatisme sans doute pour préserver une sorte d'estime d'eux-mêmes». Ceux de la guerre de 14 étaient revenus infirmes. La jeunesse sans avenir admirait le combat de Mustapha Kemal en Turquie ou d'Abdelkrim au Maroc. Mekki, lui, a vu un autre héros de près, Dabandjak, le militant emprisonné, qui lui a rendu sa fierté : «Nous avons autant de héros que les autres peuples [...] les grands hommes de l'Histoire sont ceux que l'Histoire a ignorés.»

Au pays des ***Chevaux du soleil,*** un café maure : colon et arabes à Oran au début du XXe siècle.

Ph. © ND - Viollet. Photeb.

Les Chevaux du soleil (1967-1975)

Jules Roy

L'œuvre d'un «étranger pour ses frères»

Pied-noir, ancien militaire, Jules Roy, comme Camus, «se sentait déchiré entre la justice pour les musulmans et l'attachement pour les Européens». Il choisit la justice.

Jules Roy (1907)
Né à Rovigo, le village du *Maître de la Mitidja*, descendant de petits colons, officier d'active, cet aviateur passionné de Saint-Exupéry démissionna de l'armée à l'époque de la guerre d'Indochine. Il a publié en 1989 ses *Mémoires barbares*. Ses écrits jalonnent sa vie : *Retour de l'enfer*, son journal de pilote dans la RAF ; *Le Grand Naufrage* se rapportant au procès Pétain ; *La Bataille dans la rizière*, *La Bataille de Diên Biên Phu* évoquent l'Indochine. Il est aussi l'auteur d'un pamphlet, *J'accuse le général Massu.*

Édition
Le Livre de poche, 6 tomes, 2400 p.

Pour cent trente ans, six tomes : *Chronique d'Alger* accompagne l'armée de conquête dans les hautes sphères où les rivalités vont bon train ainsi que dans la troupe où le soldat Bouychou ne veut pas mourir en héros. Dans *Une femme au nom d'étoile*, Bouychou est devenu colon dans la Mitidja. Les Français sont les maîtres. Napoléon III honore l'Algérie de sa visite. Les zouaves de Blida sont envoyés en 1870 faire la guerre en Europe. Pour les colons, «quand on était Arabe, il ne fallait tout de même pas oublier qui on était ni exagérer avec la générosité française». La résistance, cependant, existe : dans *Les Cerises d'Icherridène*, un village kabyle est bombardé. Nous sommes à la fin du XIXe siècle.

Un nouveau héros apparaît dans *Le Maître de la Mitidja*, l'instituteur Henri Dematons (ce tome, écrit comme un cahier tenu par l'instituteur, est peut être le plus passionnant). On est au temps de l'affaire Dreyfus, et Drumont, chantre haineux de l'antisémitisme, est député d'Alger. *Les Ames interdites*, titre du cinquième tome, ce sont les Algériens à la veille de la guerre de 14. Hector, le fils d'Henri, assiste à la lente maturation du nationalisme parmi les Algériens, laissés à la porte du monde dit civilisé. Mais ils auront le droit de mourir pour la France. *Le Tonnerre et les Anges* débute le 10 mai 1958 avec l'avènement de De Gaulle pour finir à l'indépendance.

▪ Bouychou et M'hammed

Jules Roy s'attarde, dans chacun des ouvrages, sur les milieux dirigeants de l'armée et leurs familles. Mais le roman explore l'ensemble des problèmes de l'Algérie coloniale, en particulier les rapports inégaux entre colons et indigènes. A la fin, Roailles, soldat descendant d'un des premiers conquérants, dit à de Gaulle : «Je sais bien que les gros colons ne sont plus qu'une minorité. Mais les petits ont pris leurs travers. Ils se figurent que tout leur appartient. Ils n'accepteront jamais qu'un Arabe soit seulement maire d'un village !»

Le rôle politique de l'armée est aussi abordé. La conquête, pour certains militaires, c'était déjà l'occasion d'«offrir au roi, sur un plateau d'or, les clefs de Paris avec celles d'Alger». Ce ne sera pas la dernière fois que l'armée et le lobby colonial interviendront dans la politique française. Les Bouychou en furent la masse de manœuvre, contre les M'hammed.

L'As (1972)

Tahar Ouettar

Combat politique dans un village occupé

La guerre d'Algérie n'a pas été seulement une lutte franco-algérienne.

«L'as», c'est le champion, mais aussi, en arabe parlé, celui par lequel le malheur survient. Ici, c'est un pauvre, un marginal, fils de prostituée. Il boit, fait ami-ami avec un officier français. Pourtant, il se révélera un combattant.

Nous sommes au milieu des années 50 dans un village «tel que l'avaient laissé les Romains», mais bouleversé, soudain, par la guerre. Un détachement de l'armée française y a sa base. Les combattants algériens, eux, y ont leurs racines : pas moyen, pour l'armée, de démanteler le réseau qui organise la désertion des appelés algériens. Ce roman d'une occupation est écrit dans une belle langue directe, imagée. Les images sont parfois dures : la violence coloniale, abjecte, l'auteur la montre sans facilités.

▪ Violence politique

Mais la violence est aussi présente parmi les Algériens. C'est celle de Nacer qui prend un manifeste plaisir à égorger les traîtres. Pire encore est celle du responsable du FLN. Le «Cheikh» somme les communistes algériens comme européens d'abdiquer leurs convictions : «La décision a été prise en ce qui concerne Zaïdane, il lui faut renier son idéologie, se retirer du Parti et annoncer son adhésion au Front [...]. En ce qui vous concerne également, dit-il aux Européens, il vous faut renier vos convictions idéologiques et embrasser l'islam.» Sinon, c'est l'égorgement : Zaïdane et ses camarades seront assassinés.

▪ Au nom de l'unité

Nous touchons là à un épisode souvent caché de la guerre d'indépendance, comme si le soutien à la lutte anticoloniale passait par le silence. Les communistes furent sommés de se soumettre au FLN (n'oublions pas non plus la véritable guerre qui opposa le FLN à un autre mouvement algérien, le MNA). Ce qui sera plus tard le Parti unique se dessinait alors, n'hésitant pas non plus à parer son combat des couleurs de l'islam. L'histoire tragique du nationaliste communiste Zaïdane pose aussi une question sous-jacente à toutes les luttes d'indépendance : pourquoi toute revendication sociale est-elle éliminée au nom de l'unité dans la lutte ? Les plus pauvres n'en seront-ils pas, finalement, victimes ?

C'est le mérite de ce roman d'aborder un tel sujet même si l'auteur dans son introduction – et c'est révélateur d'un climat politique en Algérie en 1972 – s'en excuse et a tendance à passer l'éponge au nom de l'unité nationale. Les faits sont là pourtant décrits sans détour.

Tahar Ouettar (1936)
Écrivain algérien de langue arabe, il est aussi l'auteur de *Noces de mulet* (une maison close juste avant la guerre d'indépendance) et de : *Le Pêcheur et le palais*, à la fois conte et parabole politique.

Édition
Messidor, 214 p.

Les Enfants du nouveau monde

Assia Djebar (1961)

La vie intime et la guerre

Face aux événements, chacun est d'abord confronté à lui-même.

Assia Djebar (1936)
La Soif et *Les Impatients*, romans psychologiques, précèdent *Les Alouettes naïves*, réflexion sur le militantisme et les femmes. Dans *L'Amour, la fantasia* (1985), elle mène en parallèle récits autobiographiques et récits historiques. *Loin de Médine* met en scène des femmes dans l'Arabie de l'après-Mahomet.

Édition
10/18, 312 p.

Dans cette ville, non loin d'Alger – peut-être Médéa – la guerre est quotidienne : la montagne est bombardée, des douars brûlés : les Beni Mihoub ne sont pas les premiers paysans contraints de fuir leurs maisons dévastées ; vieillards, femmes, enfants traversent la ville ; tous leurs hommes sont dans le maquis, la « montagne », et on le leur fait payer. Le soir, les camions militaires rentrent d'opération.

Le commissaire Jean, vieux Français qui répugne à la torture, laisse de plus en plus carte blanche à Martinez, un pied-noir qui, lui, n'y répugne pas. Hakim, le flic arabe, est haï. Son voisin Youssef, en ne lui adressant plus la parole, « est devenu le représentant de la ville entière ». Touma, la moucharde, sera exécutée par son frère.

Surtout, voici Cherifa, 29 ans, femme du menuisier et militant Youssef. Couple traditionnel, ils s'aiment. Cherifa osera, pour la première fois, affronter seule la rue pour avertir son mari de l'arrestation imminente. Salima, l'institutrice célibataire, résiste aux interrogatoires du commissaire Jean, soutenue par un vieux gardien. Bachir veut abandonner ses brillantes études pour la lutte ; il met le feu à la grange d'un gros colon. Sa sœur Lila est seule, perdue : son mari étudiant est parti à la montagne.

Chacun est contraint au bilan. Sentiments et idéaux s'accordent ou rivalisent. Toutes et tous comprennent qu'ils commencent à vivre, moins de deux ans après le début de la guerre, dans un nouveau monde.

Et encore...

La Kahina, de R. Ikor, célèbre la résistance légendaire d'une reine berbère au VIIe siècle. La période de la colonisation est abordée dans *Fort Saganne* de L. Gardel (un officier au Sahara en 1911) et dans de nombreux romans sociaux telles *Les Belles de Tunis*, de N. Moati (trois générations de femmes juives) ; *La Grande Maison*, *L'Incendie*, *Le Métier à tisser* de M. Dib (Tlemcen et sa région de 1938 à l'arrivée des Américains). Le monde des petits pieds-noirs emplit *Saison violente* de E. Roblès. La guerre d'Algérie est abordée du point de vue des Algériens en France dans *Élise ou la vraie vie* de C. Etcherelli. N'oublions pas *Meurtres pour mémoire* de D. Daeninckx (voir page 118). *1962* de C. H. Wijmark pénètre les rouages de l'OAS en France. Les déchirements des soldats français sont dans *La Guerre des gusses* de G. Mattei, *Les Lieux du supplice* de V. Pozner, *Les Serpents* de P. Bourgeade ou *Le Silence des armes* de B. Clavel. La guerre est vue du côté algérien dans la trilogie de A. Bounemeur (*Les Bandits de l'Atlas*, *Les Lions de la nuit*, *L'Atlas en feu*), *Ciel de porphyre* de A. Lemsine ou *L'Opium et le bâton* de M. Mammeri.

Moyen-Orient

«Mon père, Kerbelai Hassan, était l'un des plus célèbres barbiers d'Ispahan.»

Début de : ***Aventures de Hadji Baba d'Ispahan***
James Morier.

Zayni Barakat (1971)

Gamal Ghitany

Les régimes passent, la police reste

Cette fable politique du Caire au temps des Mamelouks parle aussi de l'Égypte d'aujourd'hui.

Gamal Ghitany (1945)
Grand reporter, il couvrit les conflits israélo-arabes, libanais, et la guerre Iran-Irak. Passionné d'architecture, il est un spécialiste de l'histoire du Vieux Caire. Il est un des grands écrivains égyptiens contemporains. *Zayni Barakat* est, parmi ses six recueils de nouvelles et ses six romans, le seul ouvrage paru en français à ce jour.

Édition
Seuil, 316 p.

Entre l'an 912 et l'an 923 de l'Hégire (1507-1517), l'Égypte vit les derniers temps de la domination des mamelouks, cette caste militaire issue d'anciens esclaves : en 1517, les Ottomans s'emparaient du Caire, pour longtemps.

Ali ibn Abi l-Goud, grand dignitaire au turban impressionnant, vient de tomber. La chute de ce promoteur de la gabelle qui s'est enrichi sur le dos du peuple, de ce tortionnaire impitoyable et cruel, est proclamée par les crieurs publics « aux bonnes gens du Caire », qui expriment leur joie. Mais qui va le remplacer à la charge de Grand Censeur, sorte de ministre de l'Intérieur ? Quelque émir ou cadi qui ne vaudra guère mieux ! Et pourtant non : c'est un certain Barakat ibn Moussa qui reçoit le titre de Zayni, chargé tant de la surveillance des êtres et de leurs mœurs que de la justice et de la bonne marche du commerce, conformément aux traditions du Prophète.

Saïd l'étudiant espère en cet homme dont les premiers actes sont en faveur des faibles : Barakat punit un violeur et s'attaque aux émirs qui monopolisent le commerce du sel et du concombre. Zakariya, son subordonné, Grand Maître de la Police secrète, resté en place après la destitution d'Ali, est, lui, inquiet : ce Barakat est une menace pour lui et son réseau de milliers d'espions. Mais bientôt le voilà rassuré : Barakat le maintient à son poste, lui, le policier haï. Plus même, il réussit à le faire aimer du peuple !

▪ Des méthodes modernes

C'est que Barakat utilise des méthodes inusitées. Il met en place son propre réseau de crieurs publics, conscient de l'importance du contrôle de l'information. Il n'hésite pas à rassembler le peuple dans un meeting à la mosquée, à mettre en scène des méfaits où, survenant au moment opportun, lui ou Zakariya arrête l'agresseur à la grande joie du petit peuple. Barakat invente encore la torture propre dans des prisons modèles ainsi que la carte d'identité et la mise en fiche de tous. Il organise même un congrès international des Grands Maîtres de la Police, aux échanges fructueux.

Tout en brossant un tableau cru du Caire à cette époque – ponctué par les observations perspicaces d'un marchand vénitien –, l'auteur montre du doigt les régimes contemporains. Barakat n'est-il pas « un homme qui aurait dû naître plus tard, [...] dans une époque où il aurait eu à sa disposition les instruments dont il rêvait [...] » ? Qui s'étonnera de le voir confirmé dans sa charge de Grand Censeur du Caire, une fois la ville conquise par les Turcs ?

Un Mamelouk au temps du ***Zayni Barakat***.
Gravure de la fin du XVIᵉ siècle.
Bibliothèque des Arts décoratifs, Paris.

Ph. © Jean-Loup Charmet.

Mémoire de l'aube (1987)

Gérard D. Khoury

Une famille maronite dans le Liban de 1919

Quand France et Grande-Bretagne étaient prêtes à réveiller les haines assoupies.

Gérard D. Khoury (1938)
Né à Beyrouth, il fut directeur du tourisme libanais à Paris dans les années 60, puis s'installa à Aix-en-Provence. Il est l'auteur de divers essais, articles et traductions.

La famille Ksour est chrétienne maronite. Le père est mort ainsi que le fils aîné. La mère, Oum Youssef, interdit à sa fille Nayla de «courir les rues comme les chattes», en l'absence des autres fils dispersés par la guerre : Touma a fui à Alexandrie la conscription dans l'armée turque, Habib s'est retrouvé dans un hôpital militaire à Damas. La fin de la Première Guerre mondiale les ramène à la maison. Habib, commerçant avisé, reprend aussitôt ses activités, plaçant judicieusement de l'argent gagné pendant la guerre avec un stock de cigares. Les affaires le préoccupent avant tout, avant la situation politique.

▪ Après les Turcs

Celle-ci occupe pourtant tous les esprits. Pendant la guerre, les Turcs, alliés de l'Allemagne, ont dû faire face aux nationalistes soutenus par les Anglais et ont répondu en réprimant et en affamant la population libanaise. Mais maintenant, comme le dit à Habib son ami le médecin Hakim, un Roumain qui retrouve au Moyen-Orient le danger de balkanisation : «Les Turcs s'en vont, mais d'autres arrivent. Anglais et Français seront là sous peu. Si vous ne savez pas ce que vous voulez, on continuera à vous diviser et à vous dresser les uns contre les autres.»

Beaucoup de maronites sont francophiles. Le capitaine Gallard, officier honnête, chargé d'enquêter sur les autochtones, découvre avec plaisir ce sentiment auprès de la famille Ksour. Mais il sent que cette confiance risque d'être trahie. Pour le journaliste du *Temps* venu en fait enquêter pour le compte du gouvernement Clemenceau, la région est d'abord une étape «sur la route menant en Indochine et à Madagascar» comme elle l'est, pour les Anglais, sur celle des Indes. D'ailleurs, Français et Anglais se sont secrètement partagé la région dès 1916 par l'accord Sykes-Picot.

Farid, beau-frère de Habib, qui sert de guide à Gallard est, lui, très méfiant : dans son village de la montagne, Druzes et maronites se côtoient en bonne entente ; il est partisan d'un État indépendant, de Damas à Beyrouth, regroupant tous les habitants quelles que soient leurs confessions religieuses.

Mais les aspirations des Libanais, francophiles ou non, dont l'auteur nous fait partager l'attente, ne pèseront pas lourd dans les décisions. Bientôt le général Gouraud, «appuyé par l'artillerie, les chars d'assaut et l'aviation» vaincra les nationalistes regroupés autour de l'émir Fayçal et rentrera dans Damas le 1er septembre 1920, formant l'État du Grand Liban sous l'égide de la France.

Édition
Publisud, 378 p.

La Tour d'Ezra (1947)

Arthur Koestler

Palestine, années 30 : le roman du sionisme

Les colons d'un kibboutz se heurtent aux problèmes posés par l'immigration juive en Palestine.

Joseph fait partie d'un groupe de réfugiés d'Europe qui arrivent en Galilée pour prendre possession d'une terre inculte achetée par le Fonds National Juif. Le roman raconte leurs efforts et leurs espoirs pendant les deux premières années de la colonie.

Les immigrants de la *Tour d'Ezra* amènent avec eux un mirador préfabriqué et passent leur première nuit à poser des barbelés : un symbole de leur nouvelle situation et du projet politique dont ils sont les instruments. Comme prévu, ils sont très vite attaqués par les Patriotes arabes, organisation nationaliste extrémiste qui s'attaque à l'administration anglaise et aux colons juifs.

▪ Une Terre deux fois promise

Car la Tour d'Ezra naît en 1937, dans une Palestine déjà déchirée : ancienne province de l'Empire ottoman vaincu en 1918, elle est alors sous mandat britannique, et les Anglais, pour ménager leurs intérêts dans cette région charnière, ont promis en même temps aux uns la constitution d'un grand royaume arabe, aux autres la création d'un foyer national juif. Et c'est une faiblesse du roman que d'ignorer qu'à ce moment les Arabes de la région sont déjà en révolte contre la présence coloniale anglaise, et qu'ils sont hostiles aux Juifs parce qu'ils pressentent l'avenir que leur prépare le projet sioniste («une fois que nous serons en majorité, le reste est facile», dit pourtant un personnage à la fin du roman).

Koestler écrivit ce livre après la guerre, alors qu'il était devenu sioniste. Et s'il met ses anciennes idées internationalistes dans la bouche de certains personnages comme Max, il défend par ce roman la politique sioniste poussée jusqu'à son extrême : le terrorisme antiarabe.

Le premier, Baumann, dirigeant et fondateur de la colonie, s'enrôle, au grand dam de ses camarades, dans l'Irgoun, armée secrète de terrorisme antiarabe. Puis Joseph, traumatisé par la mort de son amie qu'ont assassinée des voyous arabes, décide de le rejoindre. A Joseph qui réagit de façon sentimentale, Baumann explique qu'un État juif en Palestine serait pour les Anglais «une solide tête de pont». Cette situation de pion sur un échiquier dominé par les puissances européennes est amèrement ressentie par tous les juifs à la parution en 1939 du «livre blanc» par lequel les Anglais limitent l'immigration juive, en pleine expansion nazie. Les persécutions antisémites perpétrées dans l'indifférence générale convaincront encore bien des juifs, comme Joseph, qu'il n'y a pas d'autre issue que de s'imposer en Palestine les armes à la main.

Arthur Koestler
Voir notice p. 32.

Édition
Presses Pocket, 379 p.

Chronique du figuier barbare (1976)

Sahar Khalifa

Les territoires occupés au quotidien

Quand Israël rebaptise « Shkhem » le Naplouse palestinien.

Sahar Khalifa (1941)
Palestinienne née à Naplouse, son œuvre comporte plusieurs romans traduits en différentes langues, dont l'hébreu. *La Foi des tournesols*, traduit en français, fait suite à la *Chronique...* dont on retrouve des personnages.

Édition
Gallimard, 203 p.

Le héros est ici un intellectuel, Oussama, qui, dans les années 70, revient à Naplouse en vue d'y activer la lutte contre les Israéliens. C'est l'occasion d'un tableau de la vie dans ces territoires : l'abandon des anciennes cultures, le départ quotidien au petit matin des ouvriers arabes qui vont travailler en Israël. Oussama compte forcer les gens, par des attentats, à réagir : il ira jusqu'à tirer sur les bus qui transportent ces ouvriers.

Ce livre, qui défend la cause palestinienne mais critique le terrorisme, fait une peinture contrastée de la population par une succession de narrations courtes, de dialogues rapides et de monologues intérieurs. Dans la famille al-Karmi, le fils Adel doit aller travailler « là-bas », en Israël, pour nourrir la famille. Son jeune frère Bassel est en révolte contre les « lâchetés » des siens : lâcheté d'Adel, lâcheté de sa sœur Nouwar qui n'ose pas avouer au père son amour pour Saleh, un militant emprisonné. L'engagement de Bassel a des conséquences pour toute la famille : la maison, dépôt clandestin d'armes, est dynamitée par l'armée israélienne. Pourtant, entre peuples israélien et palestinien, au-delà de la haine, de l'occupation, des actes terroristes, de brefs regards s'échangent. L'ouvrier Zohdi, après avoir blessé Shlomo qui l'avait insulté, pense : « Chacun de nous porte son bât. »

Et encore...

Les Aventures de Hadji Baba d'Ispahan, de J. Morier, parcourent avec humour l'Orient et surtout l'Iran du début du XIXe siècle.
La trilogie du prix Nobel 1988, N. Mahfouz, *Impasse des deux palais*, *Le Palais du désir*, *Le Jardin du passé*, est le grand roman social du Caire de 1917 à 1945, méditation sur la liberté du pays et des individus. Y. Idriss a peint la vie paysanne sous Farouk dans *Le Tabou*.
Les Voix de l'aube, de F. al Takarli, parlent de l'Irak moderne. *Damas Téléphérique*, de A.S. al Ujayli, est le roman d'une phase de l'histoire de cette ville à l'époque du rêve nassérien de l'unité égypto-syrienne.
L'histoire du peuple juif est ravivée dans *La Mémoire d'Abraham* de M. Halter. Les problèmes de l'installation des Juifs puis de leur État en Palestine sont au centre de *Loin de Jérusalem* de I. Souss, de *L'Agent de Sa Majesté* de D. Shahar, de *La Colline du mauvais conseil*, de A. Oz. *Dans La Ville aux jours nombreux*, de S. Hareven, trois familles – ashkénaze, séfarade, arabe – vivent dans la Jérusalem du mandat britannique.

Asie

« Au printemps de 1026, Chao Xingte arriva à Kaifeng, la capitale des Song, venant de sa province natale de Hunan, pour se présenter aux examens impériaux. »

Début de : ***Les Chemins du désert*, Yasushi Inoué.**

Les Chemins du désert (1959)

Yasushi Inoué

Un jeu d'écriture dans les lacunes de l'Histoire

Dans la Chine du XIe siècle, un homme devait sauver des flammes un inestimable trésor culturel : tel était son destin.

Yasushi Inoué (1907-1991)
Écrivain japonais, ses écrits sont abondamment traduits en Europe (tel *Le Fusil de chasse*, histoire d'une liaison adultère). Attaché à la culture de son pays, il s'est aussi tourné vers l'extérieur : la Bourgogne est un de ses lieux de prédilection ! La Chine le passionne. Son roman *La Tuile de Tenpyô* raconte le séjour en Chine au VIIIe siècle de moines japonais, partis étudier le bouddhisme. On lui doit aussi un roman sur Gengis Khan, *Le Loup bleu*. Il est mort alors qu'il travaillait à un roman sur Confucius.

Édition
Stock, 234 p.

Dans son épilogue, l'auteur rappelle qu'au début du XXe siècle furent découverts dans les grottes des Mille Bouddhas plus de quarante mille documents datant du IIe au XIe siècle, d'un très grand intérêt historique et culturel.

▪ Le karma

Yasushi Inoué a imaginé comment cette superbe bibliothèque était arrivée là. Dans un habile jeu avec l'histoire de cette région du nord-ouest de la Chine, au XIe siècle, où Chinois, Xixias, Ouighours, Khitans s'affrontent, il fait de son héros fictif Xingte un jouet du karma, le destin bouddhique, lui réservant une vie aux bifurcations soudaines. Venu à Kaifeng, la capitale de l'empire chinois des Song, pour se présenter aux examens impériaux, Chao Xingte, brillant élève, s'endort au moment de passer une des ultimes épreuves ! Errant désappointé dans la ville, il sauve de la mort une femme xixia qui lui donne un tissu couvert d'une écriture qui lui est inconnue. Fasciné, décidé à la déchiffrer, irrésistiblement attiré par le pays des Xixias, « le seul but de son existence s'était transformé ». Arrivé onze mois plus tard chez les Xixias, il est enrôlé dans l'avant-garde de leur armée, formée de mercenaires chinois.

A travers les batailles, dans les villes incendiées, au cours de longues chevauchées aux confins du désert de Gobi, Xingte risque mille fois sa vie avec fatalisme. Instrument dans une guerre opposant les peuples pour la possession des régions d'élevage des meilleurs chevaux et d'aboutissement de tout le commerce avec l'Ouest, Xingte combat apparemment sans but. Trois êtres orientent son chemin : Wangli, son chef et frère d'armes ; une princesse ouighour, grand amour tragique ; Kuang, le prince marchand tyrannique dont il se servira habilement. Le destin lui permet pendant les trêves d'apprendre l'alphabet xixia et de découvrir le bouddhisme et ses précieux textes, les *sutra*. Et c'est ainsi que dans une ville en flammes, menacée par l'armée xixia et les musulmans, il sauve d'inestimables écrits : « Il y avait quelque chose d'émouvant à voir ces soixante animaux chargés de sutra et de rouleaux de parchemins traverser le désert éclairé par la lune, mais Xingte ne savait pas pourquoi. Il se demanda s'il avait erré pendant des années sur la frontière pour vivre cette nuit. »

Que dire de la personnalité de Xingte ? L'auteur le montre surtout terriblement têtu. Comme le destin.

Trafic d'or sous les T'ang (1965)

Robert Van Gulik

Énigmes à rebondissements dans l'Empire fleuri

Un sinologue reconstitue la vie quotidienne au VIIe siècle.

Ti, jeune magistrat muté en province aux confins de l'Empire, du côté de la Corée récemment conquise, doit éclaircir le mystère de l'assassinat de son prédécesseur.

Comme dans tous ses romans de la série des «enquêtes du juge Ti», Van Gulik donne libre cours à son imagination pour construire de passionnants petits polars où s'entrecroisent les intrigues.

De plus, spécialiste passionné de la Chine ancienne, de sa langue, de son histoire, ses arts et ses mœurs, il fait profiter de ses connaissances le lecteur ravi qui, en accompagnant Ti, découvre des aspects parfois étonnamment modernes de l'État impérial : l'administration et sa hiérarchie de fonctionnaires intègres ou corrompus, ses rapports avec l'armée, les couches sociales (intellectuels, commerçants, fermiers... ou proxénètes), des aspects culturels (la rivalité de la religion bouddhique et de la philosophie confucianiste, la polygamie), etc.

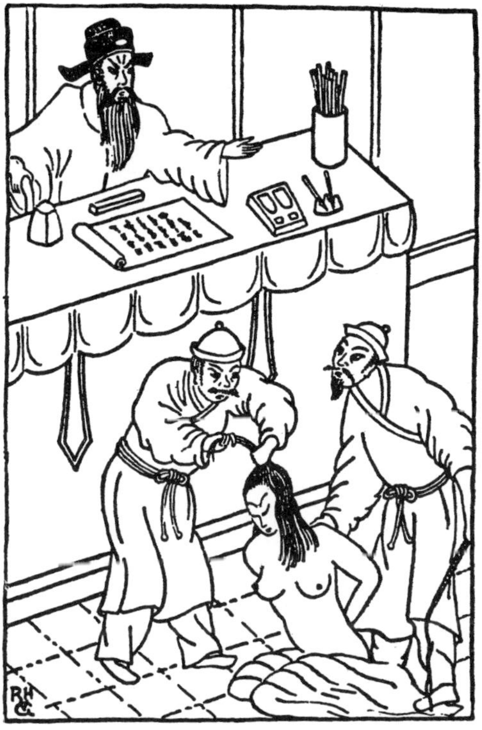

Une femme est châtiée pour offense à la Cour. Dessin de Robert Van Gulik pour *L'énigme du clou chinois*, 1985, *10/18*. © avec l'autorisation de 10/18.

Édition
10/18, 251 p.

▪ Ti sous les T'ang

Un juge Ti a réellement vécu sous la dynastie T'ang (il est mort en 700). Quant aux aventures racontées par Van Gulik, elles sont inspirées d'archives judiciaires, de relations de voyages, de récits tirés de la littérature traditionnelle, dont un roman anonyme du XVIIIe siècle sur les enquêtes du juge Ti, qu'il a lui-même traduit du chinois.

Robert Van Gulik (1910-1967)

Diplomate hollandais, il est l'auteur d'une *Vie sexuelle dans la Chine ancienne*, et d'une quinzaine de romans racontant les enquêtes du juge Ti, qui sont tous de véritables documents sur la Chine de l'époque. Citons *Le Monastère hanté*, *Le Pavillon rouge*, *Meurtre à Canton*...

La Condition humaine (1933)

André Malraux

Shanghai 1927 : un tournant de la Révolution chinoise

Les individus sont confrontés brutalement à l'Histoire et aux appareils militaire et politique.

André Malraux
Voir page 109.

Sources
Malraux fut renseigné par un journaliste et un représentant communiste en Chine, Sneevliet, dit Maring.

Édition
Folio, 284 p.

« Cette ville dont l'Occident attendait le destin de quatre cents millions d'hommes et peut-être le sien. » André Malraux a situé son roman à Shanghai, au moment déterminant où Tchang Kaï-Chek, allié aux communistes dans la lutte contre les généraux inféodés aux puissances occidentales, se retourne contre eux. Les dirigeants de l'Internationale communiste, par leur politique suiviste vis-à-vis de Tchang, mènent les insurgés de Shanghai au massacre malgré les avertissements de beaucoup d'entre eux. Mais « les Chinois se sont éveillés en sursaut d'un sommeil de trente siècles dont ils ne se rendormiront pas », dit un personnage du livre. Après 1927, la lutte se poursuivra dans les immenses campagnes.

Écrit dans un style journalistique – « 21 mars 1927, minuit et demi » –, avec des images vives, précises, cinématographiques même, le roman n'est cependant pas un reportage : Malraux était à Paris lors des événements.

L'histoire de cette période est surtout présente par l'insupportable tension pesant sur la ville « qui dormait au bord du fleuve d'un sommeil inquiet d'affamé dans l'impuissance, dans la misère, dans la haine ». Elle s'impose aux personnages qui tentent d'influer sur le destin du monde et sur leur propre destin. La vieille Chine se meurt, celle qu'a connue Gisors, le vieux lettré chinois devenu communiste, celle de Ferral, le grand bourgeois français que ses pairs, dans une scène burlesque, condamneront à la faillite. Mais la nouvelle Chine naît dans un bain de sang où la liberté d'action des révolutionnaires est soumise aux nécessités de l'Histoire, aux machines historiques que sont l'armée de Tchang Kaï-Chek et l'appareil politique de l'Internationale communiste.

▪ Un absent : le peuple chinois

Kyo et Katow ont lié leur vie à la lutte collective. C'est dans la fraternité du combat mené au nom de la dignité que Kyo assume sa condition d'homme. Le terrorisme de Tchen est au contraire une protestation contre cette condition. Témoin des âmes, le roman devient alors lyrique, poétique, médiatif.

Malraux parle ainsi d'individus, non de la Révolution et de ses acteurs, les prolétaires de Shanghai qui restent des ombres. Seul compte l'impact, sur ses personnages, de l'Histoire perçue comme autant d'aventures individuelles.

Les Conquérants
Écrit en 1928, ce roman évoque la grève générale de Canton en 1925. Garine y est un aventurier révolutionnaire, Borodine un militant professionnel, personnages qui fascinent l'auteur.

La Route des mille li (1979)

Philippe Franchini

Arts martiaux et convulsions révolutionnaires

De la révolte des Boxers à l'invasion japonaise, ce roman d'aventures retrace le drame vécu par des paysans du Shandong.

Yong Ming est un jeune paysan du Shandong – au sud de Pékin – devenu adepte du Tai Ji Quan et, après des années d'exercices, maître du combat à mains nues. L'auteur connaît son sujet et prend plaisir à détailler ces pratiques du contrôle du souffle et de l'énergie vitale et la philosophie qui les sous-tend.

Mais les aventures et les combats de Yong Ming ne sont jamais détachés de la réalité sociale et politique de l'époque. Son grand-père a connu la révolte de Taiping dirigée contre les Européens et les empereurs mandchous ; son père a été décapité lors de la répression de la révolte des Boxers en 1898. Yong Ming a juré de le venger et conspire contre le responsable de cet assassinat, Yuan-Shikai, personnage historique qui, après la révolution de 1911, succéda à Sun Yat-Sen et tenta de rétablir la couronne impériale à son profit. La Chine est ensuite secouée par les luttes pour le pouvoir autour de Tchang Kaï-Chek, le « général chrétien » Feng Yu-Xiang et d'autres seigneurs de la guerre. Tchang et son parti le Guomindang, un moment allié aux communistes lors de la révolution de 1925-1927, se retourne contre eux, utilisant la pègre, les Bandes vertes de Shanghai. Et bientôt les troupes japonaises déferleront.

Pour les paysans du Shandong, ces convulsions signifient parfois quelques espoirs, mais surtout plus de misère et de souffrances. Aux catastrophes naturelles – sécheresses, inondations – s'ajoutent ces fléaux que sont le propriétaire et son intendant qui exigent toujours plus d'impôts et de corvées, quelles que soient les récoltes ; les bandits qui pillent et assassinent ; le seigneur de guerre local qui, dans ce coin du Shandong, est surnommé Chien sauvage.

Yong Ming, de retour dans son village après avoir appris l'art du combat, se trouve devant un choix : devenir homme de main d'un seigneur de la guerre, ou organiser les paysans contre les affameurs. Il organise une milice du village qui tient tête aux bandits et au propriétaire. Mais les victoires des paysans sont éphémères. L'extrême misère et la faim provoquent un exode massif.

▪ Piques rouges

Le combat de Yong Ming se poursuit de la campagne à la ville, avec les sociétés secrètes, Piques rouges, Poings de fer, Poings lisses, qui reprennent le cri des Boxers : « Tuons les riches ! Aidons les pauvres ! » Dans son combat au côté des pauvres, Yong Ming rencontre des militants communistes pourchassés. A Shanghai, Yong Ming est au cœur du combat contre les Bandes vertes. Les Occidentaux arrogants sont bientôt relayés par l'agresseur japonais : contre le déluge de fer et de feu

Philippe Franchini (1928)
De mère chinoise, il suivit l'enseignement d'un maître du Tai Ji auquel il dédie son livre. On lui doit aussi : *La Fille poussière*, *Les Diables de papier*, *Le Royaume des lianes* ainsi qu'un ouvrage sur *Les Guerres d'Indochine*.

qui s'abat sur la ville, Yong Ming entame un combat qui n'est plus à mains nues.

Roman d'histoire et d'action, *La Route des mille li* est aussi une riche peinture sociale, en particulier de la vie de la femme chinoise : les femmes aux pieds bandés, comme les petites paysannes livrées à la prostitution n'étaient, « selon le code de la condition féminine en Chine, que des bêtes de somme et de plaisir ». Dans leur combat vital contre l'oppression, « les Piques rouges et les Poings de fer prônaient le respect de la femme ».

Édition
Olivier Orban, 465 p.

Pieds bandés
Shandong, 1928 : « L'interdiction du bandage avait été l'une des premières mesures proposées par la jeune République en 1912, mais elle était restée pratiquement lettre morte [...]. Cette fois-ci, on eût dit que les femmes, soudain liées par un sentiment de solidarité, sentaient se défaire le premier maillon des chaînes qui les entravaient. Devant ce succès, le commandant She-Xiao décida d'exhiber à la devanture du local de police les bandelettes et les minuscules chaussures abandonnées. »

Le Sorgho rouge (1987)

Ya Ding

Regard d'enfant sur la société maoïste

La Révolution culturelle pouvait-elle tuer le rêve ?

Ya Ding (1956)
Traducteur de : Hugo, Flaubert, Baudelaire, Camus, Sartre, il écrivit ce roman à Paris, directement en français. *Le Jeu de l'eau et du feu* lui fait suite : le héros, Liang, se réfugie en France après avoir participé au Printemps de Pékin.

Édition
Le Livre de poche, 320 p.

Liang et sa famille, citadins, s'installent dans un village : son père, le préfet Li, cadre du Parti, y a été nommé pour combattre l'arriération et la persistance des vieilles idées religieuses. Sa mère Wang est professeur. Très attachés au régime de Mao, les parents se dévouent à leur travail. Le père sait que, pour lutter contre les vieilles mentalités et accroître la confiance dans le Parti, celui-ci doit apporter un mieux-être aux paysans : la clé est dans le succès obtenu dans la lutte contre la sécheresse.

Mais bientôt les directives de la Révolution culturelle fondent sur le village. Liang et son copain Tian, écoliers, sont lancés aux trousses des femmes à cheveux longs et font la chasse à toutes les « anciennes coutumes ». Tout le monde doit arborer des images et des citations de Mao. La croix du clocher de la vieille église française désaffectée est arrachée par Liang lui-même.

L'enfant vit cette période comme une exaltante initiation sur les traces révolutionnaires de son père quand soudain son monde s'écroule : le préfet Li lui-même est accusé d'être un capitaliste qui veut embourgeoiser les paysans et est traîné dans la boue ainsi que sa femme. Liang, qui avait renoncé aux billes, aux bandes dessinées, aux légendes de rêve, n'accepte pas ce dernier coup, cette injustice qui salit l'image héroïque de son père. Il n'est pas encore comme lui dressé à penser que le Parti a toujours raison.

L'auteur a su retrouver le regard de l'enfant qu'il était alors, les émerveillements, les certitudes et cet immense désarroi quand tout vacille.

La Pierre et le Sabre (1939)

Eiji Yoshikawa

Un grand roman d'initiation et d'aventures

Alors que le Japon s'unifie au début du XVIIe siècle, un samouraï avide de gloire finit par se mettre au service du peuple.

Takezo s'est enfui de son village de province avec son meilleur ami qui, comme lui, veut devenir samouraï. Tous deux se retrouvent simples soldats dans l'armée défaite à la bataille de Sekigahara (1600). Traînant la honte de l'échec, ayant déçu leurs familles, laissant des morts et des blessés à chaque bagarre, ces deux jeunes gens sont bien mal partis dans la vie. L'ami d'ailleurs tournera de plus en plus mal, malgré l'opiniâtreté de sa mère qui le poursuit à travers tout le pays pour lui rappeler ses devoirs.

▪ Un homme neuf pour...

Takezo, lui, a la chance de rencontrer un moine, contestataire avant la lettre, qui (par des moyens un peu brutaux certes, mais c'est dans l'air du temps) le remet sur le droit chemin. Décidé à devenir un autre homme, Takezo prend le nom de Musashi (ce sont les deux prononciations, chinoise et japonaise, des mêmes caractères). Il vient de comprendre que la force physique ne suffit pas pour faire un homme, qu'il faut chercher inlassablement sa voie par l'étude et surtout la discipline corporelle et spirituelle. Il parcourt le Japon, défiant les escrimeurs les plus renommés, coupant en deux tous ses ennemis, et tenant à distance la douce Otsu malgré la pureté de son amour et la modestie de ses espérances. Il comprendra enfin que le but suprême de la Voie du Sabre est « la paix et le bonheur pour tous ».

▪ ... un pays en mutation

En dépit de sa longueur, le récit est trépidant, fourmillant de guets-apens, de coups de théâtre, de combats singuliers (où, à 50 contre 1, de toute façon, c'est toujours le bon qui gagne), où morceaux de cervelle et doigts coupés volent dans tous les sens, si bien qu'on n'a pas plus envie de prendre tout ce sang au sérieux qu'en lisant n'importe quel autre roman... de kimono et de sabre. Et le lecteur y gagne au passage un aperçu sur les sources de la culture japonaise (influence littéraire de la Chine, rôle de la méditation zen ; naissance du théâtre kabuki) ; sur l'état social du Japon de l'époque (enrichissement des marchands, multiplication des samouraïs sans maître, les ronins, qui se marginalisent, poids de la famille et statut de la femme qui doit s'effacer devant l'homme, mais peut se remarier et voyager seule), et son histoire politique (recul de l'autorité impériale de Kyoto et de l'aristocratie au profit des militaires, rivalité entre Osaka et Edo, la future Tokyo, dont le seigneur devient shogun, gouverneur militaire et inaugure l'ère de paix des Tokugawa qui durera deux cent cinquante ans).

La deuxième moitié de ce roman s'intitule *La Parfaite Lumière*.

Eiji Yoshikawa (1892-1962)
Il est extrêmement populaire au Japon. Sa biographie romancée de Miyamoto Musashi est basée sur des travaux d'historiens et sur les écrits laissés par Musashi. Ce dernier, un ronin né vers 1584, grand escrimeur mais aussi peintre et sculpteur, avait inventé une technique de combat à deux sabres et était devenu un héros historique, inspirant abondamment la littérature orale. Il y eut d'autres livres sur Musashi, et, d'après l'œuvre de Yoshikawa, plusieurs films et pièces de théâtre.
On trouve aussi en français *La Chronique des Heike* : d'après une geste, l'accession aux plus hautes fonctions d'un garçon de basse extraction et les luttes de clans au XIIe siècle.

Édition
J'ai lu, 4 volumes, 1650 p.

Un samouraï, comme le héros de ***La Pierre et le Sabre*** en trucide des douzaines.

Peinture japonaise.

Ph. © Collection Viollet - Archives Photeb.

Pluie noire (1970)

Masuji Ibuse

La bombe atomique et ses séquelles

Cinq ans après, un « atomisé » ressort le journal qu'il tenait alors.

Yasuko vit avec son oncle et sa tante dans un village non loin d'Hiroshima. Cette agréable jeune fille, qui devrait faire un beau mariage, est pourtant maudite : on murmure qu'elle fut, cinq ans auparavant, « atomisée ». Pour stopper net cette rumeur qui risque d'éloigner un jeune homme fort estimable qui s'intéresse à elle, son oncle Shigematsu décide de recopier le journal qu'il tenait lors de l'explosion ainsi que celui que tenait Yasuko et de les communiquer à la famille du prétendant.

▪ Le nuage méduse

Le roman est pour l'essentiel constitué de ces journaux. Écrit avec une grande simplicité de style et une grande pudeur de langage, il réussit, tout en étant très réaliste, à rendre, si l'on peut dire, supportable l'horreur indicible.

Le 6 août 1945 au matin, la jeune Yasuko venait d'arriver à l'usine où elle travaillait, située heureusement dans la banlieue d'Hiroshima. Soudain, une lumière blafarde fulgura, « plusieurs centaines de fois plus grande que le soleil ». Au même moment, son oncle prenait le train : « J'ai vu une boule de lumière si forte qu'elle m'a aveuglé : tout est aussitôt devenu noir, je n'ai plus rien vu. » Dans les heures qui suivirent, Shigematsu parcourut la ville anéantie couverte de cadavres, sur laquelle s'étendait comme une nouvelle menace un énorme nuage en forme de méduse.

Pourtant, même dans l'horreur, il faut vivre. Shigematsu, brûlé à la joue, sa femme et sa nièce apparemment indemnes, partirent se réfugier en banlieue dans l'usine où il travaillait, considérée comme un second foyer. La plupart des gens continuaient à faire preuve d'un respect scrupuleux de la légalité qui prête à sourire. D'autant plus que les bureaux civils ou militaires censés délivrer tel ou tel papier s'étaient volatilisés.

▪ La mort continue

Mais la bombe avait desserré l'étau de la dictature militaire. Quelques critiques timides de « l'armée qui gruge les civils » apparurent ; « des officiers commençaient à avoir peur des soldats » ; l'oncle lui-même eut un court moment de haine contre la guerre : « une paix injuste vaut mieux qu'une guerre soi-disant juste », écrivit-il alors. Maigres sursauts pourtant. La bombe, en fait, avait atteint son but : terroriser la population. Cinq ans après, ses effets restent présents dans les corps et les esprits. Yasuko qui, après l'explosion, s'était trouvée sous une pluie chargée de cendre noire, n'a pas été épargnée.

Imamura
Shôhei Imamura, auteur de *La Ballade de Narayama,* a tourné en 1989 *Pluie noire* dont l'austère et magnifique noir et blanc souligne la tragédie de la mort lente.

Masuji Ibuse (1898)
Mobilisé à Singapour, il accepta la guerre sans pour autant être un chantre du militarisme japonais. Écrivain du « peuple immuable », il décrit la vie dans les campagnes et dans les villes à travers des nouvelles telles celles parues en français, sous le titre *La Salamandre.*

Édition
Gallimard, 308 p.

Zébunissa (1990)

Annie Krieger-Krynicki

L'Empire moghol des Indes à son apogée

Malgré sa répugnance à participer aux intrigues politiques, Zébunissa, princesse poétesse, finira sa vie en prison.

Annie Krieger-Krynicki
Avocate et universitaire, elle a publié en 1974 *Le Pakistan*, ouvrage sur la société pakistanaise contemporaine et *Les Musulmans en France, religion et culture.*

Ce roman repose sur de nombreux documents historiques, et presque tous les personnages en sont authentiques. Le contexte est l'empire des Grands Moghols, qui connut son apogée à la fin du XVIIe siècle, puis amorça sa décadence sous le règne d'Aurengzeb, le père de Zébunissa.

Zébunissa était une princesse timouride, membre de cette dynastie qui s'enorgueillissait de descendre de Tamerlan, le sanguinaire conquérant mongol, et à travers lui de Gengis Khan. Contrairement à ces guerriers nomades, les Timourides ne se contentèrent pas de ravager puis d'abandonner les régions envahies, mais ils s'établirent solidement aux Indes, y rassemblant un empire plus vaste que l'Inde actuelle, faisant œuvre d'administrateurs et de mécènes, créant, sans pour autant oublier leur vocation guerrière, une culture raffinée qui, même marquée par ses proches origines barbares, combinait l'héritage de l'Islam avec la civilisation hindoue et la vieille culture persane.

▪ Passion et pouvoir

Zébunissa incarne le meilleur de cette civilisation. Cultivée, polyglotte, tolérante, elle protège les marchands, les artistes, les philosophes. Elle est elle-même appréciée comme poète, et le roman utilise à plusieurs reprises des extraits du *diwan* (recueil de poèmes) de Zébunissa. Accueillie avec joie par son père à sa naissance, bien que fille, elle entretient d'abord avec lui des rapports de confiance, de complicité, étant pour lui une interlocutrice et une conseillère. Puis, tandis que l'empire se lézarde, l'atmosphère à la cour devient irrespirable. Rivalités, espionnage, trahisons prospèrent, et Zébunissa, compromise par ses liens avec un frère rebelle, tombera en disgrâce et finira sa vie isolée, cultivant le souvenir de son grand amour, le prince Akil, qui pourtant l'a abandonnée à son sort.

Le livre insiste sur le faste inouï dans lequel vivaient les princes moghols. Il explique aussi les problèmes de l'empire et les causes de sa décadence : hétérogénéité des peuples ; immense fossé entre les dirigeants moghols et le peuple indien (fossé social, culturel, et surtout religieux : alors qu'un de ses prédécesseurs avait tenté une synthèse entre l'Islam et l'hindouisme, Aurengzeb détruit les temples hindous, interdit les dissidences musulmanes et toutes les sectes) ; guerres de succession, qui sont autant d'occasions d'alliances contre le pouvoir central.

La présence européenne se profile discrètement : les armées mogholes s'équipent de canons portugais ou italiens, alors qu'ailleurs les Hollandais tiennent comptoir : chaque nation européenne pousse et utilise ses alliés locaux.

Édition
Mercure de France, 332 p.

Le Monastère de la félicité (1882)

Bankim Chandra Chatterji

Naissance du nationalisme littéraire au Bengale

1769 : la famine engendre la lutte mystique.

Le dernier nabab indépendant du Bengale a été vaincu à Plassey en 1757. Les Anglais maintinrent au pouvoir Mir Jafar, le général qui avait trahi son maître et qui se chargea de lever pour eux d'énormes impôts. Le roman commence lors de la famine de 1769-70 qui coûta la vie à un tiers des Bengalis. Dirigés par des *sannyasins*, sorte de frères convers hindouistes, les pauvres, devenus les Fils, animés par un puissant mysticisme, s'attaquent aux convois de denrées réquisitionnées et au pouvoir musulman protégé par les Anglais et leurs cipayes. Une lutte sanglante commence. Un paysan, Mahendra, et sa femme Kalyani participent à ce combat.

Mythe et histoire, miracles et cruelle réalité se mêlent dans ce roman nationaliste antimusulman..., mais conciliant avec les Anglais : « Tant que les Hindous ne seront pas de nouveaux savants, vertueux et forts, le règne des Anglais demeurera indestructible », dit le Grand Être qui guide les Fils.

Bankim Chandra Chatterji (1838-1894)
Il fut le populaire pionnier de la littérature moderne du Bengale. Il y occupa toute sa vie un poste, subalterne, dans l'administration anglaise.

Édition
Publications orientalistes de France, 156 p.

Le Riz et la Mousson (1954)

Kamala Markandaya

Inde coloniale : une vie de paysans dans le Sud

L'industrialisation menace une survie déjà précaire.

Ruku a la parole. Son père l'a mariée à Nathan, un paysan sans terre, mais honnête et bon. Ils s'aiment. Esclaves du riz et des caprices de la mousson, talonnés par la faim, ils n'ont, dit Ruku, « pas de marge de sécurité ».

Une tannerie s'installe au village : le patron blanc, avec ses contremaîtres musulmans, exploite une main-d'œuvre bon marché et ruine l'artisanat concurrent. Les fils de Ruku tentent d'organiser une grève, vite réprimée. Ils devront partir travailler à Ceylan, dans les plantations de thé. Une voisine se prostitue. La pourriture morale prospère sur la misère aggravée. Privés de leur fermage, Ruku et Nathan, exilés dans une grande ville, gouffre de misère, rencontrent un gosse de rue qu'ils recueillent.

Ruku ne s'apitoie pas sur elle-même, aidée par son ami Kenny, le médecin blanc, pour lequel « il n'y a pas de grandeur dans la résignation ».

Kamala Markandaya (1924)
Journaliste et romancière, on lui doit *Possession* (un jeune berger indien, devenu artiste international, retourne à son peuple).

Éditions
J'ai lu, 245 p.

L'Ombre de la lune (1956)

Mary Margaret Kaye

Autant en emporte la mousson

Dans l'Inde du Nord balayée par la révolte des Cipayes, le sang coule, l'amour s'épanouit.

Mary Margaret Kaye (1912)
Issue d'une longue lignée de fonctionnaires et d'officiers britanniques, elle est l'auteur d'autres romans de la même veine. Ainsi *Pavillons lointains* s'ouvre sur la révolte des cipayes et se poursuit à travers des événements telle la seconde guerre afghane. Dans *Zanzibar*, elle s'intéresse à cette autre terre de feu l'Empire britannique.

Édition
J'ai lu, 2 tomes, 350 p. chacun.

Winter de Ballesteros, belle Anglo-franco-espagnole née en Inde et dont un oncle est indien, a été promise, toute jeune, à Conway Barton, résident de Lunjore, à l'est de Delhi. Hélas, ce prince charmant se révèle un alcoolique dépravé et incompétent. Son subordonné fait tout le travail : Alex Randall est un colonisateur intrépide et intelligent qui comprend les indigènes, connaît leurs mœurs et parle leur langue. Winter et Alex sentent monter autour d'eux la révolte : les regards posés sur les Blancs se font plus méfiants, plus haineux. Des complots se trament. Ils échapperont au massacre déclenché par les troupes indigènes, à l'incendie de la jungle, à la guerre qui ravage la région. L'amour s'épanouit dans l'épreuve partagée. Cette histoire hollywoodienne est rondement menée, malgré l'encombrante crinoline de Winter : elle sait s'en débarrasser pour monter à cheval ou s'enfoncer dans la forêt salvatrice.

Soyons indulgent avec les conventions d'une intrigue qui introduit le lecteur dans la société anglaise coloniale à un moment crucial, 1857 : l'année de la plus grande révolte à laquelle les Anglais durent faire face alors que toute la région, jusqu'à l'Afghanistan, était l'enjeu d'une lutte entre les Empires russe et britannique. Après l'avènement de la reine Victoria, l'Angleterre avait déjà annexé plusieurs États dont l'Oudh (où est née Winter), et les reliait par le chemin de fer.

▪ Fatales cartouches

La prise en main, directement par la Couronne, de son « joyau » qui échappe à la vieille Compagnie des Indes, va être accélérée par la révolte et la répression des Cipayes, les soldats indigènes.

M.M. Kaye est féroce envers les milieux coloniaux qui méprisent trop les Indiens pour les croire capables de se rebeller. Chaque colonel est plus fier l'un que l'autre de « ses » cipayes qui le suivent comme des enfants. La plupart ne comprennent rien au système des castes et aux tabous religieux. Une affaire de graisse animale enduisant de nouvelles cartouches va être l'étincelle qui déclenchera la mutinerie et les massacres.

Au contraire, des militaires comme Randall, Lawrence et d'autres suivent avec effarement, et sans pouvoir les en empêcher, les erreurs qui mènent au désastre. M.M. Kaye rend ainsi hommage aux bons colonisateurs et implicitement aux futurs vice-rois, sages administrateurs qui sauront mettre les formes avec les indigènes sans chercher à « couler de force l'Orient et ses coutumes centenaires dans le moule occidental ». Mais la vision que Kaye a des indigènes est, elle, bien coulée dans ce moule.

Sang et Volupté à Bali (1937)

Vicki Baum

Un petit peuple d'Indonésie au quotidien

Les colonisateurs hollandais ne troublent guère la vie rurale traditionnelle du côté de Badoung, jusqu'au jour où...

Le roman se déroule dans un petit village de la côte sud de Bali et dans le palais du rajah de la province. On y vit avec Pak, paysan, père de trois petites filles et fort tenté de prendre une deuxième épouse ; avec sa jeune sœur Lambon, qui danse si bien les danses sacrées ; avec Raka, le fils du prêtre, que tout le monde adore parce qu'il respire la joie de vivre. On les accompagne aux rizières (les *savahs*), au temple, aux fêtes parmi lesquelles celles des morts sont les plus joyeuses, dans l'intimité des maisons (les *balés*).

La vie semble harmonieuse, aussi longtemps que tout le monde respecte les traditions : le système des castes dicte à chacun ses devoirs (dans la barbarie parfois, comme à la mort d'un homme riche, qui oblige ses veuves à se jeter dans le bûcher) ; la religion hindouiste indique les offrandes à faire pour désamorcer la colère des dieux, qui envoient les rats dans les récoltes, ou punissent de la lèpre une faute commise par un ancêtre.

Pourtant, Pak a parfois l'intuition, sinon la conscience de subir une oppression : sa sœur, comme toutes les plus jolies filles, doit devenir une des épouses du prince ; pour expier sa liaison avec l'une de celles-ci, son frère a les yeux crevés ; homme sans caste, il doit donner à chaque récolte la moitié du fruit de son labeur ; pour comble, le rajah lui prend son meilleur coq de combat !

▪ L'affrontement

Le jour où un bateau échoue sur leur côte, les villageois, qui ont sauvé l'équipage, sont accusés de pillage d'épave. L'affaire arrive devant le gouverneur, et ravive le désir des Hollandais de faire comprendre qui est leur maître aux indigènes de ce coin de colonie, et de démontrer leur force aux Anglais, leurs rivaux dans l'océan Indien et ailleurs. Car, même si les Balinais ne connaissent du monde que l'existence de Java et les marchands chinois, on est au début du XXe siècle, le monde est un échiquier, et la petite île, toute provinciale qu'elle soit, n'est qu'une pièce aux mains de la puissance coloniale. La crémation des veuves fait scandale chez les Européens ? Ceux-ci sont trop heureux d'en faire le prétexte à la guerre : les troupes hollandaises amènent des canons. Quelques jours plus tard, à Badoung, c'est l'apocalypse. Contrairement à Pak, des milliers d'hommes de toutes conditions, avec femmes et enfants, répondent à l'appel du prince qui a refusé de s'humilier en leur nom. Au prix de leurs vies (mais que signifient pour eux vie et mort ?), les Balinais vont donner aux «civilisés» une formidable leçon de courage et de fierté.

Vicky Baum (1888-1960)
Musicienne et journaliste autrichienne, elle rencontre le succès littéraire à la parution de *Grand Hôtel*, que tournera Greta Garbo. Mise à l'index par les nazis, elle prend la nationalité américaine en 1938. Parmi de nombreux romans, citons *Bombes sur Shanghai* (une bombe est larguée en 1938 sur la concession internationale). Son chef-d'œuvre, *Le Bois qui pleure*, attend d'être réédité : c'est l'histoire du caoutchouc, depuis la découverte de l'hévéa au Brésil et la destruction des tribus indiennes, jusqu'aux recherches par les chimistes du IIIe Reich de la formule du buna, en passant par l'implantation de l'hévéa à Sumatra colonisée et l'explosion de l'industrie automobile aux États-Unis.

Édition
10/18, 441 p.

Mort en fraude (1953)

Jean Hougron

«Le personnage principal : l'Indochine»

Un Français échoue dans un village cerné par la guerre.

Jean Hougron (1923)
Parti après la guerre bourlinguer en Indochine, cette expérience a inspiré ses six romans de *La Nuit indochinoise* – de *Tu récolteras la tempête* à *La Terre du barbare*.

Édition
Le Livre de poche, 361 p.

Horcier, comme Hougron lui-même et beaucoup de ses héros, est un Français en marge de la société coloniale. Alors qu'il venait travailler à Saigon pour une respectable maison de commerce de Bordeaux, il est menacé de mort par des gangsters. Fuyant les balles, il se retrouve dans un village d'une zone contrôlée par les maquisards du Viêt-Minh. Ceux-ci raflent les provisions et les hommes. Démoralisés, les paysans ne cultivent plus le riz et vivent d'expédients, au bord de la famine, mourant aussi de la «fièvre» par dizaines. Horcier va se démener pour trouver de la nourriture et de la quinine, éveillant méfiance autant que reconnaissance. Car la venue des Blancs n'annonce en général rien de bon.

Bien que se plaçant du côté de l'armée française et ne comprenant pas le combat du Viêt-Minh, d'autant qu'il le voit terroriser les paysans, Horcier n'a aucun mépris pour les Vietnamiens. C'est ce qui fait la qualité de son regard sur eux comme sur ses compatriotes. Il sait aussi que le souci des chefs de l'armée française, ce n'est pas le sort des «cinq cent mille hommes qui crèvent de faim et de fièvre dans la province».

Et encore...

Dans *Le Palais des nuages*, de P. Carré, un empereur chinois du XIIe siècle rêve de fonder un royaume idéal.
La Vocation de J. Hersey fait le portrait d'un missionnaire dans la Chine d'avant Mao. *L'Enfant du nouvel an*, de Lao She, peint l'aristocratie mandchoue lors de la pénétration européenne. *Lune de printemps*, de B. Bao Lord, est une saga dans la Chine du XXe siècle. La Chine des années 20 et 30 revit dans *Famille* de Pa Kin, *L'Arc-en-ciel* et *Minuit*, de Mao Dun, *Le Patriote* de P. Buck (de cet auteur, citons aussi *Impératrice de Chine*, portrait de Tzu-Hsi, et *Vent d'est, vent d'ouest*, le choc avec l'Occident). *Mimosa* est un beau récit de Zhang Xian Liang (années 50-60).
L'extraordinaire voyage du samouraï Hasekura de S. Endo s'appuie sur un fait réel : en 1613, quatre samouraïs partent pour le Mexique et l'Europe. Signalons un roman prolétarien japonais des années 20 : *Le Bateau-usine*, de K. Takiji, rareté accessible en traduction dans une thèse de S. Cordoba (université Paris-III).
Kim de R. Kipling conte les aventures d'un garçon anglais à la fin du XIXe siècle, de Bénarès à Dehli. *La Maison et le Monde*, de R. Tagore, est un court et beau roman psychologique et social sur le Bengale du début du siècle. *Le Quatuor indien*, de P. Scott (4 tomes), se déroule dans l'Inde des années 40.
La vie de Nguyen Trai, humaniste et poète vietnamien du XVe siècle, est contée dans le roman de Y. Feray, *10 000 Printemps*. *La 317e section*, de P. Schoendoerffer, se présente comme le journal d'un soldat français lors de la guerre d'Indochine.

Océanie

«Près des sommets des Alpes australiennes, un ruisseau prend sa source puis se faufile, invisible sous la neige.»

Début de : ***L'Australienne,***
Nancy Cato.

Les Étoiles du Pacifique (1982)

Nancy Cato

L'histoire d'un pays grand comme un continent

L'Australie d'aujourd'hui est issue d'un mélange de peuples dont l'auteur reconnaît tous les héritages.

Nancy Cato (1917)
Romancière australienne. Elle est aussi l'auteur de *L'Australienne* : la vie d'une femme peintre de 1890 à 1940, et de *Tous nos jours sont des adieux* : au début du siècle une jeune femme riche se consacre à sa vocation d'infirmière dans la brousse, sa fille poursuit son combat.

Édition
J'ai lu, 2 tomes, 829 p.

La vie des ascendants d'un certain J.F.K., qui naîtra au milieu du XXe siècle, «juste à temps pour avoir 20 ans lors de la nouvelle guerre», permet de passer en revue l'histoire de l'Australie depuis un siècle et demi. A l'origine, il y a bien sûr les indigènes australiens et tasmaniens, puis les diverses vagues d'immigration venant des quatre coins de l'empire britannique, d'Océanie ou d'Asie. Car cette colonie sert de trop-plein à la société anglaise, qui y envoie ses pauvres, des Irlandais par exemple, et ses criminels, main-d'œuvre quasi gratuite. Ainsi, Josh Forbes, éleveur de moutons (*squatter*), embauchera James Brown, patriote canadien, donc rebelle, donc bagnard.

La production lainière est un succès, malgré les sécheresses... et les lapins. L'implantation de la canne à sucre réussit bien dans le Nord. Ouvriers agricoles, tondeurs, coupeurs de canne, le prolétariat s'affirme, et Tom, syndicaliste, compose des ballades sur la vie des travailleurs. Mais les ouvriers blancs excluent de leurs luttes les Canaques (terme général désignant les natifs des îles mélanésiennes), les Asiatiques, et les Aborigènes, qui vivent en lisière de la société blanche. Pour eux, les massacres systématiques sont remplacés par un ostracisme officiel, et ils commencent à revendiquer leurs droits. Le fils de Tom, parce qu'il a épousé une métisse, rompt avec son père.

▪ Chapitres d'évasion

Samuel King a la passion de l'or, et surtout de la vie aventureuse des prospecteurs. On suit grâce à lui cette nouvelle étape du développement du pays : l'exploitation des mines d'or. On suit même Sam jusqu'en Alaska ! Son fils s'unit à Elaine, qui va en Inde pour lutter contre la lèpre.

Un long chapitre est consacré à Vincent, coureur automobile, qui épouse Maggie, le premier écrivain d'origine aborigène. Leur fils Joe Forbes King, l'aboutissement de ces lignées, est un révolté. Il s'identifie totalement avec le peuple aborigène dont sa mère a fait connaître la culture, il milite contre la guerre du Viêt-nam. Sa mort empêche la transmission des gènes dont il était dépositaire.

Cette récupération de la science comme justification de valeurs conformistes (sacralisation de la famille, condamnation de l'avortement) est le seul aspect gênant du roman (introduit par deux arbres généalogiques et une citation de Darwin, et dont le titre original est *Forefathers*, ancêtres !). Mais il est tout entier parcouru par une dénonciation vigoureuse de l'injustice faite aux aborigènes, de l'exploitation des gens de couleur, et de tous les racismes.

Louise Michel, la Canaque (1985)

Françoise d'Eaubonne

Aux racines du problème néo-calédonien

Ile à bagne pour les Français, terre ancestrale pour les Canaques : la révolte de 1878 ne sera pas la dernière.

Le roman commence en 1873, lors de l'arrivée de Louise Michel en Nouvelle-Calédonie avec une vague de communards déportés. Sans cesser d'être la figure de proue des prisonniers politiques français, Louise se lie avec tous les opprimés qu'elle rencontre là : Algériens défaits après leur soulèvement contre la conquête coloniale, et surtout canaques. Les tribus sont spoliées de leurs terres, les hommes attelés au travail forcé, des femmes sont kidnappées pour être données aux bagnards en fin de peine.

Louise se passionne pour leur culture, apprend leur langue, et leur transmet tout ce qu'elle sait, comme institutrice et comme insurgée. Sa solidarité ne faiblit pas lors du grand soulèvement de 1878, qui réunit presque toutes les tribus de l'île. Elle aura alors l'immense déception de voir la plupart des communards se mettre aux ordres de l'armée française pour aider à écraser la rébellion.

« Ceci n'est pas un roman, mais un récit conforme à une vérité historique », annonce l'auteur. Le livre, fondé sur d'authentiques documents (lettres de déportés et de colons, articles de journaux de l'époque, rapports administratifs, etc.), est bien une mine de renseignements sur les bagnes et la vie coloniale, sur la conquête insidieuse puis brutale de la Nouvelle-Calédonie, sur les coutumes canaques et sur le soulèvement de 1878. Sa forme de biographie romancée autour du personnage extraordinaire de Louise Michel ne le rend que plus passionnant.

Françoise d'Eaubonne (1920)
Elle a écrit après la guerre des romans historiques devenus introuvables : *Comme un vol de gerfauts* campe un aventurier anglais au XVIe siècle, *Le Cœur de Watteau* évoque le « peintre des fêtes galantes ».
Militante féministe, elle a écrit plusieurs biographies romancées de femmes d'action, telle *La Couronne de sable* sur la vie d'Isabelle Eberhardt.

Édition
Encre, 238 p.

Et encore...

Terre violente de J. Sénès rappelle l'histoire de la colonisation en Nouvelle-Calédonie du XIXe siècle à nos jours, tant du point de vue des « broussards » que des canaques. M.-F. Pisier s'est inspirée de sa jeunesse dans les milieux caldoches de Nouméa pour écrire *Le Bal du gouverneur*. L'île de Lifou sert de cadre au roman de M. Lincourt, *Kanake*.
Les Australiens, de M. Talbot, sont divisés en deux tomes aux noms évocateurs : *Les Aventuriers* et *La Terre promise*. Quant aux *Oiseaux se cachent pour mourir* de C. Mac Cullough, son succès est dû sans doute au sex-appeal de son personnage central, un curé beau comme un dieu dont on nous conte les amours avec une petite fille devenue grande. Ambitieux, le curé manque de peu devenir pape, mais réussit à devenir papa.

Conclusion

Ainsi se termine cette évocation de l'Histoire à travers les romans.

Beaucoup parmi les œuvres présentées se veulent fidèles à l'Histoire. Mais l'historien lui-même ne peut prétendre à l'objectivité ; il n'est soumis qu'à une obligation : s'appuyer sur des documents. Le romancier n'a même pas cette contrainte : s'il en impose une, c'est par un libre choix. Il peut tout à loisir émettre des hypothèses, jouer avec les faits, construire des mythes.

Le caricaturiste Gill pouvait à bon droit croquer un Victor Hugo façonnant à sa manière Robespierre ou Danton et, à travers eux, construire un mythe hugolien de la Révolution française qu'il exalte dans *Quatre-vingt-treize*.

Mais c'est précisément cette part d'invention – et sa qualité – qui fait la richesse du roman historique.

Quant aux romanciers de l'Histoire future, leur liberté d'invention est encore plus grande : ils peuvent, à partir des prémisses d'aujourd'hui, construire l'Histoire jusqu'aux limites de leur imagination. Faisons donc une brève incursion au pays du futur, hors du champ du roman historique, clin d'œil à l'Histoire-fiction.

Victor Hugo, caricature de André Gill dans *L'Eclipse* du 29 août 1875. *Maison de Victor Hugo*, Paris.

Ph. Musées de la Ville de Paris © by SPADEM 1991.

Au pays du futur

**«Cette période de l'Histoire
que les hommes, plus tard, appelleraient
"l'Age des Conflits" s'acheva dans
le milieu du mois de juillet 2250.»**

Début de : ***Nos armes sont de miel,***
Pierre Pelot.

Le Meilleur des mondes (1932)

Aldous Huxley

Une satire contre-utopique

Grâce à la biologie, voilà un monde sans désir et sans Histoire : quel bonheur !

Aldous Huxley (1894-1963)
Petit-fils d'un disciple de Darwin et frère d'un biologiste de renom, était-il prédestiné à écrire ce livre ? Dans son essai *Utopies positives et négatives*, il concluait : « Heureusement pour l'humanité, les nobles tyrannies des utopistes n'ont existé que sur le papier. » Mais dans un autre roman, *Ile*, il imagine une sage utopie, nullement tyrannique, sur l'île indonésienne imaginaire de Pala.

Édition
Presses Pocket, 285 p.

En l'an 632 de « Notre Ford », les hommes, Ford oblige, sont aussi produits en série, en éprouvette, au « Centre d'incubation » sous forme d'Alphas, Betas, Gammas, Deltas ou Epsilons dans l'ordre décroissant de leurs capacités intellectuelles. Les « jumeaux Bokanovski » sont des clones – des dizaines parfois – idéaux pour certains travaux. Mais, humains quand même, tous ont besoin d'être ensuite conditionnés par des méthodes pavloviennes et des séances de slogans (« 62 400 répétitions font une vérité »). Chacun aime ainsi sa caste et sa condition, prêt à agir pour le bonheur de tous. Ultime sécurité : des pilules de « soma », drogue miracle, effacent toute angoisse et colorent tout en rose. Les signes extérieurs de vieillissement sont presque effacés. Vers 60 ans, on disparaît sans douleur. Les hommes comme la société n'ont plus d'histoire.

Bernard Marx, lui, est un déviant. Chose bizarre, il aime une femme et a soif de liberté. John, un Sauvage extrait de la Réserve par Bernard, suffoque dans ce monde. Nourri de Shakespeare, il s'entend dire par « Sa Forderie », le grand Chef de l'oligarchie régnante (et qui connaît ses classiques) : « Notre monde n'est pas le même que celui d'Othello. Il est stable à présent, les gens sont heureux, ils obtiennent ce qu'ils veulent et ils ne veulent jamais ce qu'ils ne peuvent obtenir. »

Huxley dénonce la société de son temps, une société où tout, même les hommes, pourrait bien être un jour standardisé, et où, pour les pauvres, mieux vaut savoir rester à sa place. Menée à son terme grâce à la biologie, cette logique aboutit au « meilleur des mondes » : la science, c'est la continuation de la politique par d'autres moyens.

Actualité
Michel Serres, dans sa préface à *L'Œuf transparent* de Jacques Testart (1986) écrit : « Nous risquons de décider demain du meilleur des mondes [...]. Nous savons seulement qu'il ne doit pas devenir unitaire [...] et que nul ne doit tenir de poste d'où il puisse décider de manière large ou globale de la production ou de la définition de l'homme. » Jacques Testart, « père » du premier bébé éprouvette français, sonne l'alarme : « La fécondation *in vitro* va bientôt nous offrir des œufs à la carte avec sexe et conformité aux normes garantis par le laboratoire. » Et plus loin : « C'est en amont de la découverte qu'il faut opérer les choix éthiques. »

Les Dépossédés (1974)

Ursula le Guin

Une utopie «ambiguë»

L'anarchisme est-il viable sur une seule planète ?

Il y a sept générations déjà que sur Anarrès, lune de la planète Urras, les Odonistes sont venus fonder leur communauté. Tous volontaires, ces anarchistes futuristes ont organisé une société de quelques millions de membres sans loi, donc sans appareil judiciaire et policier. Il n'y a pas d'État : la CPD (Coordination de la Production et de la Distribution) s'occupe de ce qu'Engels appelait l'«administration des choses». Tous les membres sont des coopérateurs. En ce début du XXIVe siècle, égalité et liberté règnent entre les hommes, entre les sexes. Le pravique, la langue fabriquée sur Anarrès, ignore le concept de hiérarchie. Jurer est difficile : «Le sexe n'y est pas sale et le blasphème n'existe pas.» Mais le sol de cette lune est très pauvre et requiert de lourds travaux collectifs pour survivre en autarcie. Seules la haute conscience et l'éducation cimentent cette société solidaire où individualisme ne rime pas avec égoïsme.

Car cette société a son revers : outre les difficultés matérielles, l'isolement, l'arrêt de l'innovation, de l'Histoire même, rendent la vie insipide, grise comme la poussière qui recouvre presque partout le sol. Shevek, le physicien génial, étouffe dans ce monde clos : il décide de briser un tabou en allant sur Urras, riche terre de capitalistes. Mais Urras ressemble à notre terre. D'abord émerveillé par la richesse qu'il y trouve, il s'aperçoit qu'on le cloître à l'Université du pays le plus fort pour s'approprier ses recherches et éviter qu'il prenne contact avec les pauvres et les révolutionnaires. Il réussira pourtant à les rencontrer et rentrera sur Anarrès : par sa culture, il préfère encore une société modeste et solidaire que riche et inégalitaire.

Ursula Le Guin (1929)
Auteur américain de science-fiction, de père ethnologue, elle met en scène des peuples de cultures différentes et renoue avec une littérature d'expérimentation sociale.
Dans la nouvelle *A la veille de la Révolution*, elle décrit les événements qui ont conduit à l'émigration des anarchistes sur Anarrès. Dans *L'Autre Côté du rêve*, la Terre devient invivable.

Édition
Presses Pocket, 340 p.

Et encore...

Achevons ce clin d'œil aux utopies et contre-utopies en rappelant deux anticipations socialistes du XIXe siècle : à l'industrialiste et scientiste *Cent Ans après*, de E. Bellamy, répondent les bucoliques *Nouvelles de nulle part* de W. Morris. *La Nébuleuse d'Andromède* de I. Efremov invente quant à elle un futur «réaliste-communiste». C'est une société de paix et d'amour qui est dépeinte dans *Nos armes sont de miel* de P. Pelot.

Au chapitre des contre-utopies s'imposent la satire politique de G. Orwell, *1984*, et, dans un registre différent, *Un bonheur insoutenable* de I. Levin ou *La Cité du Grand Juge* de A. E. Van Vogt. Dans *Farenheit 451* de R. Bradbury, le pompier Montag refuse une société qui lui impose... de brûler les livres, mémoires de l'humanité.

I. Asimov, dans la série galactique des *Fondation* a inventé la psychohistoire qui prévoit tous les événements... ou presque.

Le roman historique en France

Les prix littéraires

« Attribué à un roman historique de langue française écrit par un auteur vivant », le prix Jean d'Heurs (d'un montant de 20 000 F), décerné chaque année par le conseil général de la Meuse, avait dans son jury, en 1989, Georges Conchon, Didier Decoin, José Cabanis, Georges Bordonove et fut, cette année-là, attribué à *La Reine soleil*, de Christian Jacq. Auparavant, il fut attribué à *La Pourpre et l'Olivier*, de Gilbert Sinoué et à *La Guéniza*, de Sylvie Crossman et Michel Gabrysiak ; en 1990, il fut accordé au *Crépuscule des hommes*, de Vincent Gabarra.

L'académie Goncourt, quant à elle, décerne depuis 1974, à Troyes, aux premiers jours de l'été, le Goncourt du récit historique d'une valeur de 20 000 F. Il a récompensé des romans comme *Moi Zénobie, reine de Palmyre*, de Bernard Simiot, *Les Mouchoirs rouges de Cholet*, de Michel Ragon, *Le Grand Empereur et ses automates*, de Jean Lévi.

Le prix Alexandre-Dumas n'est plus décerné depuis quelques années. Créé en 1972 par le groupe dit Déjeuner Alexandre-Dumas et par l'Association des Amis de l'écrivain, il récompensait par une médaille à son effigie « un roman ou une pièce répondant aux qualités d'action, d'histoire romanesque et d'intrigue amoureuse prodiguées par Alexandre Dumas père ». Il alla aux *Complots de la liberté*, de Burnier-Rambaud, à *Louisiane*, de Maurice Denuzière, *Fortune de France*, de Robert Merle, *Julie des Arques*, de Georges Blond, *L'Étoile absinthe* de Michel Peyramaure, *Pandora* de Jean-Pierre Rémy, *Le Cousin de Porthos*, de Jean-Luc Dejean et encore *Les Mouchoirs rouges de Cholet*, de Michel Ragon.

D'autres prix s'intéressent comme nous à des romans évoquant le peuple et son histoire : prix Populiste décerné à « un écrivain inconnu ou méconnu et traitant du peuple », prix Louis-Guilloux, prix Erckmann-Chatrian, prix Émile Guillaumin...

Les éditeurs

Les romans historiques – et à plus forte raison au sens large où nous l'entendons – ont leur place chez une gamme très étendue d'éditeurs. Quelques-uns cependant ont des collections spécialisées. Ainsi Olivier Orban a édité, dans sa collection Les Romans dans l'Histoire, Mika Waltari (*Sinouhé l'Égyptien*, *Le Secret du royaume*) ou Gilbert Sinoué (*La Pourpre et l'Olivier*). Payot (Les Romans de l'Histoire) vient de publier *La Cour des Miracles*, de Massin, après d'autres romans comme *Robe noire*, du Canadien Brian Moore. Les Éditions du Rocher (Romans historiques) ont publié, de Christian Jacq, *Champollion l'Égyptien* et *Maître Hiram et le roi Salomon* ; Le Mercure de France (L'Histoire romanesque) : *Moi, Tituba sorcière noire de Salem*, de Maryse Condé, ou *Spartacus et la révolte des gladiateurs*, de Joël Schmidt ; Albin Michel (Mémoires imaginaires) : *Moi, Joséphine, impératrice*, de Paul Guth ou *Moi Lafitte, dernier roi des flibustiers*, de Georges Blond.

Signalons enfin la belle collection, hélas interrompue, des Grands Romans historiques de Presses Pocket où chaque œuvre était accompagnée d'un petit dossier, des *Derniers Jours de Pompéi* de George Bulwer-Lytton à *La Juive de Tolède* de Lion Feuchtwanger.

Les romans historiques sont-ils rentables pour les éditeurs ? Globalement, pas plus que d'autres romans, semble-t-il, ce qui expliquerait le peu de collections spécialisées. Il n'en reste pas moins que beaucoup de gros succès de librairie, de *La Chambre des Dames*, de Jeanne Bourin, aux romans de Troyat, Waltari, Michener... ou d'Umberto Eco font partie de la grande famille des romans de l'Histoire.

Roman historique et cinéma

En 1903, Méliès s'inspira des *Trois Mousquetaires* et en Angleterre William Paul tourna un *Derniers Jours de Pompéi*. En 1908, aux États-Unis, Sidney Olcott tourna le premier *Ben Hur*.

Les classiques

Le roman historique devint un bon sujet de scénarios cinématographiques, à commencer par les œuvres célèbres du XIXe siècle, sollicitées jusqu'à nos jours : *Le Dernier des Mohicans* (Tourneur, 1921) inspiré de F. Cooper ; *Les Aventures de Robin des Bois* (Curtiz, 1938) et *Ivanhoé* (Thorpe, 1952) sortis tout droit de W. Scott ; *Les Chouans* (Calef, 1946), *Notre-Dame de Paris* (Delannoy, 1956) ; *Les Misérables*, douze versions dont celle de Le Chanois (1958) ; *Les Trois Mousquetaires*, au moins cinq versions dont Hunebelle (1953), Lester (1974) ; *Guerre et Paix* (Vidor, 1955, Bondartchouk, 1962) sont autant d'exemples.
Il en est de même d'œuvres plus récentes tels *Autant en emporte le vent* (Fleming, 1939) ; *Le Guépard* (Visconti, 1963), *Le Docteur Jivago* (Lean, 1965), *Le Nom de la rose* (Annaud, 1986) ou *L'Œuvre au noir* (Delvaux, 1988).

Un filon

Très tôt, nous l'avons vu, le roman se déroulant dans le monde antique tenta les cinéastes. Il connut une véritable vogue avec les péplums hollywoodiens. Le plus onéreux de tous les films muets fut le *Ben Hur* de Niblo (1926) ; la version de Wyler (1959), avec Charlton Heston, récolta onze Oscars à Hollywood. Rappelons aussi les *Quo Vadis ?* (Guazzoni, 1912, Le Roy, 1951), *Barrabas* (Fleischer, 1962), *Pharaon* (Kawalerowicz, 1966, d'après le roman de B. Prus), et la version du *Spartacus* de Fast par Kubrick (1960), avec Kirk Douglas.

Romans historiques nationaux

L'histoire de leur pays inspira aussi nombre de cinéastes qui, là encore, tirèrent leurs scénarios de romans.
En Pologne, Wajda en est un bon exemple avec *Cendres et diamant* (1958 ; la Pologne après guerre d'après le roman d'Andrzejewski), *Cendres* (1965 ; les Polonais de Napoléon d'après S. Zermski), *La Terre de la grande promesse* (1974 ; l'essor de l'industrie textile à Lodz, d'après S. Reymont). Toujours en Pologne, Aleksander Ford adapta le roman nationaliste de Sienkiewicz, *Les Chevaliers Teutoniques* (1960).

Combat politique

Des films tirés de romans historiques s'inscrivirent aussi dans d'âpres combats politiques. *Le Juif Süss*, roman humaniste de L. Feuchtwanger en est un exemple. Une version antihitlérienne fut tournée à Londres par Lothar Mendes en 1934, mais les nazis en firent une version raciste (Harlan, 1940).

Film et roman

Il arrive parfois que des romanciers participent au scénario d'un film tiré de leur livre. Mais les films sont souvent tournés en dehors de leur inspirateur, et l'adaptation cinématographique d'un roman historique pose des problèmes analogues à celle de tout autre roman. Parfois, le film a éclipsé le roman dans la mémoire collective et les traits d'un acteur (hollywoodien le plus souvent) se sont imprimés sur un personnage : ainsi Omar Sharif-Jivago, Charlton Heston-Ben Hur, Eroll Flynn-Robin des Bois. Le roman y gagne rarement.
Mais le roman historique est toujours une source féconde de bons films, comme le récent *Le Nom de la rose* l'a montré. Et l'on trouverait d'autres exemples, loin de Hollywood, parmi les films inspirés de romans historiques d'autres continents, tel le *Sarraounia* de Med Hondo, d'après le roman de A. Mamani.

Le roman historique pour la jeunesse

Nous ne reparlerons pas des œuvres de : Dumas, Scott, Rosny, Remarque..., traditionnellement dévolues aux jeunes sans que les auteurs aient choisi de s'adresser à eux en particulier. Dans son Guide de littérature pour la jeunesse, *Marc Soriano remarque en 1975 l'extension du roman historique pour la jeunesse et déplore le manque de sérieux qu'on y trouve parfois quand l'Histoire n'est utilisée que comme une toile de fond exotique. Mais il est de plus en plus apprécié, en particulier en milieu scolaire : sensibles à cette demande (sans compter le coup de fouet dû à la célébration du Bicentenaire), les éditeurs créent des collections qui lui sont consacrées, des auteurs confirmés s'y essaient, des auteurs débutants s'y font un nom. On constate alors qu'il peut achopper à l'écueil inverse : de par une volonté d'enseigner l'Histoire, il risque d'être trop didactique. Et s'il s'adresse au jeune lecteur en tant que futur citoyen, il risque de plaquer des idéaux modernes sur une époque où ceux-ci étaient inconcevables : même bien documenté, le livre sera alors basé sur un anachronisme ou simplement ennuyeux. Mais il existe aussi de bons romans historiques destinés aux jeunes, informatifs, bien écrits, inventifs, distrayants. En voici un bref aperçu.*

▪ Préhistoire

J.-C. Froelich : *Voyage au pays de la pierre ancienne* (Les Eyzies).
J.-L. Dejan : *Le Premier Chien.*

▪ Antiquité

G. Ellert : *Alexandre le Grand.*
O. Weulersse : *Les Pilleurs de sarcophages.*
H. Winterfield : *l'Affaire Caïus* (Pompei).

▪ Moyen Age

P. Debresse : *Le Chevalier aux yeux clairs.*
G. Lacq : *L'Herbe des Sarrasins* (les Croisades).
J.-M. Soyez : *Bouvines ou les canons de bois.*
P. Nigremont : *l'Oiselier du Pont au Change* (sous Louis XI).

▪ De la Renaissance au XVIIIe siècle

J.-C. Nogues : *Silvio ou l'été florentin.*
L. Delluc : *Le Mousse de la Niña* (C. Colomb).
M.-P. Vié-Klaze : *Malsang ou la fidélité* (guerres de Religion).
J. Le Poezat-Guigner : *Le Pré du Roy* (galériens et corsaires).

▪ Révolution et Empire

M.-C. Helgerson : *Dans les cheminées de Paris* (ramoneurs savoyards, prise de la Bastille).
C. Cénac : *La Révolution des croquants* (Périgord).
S. Kupferman : *Le Complot du télégraphe.*
M. Gilard : *Camille* (guerre napoléonienne en Espagne).

▪ 1815 à 1914

L. Camiglieri : *les Pavés de la colère* (les canuts lyonnais).
D. Letessier : *Jean-Baptiste ou l'éducation vagabonde* (sous Louis-Philippe, 1848).
R. Bezombes : *Le Serment de Louise* (second Empire)
B. Solet : *Bastien, gamin de Paris* (la Commune).
G. Trease : *Les Compagnons de la Charte* (Angleterre).
C. Bourguignon : *Le Neveu de Goya.*

▪ Guerre de 14-18

A.-M. Pol : *Promenade par temps de guerre.*
M. Morpurgo : *Cheval de guerre* (des chevaux racontent).

▪ Entre-deux-guerres

G. Trease : *Le vent se lève sur Saint-Pétersbourg* (révolution d'Octobre).
H.-P. Richter : *J'avais deux camarades* (nazisme).
J. Kessel : *Une balle perdue* (guerre d'Espagne).

▪ Seconde Guerre mondiale
J. Joffo : *Un sac de billes* (Occupation).
C. Gutman : *La maison vide* (rafle du Vel d'hiv).
I. Koehn : *Tilla* (défaite allemande).
W. Przybyiska : *Le Journal de Wanda* (Pologne).
I. Hatano : *L'Enfant d'Hiroshima.*
M. del Castillo : *Tanguy* (camps de concentration).

▪ Amérique du Nord
A. Piguet : *Traîne les cœurs* (Canada).
C. Forrest : *Petit Arbre* (Indiens).
B. Haynes : *Une nièce de l'oncle Tom.*
I. Hunt : *5 printemps dans la Tourmente* (guerre de Sécession).
M. Taylor : *Tonnerre, entends mon cri* (Mississippi).

▪ Amérique du Sud
J. Wasserman : *L'Or de Cajamalca* (chute des Incas).
A. Gerber : *Mon ami Emiliano Zapata* (Mexique).
J.M. de Vasconcelos : *Mon bel oranger* (Brésil).

▪ Antilles
B. Solet : *Les Révoltés de Saint-Domingue* (Toussaint-Louverture).

▪ Afrique noire
Gbanfou : *Kaméléfata* (résistance aux négriers).
D. Vaxelaire : *Chasseur de Noirs* (histoire de la Réunion).
T. Jones : *L'une est noire, l'autre blanche* (apartheid).

▪ Afrique du Nord
S. Ferdi : *Un enfant dans la guerre* (Algérie).

▪ Moyen-Orient
H. Pérol : *Je rentrerai tard ce soir* (Palestiniens).
A. Reboul : *Tu ne tueras point* (guerre des Six-Jours).
T. Jonquet : *Un enfant dans la guerre* (Iran-Irak).

▪ Asie
R. Lunn Mc Cunn : *Mille pièces d'or* (Chine au XIXe siècle).
Xintian Li : *L'Enfant de l'hiver* (armée de Mao).
N. Vidal : *Nam de la guerre* (Viêt-nam).
N. Vidal : *La Conspiration des parasols* (Japon, XVIe siècle).

▪ Océanie
B. Roberts : *Manganini et l'enfant volé* (Tasmanie).

Bibliographie

Nous ne citons ici que des ouvrages parus en français et ayant un rapport direct avec le roman historique et non ceux traitant de littérature générale ou nationale, les biographies d'auteurs, etc.

Lukacs (G.), ***Le Roman historique***, Payot, 1965.
Nélod (G.), ***Panorama du roman historique***, Sodi, 1969.
Maigron (L.), ***Le Roman historique à l'époque romantique***, Hachette, 1898.
Recherches sur le roman historique en Europe, XVIIIe-XIXe siècle, Les Belles Lettres, 1977.

Des revues ont consacré un numéro spécial au roman historique…

La Nouvelle Revue Française, octobre 1972.
Revue d'Histoire littéraire de la France, n° 2/3, 1975.
Textes et documents pour la classe, n° 520, CNDP, 1989.
Nous voulons lire ! (incursions dans le roman historique pour la jeunesse), n° 86, octobre 1990.

… ou des articles

Les Nouvelles Littéraires. Dossier : « Grandeurs et ambiguïtés du roman historique », 23 mars 1979.
L'école des Lettres, « Le roman historique », septembre 1985.

Des ouvrages s'intéressent au rapport du roman et de certaines périodes historiques

Guiral (P.) et Témime (E.), ***La Société française à travers la littérature***, A. Colin, 1972.
Rieuneau (M.), ***Guerre et Révolution dans le roman français (1919-1939)***, Klincksieck, 1974.
Masson (L.), ***Le Disciple et l'Insurgé : roman et politique à la Belle Époque***, Presses Universitaires de Lyon, 1987.
Ory (P.), Sirinelli (J.-F.), ***Les Intellectuels en France, de l'Affaire Dreyfus à nos jours***, A. Colin, 1986.
Leroy (G.), Roche (A.), ***Les Écrivains et le Front populaire***, Presses Fondation nationale des Sciences politiques, 1986.
Bertrand de Munoz (M.), ***La Guerre civile espagnole et la littérature française***, Didier, 1972.

Sur différents genres romanesques croisés par nos romans historiques

Tadié (J.-Y.), ***Le Roman d'aventures***, PUF, 1982.
Suleiman (S.-R.), ***Le Roman à thèse***, PUF, 1983.
Robin (R.), ***Le Réalisme socialiste, une esthétique impossible***, Payot, 1986.
Morel (J.-P.), ***Le Roman insupportable***, Gallimard, 1985.
Souiller (D.), ***Le Roman picaresque,*** Que sais-je ? n° 1812, 1980.
Ragon (M.), ***Histoire de la littérature prolétarienne de langue française***, A. Michel, 1974.

Une presse très variée nous a fourni des idées, du *Magazine littéraire* à *Lutte ouvrière* en passant par *Europe*, *Le Monde des livres*, *Le Monde diplomatique*, *Le Figaro littéraire*, *l'Humanité*, *Libération*…

Index des œuvres

*Les folios en **gras** renvoient à une analyse développée.*

A

A l'Ouest, rien de nouveau, **94**, 100.
A la courbe du fleuve, **203.**
Adieu au Sud, 169.
Affaire Toulaev (l'), 153.
Aigle et le serpent (l'), 188.
Alamut, 50.
Alaska, 171.
Alexandra, mon amour, ma colère, 210.
Alice Van Meulen, 86.
Allée du Roi (l'), 64.
Alliance (l'), 210.
Amants de Venise (les), 53.
Ami retrouvé (l'), 110.
Amour de l'électricité (l'), 158.
An premier du siècle (l'), 174.
Ange Pitou, 53.
Année de la grande sécheresse (l'), **185.**
Année noire (l'), 98.
Août 14, 98, 158.
Après, **100**
Après minuit, 110.
Arbres musiciens (les), 192.
Arc-en-ciel (l'), 238.
Archipel du Goulag (l'), 158.
Armée des ombres (l'), 124.
Λε (l'), **217**
Atlas en feu (l'), 218.
Au bon beurre, 124.
Australienne (l'), 240.
Australiens (les), 241.
Autant en emporte le vent, 174.
Aux confins de l'Œcumène, **36**.
Aux portes de Moscou, 124
Avant Adam, **19**.
Aventures de Hadji Baba d'Ispahan (les), 224.
Aventures de Juan Cabezon de Castille (les), 64.
Avicenne ou la route d'Ispahan, 50.

B

Bagatelle, 169.
Baie des Anges (la), 110.
Baie perdue (la), 105.
Bal des maudits (le), **113**.
Bal du gouverneur (le), 241.
Bandits de l'Atlas (les), 218.
Bannière bleue (la), **50**.
Barrabas, **30**.
Bas les cœurs, 92.
Bâtard de Mauléon (le), 53.
Beaux Quartiers (les), 92.
Belle de Mai (la), 107.
Belle Époque, 92.
Belles de Tunis (les), 218.
Ben Hur, 36.
Blancs et les Bleus (les), 53.
Bois qui pleure (le), 237.
Bombes sur Shanghai, 237.
Bonheur fou (le), 92.
Bossu (le), 53.
Boussardel (les), 92.
Bouts de bois de Dieu (les), **201**.
Brigadier Gérard (le), 43.
Briques (les), **146**.
Bûcher (le), 50
Bûcher de Monségur (le), 50.
Bug Jargal, 71.

C

Cacao, **187**.
Cacos (les), **190**.
Camarade Nachman, 144.
Canard de bois (le), **174**.
Canon fraternité (le), 92.
Capitaine Conan, 98.
Capitane (la), 64.
Caraïbes, 171.
Carolins (les), **130**.
Cavalerie rouge, **155**.
Cavalier insomniaque (le), 176.
Cavalier suédois (le), 130.
Caverne magique (la), **20**.
Cécilia Valdès, 188.
Cendres de l'été (les), 158.
Cendres et Diamant, **143**.
Cercle des tropiques (le), 204.
Ces messieurs de Saint-Malo, 64.
Ceux d'en bas, 188.
Chagrin des Belges (le), **116**.
Chair et le Bronze (la), 36.
Chambre des Dames (la), 50.
Chant d'Agapito Robles (le), 176.
Chardons du Baragan (les), **139**.
Chasse au Racoon (la), 192
Chasseur de Noirs, 63.
Chemin de Bourges (le), 50.
Chemins de la faim (les), 187.
Chemins de Maison Haute (les), 92.
Chemins du désert (les), **226**.
Chesapeake, **171**.
Chevalier d'Harmental (le), **52**.
Chevalier de Maison-Rouge (le), 53.
Chevalier de Saint-Georges (le), 191.
Chevaliers Teutoniques (les), 46.
Chevaux du soleil (les), **216**.
Chien jaune, 174.
Chouans (les), **68**.
Christ s'est arrêté à Eboli (le), 110 .
Chronique de Travnik (la), 146.
Chronique des Heike (la), 231.
Chronique du figuier barbare, **224**.
Chronique du règne de Charles IX, **60**.
Chute de Berlin (la), 124.
Chute du roi (la), **132**.
Ciel de porphyre, 218.
Ciment (le), **157**.
Cinq-Mars, 67.
Clan du sorgho (le), **115**.

Cléopatra, 177.
Cloche d'Islande la), **128**.
Cloches de Bâle (les), 92.
Colère des Dieux (la), 35.
Collier de la Reine (le), 53.
Colline du mauvais conseil (la), 224.
Colonnes du ciel (les), 64, 173.
Colorado saga, 171.
Commandant Watrin (le), 124.
Compagnie blanche (la), **43**.
Compagnons de Jéhu (les), 53.
Compère général soleil, 192.
Complice (le), 146.
Condition humaine (la), **228**.
Condottieri (les), 64.
Conquérants (les), 228.
Conquête du courage (la), 174.
Conspiration des Égaux (la), 76.
Conte de deux villes, 76.
Coq rouge (le), 92.
Côte des esclaves (la), 136.
Coups de tête, 174.
Cour des miracles (la), 64.
Creek Mary la Magnifique, **164**.
Crépuscule des temps anciens, 204.
Crépuscule, 158.
Croisade de Lee Gordon (la), 174.
Croix de Bois (les), 98.
Cry Freedom, **210**.

D

Daâh, le premier homme, 22.
Damas Téléphérique, 224.
Dame de Montsoreau (la), 52, 53.
Dame du Nil (la), 36.
Débâcle (la), **87**.
Déluge (le), 146.
Départ des musiciens (le), **131**.
Dépossédés (les), **245**.
Der des der (la), 98.
Dernier Civil (le), **101**.
Dernier des Justes (le), 124.
Dernier des Mohicans (le), **160**.
Dernier survivant de la caravane (le), **196**.
Derniers Étendards (les), **108**.
Derniers jours de Pompéi (les), 36.
Des grives aux loups, 92.
Destin de A. D. (le), **103**.
Devoir de violence (le), 204.
Dieu manchot (le), 64.
Dieux ont soif (les), 76.
10 000 printemps, 238.
Disgracié (le), 150.
Docteur Jivago (le), **154**.
Doguicimi, 204.
Domaine (le), **64**, 146.
Don paisible (le), 158.
Douceur de vivre (la), 110.

E

Éducation sentimentale (l'), 67, 92.
Élise ou la vraie vie, 218.
Embellie (l'), **106**.
Émeute au Transvaal, 210.
Empire du soleil (l'), **114**.
En un combat douteux, 170.
Enfant du nouvel an (l'), 238.
Enfant ne pleure pas, **204**.
Enfant perse (l'), **28**.
Enfants de l'Arbat (les), 158.
Enfants de la violence (les), 210.
Enfants du nouveau monde (les), **218**.
Enragés (les), 76.
Équipage (l'), 98.
Espagnol (l'), 124, 173.
Espoir (l'), **109**.
Et l'acier fut trempé, 156.
Et la montagne fleurira, **84**.
Et le buisson devint cendre, **105**.
Été 36 (l'), 110.
Été du déserteur (l'), **134**.
Étincelle de vie (l'), 94.
Étoiles du Pacifique (les), **240**.
Étrusque (l'), 36.
Exilés (les), 94.
Extraordinaire voyage
du samouraï Hasekura (l'), 238.
Eyrimah, 18.

F

Famille Moskat (la), 146.
Famille, 238.
Faubourg des Amériques, 174.
Faubourg des Coups-de-Triques (le), **107**.
Fausse-Rivière, 169.
Félin géant (le), 18.
Felix Guttmann, 110.
Feu (le), **98**.
Feu du ciel (le), **28**.
Fiancée de Lammermoor (la), 39.
Fiancées de la Saint-Jean (les), **129**.
Fiancés (les), **57**.
Fille de Burger, 210.
Fille de Montézuma (la), **177**.
Fille du capitaine (la), **148**.
Fils d'homme, **180**.
Fléau de Dieu (le), 50.
Fontamara, **104**.
Forêt vierge, 188.
Fort Saganne, 218.
Forteresse verte (la), **182**.
Fortune de France, **61**.
Fou du tsar (le), 158.
Fous de Dieu (les), 64.
Frères Askhenazi (les), **144**.
Fuite à Constantinople (la), 64.

G

Garabombo l'Invisible, 176.
Garde blanche (la), 158.
Gardes rouges de Tempere (les), 136.
Genghis Khan, 50.
Germinal, 87.
Gilgi, 110. .
Gilles, 110.
Gouverneurs de la rosée, 192.
Grand Flot (le), 92.
Grand Troupeau (le), 98.
Grande Maison (la), 218.
Grande Ombre (la), 43.
Grande Patience (la), 124, 173.
Grande Soif (la), **208**.
Grande Vie (la), **107**.
Grimbosq, 151.

Grosse Galette (la), 174.
Guépard (le), **79**.
Guerre carliste (la), **80**.
Guerre de la fin du monde (la), **184**.
Guerre des gusses (la), 218.
Guerre du feu (la), **18**.
Guerre et Paix, **69**.
Gueuse (la), **106**.

H

Hanta Yo, 174.
Harmattan (l'), 201.
Harpe et l'Ombre (la), **54**.
Héritiers de l'avenir (les), **151**.
Histoire d'un homme du peuple (l'), 92.
Histoire d'un paysan, **66**.
Homme de choc (l'), 110.
Homme de Kiev (l'), 158.
Homme incendié (l'), 64.
Hommes dans la ville (les), 146.
Hommes de bonne volonté (les), 98.
Hommes du tsar (les), **149**.
Hors-la-loi du Texas (les), 174.
Huasipungo, 188.
Huracan-cœur-du-ciel, 188.
Hussard sur le toit (le), 92.

I

Il est un pont sur la Drina, 146.
Ile (l'), 61.
Ile d'espérance (l'), 94.
Impasse des deux palais, 224.
Impératrice de Chine, 238.
Incendie (l'), 218.
Indios, 178.
Insurgé (l'), **85**.
Insurrection, 92.
Invasion 14, **96**.
Isolé soleil (l'), 192.
Ivanhoé, 39.

J

J'ai quinze ans et je ne veux pas mourir, 124.
Jacquou le Croquant, **83**.
Jade et l'Obsidienne (le), 188.
Jardin du passé (le), 224.
Jardins de lumière (les), 213.
Jean Barois, 92.
Jeux funéraires (les), **28**.
Joie des pauvres (la), **41**.
Joseph Balsamo, 53.
Jour se lève à l'ouest (le), **165**.
Journal d'Harvey (le), 64.
Jours de notre mort (les), 124.
Juan Martin el Empecinado, **74**.
Jubilee, **163**.
Judas de Léonard (le), **55**.
Juif Suss (le), 64.
Juive de Tolède (la), **48**.
Jules Matrat, **95**.
Jungle (la), **167**.

K

Kahina (la), 218.
Kanake, 241.
Kim, 238.
Kristin Lavransdatter, 136.

L

Lame de fond (la), 110.
Lauriers de cendres (les), 36.
Légende de M'Pfoumou Ma Mazono (la), 204.
Lena, 98.
Léon l'Africain, **213**.
Lépreux de Saint-Gilles (le), 50.
Lieux de supplice (les), 218.
Lion à l'arc (le), **196**.
Lion de Flandres (le), **44**.
Lions de la nuit (les), 218.
Livre de Daniel (le), 168.
Livre de Milioutine (le), 146.
Loin de Jérusalem, 224.
Loin de Médine, 218.
Louise Michel, la Canaque, **241**.
Louisiane, 169.
Loup bleu (le), 50.
Loup parmi les loups, 110.
Louve de Mervent (la), 72.
Lumière des justes (la) 151.
Lune de printemps, 238.
Lurons de Sabolas (les), **83**.
Luthier de Crémone (le), 48.

M

Madame Thérèse, 67.
Mahagoni, 192.
Maison déserte (la), 158.
Maison du Peuple (la), **92**.
Maison et le Monde (la), 238.
Maison Thuringer (la), **138**.
Maître d'école (le), **108**.
Maître de Hongrie (le), **42**.
Maître des steppes (le), **35**.
Malafrena, 92.
Manoir (le), 146.
Marche de Radetsky (la), **82**.
Maria Vandamme, **86**.
Martyrs (les), 67.
Médecin de Cordoue (le), **48**.
Meilleur des mondes (le), **244**.
Mèmed le Mince, **139**.
Mémoire d'Abraham (la), 224.
Mémoire de l'aube, **222**.
Mémoires d'Hadrien, **24**.
Mémoires de Christophe Colomb (les), 64.
Méphisto, 110.
Mère (la), **152**.
Mère du printemps (la), **212**.
Metello, 92.
Métier à tisser (le), 218.
Meurtres pour mémoire, **118**, 218.
Michael Kohlhaas, **62**.
Migrations, 146.
1962, 218.
1984, 245.
Mimosa, 238.
Minuit, 238.
Misérables (les), 67, 71.
Moi le suprême, 180.
Moi Zénobie, reine de Palmyre, **31**.
Moi, Tituba, sorcière noire de Salem, 194.
Mon frère Chilpéric, 50.
Mon village à l'heure allemande, 124.
Monastère de la félicité (le), **235**.

Monde perdu (le), 22.
Monde s'effondre (le), **200**.
Monnè, outrages et défis, **198**.
Monsieur Bergeret à Paris, **88**.
Monsieur Witt et les Cantonnards, 80.
Montagne d'ébène (la), **191**.
Mort du vazir-moukhtar (la), **150**.
Mort en Arabie (la), 136.
Mort en fraude, **238**.
Mort est mon métier (la), 124.
Mort et l'Archevêque (la), **166**.
Mort n'oublie personne (la), **118**..
Morts restent jeunes (les), **102**.
Mouchoirs rouges de Cholet (les), **72**.
Mulâtresse Solitude (la), **192**.
Müller (les), une dynastie allemande, 110.
Mur de la peste (le), 206.
Muraille (la), **119**.
Mutins de la liberté (les), **63**.

N

Nain (le), 64.
Naissance de l'aube, **212**.
Néfertiti ou le rêve d'Akhénaton, 36.
Néfertiti, reine du Nil, 36.
Nègre de l'Amistad (le), **162**.
Nègre de Pierre le Grand (le), 148.
Nègre et l'Amiral (le), 192.
Nénuphar, 174.
Niche de la honte (la), **140**.
Nom de la rose (le), **45**.
Notre-Dame de Paris, 50.
Novembre 18, 110, 179.
Nu parmi les loups, **120**.
Nus et les Morts (les), 124.

O

O pays, mon beau peuple !, **201**.
Obélisque noire (l'), 94.
Œuvre au Noir (l'), **58**.
Oiseaux se cachent pour mourir (les), 241.
Olaf Audunssoen, 136.
Oliver Twist, 78.
Ombre de la lune (l'), **236**.
On frappe à la porte, 158.
Opium et le Bâton (l'), 218.
Où tu porteras mon deuil, 110.

P

Pain et le Vin (le), 104.
Pain noir (le), 92.
Pain quotidien (le), **91**.
Paix (la), 101.
Palais des fêtes (le), 110.
Palais des nuages (le), 238.
Palais du désir (le), 224.
Pantalon (le), 98.
Par le fer et par le feu, 64, 146.
Pardaillan, 53.
Parfaite Lumière (la), **231**.
Partage du sang (le), 92.
Passion cathare (la), 50.
Patriote (le), 238.
Pavillon haut, 76.
Pavillons lointains, 236.
Pays Haut, 92.
Pêcheurs d'hommes, 96.
Pélagie la Charette, 174.
Pelle le Conquérant, 136.
Pétales de sang, 204.
Petit Louis dit XIV, **62**.
Pierre et le Sabre (la), **231**.
Pleure, ô pays bien-aimé, 210.
Pluie noire, **233**.
Plus ça change (La Mandragore), **56**.
Plus limpide région (la), 188.
Plus profond que l'abîme, 105.
Pologne, 171.
Pont (le), **121**.
Pont aux trois arches (le), **47**.
Pont de la Garonne (le), 76.
Pont de la rivière Kwaï (le), **115**.
Porte noire (la), 36.
Portes de Gergovie (les) , 36.
Pour qui sonne le glas, 110.
Pourquoi j'ai mangé mon père, 22.
Printemps des pierres (le), 50.
Prise du pouvoir (la), **142**.
Promenade des Anglais, (la), 110.
Promenade italienne (la), 64.

Q

Qu'une larme dans l'océan, 105.
40 jours du Musa Dagh (les), **141**.
42e parallèle, 174.
Quarante-Cinq (les), 53.
Quatrevingt-Treize, **71**.
Quatuor indien (le), 238.
Que brûlent les châteaux, 84.
Quentin Durward, 38.
Quo Vadis ?, 36.

R

Racines, 174.
Ragtime, **168**.
Raisins de la colère (les), **170**.
Ravin (le), 110.
Rebelles (les), **106**.
Reine Margot (la), 53.
Reine Soleil (la), 36.
Remember Ruben, **202**.
Requiem pour un paysan espagnol, 110.
Résistants du Cap (les), 210.
Retour à bon port, 76.
Retour à Carthage, 36.
Retour à Soweto, **209**.
Rêve de Lucy (le), **21**.
Rêve et la Roue (le), **135**.
Révolte des pendus (la), **178**.
Révolution (la), **73**.
Riz et la Mousson (le), **235**.
Rob Roy, 39, 148.
Rois maudits (les), 50.
Roman d'Henri IV (le), 64.
Roman de Goya (le), 76.
Roman de la momie (le), **27**.
Rosa Blanca, **178**.
Rouge est le sang des Noirs, 210.
Roulements de tambours pour Rancas, **176**.
Route de la liberté (la), 174.
Route des mille li (la), **229**.
Royaume de ce monde (le), 75.
Royaume du Nord (le), **173**.

S

S'il braille, lâche-le, 174.
S'il est minuit dans le siècle, **153**.
Sacajawa, 174.
Sacrifice malais (le), 115.
Saga de Youza (la), 158.
Saint (le), **40**.
Sainte misère, **133**.
Saison des épreuves (la), 158.
Saison violente, 218.
Salammbô, **29**.
Samarcande, 213.
Sang dans la rue (le), 188.
Sang et Volupté à Bali, **237**.
Sang noir (le), 98.
Santons brûlés (les), **123**.
Santons d'Athènes (les), 123.
Santons du Péloponnèse (les), 123.
Sarraounia, **199**.
Sébastien Doré, 92.
Secret du royaume (le), 36.
Ségou, **194**.
Sentier des nids d'araignées (le), 124.
Sentiers de la gloire (les), 98.
Septième Croix (la), **102**.
Serment (le), 174.
Serpents (les), 218.
Si c'est un homme, 124.
Si loin pour mourir, 158.
Siècle des Lumières (le), **75**.
Silence des armes (le), 173, 218.
Sinouhé l'Égyptien, **26**.
Sir Nigel, 43.
Soldatera (la), 188.
Soldats inconnus, 136.
Soleils barbares, **34**.
Soleils des Indépendances (les), 198.
Sorgho rouge (le), **230**.
Soundjata ou l'Épopée madingue, 204.
Sous l'orage, **200**.
Spartacus, **32**.
Stalingrad, 112.
Storia (la), **122**.
Sujet de l'Empereur (le), **81**.
Sur la Vistule, 124.
Symphonie péruvienne, 188.

T

Tabou (le), 224.
Tambours de Dublin (les), 92.
Tambours de la pluie (les), 64.
Tambours noirs (les), 188.
Tant que la terre durera, 151.
Tarass Boulba, 158.
Tchipayuk, **172**.
Temps de l'impatience (le), 158.
Temps des Carbec (le), 64.
Temps difficiles, **78**.
Temps du mépris (le), 107.
Temps heureux (les), 107.
Terre aux fruits d'or (la), 187.
Terre des passions brûlées (la), 214.
Terre violente, 241.
Terres du bout du monde (les), **187**.
Thibault (les), **89**.
Thyl Ulenspiegel, **59**.
Tigre bleu (le), 179.
Tombeau de l'éclair (le), 176.
Tombeau du soleil (le), **197**.
Torcol le Vilain, **43**.
Torrent de fer (le), 156, 188.
Tour d'Ezra (la), **223**.
Tour du doigt (le), **98**.
Tournois de Dieu (les), 50.
Trafalgar, **74**.
Trafic d'or sous les T'ang, **227**.
Transit, 102.
Travelingue, 110.
Treblinka, 120.
Trêve (la), **124**.
317ᵉ section (la), 238.
Trois-Chênes (les), **169**.
Trois Mousquetaires (les), 52, 53.
Troisième balle (la), 55.
Tu récolteras la tempête, 238.
Tueur de daims (le), 160.
Tuile de Tenpyô (la), 226.
Tulipe noire (la), 53.

U

Un conscrit de 1813, 67.
Un homme sur le pavois, 110.
Un instant dans le vent, **206**.
Un turbulent silence, **206**.
Un vaisseau de ligne, **76**.
Une journée d'Ivan Denissovitch, **158**.
Une poignée de mûres, 104, 124.
Une rencontre en Westphalie, 64.
Une saison blanche et sèche, 206.
Une saison d'anomie, 204.
Une semaine en juin, **145**.
Usurpation ou le roman de Marc Aurèle (l'), 36.

V

Valet d'aventure (le), **183**.
Vent d'est, vent d'ouest, 238.
Ventres jaunes (les), 98.
Vice-roi de Ouidah (le), 204.
Vicomte de Bragelonne, 53.
Vie d'un simple (la), **90**.
Vie et Destin, **112**.
Vieux nègre et la médaille (le), 204.
Vigdis la Farouche, **136**.
Ville aux jours nombreux (la), 224.
Ville conquise, **153**.
Vin pur (le), 92.
Vingt ans après, 53.
Virginienne (la), 162.
Vitriol de la lune (le), 83.
Vocation (la), 238.
Voix de l'aube (les), 224.
Votre pavé, citoyen, 92.
Vraie vie de Domingo Xavier (la), 204.

W-Z

Water Music, 204.
Waverley, 39.
Week-end à Zuydcoote, **117**.
Zayni Barakat, **220**.
Zébunissa, **234**.
Zéro et l'Infini (le), 32.
08/15, 124.

Index des auteurs

N'ont été répertoriés que les auteurs d'une œuvre faisant l'objet d'une note de lecture.

A-B

Achebe C., 200.
Andrezjewski J., 143.
Anglade J., 98.
Apitz B., 120.
Babel I., 155.
Ballard J. G., 114.
Balzac H. de, 68.
Baum V., 237.
Batori M., 146.
Béraud H., 83.
Beti M., 202.
Bjorneboe J., 135.
Blond G., 165.
Bordier R., 107.
Boulle P., 115.
Briley J., 210.
Brink A., 206.
Brival R., 191.

C

Cahun D.-L., 50.
Caron L., 174.
Carpentier A., 54, 75.
Cather W., 166.
Cato N., 240.
Chabrol J.-P., 106.
Chase-Riboud B., 162.
Chatterji B. C., 235.
Chraïbi D., 212.
Claus H., 116.
Clavel B., 173.
Conan Doyle A., 43.
Condé M., 194.
Conscience H., 44.

D

Daeninckx D, 118.
De Coster C., 59.
Dee Brown A., 164.
Denuzière M., 169.
Diabate M. M., 196.
Dickens C., 78.
Ding Ya, 230.
Djebar A., 218.
Döblin A., 179.
Doctorow E. L., 168.
Duggan W., 208.
Dumas A. père, 52, 53.
Duneton C., 62.
Duquesne J., 8.6

E

Eaubonne F. d', 241.
Eco U., 45.
Efremov I., 36.
Enquist P. O., 131.
Erckmann-Chatrian, 66.
Exbrayat C., 95.

F

Fast H., 32.
Fenimore Cooper J., 160.
Feuchtwanger L., 48.
Flaubert G, 29.
Forester C. S., 76.
France A., 88.
Franchini P., 229.

G

Gamarra P., 108.
Gard R. M. (du), 89.
Gautier T., 27.
Gerber A., 107.
Ghitany G., 220.
Gladkov F., 157.
Glaeser E., 101.
Gorki M., 152.
Goyémidé E., 196.
Gregor M., 121.
Grossman V., 112.
Guillaumin E., 90.
Guilloux L., 92.

H

Heidenstam V. von, 130.
Hersey J., 119.
Heym S., 145.
Hougron J., 238.
Hugo V., 71.
Huxley A., 244.

I-J

Ibuse M., 233.
Inoué Y., 226.
Istrati P., 138, 139.
Jensen J. W., 132.
Jullian M., 42.

K

Kadaré I., 47, 140.
Kallifatides T., 123.
Kaye M. M., 236.
Kemal Y., 139.
Khalifa S., 224.
Khoury G. D., 222.
Khraief B., 214.
Kircher D., 35.
Kleist H. von, 62.
Koestler A., 32, 223.
Kourouma A., 198.
Krieger-Krynicki A., 234.

L

Laburthe-Tolra P., 197.
Lagerkvist P., 30.
Lavallée R., 172.
Laxness H. K., 128.
Le Guin U., 92, 245.
Le Poirier H., 48.
Le Roy E., 83.
Lera A. M. de, 108.
Lévi P., 124.
London J., 19.

M-N

Maalouf A., 214.
Malraux A., 109, 228.
Mamani A., 199.
Mann H., 81.
Manzoni A., 57.
Margerit R., 73.
Markandya K., 235.
Maugham W. S., 56.
Meri V., 134.
Mérimée P., 60.
Merle R., 61, 117.
Metellus J., 190.
Meyer C. F., 40.
Michener J., 171.
Milosz C., 142.
Moberg W., 129.
Morante E., 122.
Mo Yan, 115.
Naipaul V.S., 203.
Ngugi W. T., 204.

O-P

Oldenbourg Z., 41.
Ouettar T., 217.
Pasternak B., 154.
Pastor G., 183.
Pelot P., 21.
Pérez-Galdos B., 74.
Perutz L., 55.
Peyramaure M., 20.
Plievier T., 112.
Pouchkine A., 148.
Poulaille H., 91.

Q-R

Queiros R. de, 185.
Ragon M., 72.
Remarque E. M., 94, 100.
Renault M, 28.
Ribeiro A., 64.
Rider Haggard H., 177.
Roa Bastos A., 180.
Rosny J.-H. aîné, 18.
Roth J., 82.
Rouland N., 34.
Roy J., 216.

S

Salomon E. von, 103.
Schwarz-Bart A., 192.
Scorza M., 176.
Scott W., 38, 39.
Seghers A., 102.
Sembène O., 201.
Sender R. J., 110.
Sepamla S., 209.
Serge V., 153.
Sienkiewicz H., 46.
Sillanpaa F. E., 133.
Silone I., 104.
Simiot B, 31.
Sinclair U, 167.
Singer I. J., 144.
Soljenitsyne A., 158.
Soyez J.-M., 43.
Sperber M., 105.
Steinbeck J., 170.

T-U-V

Troyat H, 151
Tolstoï L., 69.
Traven B., 178.
Tynianov I., 150.
Undset S., 136.
Uys E. L., 182.
Valle Inclan R. del, 80.
Vallès J., 85.
Van der Meersch M., 96.
Vargas Llosa M., 184.
Vaxelaire D., 63.
Volkoff V., 149.

W-Y-Z

Walker M., 163.
Waltari M., 26.
Werfel F., 141.
Willette L., 84.
Yoshikawa E., 231.
Yourcenar M., 24, 58.
Zola E., 87.